AF821785

Beiträge zur Wirtschaftsinformatik

Band 5: G. A. Kainz
Computergestützte Distribuierung von Informations- und Kommunikationssystemen
1993, ISBN 3-7908-0664-1

Band 6: D. Steinmann
Einsatzmöglichkeiten von Expertensystemen in integrierten Systemen der Produktionsplanung und -steuerung (PPS)
1993, ISBN 3-7908-0665-X

Band 7: J. Walther
Rechnergestützte Qualitätssicherung und CIM
1993, ISBN 3-7908-0684-6

Band 8: O. Petrovic
Workgroup Computing – Computergestützte Teamarbeit
1993, ISBN 3-7908-0705-2

Band 12: T. Myrach
Konzeption und Stand des Einsatzes von Data Dictionaries
1995, ISBN 3-7908-0822-9

Band 13: J. Schmalzl
Architekturmodelle zur Planung der Informationsverarbeitung von Kreditinstituten
1995, ISBN 3-7908-0840-7

Band 14: D. Schreiber
Objektorientierte Entwicklung betrieblicher Informationssysteme
1995, ISBN 3-7908-0846-6

Band 15: B. Reuter
Direkte und indirekte Wirkungen rechnerunterstützter Fertigungssysteme
1995, ISBN 3-7908-0850-4

Band 16: S. Hesse
Strategische Datenbanken
1996, ISBN 3-7908-0884-9

Band 17: M. Rundshagen
Computergestützte Konsistenzsicherung in der objektorientierten Systemanalyse
1996, ISBN 3-7908-0903-9

Band 18: H. Boden
Multidisziplinäre Optimierung und Cluster-Computing
1996, ISBN 3-7908-0935-7

Band 19: Z.-Y. Xu
Prinzipien des Entwurfs und der Realisierung eines Organisationsinformationssystems
1996, ISBN 3-7908-0936-5

Band 20: H. Schmidt
Objektorientierte Entwicklung wiederverwendbarer Bausteine für betriebliche Anwendungssysteme
1997, ISBN 3-7908-0976-4

Band 21: S. Kuhlins
Objektorientiertes Design für C++
1997, ISBN 3-7908-0983-7

Band 22: R. Rieg
Architektur und Datenmodell eines koordinationsorientierten Controlling-Informationssystems
1997, ISBN 3-7908-1010-X

Band 23: K. Baumann
Unterstützung der objektorientierten Systemanalyse durch Softwaremaße
1997, ISBN 3-7908-1018-5

Band 24: S. Marx
Datenmanagement in wissensbasierten Statistiksystemen
1997, ISBN 3-7908-1027-4

Band 25: F.J. Brüggemann
Objektorientierte und verteilte Lösung von Optimierungsproblemen
1997, ISBN 3-7908-1034-7

Lutz M. Kolbe

Informationstechnik für den privaten Haushalt

Anwendungen und Infrastrukturen

Mit 58 Abbildungen

Physica-Verlag

Ein Unternehmen
des Springer-Verlags

Reihenherausgeber
Werner A. Müller
Martina Bihn

Autor
Dr. Lutz M. Kolbe
Freiherr-vom-Stein-Str. 4
D-65812 Bad Soden

ISBN-13:978-3-7908-1052-3 e-ISBN-13:978-3-642-47012-7
DOI: 10.1007/978-3-642-47012-7

Die Deutsche Bibliothek – CIP-Einheitsaufnahme
Kolbe, Lutz: Informationstechnik für den privaten Haushalt: Anwendungen und Infrastrukturen / Lutz M. Kolbe. – Heidelberg: Physica-Verl., 1998
(Beiträge zur Wirtschaftsinformatik; Bd. 26)

Dieses Werk ist urheberrechtlich geschützt. Die dadurch begründeten Rechte, insbesondere die der Übersetzung, des Nachdrucks, des Vortrags, der Entnahme von Abbildungen und Tabellen, der Funksendung, der Mikroverfilmung oder der Vervielfältigung auf anderen Wegen und der Speicherung in Datenverarbeitungsanlagen, bleiben, auch bei nur auszugsweiser Verwertung, vorbehalten. Eine Vervielfältigung dieses Werkes oder von Teilen dieses Werkes ist auch im Einzelfall nur in den Grenzen der gesetzlichen Bestimmungen des Urheberrechtsgesetzes der Bundesrepublik Deutschland vom 9. September 1965 in der jeweils geltenden Fassung zulässig. Sie ist grundsätzlich vergütungspflichtig. Zuwiderhandlungen unterliegen den Strafbestimmungen des Urheberrechtsgesetzes.

© Physica-Verlag Heidelberg 1998

Die Wiedergabe von Gebrauchsnamen, Handelsnamen, Warenbezeichnungen usw. in diesem Werk berechtigt auch ohne besondere Kennzeichnung nicht zu der Annahme, daß solche Namen im Sinne der Warenzeichen- und Markenschutz-Gesetzgebung als frei zu betrachten wären und daher von jedermann benutzt werden dürften.

Umschlaggestaltung: Erich Kirchner, Heidelberg

SPIN 10640226 88/2202-5 4 3 2 1 0 – Gedruckt auf säurefreiem Papier

There is no reason anyone want a computer in their home.

Ken Olson, Digital Equipment Corporation (DEC), 1977

Computing is not about computers anymore.

It is about living.

Nicholas Negroponte, MIT MediaLab, 1995

Geleitwort

Die Vision von Bill Gates, CEO von Microsoft, verspricht für die Zukunft einen Computer in jedem Büro und jedem Haushalt. Das Augenmerk bisheriger Betrachtungen galt aber ausschließlich der Informationstechnik in Wirtschaft und Verwaltung. Zukünftig wird ein wesentlicher Teil der Innovationen jedoch unmittelbar auf den Markt für den privaten Anwender ausgerichtet sein.

Die vorliegende Arbeit erweitert die klassische Sicht der Wirtschaftsinformatik auf die Informationstechnik um eine bisher vernachlässigte Zielgruppe: Die privaten Haushalte als Anwender von Informationstechnik.

Die besondere Leistung der Arbeit von Lutz Kolbe ist die umfassend strukturierte Aufbereitung des Gebietes für die wissenschaftliche Betrachtung. Gleichzeitig erreicht er hohe praktische Relevanz durch Verwendung von Case Studies und umfangreichen Zahlenmaterials.

Zentrale Fragestellungen, die in der Arbeit beantwortet werden, sind:

- Welche Formen der Informationstechnik gibt es im privaten Haushalt?
- Wie und wozu wenden Haushalte diese Informationstechnik an?
- Welcher Nutzen besteht für Unternehmen, Informationstechnik oder Anwendungen für den privaten Haushalt auf dem Markt anzubieten?

Wissenschaftler und Praktiker erhalten einen Eindruck, welche Innovationskraft und Faszination von Technik ausgeht, die sich auf dem Markt der privaten Verbraucher bewähren muß. Die Leistungsmerkmale von 64-Bit-Videospielgeräten, die in Supermarktketten für unter DM 300,00 erhältlich sind, haben mittlerweile den Standard im Business Bereich überholt - und das bei einem Bruchteil des Preises. Einige der heutigen Innovationen der High-end Fototechnik kommen nicht mehr wie früher aus der Industrieforschung, sondern wurden zuerst als Produkt für den Endverbrauchermarkt eingeführt und später für den professionellen Einsatz adaptiert.

Die Arbeit trägt dazu bei, daß Forscher und Entscheidungsträger der Wirtschaft beginnen, Informationstechnik in einem umfassenderen Kontext als bisher zu sehen. Ziel muß die durchgängige IT-gestützte Geschäftsabwicklung sein, die zwar beim Unternehmen ihren Ursprung hat, dann aber über Netzwerke den Privatbereich einbindet. Damit entsteht eine direkte Verbindung der betrieblichen mit der privaten Informationstechnik. Eine erfolgreiche Realisierung solcher Modelle erfordert profundes Wissen über die Informationstechnik für den privaten Haushalt. Neben der technischen Infrastruktur sind insbesondere die Anwendungsschwerpunkte von Bedeutung, in denen der Haushalt Informationstechnik 'privat' einsetzt.

Dem Leser wird deutlich, daß sich die Informationsverarbeitung der privaten Haushalte mittlerweile als eigenständiges strategisches Geschäftsfeld für eine zunehmende Zahl von Unternehmen erweist.

International wurde die Informationstechnik für die privaten Haushalte bisher intensiv nur unter dem Aspekt des Technology Assessment behandelt. Es gilt aber heute - gerade für Europa und insbesondere Deutschland -, nicht zuerst die negativen Auswirkungen einer Technik, sondern primär ihre Chancen zu einer verbesserten Leistungserstellung und erhöhten Lebensqualität zu untersuchen.

Freiberg, im Juni 1997

Prof. Dr. oec. Walter Brenner

Vorwort

Das Wort des Jahres 1995 war "Multimedia". Unter den Top-Ten dieser Wertung waren weiterhin Begriffe wie "Virtuelle Realität" (Platz 7), "Anklicken" (Platz 6) und "Datenautobahn" (Platz 8). Es hat wesentliche Vor- und Nachteile, wenn man ein Gebiet wissenschaftlich aufarbeitet, über das jeden Tag in der Presse berichtet wird. Ein Vorteil war auf jeden Fall, dass eine grosse Menge von Diskussionspartnern zur Verfügung gestanden hat, kamen sie aus der Wissenschaft oder vielmehr aus "verwandten" Gebieten. Daher möchte ich auch zunächst den vielen Ungenannten danken, die auf die eine oder andere Weise Bausteine zum Gedankengebäude beigetragen haben.

Meinem Doktorvater, Herrn Prof. Dr. Walter Brenner, danke ich für die intensive Betreuung der vergangenen drei Jahre und die Bereitschaft, neue Ideen in das von ihm entdeckte neue Forschungsgebiet einfliessen zu lassen. Herrn Prof. Dr. Karl Lohmann vom Lehrstuhl für ABWL, insbesondere Bankbetriebslehre, Investition und Finanzierung, der Technischen Universität Bergakademie Freiberg und Herrn Prof. Dr. Werner Esswein, Lehrstuhl für Wirtschaftsinformatik der Technischen Universität Dresden, danke ich für die Übernahme der Korreferate.

Viele, insbesondere "demand-side" Aspekte sind in die Arbeit durch meine Diskussionen mit Herrn Prof. Dr. Norbert Mundorf, Prof. Dr. Ruby Roy Dholakia und Prof. Dr. Nik Dholakia vom Research Institute for Telecommunications and Information Marketing (RITIM) der University of Rhode Island/USA, eingeflossen. Ihnen verdanke ich auch die ausführlichen Einsichten in die amerikanische Interpretation der "Home-IT" und die Korrektur der eurozentrischen Perspektive während meines Forschungsaufenthaltes in den USA. Insbesondere meine Eindrücke in der Broadband Implementation der Nynex haben mich Realismus für die Einschätzung der Potentiale des neuen Gebietes gelehrt. Dafür bin ich Mr. Charles Andrianopoulos und Mr. George Hanley zu Dank verpflichtet, ebenso Mr. Martin Jasinski und Mr. John Carey aus New York.

Selbstverständlich danke ich auch der Leisler Kiep-Stiftung für die Förderung meiner Forschungstätigkeit.

Ein ganz besonderer, herzlicher Dank geht an meinen Kollegen, Herrn Volker Hamm. Die Diskussionen in den Phasen der Motivationsrezession waren oft hilfreicher als wissenschaftliche Lösungsformeln. Ausserdem ist damit der Beweis erbracht, dass Schwaben und Niedersachsen auch in multi-kulturellen Teams zusammenarbeiten können. Alle Mitarbeiter unseres Lehrstuhls seien für das fleissige Fehlerlesen und Zeichnen gelobt, insbesondere Frau Dipl.-Kffr. Claudia Schubert, Frau Sandra Kutschki, Frau Mandy Kynast, Frau Kirsti Hohenhausen, Herrn Sascha Wagner und Frau Margit Grahl. Mein beruflicher Weggefährte, Herr Dr.-Ing. Dipl.-Inform. Dirk Wodtke, hat sich wieder bereit erklärt, wichtige Anregungen zu dieser Arbeit zu geben.

Ohne die Förderung und Unterstützung durch meine Eltern, meinen Bruder und meine Lebensgefährtin wäre es nie dazu gekommen, eine solche Arbeit schreiben zu können.

Freiberg, im Juni 1997

Lutz M. Kolbe

Inhaltsverzeichnis

1 Einleitung **1**

1.1 Problemstellung **1**

1.2 Einordnung und Zielsetzung **3**

1.3 Aufbau **4**

2 Theoretische Grundlagen: Informationsverarbeitung der privaten Haushalte als Bestandteil der Wirtschaftsinformatik **7**

2.1 Informationstechnik im privaten Haushalt **7**

2.1.1 Grundlegende Begriffe 7

2.1.2 Abgrenzungen zur betrieblichen Informationsverarbeitung 9

2.1.3 Einordnung in die Betriebswirtschaft und Wirtschaftsinformatik 10

2.2 Bestehende Ansätze zur Informationstechnik im privaten Haushalt **11**

2.2.1 Betriebswirtschaftlich-orientierte Ansätze 11

2.2.1.1 Marktstrategien für Heiminformationssysteme 11

2.2.1.2 Marketing: Adoptionsmodell von Informationstechnik im Haus 13

2.2.1.3 Ganzheitliche Perspektive der Informationsgesellschaft 14

2.2.1.4 Masseninformationssysteme 15

2.2.2 Technisch-orientierte Ansätze 16

2.2.2.1 Home-Computing 16

2.2.2.2 Home Informatics 16

2.2.2.3 Technik-Funktions-Portfolio 17

2.2.3 Beratungs-orientierte Ansätze 17

2.2.3.1 Duale Segmentierung 18

2.2.3.2 Inhaltsorientierung 18

2.3 Potentiale für Unternehmen durch Infrastrukturen und Anwendungen für private Haushalte im Überblick **19**

2.3.1 Infrastrukturelle Basis 19

2.3.2 Marktabschätzungen 22

2.3.3 Charakteristika des Marktumfeldes 24

2.3.4 Unternehmerische Motivation 27

2.4 Zusammenfassung 30

3 Das Modell der computerunterstützten Informationsverarbeitung der privaten Haushalte 31

3.1 Anforderungen an das Modell 31

3.2 Modell im Überblick 32

3.2.1 Infrastruktur-Komponenten 33

3.2.2 Anwendungsschwerpunkte 35

3.2.3 Anwendungsformen 37

3.3 Das Modell im Vergleich mit bestehenden Ansätzen 39

4 Infrastrukturen für die privaten Haushalte 43

4.1 In-home-Infrastruktur der privaten Haushalte 44

4.1.1 Hardware 44

4.1.1.1 Definition und Überblick 44

4.1.1.2 Komponenten 44

4.1.1.2.1 Informationstechnik 44

4.1.1.2.2 Telekommunikationstechnik 48

4.1.1.2.3 Unterhaltungselektronik 50

4.1.1.2.4 Hausgeräte 57

4.1.1.2.5 Ausrüstungstechnik 59

4.1.1.3 Ausblick 61

4.1.2 Software 64

4.1.2.1 Definition und Überblick 64

4.1.2.2 Komponenten 64

4.1.2.2.1 Informationstechnik 64

4.1.2.2.2 Telekommunikationstechnik 67

4.1.2.2.3 Unterhaltungselektronik 68

4.1.2.2.4 Hausgeräte und Ausrüstungstechnik 69

4.1.2.3 Ausblick 69

4.1.3 Netzwerke 71

4.1.3.1 Definition und Überblick 71

4.1.3.2 Komponenten 73

4.1.3.2.1 Informationstechnik 73

4.1.3.2.2 Telekommunikationstechnik 74

4.1.3.2.3 Unterhaltungselektronik 75
4.1.3.2.4 Hausgeräte 76
4.1.3.2.5 Ausrüstungstechnik 76
4.1.3.3 Ausblick 78

4.2 Out-of-home-Infrastruktur der privaten Haushalte 79

4.2.1 Hardware 79
4.2.1.1 Definition und Überblick 79
4.2.1.2 Komponenten 79
4.2.1.2.1 Informationstechnik 79
4.2.1.2.2 Telekommunikationstechnik 85
4.2.1.2.3 Unterhaltungselektronik 87
4.2.1.2.4 Hausgeräte 89
4.2.1.2.5 Ausrüstungstechnik 89
4.2.1.3 Ausblick 90

4.2.2 Software 90
4.2.2.1 Definition und Überblick 90
4.2.2.2 Komponenten 91
4.2.2.2.1 Informationstechnik 91
4.2.2.2.2 Telekommunikationstechnik 91
4.2.2.2.3 Unterhaltungselektronik 93
4.2.2.2.4 Hausgeräte 93
4.2.2.2.5 Ausrüstungstechnik 93
4.2.2.3 Ausblick 94

4.2.3 Netzwerke 94
4.2.3.1 Definition und Überblick 94
4.2.3.2 Komponenten 95
4.2.3.2.1 Informationstechnik 95
4.2.3.2.2 Telekommunikationstechnik 99
4.2.3.2.3 Unterhaltungselektronik 108
4.2.3.2.4 Hausgeräte 109
4.2.3.2.5 Ausrüstungstechnik 109
4.2.3.3 Ausblick 110

4.3 Zusammenfassung 111

5 Anwendungsschwerpunkte der computerunterstützten Informationsverarbeitung der privaten Haushalte 113

5.1 Information 115

5.1.1 Definition 115
5.1.2 Anwendungsformen 115
5.1.2.1 Stand-alone Betrieb 115
5.1.2.2 Interne Vernetzung 115
5.1.2.3 Externe Vernetzung 116
5.1.3 Einsatzgebiete 116
5.1.3.1 Konsumentenberatung 116
5.1.3.2 Nachrichten 118
5.1.3.3 Wissen 121
5.1.3.4 Produktinformation 122
5.1.3.5 Bürger- und Stadtinformation 123
5.1.4 Zukünftige Entwicklung 126
5.1.5 Zusammenfassung 128
5.2 Kommunikation 129
5.2.1 Definition 129
5.2.2 Anwendungsformen 129
5.2.2.1 Stand-alone Betrieb 129
5.2.2.2 Interne Vernetzung 129
5.2.2.3 Externe Vernetzung 129
5.2.3 Einsatzgebiete 130
5.2.3.1 Kommunikationsforen 130
5.2.3.2 E-Mail 131
5.2.3.3 Mehrwertdienste 132
5.2.3.4 Computergestützte Sprachkommunikation 132
5.2.3.5 Video-Telefonie 133
5.2.3.6 Paging 134
5.2.4 Zukünftige Entwicklung 134
5.2.5 Zusammenfassung 136
5.3 Unterhaltung 137
5.3.1 Definition 137
5.3.2 Anwendungsformen 138
5.3.2.1 Stand-alone Betrieb 138
5.3.2.2 Interne Vernetzung 138
5.3.2.3 Externe Vernetzung 139
5.3.3 Einsatzgebiete 139

5.3.3.1 Spiele 140
5.3.3.2 Fernsehen 142
5.3.3.3 Musik 147
5.3.3.4 Bücher 150
5.3.3.5 Gestaltung 150
5.3.3.6 Pornographie 151
5.3.3.7 Spielhallen und Erlebnisparks 152
5.3.4 Zukünftige Entwicklung 152
5.3.5 Zusammenfassung 153
5.4 Beschaffen 155
5.4.1 Definition 155
5.4.2 Anwendungsformen 155
5.4.2.1 Stand-alone Betrieb 155
5.4.2.2 Interne Vernetzung 156
5.4.2.3 Externe Vernetzung 156
5.4.3 Einsatzgebiete 158
5.4.3.1 CD-ROM basiertes Beschaffen 158
5.4.3.2 Direct-Response-TV (DRTV) 159
5.4.3.3 Tele-Shopping 159
5.4.3.4 Einkauf über das Interaktive Fernsehen 160
5.4.3.5 Online-Dienste und Internet 161
5.4.3.6 Point-of-Sale (POS) 162
5.4.3.7 Selbstbedienung 164
5.4.3.8 Elektronische Produktkataloge 165
5.4.4 Zukünftige Entwicklung 166
5.4.5 Zusammenfassung 169
5.5 Wohnen 170
5.5.1 Definition 170
5.5.2 Anwendungsformen 171
5.5.2.1 Stand-alone Betrieb 171
5.5.2.2 Interne Vernetzung 171
5.5.2.3 Externe Vernetzung 173
5.5.3 Einsatzgebiete 173
5.5.3.1 Sicherheit 173
5.5.3.2 Heizung/Klima 175

5.5.3.3 Ver- und Entsorgung 176
5.5.3.4 Beleuchtung 180
5.5.3.5 Hausarbeit 181
5.5.3.6 Heimwerken 181
5.5.4 Zukünftige Entwicklung 181
5.5.5 Zusammenfassung 183
5.6 Bildung **184**
5.6.1 Definition 184
5.6.2 Anwendungsformen 186
5.6.2.1 Stand-alone Betrieb 186
5.6.2.2 Interne Vernetzung 186
5.6.2.3 Externe Vernetzung 186
5.6.3 Einsatzgebiete 187
5.6.3.1 Erziehung von Kindern 188
5.6.3.2 Qualifikationen 190
5.6.3.3 Hobbies 191
5.6.4 Zukünftige Entwicklung 191
5.6.5 Zusammenfassung 192
5.7 Mobilität **193**
5.7.1 Definition 193
5.7.2 Anwendungsformen 194
5.7.2.1 Stand-alone Betrieb 194
5.7.2.2 Interne Vernetzung 194
5.7.2.3 Externe Vernetzung 194
5.7.3 Einsatzgebiete 195
5.7.3.1 Autoelektronik zur Steuerung 195
5.7.3.2 Verkehrsleitsysteme 196
5.7.3.3 Reiseplanung 200
5.7.3.4 Reisebuchung 202
5.7.4 Zukünftige Entwicklung 202
5.7.5 Zusammenfassung 204
5.8 Gesundheit **205**
5.8.1 Definition 205
5.8.2 Anwendungsformen 206

5.8.2.1 Stand-alone Betrieb 206
5.8.2.2 Interne Vernetzung 206
5.8.2.3 Externe Vernetzung 207
5.8.3 Einsatzgebiete 207
5.8.3.1 Sport 208
5.8.3.2 Abrechnung 208
5.8.3.3 Überwachung 209
5.8.3.4 Beratung 209
5.8.3.5 Diagnose 210
5.8.3.6 Behinderte und alte Menschen 211
5.8.3.7 Elektronische Hilfsmittel und Prothesen 213
5.8.4 Zukünftige Entwicklung 213
5.8.5 Zusammenfassung 214
5.9 Haushaltsmanagement 216
5.9.1 Definition 216
5.9.2 Anwendungsformen 216
5.9.2.1 Stand-alone Betrieb 216
5.9.2.2 Interne Vernetzung 217
5.9.2.3 Externe Vernetzung 217
5.9.3 Einsatzgebiete 218
5.9.3.1 Finanzen und Steuern 218
5.9.3.2 Home-Banking 219
5.9.3.3 Elektronische Selbstbedienung und Kioske 222
5.9.3.4 Zahlungsverkehr 224
5.9.3.5 Versicherungen 227
5.9.3.6 Hausverwaltung/Immobilien 227
5.9.3.7 Personal Information Management 227
5.9.4 Zukünftige Entwicklung 228
5.9.5 Zusammenfassung 231
6 Zusammenfassung und Ausblick 233
6.1 Wesentliche Entwicklungsrichtungen 233
6.1.1 Infrastrukturen 234
6.1.1.1 In-home-Infrastrukturen 234
6.1.1.2 Out-of-home-Infrastrukturen 235

6.1.2 Anwendungen 236

6.2 Ausblick 237

Literaturverzeichnis 239

Abbildungsverzeichnis 269

Abkürzungsverzeichnis 273

1 Einleitung

1.1 Problemstellung

Seit Anfang der achtziger Jahre findet die Informationsverarbeitung (IV) mit dem Aufkommen der ersten Homecomputer wie dem VC-64 von Commodore neben ihrer traditionellen betrieblichen Nutzung (Mertens/Bodendorf 1995, S. 1; Hansen 1992, S. 76) Einzug in den privaten Bereich. In der Literatur werden die folgenden Gründe für die Adoption von Produkten der Computer- und Kommunikationstechnik (Brenner 1994, S. 5) in das private Umfeld genannt (Gassner/Kuom 1995, S. 9ff.):

- Gefallene Endverbraucherpreise machen Informationstechnik (IT) für den privaten Haushalt erschwinglich.
- Leistungszuwächse in der Mikroelektronik und die Miniaturisierung lassen Informationstechnik 'unsichtbar' in Geräte im Haushalt einfliessen. Eine heutige Spielkonsole wie die Sega 'Genesis' besitzt eine grössere Leistungsfähigkeit als ein Cray Supercomputer des Jahres 1976 (Tapscott 1995, S. 98).
- Neue Speichertechniken sorgen für die Speicherung immer grösserer Datenmengen. Zunehmend aufwendigere Benutzeroberflächen und Anwendungsprogramme sind die Folge.
- Fortschritte in der Digitalisierung der Telekommunikationstechnik machen die Informationsverarbeitung und -beschaffung orts- und zeitunabhängig.
- Durch den integrativen Einsatz von verschiedenen Medien wie Audio, Graphik und Bewegtbild (Multimedia) entstehen sinnvolle und attraktive Anwendungen für den Privatbereich.
- Informationstechnik aus dem Arbeitsalltag wird im privaten Bereich weiterbenutzt. Es findet nicht nur eine Fortführung von Arbeitsaufgaben, sondern auch eine Nutzung für private Zwecke statt.

In einem privaten Haushalt sind mehr als 100 Mikroprozessoren zu finden, zuzüglich der über 50 im Automobil (Negroponte 1995, S. 5). Diese Zahl wird bis zum Jahr 2000 auf über 300 Stück ansteigen (Stewart 1994, S. 55). Der Anteil privat genutzter Computer an den Verkäufen erreichte 1994 in den USA 40% des Anteils von PCs für den gewerblichen Gebrauch. Im selben Jahr überstieg in den USA der Umsatz mit Personalcomputern erstmals den von Farbfernsehern.

Es gibt nur wenige Produkte der betrieblichen Informationsverarbeitung, die erfolgreich unmittelbar auf den privaten Bereich übertragen werden können. Der Massenmarkt der Haushalte stellt erheblich andere Anforderungen an die anbietenden Unternehmen, z.B. hinsichtlich Preisgestaltung oder Design. Diese Arbeit betrachtet Informationsverarbeitung unter einer neuen Sichtweise, die durch den Nutzen für die privaten Haushalte in Ergänzung zum unternehmerischen Nutzen gekennzeichnet ist. Bild 1.1/1 zeigt diese neue, zusätzliche Betrachtungsweise.

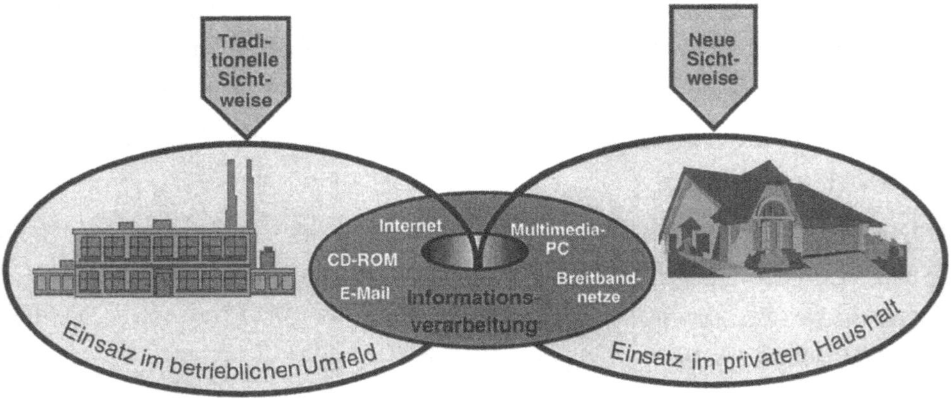

Bild 1.1/1 Zwei Perspektiven auf die Informationsverarbeitung

Ausgangspunkt sind die Produkte und Dienstleistungen, die Unternehmen für den Privatbereich unter Verwendung von Informationstechnik bereitstellen. Die Auswirkungen der IT für den privaten Haushalt finden sich innerhalb der anbietenden Unternehmen wieder, wenn z.B. Telekommunikationsunternehmen durch den Einsatz moderner Infrastrukturen, die neue oder verbesserte Dienste für den Privatkunden ermöglichen, Wartungskosten einsparen oder die Produktqualität erhöhen können (Pugh/Boyer 1995, S. 35; Malone/Rockart 1995, S. 146).

Die Beschäftigung ist für ein Unternehmen im Bereich der Informations- und Kommunikationstechnik aus vier Gründen von grosser Bedeutung:

1. Marktvolumen: Jeder einzelne Privathaushalt ist ein potentieller Kunde. Das sind in Deutschland 35 Mio., in Europa 140 Mio. und den USA 90 Mio. Haushalte.
2. Marktwachstum: Der Bereich der betrieblichen Informationsverarbeitung ist in vielen Marktsegmenten gesättigt. Das Wachstum im Heimbereich wird als beständig und grösser als das des betrieblichen Marktes prognostiziert (o.V. 1994d).

3. Markt- oder Produktentwicklung: Angebote für den Privathaushalt als besondere Zielgruppe eröffnen neue Märkte und generieren neue Produktchancen in bestehenden Märkten.

4. Kostensenkung: Die Verwendung von Informationstechnik schafft erhebliches internes, operationales Rationalisierungs- und damit Kosteneinsparungspotential, wie das Beispiel von Selbstbedienungsterminals in den Geschäftsstellen der Banken zeigt.

Theorie und Praxis der Wirtschaftsinformatik haben dieses Thema bisher nur gestreift. Selbst im Zuge der Diskussion um 'Multimedia', 'Datenautobahnen' und 'Internet' sind wenige Arbeiten explizit auf den Aspekt des privaten Lebensbereiches eingegangen (vgl. Hansen 1994b; Zimmermann 1995; Brenner/Kolbe 1994).

1.2 Einordnung und Zielsetzung

Bild 1.2/1 unterteilt die Beschäftigung mit der Informationsverarbeitung nach der Art des Einsatzes für betriebliche oder private Zwecke. Die zweite Dimension unterscheidet nach der Sichtweise eines anbietenden Unternehmens und der der Informationstechnik nachfragenden Kunden.

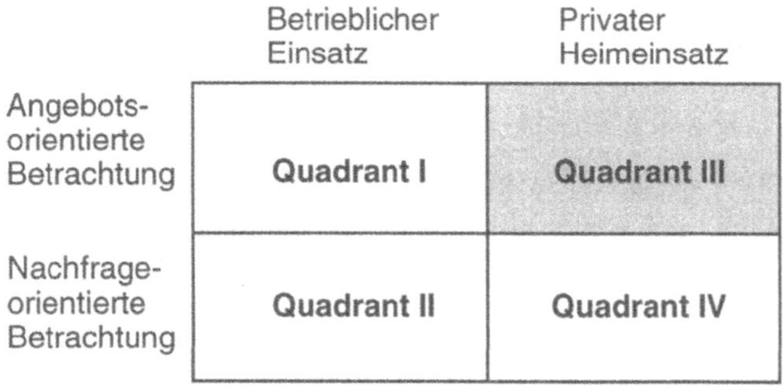

Bild 1.2/1 Perspektive der Arbeit (nach Dholakia/Mundorf 1996, S. 2)

Diese Arbeit beschäftigt sich mit dem privaten IT-Einsatz auf der Grundlage einer angebotsorientierten Betrachtung. Diese Perspektive findet sich in Bild 1.2/1 im Quadranten III wieder. Die klassischen Inhalte innerhalb der Wirtschaftsinformatik beschäftigen sich mit den Quadranten I und II. Insbesondere Quadrant I ist Gegenstand von Dienstleistungen der klassischen Unternehmensberatung. Technologie-Folgenabschätzung und Sozialwissenschaften haben sich im Quadranten IV mit den

Auswirkungen von Technik auf die Haushalte beschäftigt, valide Nachfragemodelle wurden ausserhalb der etablierten Marktforschung in Ansätzen verfolgt.

Forschern und Lehrern der Wirtschaftsinformatik liefert die Arbeit einen einführenden Überblick über dieses neue Forschungsgebiet. Sie informiert Strategieverantwortliche und Entscheidungsträger in den Unternehmen über die Optionen und Vielfalt der Einsatzmöglichkeiten im privaten Haushalt.

Ziel dieser Arbeit ist die Einordnung der *computerunterstützten Informationsverarbeitung der privaten Haushalte* (CIpHa) als ein Forschungsgebiet in die Wirtschaftsinformatik. Einzelne Elemente der strukturierten Beschreibung privater Informationsverarbeitung im Rahmen dieser Arbeit sind:

- Die Erarbeitung eines Modells, das die Infrastrukturen und Anwendungen der Informationsverarbeitungim privaten Haushalt beschreibt.
- Die Nutzung dieses Modells zur strukturierten Analyse von Infrastrukturen und Anwendungsfeldern.
- Die Aufarbeitung und Auswertung von Fallbeispielen.
- Die Ableitung möglicher Handlungsstrategien und -alternativen für die sich im Bereich der CIpHa engagierenden Unternehmen.
- Die Darstellung von aktuellen Tendenzen und zukünftigen Entwicklungspfaden privater Einsatzgebiete in der Informationsverarbeitung.

Grundlage ist eine systematische Zusammenstellung relevanter Fragestellungen der Informationsverarbeitung im Privatbereich. Es werden die vielfältigen Einsatzgebiete der Anwendungen und Infrastrukturen in der computerunterstützten Informationsverarbeitung der privaten Haushalte aufgezeigt.

1.3 Aufbau

Bild 1.3/1 fasst den Aufbau der Arbeit im Überblick zusammen.

Das Gebiet der Informationsverarbeitung im privaten Haushalt stellt ein neues Forschungsgebiet der Wirtschaftsinformatik dar. Die wesentlichen theoretischen Grundlagen werden in *Kapitel 2* beschrieben. Die Rahmenbedingungen der Informationsverarbeitung im privaten Haushalt sowie ein Vergleich bestehender Ansätze aus der Forschung und der Praxis der Unternehmensberatung werden dargestellt. Eine kritische Kommentierung vorhandener oder prognostizierter Marktpotentiale beschliesst das Kapitel 2.

Kapitel 3 legt die theoretische Grundlage durch die Erarbeitung eines mehrdimensionalen Forschungsmodells, das im weiteren Verlauf der Arbeit Anwendung findet. Es wird zwischen technischen Infrastrukturen einerseits und funktionalen Anwendungsschwerpunkten andererseits unterschieden.

Die technischen Infrastrukturen im privaten Haushalt werden in *Kapitel 4* ausführlich erläutert. Infrastrukturen innerhalb des privaten Hauses werden von der Technik abgegrenzt, die sich ausserhalb der Wohnung zur Erfüllung privater Einsatzzwecke befindet. Die Beschreibung wird jeweils anhand der charakteristischen Hard-, Software und Netzwerke durchgeführt.

Kapitel 5 beschreibt die funktionalen Anwendungsschwerpunkte aus Kapitel 3 anhand ihrer privaten Einsatzgebiete und belegt diese mit Fallbeispielen. Eine betriebswirtschaftliche Analyse gibt einen Überblick über gegenwärtige und zukünftige Anwendungsfelder der Informationsverarbeitung für den privaten Haushalt. Dieses Kapitel baut auf der Infrastruktur auf und will ein potentielles Unternehmen bei der Suche nach neuen Produkten und Geschäftsfeldern unterstützen (Brenner 1994, S. 73).

Konsequenzen aus der Informationsverarbeitung im privaten Haushalt für Unternehmen, Forschung und Lehre werden in *Kapitel 6* hervorgehoben. Abschliessend werden zukünftige Fragestellungen aus den Ergebnissen dieser Arbeit abgeleitet.

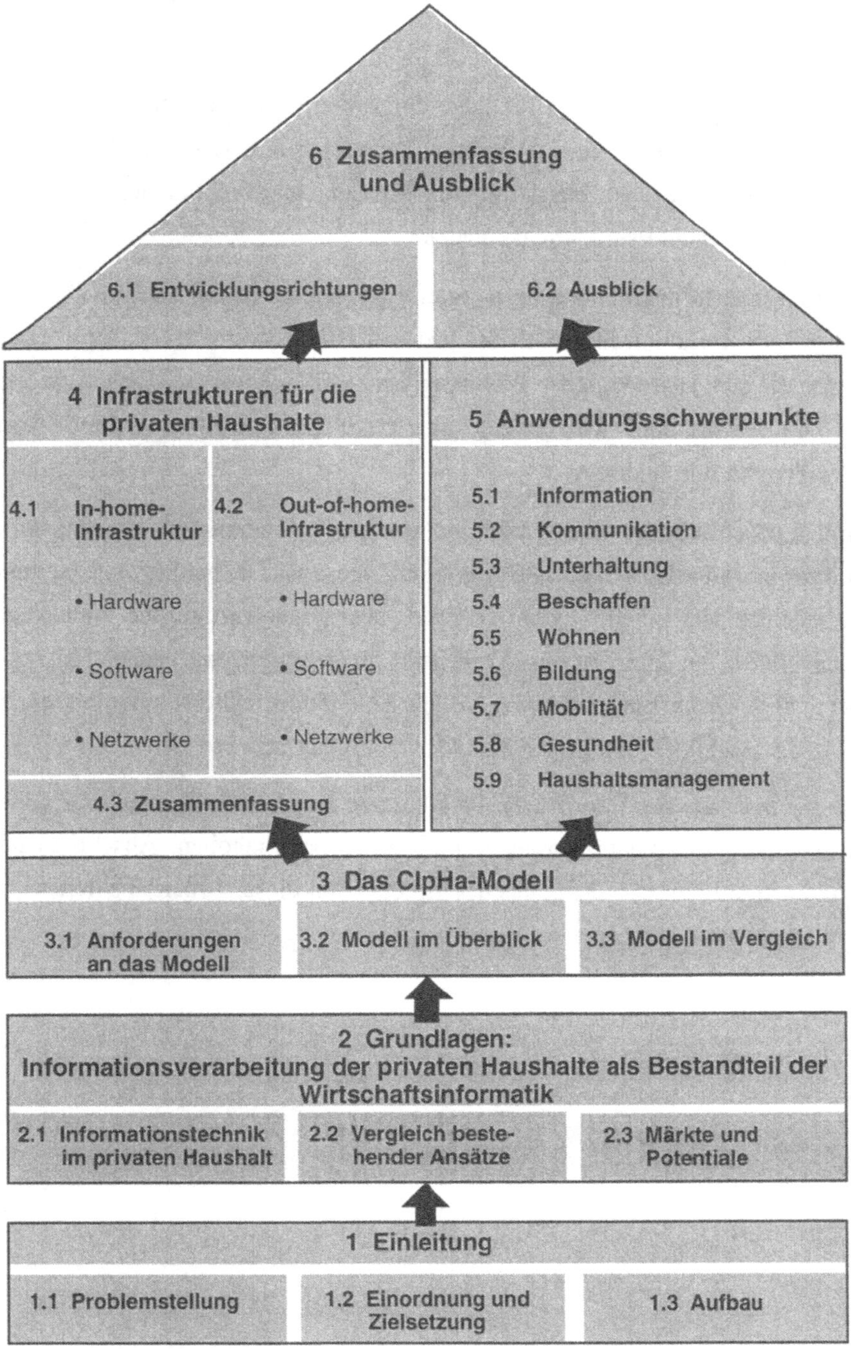

Bild 1.3/1 Aufbau der Arbeit

2 Theoretische Grundlagen: Informationsverarbeitung der privaten Haushalte als Bestandteil der Wirtschaftsinformatik

Kapitel 2 legt die definitorischen und wissenschaftlichen Grundlagen für das in Kapitel 3 einzuführende Modell. Nach grundlegenden Begriffen und Abgrenzungen zu nicht behandelten Gebieten werden bestehende Ansätze erläutert, die sich mit der Informationsverarbeitung der privaten Haushalte beschäftigen. Eine Zusammenstellung wesentlicher Daten zur Informationstechnik im Privatbereich und die Vorstellung von Potentialeinschätzungen bilden den Abschluss.

2.1 Informationstechnik im privaten Haushalt

2.1.1 Grundlegende Begriffe

Infrastrukturen sind nach Brenner (Brenner 1994, S. 27ff.) ein Oberbegriff für Hard-, Software und Netzwerke der *Informationsverarbeitung* (IV). Die IV umfasst alle informationsverarbeitenden Tätigkeiten und Beziehungen (Brenner 1994, S. 19). Aufgrund der Vielfältigkeit der Technik im Haushalt erweitert diese Arbeit das Verständnis der Infrastrukturen über das der traditionellen Informationstechnik hinaus (vgl. 3.2.1). Unter einer *Anwendung* wird nach Steinbock eine denkbare Geschäft-Informationstechnik-Kombination (Steinbock 1995a, S. 7f.; Mertens 1995) verstanden. Diese Arbeit wendet diese Definition auf private Einsatzgebiete an. Anwendungstypen oder -schwerpunkte fassen Anwendungen mit gleichen Eigenschaften zusammen (Brenner 1994, S. 39).

Unter einem *privaten Haushalt* wird umfassend der private Lebensbereich verstanden, der weiter zu fassen ist als die private Wohnung, wie z.B. die mobile Informationstechnik im Automobil zeigt. Im Vordergrund steht der Einsatz für ausschliesslich private Zwecke. Benutzer sind alle Mitglieder des Haushalts. Synonyme sind 'Konsumenten' oder 'Familie' sowie englische Begriffe wie 'Consumer' oder 'Residential Customer'. Insbesondere Kinder sind ein Faktor, der mit der privaten Nutzung von Informationstechnik positiv korreliert ist: In 27% der deutschen Haushalte mit Kindern findet man einen privat genutzten PC, während dieser Wert in kinderlosen Haushalten bei 12% liegt (IRES 1995, S. 10). Es wird Informationstechnik untersucht, die sich ausserhalb der Wohnung (Out-of-home) befindet, jedoch auf den privaten Einsatz zielt, z.B. Grossrechner zur Steuerung eines Online-Dienstes.

Unter der *computerunterstützten Informationsverarbeitung der privaten Haushalte* (CIpHa) verstehen wir demnach alle Infrastrukturen und Anwendungen, die von Privatpersonen zu ausschliesslich oder überwiegend privaten Zwecken genutzt werden. Begriffe in der Literatur, die auf einen ähnlichen Tatbestand abheben, sind Home Information System (HIS) (Venkatesh/Vitalari 1986), Home Informatics (Miles 1988, S. 1), Home-oriented Informatics and Telematics (HOIT) (Rijn/Williams 1988, Bjerg/Borreby 1994), Interaktives Telematiksystem für den Heimbereich (HITS) (Zimmermann 1995) oder Domotique (Miles 1988, S. 6).

In der aktuellen Fachliteratur wird die Bezeichnung bedeutungsgleich mit dem Begriff 'Consumer Multimedia' verwendet. Multimedia (IBM 1993; Steinmetz 1993) bezeichnet umfassend:

- Den integrativen Einsatz von dynamischen und statischen Medien zur erhöhten Benutzerfreundlichkeit.
- Die Nutzung von digitaler Technik und Kompressionsverfahren zur Kombination getrennter Medien.
- Die interaktive Nutzung von Diensten zur individuellen Gestaltung.

Viele nationale (Landtag BWB 1995; OECD 1995, S. 15f.), europäische (European Commission 1994; Cordis 1995) und aussereuropäische (The White House 1993) Initiativen versuchen, die Anbindung aller Gesellschaftsteilnehmer an ein Informations- und Kommunikationsnetz grosser Kapazität mit den Begriffen *Information (Super-) Highway* oder *Datenautobahn* zu umschreiben und Implikationen aufzuzeigen. Weitgehend handelt es sich um Visionen und Denkmodelle. Bedeutsam bleibt aber, dass anders als Ende der achtziger Jahre die Einbeziehung der privaten Haushalte hervorgehoben und das Eindringen der Informationstechnik in den Alltag betont wird. Dieser Umstand, allgemein als *Informationsgesellschaft* apostrophiert, wird gestützt durch die Tatsache, dass der Markt für Informations- und Kommunikationstechnik 1993 mit DM 3,2 Billionen der bedeutendste Wirtschaftszweig weltweit war. Allein in Deutschland betrug das Volumen mit DM 328 Mrd. mehr als 11% des Bruttoinlandsprodukts und hat Einfluss auf 50% aller Beschäftigten (BMWi 1995, S. 60). Regionale und kulturelle Unterschiede verhindern eine einheitliche Betrachtung.

Wenn nicht anders erwähnt, nimmt diese Arbeit eine internationale Perspektive ein und weist an gegebener Stelle auf Unterschiede zu Deutschland hin.

2.1.2 Abgrenzungen zur betrieblichen Informationsverarbeitung

Bei der Beschreibung der Informationstechnik und ihrer Anwendungen sowie der Analyse der Marktpotentiale tritt die Schwierigkeit auf, dass Überschneidungen zur betrieblichen Welt ein Zurechnungsproblem verursachen. Zum einen werden private Installationen wie z.B. der Online-Dienst daheim für die Buchung von Dienstreisen für berufliche Zwecke 'entfremdet', zum anderen werden auf dienstlicher Informationstechnik, z.B. dem dienstlich gestellten Laptop, in der Freizeit Spielanwendungen ausgeführt. Dieses wird in der Literatur zu umgehen versucht, indem der Begriff 'So/Ho' (Small Offices/Home Offices) als Sammelbegriff eingeführt wird und zum Teil mit dem Begriff 'Privatkonsumenten' gleichgesetzt wird. Die auf dem Heim-PC erledigte Büroarbeit ist mit 59% die häufigste Tätigkeit (Inteco 1994). Diese erfüllt *nicht* die Definition einer privaten Anwendung im Sinne der CIpHa. Es existieren wenige Studien, die sich explizit mit dem Privatbereich auseinandersetzen. Aggregiertes Zahlenmaterial fasst in der Regel betriebliche und private Nutzung zusammen, ohne z.B. einen Bereich wie die Telekommunikation weiter zu differenzieren. Einen Sonderfall stellt die Konsumelektronik dar, deren erklärter Schwerpunkt die private Nutzung ist. Sie war 1993 weltweit für 10% und in Deutschland 1994 für 21% des Gesamtmarktes der Informationswirtschaft verantwortlich (BMWi 1995, S. 60).

Die Anwendung der Tele-Arbeit (Schulz/Staiger 1993) wird nicht betrachtet. Die Nutzung der Informationstechnik für gewerbliche oder berufliche Zwecke steht ausserhalb der privaten Nutzung und stellt eine Fortsetzung einer originär betrieblichen Funktion lediglich in privater Umgebung dar. Das mit variierender Trennschärfe versehene Unterscheidungskriterium ist immer die auszufüllende Funktion (z.B. die 'Unterhaltung') und nicht der Ort der Funktion (Haushalt). Eine Reihe von Anwendungen werden inhaltsgleich in der privaten und betrieblichen Welt eingesetzt. Die Nutzung der Mobilkommunikation findet sowohl im Unternehmen als auch bei dem privaten Nutzer z.B. in Gebieten mit geringer Anschlussdichte an ein Festnetz statt. Im Rahmen dieser Arbeit wird explizit durch Beispiele der private Nutzungskomplex beleuchtet, wie der auf den breiten Massenmarkt zielende Personal Communications Service des E-plus-Netzes.

2.1.3 Einordnung in die Betriebswirtschaft und Wirtschaftsinformatik

Die Beschäftigung mit dem privaten Haushalt war in den späten fünfziger Jahren bis in die frühen siebziger Jahre Gegenstand einer Diskussion innerhalb der *Betriebswirtschaftslehre.* Wesentliche Beiträge untersuchten, inwieweit der Haushalt ein Wirtschaftssubjekt im Sinne einer Unternehmung ist (Dubberke 1958; Dubberke 1964) und diskutierten die Abgrenzung der Betriebswirtschaftslehre von der Hauswirtschaftslehre (Hax 1971). Hax spricht von den konsumptiven Hauswirtschaften als eigentlichen "Auslöser unternehmerischer Aktivität". Der private Haushalt ist ein entscheidender Wirtschaftsfaktor (Rapin 1991). Im Jahr 1984 betrug das Vermögen der privaten Haushalte an Gebrauchsgegenständen in Deutschland ca. DM 686 Mrd. und lag nur geringfügig unter dem der Unternehmen (DM 854 Mrd.). 24% des privaten Verbrauchs, d.h. ca. 15% des Bruttoeinkommens, geben die privaten Haushalte für technische Anschlüsse und Geräte aus, das waren 1987 DM 170 Mrd. (Hampel/Mollenkopf 1991, S. 10f.; StaBu 1995).

Raffèe fordert wie Hax die Einbeziehung des privaten Haushalts in die Betriebswirtschaftslehre und verweist (Raffèe 1966, S. 183) auf den Themenkomplex der Haushalts- oder Konsumenteninformation. Die private Informationsverarbeitung ist für Tschammer-Osten ein konstituierendes Element (Tschammer-Osten 1974) und die Informationswirtschaft ein Subsystem des privaten Haushalts (Tschammer-Osten 1979). Gleich ist allen Betrachtungen, dass sie den privaten Haushalt in die Betriebswirtschaftslehre einordnen, obgleich eine Abgrenzung der reproduktiven, konsumptiven Systeme von den produktiven der Unternehmung stattfindet.

Wirtschaftsinformatik befasst sich mit der Konzeption, Entwicklung, Einführung, Wartung und Nutzung von Systemen computergestützter Informationsverarbeitung (Mertens/Bodendorf 1995, S. 1). Bisherige Betrachtungen konzentrierten sich auf betriebliche Anwendungssysteme (Mertens 1995) mit betrieblichen Anwendern. Diese Sicht muss durch Anwendungssysteme für den privaten Konsumenten erweitert werden, um die in dieser Arbeit beschriebenen Potentiale der Informationstechnik ausschöpfen zu können. Erste Ansätze finden sich in neuer Literatur der Wirtschaftsinformatik (z.B. Mertens/Bodendorf 1995, S. 107ff.) für einzelne Bereiche wie Buchungssysteme in Online-Diensten oder Kundenselbstbedienung im Bankwesen. Aus dem klassischen Umfang der Wirtschaftsinformatik wie Hardware, Kommunikation, Daten, Software, Anwendungssysteme, Informationsmanagement und der Wirkungsanalyse (Schwarze 1994, S. 25f.) konzentriert sich diese Arbeit auf die Infrastrukturen aus Hardware, Netzwerken und Software (vgl. Kapitel 4) sowie schwerpunktmässig auf die Anwendungssysteme in ausgewählten Bereichen des privaten Lebens (vgl. Kapitel 5).

2.2 Bestehende Ansätze zur Informationstechnik im privaten Haushalt

Verschiedene Quellen untersuchen Teilaspekte der Informationsverarbeitung der privaten Haushalte. Wesentliche Arbeiten kommen von

- Unternehmensberatern (KPMG 1994) oder Technologieforschungsinstituten, die sich mit der Abschätzung von Potentialen beschäftigen (Moroney/Matthews 1995).
- Einzelnen Unternehmen, die Konzepte zur Bearbeitung dieses Marktes vorgestellt haben (Middelhoff 1995).
- Der Betriebswirtschaftslehre, deren wissenschaftliche Arbeit sich auf Teilbereiche wie das Marketing, z.B. zur Untersuchung neuer Kommunikationskanäle zum Privatkunden als Massen-Informationssysteme (Hansen 1994a; Hansen 1994b) konzentriert hat.
- Der Technologiefolgen-Abschätzung (Meyer/Schulze 1994; Ohly/Ostner 1988). Arbeiten der Technikgenese wurden am Beispiel der Informationstechnik im Haushalt untersucht (Heimer 1993).
- Die International Federation of Information Processing (IFIP), die eine Arbeitsgruppe (Working Group 9.3) unter der Bezeichnung 'HOIT - Home-oriented Informatics and Telematics' gebildet hat. Im Rahmen von Konferenzen (Rijn/Williams 1988, Bjerg/Borreby 1994) wurden die unterschiedlichen Ansätze aus Betriebswirtschaft, Technik und Humanwissenschaften vorgetragen und strukturiert.

2.2.1 Betriebswirtschaftlich-orientierte Ansätze

2.2.1.1 Marktstrategien für Heiminformationssysteme

Der erste umfassende Ansatz zur Erarbeitung einer Produktstrategie für den Markt der Informationstechnik für den privaten Haushalt wurde 1986 von Venkatesh/Vitalari geliefert (Venkatesh/Vitalari 1986). Sie verwenden den Terminus "Home

Information Systems" zur Beschreibung eines integrierten Informationssystems im privaten Haushalt. Sie leiten Vorschläge für Produktstrategien der Informationstechnik im privaten Haushalt aus sechs bisherigen, identifizierten Schlüsselproblemen dieses Marktes ab:

- "Recipe Syndrome": Es werden Produkt-Funktionen ohne konkreten Wert im Haushalt angeboten.
- "Office Bias": Home-IT Produkte sind nach Büro-Produkten gestaltet und gehen wenig auf die Erfordernisse im Privatbereich ein.
- "User-Friendly Syndrome": Es besteht kein Bewusstsein für die Komplexität der Technik bei ungeübten Benutzern. Man geht von einem falschen Kundenprofil aus.
- "Limited Experience in Consumer Electronics": Aufgrund der Unerfahrenheit im Markt der Unterhaltungselektronik stellen sich Probleme wie ein Mangel an Standards, schlechtes Design oder Inkompatibilität mit anderen Haushaltsgeräten ein.
- "Failure to Analyze Underlying Logic of Marketplace": Das Vertrauen auf optimistische Marktdaten und der Fokus auf Technik und nicht auf Merkmale des Haushalts werden als entscheidend angesehen.
- "Fragmented Corporate Strategies": Die Marktsegmente sind nicht klar definiert. Es gibt keine langfristigen Konzepte für die Marktentwicklung.

Bild 2.2.1.1/1 zeigt die Strategien, die Venkatesh/Vitalari auf der Basis der geschichtlichen Entwicklung des Marktes der Informationstechnik für Haushalte seit den siebziger Jahren erarbeiten. Allgemeine Kennzeichen des jeweiligen Konzeptes sowie der Zustand des Marktes werden dargestellt. Identifizierte Strategien sind die "Electronic Game Strategy", "Children's Education Focus Strategy", "Office Technology and Transfer Strategy", "Consumer Electronics Interchange Strategy" und die "Home Information Systems Strategy". Als Konzept der Zukunft bilden sie die "Home of the Future Strategy" (Venkatesh/Vitalari 1986, S. 181ff.). Die Entwicklung von auf bestimmte Bereiche wie Spiele ausgerichteten Strategien bis hin zu umfassenden Konzepten mit hoher Funktionsintegration wird deutlich.

Strategie/Zeitraum	*Konzept*	*Kennzeichen/Beispiel*	*Merkmale des Marktes*
Electronic Game Strategy (1977-1983)	Heim als Unterhaltungszentrum	begrenzt auf Spiele, z.B. Sinclair, Commodore	Minimale Produktionskosten, Kreative Hard- und Software
Children's Education Focus Strategy (seit 1980)	Lernen als zentrale Funktion	Kinder als Innovatoren mit Katalysatorfunktion für den Markt, z.B. Apple	Markt nicht definiert für Branche der Computertechnik oder Verlage/Medien
Office Technology and Transfer Strategy (seit 1978)	Heim als Arbeitsplatz	Telearbeit, z.B. IBM, Apple	Grosses Werbebudget, geringe Produktionskosten, spezielles Marktsegment
Consumer Electronics Interchange Strategy (seit 1987)	Heim als Zentrum vieler Aktivitäten	Integration von Aktivitäten des Haushalts, Heimautomation, z.B. Matsushita, Sony, Sharp, NEC	Expertise im Bereich Konsumelektronik, günstige Produktionskosten
Home Information Systems Strategy (seit 1987)	Heim als Informationszentrum	Koordination der Kommunikation innerhalb und ausserhalb des Haushalts, z.B. AT&T, NEC, Microsoft	Wissen aus verschiedenen Branchen erforderlich, intensive Investitionen, Kooperationen, strategische Allianzen und Firmenzusammenschlüsse
Home of the Future Strategy (zukünftig)	Futuristischer Ansatz vom Heim als 'Nabel' der Welt	Vernachlässigt soziale Bedürfnisse ausserhalb des Heimes, z.B. Experimente von Organisationen wie EHSA	Keine Aussage, da schwierig zu beurteilen

Bild 2.2.1.1/1 Profil gegenwärtiger und zukünftiger Strategien für die CIpHa

2.2.1.2 Marketing: Adoptionsmodell von Informationstechnik im Haus

Eine nachfrage-orientierte Perspektive (vgl. Quadrant 2 in Bild 1.1/1) nimmt eine Reihe von Ansätzen ein, die sich mit der Adaption und Adoption von Informationstechnik im privaten Haushalt beschäftigen (Dholakia 1994; Dholakia/Mundorf 1996; Zoche 1994). Sie suchen nach Faktoren, die das Verhalten und die Beziehung der Haushalte in bezug auf Informationstechniknutzung im privaten Bereich beeinflussen. Dholakia arbeitet vier Bereiche heraus, wobei sich ihr Ansatz an etablierten Modellen (Haverty 1987) für das Verhalten des Haushaltes orientiert (Dholakia 1994):

- Demographische Faktoren: Alter, Geschlecht, Rolle in der Familie und Beschäftigung.
- Psychographische Faktoren: Selbstimage, Lebensstil.

- Ressourcen des Haushalts: Einkommen, Zeit, Fähigkeiten und Platz/Raum.
- Einstellungen: Materialismus, Hedonismus und allgemeine Einstellung gegenüber Technik.

Vereinzelt wird auf die Veränderung der Qualität solcher Faktoren der privaten Lebensbedingungen durch Informationstechnik aus soziologischer (Rammert 1993), technischer (Ruf 1994) oder in vergleichender Weise mit anderen Kulturkreisen eingegangen (Mundorf/Meyer 1993).

2.2.1.3 Ganzheitliche Perspektive der Informationsgesellschaft

Den ersten umfassenden entscheidungsorientierten Überblick über den allgegenwärtigen Einfluss der Informationstechnik in allen Gesellschaftsteilen lieferte Tietz (Tietz 1987). In einem Gesamtüberblick zeigt er, welche Optionen für den Einsatz von Informationstechnik bestehen und welche Szenarien für die Zukunft denkbar sind. Seine Analyse gliedert sich in fünf Teile:

- Untersuchung ökonomischer und sozialer Grundfragen und Darstellung entscheidender technischer Entwicklungen als Szenario.
- Technikbasierte Darstellung des Einsatzes und der Funktionalität. Er unterscheidet unterschiedliche Anwendergruppen wie Konsumenten, Unternehmen und Institutionen.
- Konkrete Beschreibung von Anwendungen wie Tele-Banking zur Lösung bestimmter Probleme und Darstellung verschiedener Optionen, z.B. via Datex-J, Internet oder Telefon.
- Analyse der Entwicklung aus der Perspektive verschiedener Benutzergruppen und Lebensbereiche wie Konsumenten, Unternehmen, Bildungsinstitutionen, Städte oder Verkehr.
- Einführung von Informationstechnik durch Unternehmen und Institutionen (Informations- und Kommunikationsmanagement).

Dieser Ansatz stellt die erste ganzheitliche Betrachtungsweise der Informationstechnik in allen Lebensbereichen dar und widmet dem privaten Bereich entsprechenden Raum. Er erkennt die Vorteile, die Informationstechnik für den Konsumenten und für das anbietende Unternehmen selbst bietet, indem eine direkte Einbindung des Konsumenten in die Bestell-, Produktions- und Logistikprozesse des Unternehmens stattfindet (Tietz 1987, S. 900). Eine ähnliche Perspektive nimmt Silberer ein, wenn er untersucht, wie Multimedia als Marketingwerkzeug von Unternehmen verschiedener Branchen im Kundenbereich zur Gewinnung von Wettbewerbsvorteilen eingesetzt werden kann (Silberer 1995).

2.2.1.4 Masseninformationssysteme

Hansen bezeichnet Masseninformationssysteme in Abgrenzung zu inner- und zwischenbetrieblichen Informationssystemen als "rechnergestützte Informationssysteme zur Auskunftserteilung und Abwicklung von Routinegeschäften für eine grosse Zahl räumlich verstreuter, gelegentlicher Benutzer in Haushalten sowie Reisende und Passanten" (Hansen 1995, S. 78f.) und betont die Nutzung auf rein freiwilliger Basis. Er beschäftigt sich mit den Gründen, warum Unternehmen solche Systeme erstellen und betreiben und erarbeitet daraus Hilfestellungen zur Klärung von Grundsatzentscheidungen wie anzubietende Produkte, Marktabgrenzungen oder Kooperationspartner (Hansen 1994a; Hansen 1996, S. 81f.). Die Abgrenzung der Masseninformationssysteme gegenüber betrieblichen Informationssystemen von Hansen zeigt Bild 2.2.1.4/1:

Typ/Kriterium	*Innerbetriebliches Administrationssystem*	*Zwischenbetriebliches Informationssystem*	*Masseninformationssystem*
Kommunikationspartner	Einzelne Sacharbeiter mit einem Anwendungsprogrammsystem in einem Unternehmen	Anwendungsprogramme auf voneinander entfernten Rechnern in verschiedenen Unternehmen	Ein Informationsanbieter (Unternehmen) mit einzelnen Personen (Kunden und Interessenten) in Haushalten
Betriebsarten	Transaktionsverarbeitung	Automatischer Versand bzw. Abruf im Stapel	Dialogverarbeitung in verschiedenen Formen auf Initiative des Endbenutzers
Anzahl der Benutzer eines Systems	Einige Dutzend bis einige Hundert Mitarbeiter	Einige Dutzend bis einige Hundert Geschäftspartner	Potentiell Tausende, Hunderttausende oder Millionen Privatpersonen
Maximale Reichweite und Streuung der Benutzer	Unternehmensweit	National (selten internationale Verbindungen)	Global (wobei regionale oder nationale Zielgruppen angesprochen werden können)
Häufigkeit der Inanspruchnahme	Laufend, durch dieselben wohlbekannten Mitarbeiter	Regelmässig, durch bekannte, gleichbleibende Partner	Gelegentlich, durch unbekannte, wechselnde Partner
Benutzungszwang	Benutzung wird gefordert	Benutzung entsprechend Vereinbarung	Freiwillige Benutzung

Bild 2.2.1.4/1 Abgrenzung von Masseninformationssystemen von betrieblichen Informationssystemen (Hansen 1996, S. 3)

2.2.2 Technisch-orientierte Ansätze

Neben einigen produkt- oder marktorientierten Schlagworten wie das Bill Gates zugesprochene "A computer in every home" (Gates 1996) oder Novells "Pervasive Computing" richten sich einige Ansätze der Literatur explizit auf die Untersuchung technischer Aspekte der Informationstechnik im privaten Haushalt (Wilson 1988).

2.2.2.1 Home-Computing

In den achtziger Jahren setzte eine intensive Beschäftigung mit dem prominentesten Beispiel für Informationstechnik im Haushalt ein, dem Home-Computer (Venkatesh/Vitalari 1987; Vitalari/Venkatesh 1985). Viele empirische Studien untersuchten die Auswirkungen auf den Alltag und die einzelnen Aktivitäten. Ein umfassendes Modell zur Analyse des Home-Computing stellten Dutton/Kovaric 1985 vor (Dutton/Kovaric 1985). Sie verdeutlichen den Einzug des Computers in jeden Bereich des privaten Lebens und zeigen zugleich die wissenschaftliche Unsicherheit über Nutzung und Konsequenz des Home-Computers. Sie erarbeiten, dass eindeutige Unterschiede zwischen der Nutzung des Computers in der betrieblichen und privaten Welt bestehen, und zeigen Analogien mit der Computernutzung in Organisationen auf. Ihr konzeptionelles Modell besteht aus unabhängigen Variablen wie sozialer Status, persönliche Eigenschaften, sozio-kulturelles Beziehungswerk und Eigenschaften der Technik. Als intervenierende Variablen verwenden sie den Zeitaufwand und die unterschiedlichen Verwendungsmöglichkeiten. Die abhängigen Variablen bilden die Auswirkungen auf funktionale Bereiche des privaten Lebens wie Lernen und Ausbildung, Familieninteraktion, Persönlichkeitsentwicklung, Freizeit, Heim-Arbeit, Routinetätigkeiten und Persönlichkeits- und Freiheitsrechte.

2.2.2.2 Home Informatics

Miles prägte 1988 den Begriff des 'Home Informatics' (Miles 1988). Er versteht darunter "applications of Information Technology (IT) products that are emerging for use by members of private households" (Miles 1988, S. 1). Diese Definition umfasst Hardware, Software, Dienste und Netzwerke im Bereich der privaten Wohnung, als auch die Informationstechnik, die privaten Zwecken ausserhalb der Wohnung z.B. im Auto dient. Er verweist auf die mangelnde Behandlung von Informationstechnik in Gütern der Konsumelektronik ausserhalb des asiatischen Kulturkreises und nennt die Verbesserung der Qualität und Funktionserfüllung, den Zusatz völlig neuer Funktionen, die Entwicklung neuer Geräte und die Integration vielfältiger Funktionen als die Hauptfolgen der IT im Haushalt. Fünf Branchen sieht er durch die "Home Economics" tangiert (Miles 1988, S. 5):

- Konsumelektronik.
- Zulieferer von Bauteilen für die Konsumelektronik.
- Hausgerätehersteller, Bauwirtschaft und Energieversorgung.
- Telekommunikation.
- Programmanbieter von Informationsdiensten und Inhalten aller Art.

Er begründet ferner die Bedeutung der 'Home Informatics' als entscheidend für die moderne Volkswirtschaft und stellt eine umfassende Sammlung von Beispielen und Prognosen für die vergangene, gegenwärtige und zukünftige Entwicklung vor.

2.2.2.3 Technik-Funktions-Portfolio

Bierhals zeichnet zur Analyse von Nutzenpotentialen der Informationstechnik am Beispiel der Breitbandverkabelung im privaten Haushalt ein drei-dimensionales Schema: Er verwendet Tätigkeiten, Tätigkeitsfelder und Haushaltsgruppen (Bierhals 1991, S. 543). Tätigkeitsfelder sind private Transaktionen (z.B. Einkauf, Finanzen oder Buchungen), Kommunikation, Unterhaltung und Hausarbeit. Tätigkeiten sind Aktivitäten wie Schlafen, Hausverwaltung, Arbeit oder Einkauf. Die dritte Dimension sind verschiedene Arten von Haushalten wie Alleinstehende oder Familien. Eine eindeutige Definition der verschiedenen Begriffe wird nicht gegeben. Er zeigt, wie jedes Tätigkeitsfeld funktional als auch budgetbezogen auf die mögliche Nutzung von Informationstechnik untersucht werden kann. Er stellt nicht den Bedarf, sondern die mangelnde technische Reife in den Vordergrund der Kritik. Bierhals sieht wesentliche Potentiale in der Verbundwirkung verwandter Anwendungsfelder über eine gemeinsame Infrastruktur. Er spricht von "Anwendungsverbundvorteilen". Ähnliche Technik-Funktions-Gruppierungen finden sich bei Liesenfeld (Liesenfeld 1989, S. 141ff.).

2.2.3 Beratungs-orientierte Ansätze

Bei den berater-orientierten Ansätzen geht es um die Entwicklung des Marktes und Verdeutlichung von Potentialen in neuen Technologiebereichen. Ihr Ziel ist weniger die grundlegende Erarbeitung eines Forschungsansatzes als die praxisorientierte Darstellung des unternehmerischen Nutzens und die Analyse möglicher Marktchancen für ihre Klienten. Ausgewählte Ansätze werden nachstehend vorgestellt.

2.2.3.1 Duale Segmentierung

Der Ansatz von Booz, Allen & Hamilton unterscheidet aus der Anwendungsperspektive die private und die geschäftliche Nutzung nach Anwendergruppen (Booz, Allen & Hamilton 1995, S. 30f.). Hinsichtlich der informationstechnischen Ausgestaltung werden diese jeweils in stand-alone Anwendungen und netzorientierte Anwendungen aufgespalten. Mittel- bis langfristig geht dieser Ansatz sowohl bei der privaten als auch der betrieblichen Nutzung von einer Migration isolierter Lösungen hin zu einer netzorientierten Infrastruktur aus. Es wird von einem Potential des gesamten privaten Segments in Deutschland von ca. DM 15-20 Mrd. bis zum Jahr 2000 gesprochen. Die Berater weisen auf die unterschiedlichen Merkmale der betrieblichen und privaten Märkte hin (vgl. Abschnitt 2.1.2) und verwenden zur weiteren Analyse eine Wertschöpfungskette wie sie am Ende von Kapitel 4 vorgestellt wird (vgl. KPMG 1994, S. 76f.).

2.2.3.2 Inhaltsorientierung

Das Modell des Marktforschungsunternehmens Ovum (Moroney/Matthews 1995, S. 11f.) legt den Schwerpunkt auf Inhalte (engl. content) wie Filme oder Informationen und zweitens auf die Interessen verschiedener Nutzergruppen. Die private Nutzung steht neben der gewerblichen, der Erziehung, der Gesundheit und der Verwaltung als eine unter mehreren. Die Inhalte werden nach der Art des Zugangs in "restricted access" für geschlossene Benutzergruppen wie Ärzte, "paid-for-access" mit kostenpflichtigem Zugang wie Online-Dienste und "open access" für kostenfreien Zugang wie z.B. Werbung unterteilt. Neben den durch die Inhalte geprägten Anwendungen werden Kommunikation und transaktionale Dienste genannt. Jede dieser drei Gruppen lässt sich in "driving applications", die durch direkte Zahlungsbereitschaft des Kunden gekennzeichnet sind, und "passenger applications", deren Nutzen sich erst später im Verbund mit anderen Anwendungen äussert, aufspalten. Als private Anwendungen werden genannt:

- Unterhaltung: Spielfilme, Sport, Spiele, Glücksspiele, Pornographie und Musik.
- Electronic Commerce: Werbung, Einkaufen und Bankgeschäfte.

- 'Reine Inhalte': Erziehung, Nachrichten, Nachschlagewerke und öffentliche Informationen.
- Kommunikation: Video-Postkarte und Video-Telefon.

Für jede dieser Anwendungen werden existierende Märkte zur möglichen Substitution, die unterstützenden und hinderlichen Faktoren zur Markterschliessung untersucht und die Potentiale abgeschätzt. Für den privaten Bereich in Deutschland zeigt eine Ovumprognose danach für 1996 ein Potential von US$ 210 Mio. und für das Jahr 2000 US$ 5,15 Mrd. auf (Moroney/Matthews 1995). Dieser Ansatz vernachlässigt stand-alone Infrastrukturen und setzt eine interaktive Vernetzung des Haushaltes im Sinne eines 'Information Superhighways' voraus.

2.3 Potentiale für Unternehmen durch Infrastrukturen und Anwendungen für private Haushalte im Überblick

2.3.1 Infrastrukturelle Basis

Ein wesentlicher Parameter zur Beurteilung der Informationsverarbeitung im privaten Haushalt ist der Status quo der Ausstattung der Haushalte mit entsprechender Technik. Die Zahlenwerte verschiedener Institute liegen zum Teil weit auseinander. Die Gesellschaft für Unterhaltungselektronik (gfu) gibt den für den Heim-PC optimistischen Wert von 31,5% aller deutschen Haushalte an (gfu 1994). Die Unterschiede in Ost- und Westdeutschland in einigen Bereichen sind evident. Während in den alten Bundesländern 1994 98% der Haushalte über einen Telefonanschluss verfügen, sind es im Ostteil 49% (StaBu 1995). Die Ausstattung mit Satelliten-Empfangsanlagen liegt dagegen im Westen aufgrund der besseren Versorgung mit Kabelanschlüssen unter der in den neuen Ländern. Bild 2.3.1/1 zeigt die Penetration wesentlicher Infrastrukturen im privaten Haushalt und gibt Vergleichswerte aus den USA an. Veränderte Kultur und abweichender Marktzustand resultieren in deutlichen Abweichungen der Penetration wesentlicher Informationstechnik, z.B. dem PC im Haushalt oder den Online-Anschlüssen.

Infrastrukturen der privaten Haushalte	*Penetration in D in %*	*Vergleich: USA in %*
Informationstechnik		
PC	19	33
mit CD-ROM	4	13
mit Modem	2,5	20
Online-Anschluss	4	16
davon Internet	< 1	10
Video-Konsole	11	42
Telekommunikation		
Telefon	97	99
Kabelanschluss	37	61
Satelliten-Receiver	19	3
Mobil-Telefon	4	3
Unterhaltungselektronik		
Fernseher	95	98
Videotext	45	n.v.
CD-Player	55	35
HiFi	66	95
Videorekorder	60	80
Mini Disc	2	6
CD-i	4	5
Camcorder	14	17
Hausgeräte		
Waschmaschine	88	75
Mikrowelle	36	81
Geschirrspülmaschine	34	44

Bild 2.3.1/1 Penetration von Geräten mit Informationstechnik im privaten Haushalt 1993/94 (Quellen: gfu 1994; Wiesinger 1994; DVI 1994; StaBu 1995; Carey 1993, S. 36; Statistical Abstract 1995, S. 857; eigene Zusammenstellung)

Zur Beobachtung neuer Informationstechnik in den privaten Haushalten unter Berücksichtigung der historischen Entwicklung lassen sich in der Literatur zusammenfassend folgende Aussagen finden (Carey 1993, S. 32ff.; Piller 1994, S. 96ff.; Martin 1994):

- Zur Massenmarkt-Penetration, d.h. zur Durchdringung von mehr als 50% aller Haushalte ist eine rapide Preissenkung nach der Markteinführung erforderlich. Der Preis auf der Basis der wöchentlichen Nettoeinkommen ist bei Erreichen der 50%-

Penetration bei Radio und Fernseher konstant (ca. 1,8 Wocheneinkommen) gewesen, hat sich beim Videorekorder auf 0,7 und beim CD-Player auf 0,4 Wocheneinkommen verringert. Der absolute Preis fiel deutlich stärker innerhalb von 10 Jahren als bei Fernsehen oder Radio. Als aktueller Schwellenpreis ergibt sich für heutige, neue Produkte mit Massenmarkt als Zielgruppe ein Preis von US$ 300-500.

- Erfolge bei bestimmten Verwender-Gruppen oder abgegrenzten Anwendungen schaffen Potentiale für Preissenkungen und erweiterte Anwendungsmöglichkeiten für den Massenmarkt. Videorekorder wurden von bestimmten Gruppen insbesondere für das private, ungestörte Ansehen von pornographischen Inhalten gekauft. Man spricht von Stufenmodellen, wobei eine Technik die erste Stufe wie Adaption durch Lead User erreichen muss, um die nächsthöhere Stufe und letztlich den Massenmarkt zu erreichen. Ein Beispiel für das erfolglose Einführen von Kommunikationstechnik ist das in den sechziger Jahren in den USA von AT&T erfolglos angebotene Videophone.

- Hinderungsgründe für eine breite Akzeptanz in den Haushalten sind ein nicht wahrgenommener Vorteil über bestehende Technik (Beispiel: Quadrophonie vs. Stereophonie, Bildplattenspieler vs. Videorekorder), konkurrierende Standards (Beispiel: Netzwerke in der Heimautomatisierung) oder ein sich kumulierender, kleiner Vorteil eines Produktes über ein anderes wie bessere Lizensierungspolitik (Beispiel: VHS über das Beta-Format im Videomarkt). Ein wichtiger Aspekt ist das Verhalten vieler informationstechnischer Strukturen als Systeme der Kritischen Masse. Nach Weiber stellen Kritische Masse-Systeme die "technischen Voraussetzungen zur Kommunikation zwischen Mitgliedern eines sozialen Systems bereit" (Weiber 1992, S. 39). Erst wenn eine bestimmte Zahl von Haushalten eine installierte Basis bildet, macht es für weitere Haushalte Sinn, ebenfalls Mitbenutzer zu werden (Weiber 1992, S. 39ff.; Rogers 1983). Dieses gilt z.B. für den Einsatz von E-Mail oder Bildtelefonen im privaten Bereich.

- Der Adoptionsprozess nach Markteinführung hat sich beschleunigt: In den USA benötigte das Telefon 70 Jahre bis zur 50% Penetration, das Fernsehen hat nach ca. 35 Jahren eine 100% Penetration erreicht, der Videorekorder nach 13 Jahren 65% und der PC 20 Jahre nach der Einführung auf dem Massenmarkt ca. 30%. Der Grad der maximal erreichbaren Penetration einzelner Geräte hat deutlich abgenommen (Piller 1994).

2.3.2 Marktabschätzungen

Der deutsche Markt für Informationstechnik umfasste 1995 DM 79,5 Mrd., davon entfielen 13% oder DM 10,34 Mrd. auf den Heimbereich. Allein im Hardwaremarkt (DM 32,4 Mrd. gesamt) betrug der private Markt 6,16 Mrd. (19%), im Software-Bereich (DM 18,7 Mrd. gesamt) erreichte der private Anteil 16% oder DM 2,99 Mrd. (CZ 4-1996, S. 17). Ein Hinweis auf die steigende Bedeutung der Informationsverarbeitung der privaten Haushalte ist neben der Neuausrichtung zahlreicher Grossunternehmen wie z.B. Microsoft mit dem Geschäftsfeld 'MS Home' die Tatsache, dass die weltgrösste Messe für Informationstechnik erstmals in einen betrieblichen und einen privaten Teil, CeBIT Home, aufgespalten wurde. Die Prognosen für diesen Markt sind höchst widersprüchlich und klaffen z.T. erheblich auseinander. Eine Booz, Allen & Hamilton-Prognose aus dem Jahr 1993 verspricht für das Jahr 2000 PC-gestützte Multimedia-Endeinrichtungen von ca. DM 2,5 Mrd., während das Haus Ovum für den gleichen Zeitpunkt einen Wert von mehr als DM 7,5 Mrd. angibt. Insgesamt rechnet Booz, Allen & Hamilton für das Segment des privaten Marktes mit Multimedia mit einem Umfang von DM 15-20 Mrd. (Booz, Allen & Hamilton 1995, S. 50) bis zum Jahr 2000 in Deutschland. Eine andere Studie für die USA weist einen Markt von US$ 60 Mrd. für Consumer-Multimedia aus, rechnet bis 2010 mit einem mässigen Anstieg auf US$ 100 Mrd. (Mercer 1996, S. 15). Einige Autoren sehen den Privatbereich im Einsatz von neuer Informationstechnik deutlich vor den Unternehmen und ein Schrumpfen dieser Umsatzteile von 56% auf 7% zugunsten des digitalen Heimanwender-Marktes (Aston/Klein 1994, S. 22). Bild 2.3.2/1 zeigt, wie das Marktforschungsinstitut Market Vision die Umsatzentwicklung der Informationstechnik für private und betriebliche Nutzer im Vergleich einschätzt. Sie prognostizieren ein deutliches Übergewicht der privaten über die betriebliche Nutzungsformen digitaler Technik mit insgesamt mehr als US$ 80 Mrd. (Aston/Klein 1994, S. 43).

Der Markt der Informationsverarbeitung der privaten Haushalte wird durch eine Fülle von zum Teil in der Entwicklung nicht absehbaren Teilmärkten determiniert. Bei vielen dieser Segmente lässt sich die private Nutzung nicht eindeutig abgrenzen. Kontrovers wird diskutiert, ob sich durch Informationstechnik neue Anteile am Haushaltsbudget gewinnen lassen oder ob ausschliesslich Substitutionseffekte erzielt werden können (Orme 1996; Pavlik 1996, S. 185). Stagnierende Realeinkommen und konstante Medienausgaben unterstützen letzteres. Bild 2.3.2/2 zeigt eine Auswahl relevanter Märkte.

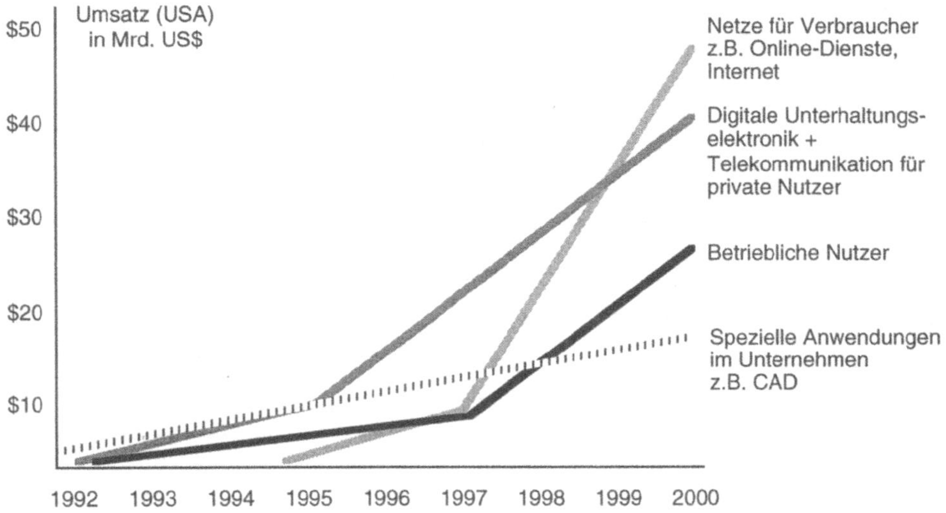

Bild 2.3.2/1 Marktprognosen für den privaten und betrieblichen Einsatz von Informationstechnik (Aston/Klein 1994, S. 43)

Teilmarkt	*Umsatz in Mio. DM 1993*
Videomarkt (Verleih)	740
Videomarkt (Verkauf)	830
Videospiele	800
Informationsdienste	948
Kino	1.100
Versandhandel	37.500
Pay-TV	259
Tonträger	5.120
Fernseh-, Hörfunk- und Kabelgebühren	12.400
Zeitungen, Zeitschriften, Bücher	19.600
Konsumelektronik	20.600 (1994)
Home Computer	1.796 (1994)
Private Telekommunikation	2.417 (1994)
Private Software	2.992 (1995)

Bild 2.3.2/2 Auswahl relevanter Teilmärkte in Deutschland der CIpHa (Quellen: Booz, Allen & Hamilton 1995, S. 43; Prognos 1995, S. 89)

2.3.3 Charakteristika des Marktumfeldes

Die Informationsverarbeitung für die privaten Haushalte wird insbesondere durch die folgenden relevanten Tendenzen im Marktumfeld beeinflusst:

- Konvergenz: Die sich zuvor getrennt voneinander entwickelnden Märkte der Informationstechnik, Telekommunikation und Konsumelektronik wachsen zusammen. Dieser bestimmende Trend der neunziger Jahre ist eine Reaktion auf die Digitalisierung aller Medien (Bradley/Hausmann 1993). Als Konsequenz wirkt sich diese Konvergenz auf die Unternehmen selbst und ihre Produkte aus. Firmenallianzen, Kooperationen und Übernahmen sind zugleich Katalysator und Ergebnis dieser Marktkonvergenzen. Bild 2.3.3/1 zeigt eine Auswahl verschiedener Konvergenzaktivitäten von zuvor in unterschiedlichen Teilmärkten operierenden Unternehmen der Bereiche Medien, Computertechnik und Telekommunikation.

Unternehmen	*Branchen*	*Übernehmer*	*Wert der Akquisition*
Columbia Pictures	Filmstudio - Konsumelektronik	Sony	US$ 11 Mrd.
Time Warner (25,5% Beteiligung)	Medien - Telekommunikation	US West	US$ 2,5 Mrd.
Turner Broadcast	Programmanbieter - Medien	Time Warner	US$ 7,5 Mrd.
ABC	Progammanbieter - Filmstudio	Disney	US$ 20 Mrd.
MCA	Musikverlag - Konsumelektronik	Matsushita	US$ 8,7 Mrd.
America Online	Online-Dienst - Medien	Bertelsmann	US$ 40 Mio.

Bild 2.3.3/1 Auswahl von Konvergenzbestrebungen im CIpHa-Markt

- Rechtsunsicherheit: In vielen Bereichen der Informationstechnik für den privaten Haushalt besteht Ungewissheit über rechtliche Rahmenbedingungen digitaler Medien (Paschke 1993, S. 12f.; Maus 1991). Dieses umfasst Fragen der rundfunkrechtlichen Einordnung, Zulassung und Kontrolle interaktiver Videodienste wie Tele-Shopping oder Video-on-Demand in Abgrenzung vom bisherigen Verteilfernsehen mit Allgemeinversorgungsauftrag. Hinzu treten urheberrechtliche Unwägbarkeiten, wenn es um die digitale Verbreitung von Inhalten geht. Digitale Kopien sind prinzipiell nicht vom Original zu unterscheiden, durch die Möglichkeit der Nachbereitung übertreffen sie u. U. das Original. Viele Pilotprojekte im Fernsehbereich, wie z.B. Home Order Televison (HOT) in Bayern, arbeiten mit Ausnahmegenehmigungen der jeweiligen Landesmedienanstalten, zum Teil sind Rechtsverfahren anhängig. Im Juni 1996 hat die Bundesregierung in Reaktion auf einen geplanten Staatsvertrag der Länder einen Entwurf für ein 'Gesetz des Bundes zur Regelung der Rahmenbedingungen für Informations- und Kommunikationsdienste' (Multimedia-Gesetz) vorgelegt, das einen Rahmen für den freien Markt bilden soll. Es ist fraglich, inwieweit die Kulturhohheit der Länder davon betroffen ist. Die Unsicherheit wird erhöht durch die Deregulierung in der Telekommunikation und dem damit verbundenen diskriminierungsfreien Zugang zu Netzen der Deutschen Telekom AG für Dritte (Open Network Provision, ONP). Details, wie der Übergang zu einem Markt erfolgen soll, sind offen. Schliesslich treten Fragen des Daten- und Persönlichkeitsschutzes im Zuge des verstärkten Eindringens von Informationstechnik in das private Leben stärker als bisher in den Vordergrund.

- Trennung zwischen privaten und geschäftlichen Segmenten: Beide Nutzersegmente entwickeln sich mit unterschiedlicher Ausprägung: Der IT-Markt für die privaten Haushalte ist gekennzeichnet durch mehrfache Unsicherheit. Fragen des Endgerätes (PC, Fernseher oder Spielkonsole), der Netzinfrastruktur, der zentralen Informationstechnik wie Server und der ökonomisch tragfähigen Inhalte sind ungelöst. Während im betrieblichen Bereich die Frage der eigentlichen Inhalte eine untergeordnete Rolle von ca. 10% der Wertschöpfung spielt, ist die Bedeutung des 'Contents' im Privatbereich mit 30-50% enorm (Booz, Allen & Hamilton 1995, S. 40). Entscheidende Fragen der Nutzerakzeptanz, der Standardisierung und des wesentlichsten Faktors, der Kosten, sind unbeantwortet. Vergleichbare Erfahrungen aus der Entwicklung anderer privater Technik wie dem Videorekorder zeigen eine wesentliche Zunahme des Absatzes, nachdem gewisse Preisschwellen unterschritten wurden.
- Demographische Veränderung: Durch die Zunahme der Ein- und Zweipersonenhaushalte steigt die Zahl der Haushalte von 1994 35,7 auf 36,3 Millionen bis 2010. Die Zahl der unter 40-Jährigen nimmt bis 2010 um 9,8% ab, während die der über 40-Jährigen um denselben Prozentsatz zunimmt. Der Schwerpunkt der Aktivitäten der privaten Haushalte hat sich in den frühen neunziger Jahren in das Privatleben verlagert. Trendforscher belegen diesen Umstand mit dem Begriff 'Cocooning' oder 'Burrowing', dem Einbunkern in den eigenen vier Wänden (Popcorn 1992). Andere Trendforscher sprechen von einem gegenläufigen Trend, einer Ausser-Haus-Orientierung mit einem Wandel vom Versorgungs- zum Erlebniskonsumenten

(Opaschowski 1995). Ansätze wie Videoservices für den privaten Haushalt müssen vor diesem Hintergrund gesehen werden, da sie Dienste wie Kino oder Einkaufen, die zuvor ausserhalb des Hauses bezogen wurden, in die Wohnung selbst transferieren. Die veränderte Bevölkerungspyramide in den Industrieländern mit den sogenannten 'Neuen' oder 'Jungen Alten' sorgt für gestiegene Freizeit einerseits und eine wachsende Nachfrage nach Produkten für ältere Menschen andererseits. Weiterhin werden die 'Computerkids' der achtziger Jahre in den Jahren ihres selbstverantwortlichen Konsums andere Anforderungen an Produkte im privaten Haushalt und elektronische Medien stellen. Der Umgang mit Informationstechnik in der Privatsphäre wird vertraut sein (Opaschowski 1995). Schlussfolgerungen sind, dass

1. sich das Nachfragepotential durch die absolute Zunahme der privaten Haushalte vergrössert.
2. die Alterung der Bevölkerung sich positiv z.B. auf neue spezifische Produkte und die im Alter intensivere Mediennutzung auswirkt. Negativ wirkt sich jedoch die Distanz alter Menschen zu Technik aus.
3. die tendenziell kleineren Haushalte mit höherem Prokopf-Einkommen ein höheres disponibles Medien- und Technikbudget haben.
4. eine Koevolution von Gesellschaft und Technik bestimmte Lebensstile (z.B. 'Surfen' im Internet) oder gesellschaftliche Strukturen (z.B. Nationale Informationsinfrastrukturen zur Lösung sozialer und ökonomischer Probleme) erst durch Informationstechnik schafft und diese beeinflusst.

- Gesellschaftliche Trends wie die Umweltorientierung und steigende Einbruchskriminalität lassen Nachfrage für Heim-IT-Produkte entstehen. Computergesteuerte Einzelraumtemperatur-Regelungen zur Senkung des privaten Energieverbrauches oder vernetzte Heimsicherheitsanlagen zur Überwachung der Wohnung zeigen, dass solche Entwicklungen durchaus eine Migration von zuvor auf den betrieblichen Bereich beschränkten Anwendungen in private Einsatzgebiete auslösen können.
- Konstante Medien- und Zeitbudgets für Medien: Das Budget der privaten Haushalte zur Beschäftigung mit Medien und Informationstechnik ist eine wesentliche Stellgrösse für den Markt der Informationserarbeitung der privaten Haushalte. Laut einer Studie der Prognos AG ist die Mediennutzung von 1985 bis 1992 um 10% von 6 h 50 min. auf 7 h 30 min. pro Tag angestiegen, wobei 1992 87% der Zeit für

elektronische Medien genutzt wurden (Prognos 1995, S. 78f.). Pessimistische Einschätzungen sprechen von einem konstanten Niveau von Zeit und Geld für Medien (Dholakia 1994, S. 91), das einerseits durch Substitutionseffekte und andererseits durch einen Anstieg polychroner, d.h. simultaner Aktivitäten, wie Fernsehen, Unterhalten und Bügeln gleichzeitig, gekennzeichnet ist. Die Konsequenz ist, dass neue Produkte und Dienste über eine Umverteilung der im Haushalt knappen Güter 'Zeit' und 'Geld' abgesetzt werden können (Carey 1993, S. 35). Eine Abnahme von Fernsehkonsum von Kindern in PC-Haushalten wird wiederholt berichtet (Venkatesh/Vitalari 1987; Dholakia 1994, S. 93). Daraus folgt, dass diese Produkte besseren subjektiven Nutzen bieten müssen als herkömmliche Produkte.

Im Jahr 1992 gaben die privaten Haushalte in Deutschland DM 94 Mrd. für Medien und Kommunikation aus (DM 2.640 pro Haushalt). Bis 2010 wird ein Anstieg auf DM 146 Mrd. (DM 4.020 pro Haushalt) prognostiziert, was zu Mehrausgaben von ca. DM 1.380 pro Haushalt führen wird. 70% davon entfallen auf Medien, Software und Hardware, während 30% auf die Telekommunikationsnutzung und deren Endgeräte entfallen. Wird der Mediensektor allein betrachtet, sind die Ausgaben für elektronische und Printmedien mit jeweils ca. DM 20 Mrd. im Jahr 1992 gleich verteilt (Prognos 1995) gewesen. Für die Ausgaben des privaten Verbrauchs, die in Deutschland ca. 60% der gesamten inländischen Verwendung von Waren und Dienstleistungen ausmachen, wird bis zum Jahr 2010 mit einem realen Wachstum um 2% p.a. gerechnet (Prognos 1995, S. 85). 1991 entfielen 18% des privaten Verbrauchs von DM 1,7 Billionen nach der Systematik des Statistischen Bundesamtes auf den Bereich Verkehr/Nachrichtenvermittlung und 10% auf Bildung/Unterhaltung (StaBu 1995). 42% der Verkehrs-/Nachrichtenvermittlungs-Ausgaben (DM 70 Mrd.) und 9% der Bildungs-/Unterhaltungsausgaben (DM 29 Mrd.) sind tatsächlich als Kommunikations- bzw. Medienausgaben wirksam (Prognos 1995, S. 90).

2.3.4 Unternehmerische Motivation

Das betriebswirtschaftliche Engagement in die Informationsverarbeitung der Konsumenten kann neben Nutzeffekten der Informationsverarbeitung (Mertens 1992, S. 55f.) auf die Elemente der Kostenreduktion und Umsatzsteigerung zurückgeführt werden (Smith Shi/Salesky 1994, S. 77ff.; KPMG 1994; Hübner 1994). Beispiel 2.3.4/1 zeigt, welche Nutzenpotentiale ein Anbieter des elektronischen Einkaufens, z.B. ein Versandhaus, das seinen Dienst über ein Online-Medium den Endkunden anbietet, nutzen kann.

- *Kosteneinsparungen:* Insbesondere für den personalintensiven Dienstleistungsbereich hat sich der Einsatz von Informationstechnik für den Privatkunden z.B. im Selbstbedienungsbereich der Banken mit erheblichen Einsparungen beim Betrieb von Geschäftsstellen ausgezahlt. Im Verkehrswesen oder Touristikbereich wird versucht, durch Kundenselbstbedienung Kosten zu senken. Im Telekommunikationsbereich können durch Informationstechnik Kosten für Wartung und Kundenmanagement erheblich reduziert und die Qualität der Dienstleistung erhöht werden (Pugh/Boyer 1995, S. 35; Yeung/Morgan 1995, S. 34; Kotler/Bliemel 1992; Malone/Rockart 1995).
- *Neue Kunden gewinnen*: Die Gewinnung von Neukunden in stagnierenden Märkten gehört zu den Herausforderungen der neunziger Jahre. Unternehmen der betrieblichen Datenverarbeitung haben neue Produkte für den Konsumentenmarkt wie hybride PC-TV-Geräte, z.B. der 'Envision' von Olivetti oder der 'Coup' von Peacock (Janik 1995) entwickelt, um in das neue Geschäftsfeld 'Privatkunden' einzudringen. Ebenso bieten Unternehmen der klassischen Unterhaltungselektronik wie Sony mittlerweile Multimedia-PCs an.
- *Mehr an alte Kunden verkaufen:* Die Nutzung der Informationstechnik kann die Qualität einer Kundenbeziehung verändern. Bankdienstleistungen via Online-Dienste verzichten auf den persönlichen Kontakt, ermöglichen andererseits das Angebot neuartiger Produkte wie die sofortige Anpassung an persönliche Kreditwünsche. Das Wissen über den Kunden und seine Wünsche und Verhaltensweisen durch Tracking-Software, die das 'Manövrieren' des Kunden in einem Angebot verfolgt und aufzeichnet, gibt neue Impulse für Marketing und Produktinnovation.

Beispiel 2.3.4/1: Nutzen durch Electronic Shopping als Beispiel für IT-Einsatz durch den privaten Haushalt

Die Unternehmensberatung McKinsey (Smith Shi/Salesky 1994, S. 77ff.) hat eine Studie zur betriebswirtschaftlichen Analyse von Electronic Shopping durchgeführt und die Vorteile aufgezeigt, die ein Unternehmen des Einzel- oder Versandhandels hat, wenn es sich im Bereich CD-ROM, Online-Dienste oder Interaktives Fernsehen engagiert. Die Studie systematisiert die Möglichkeiten einer Erhöhung des Return on Invested Capital (ROIC). Erstens ist eine Erhöhung des Umsatzes durch verstärkten Verkauf an *existierende* Kunden möglich:

- Das Unternehmen erhält bessere Information über die Kaufgewohnheiten der Kunden.
- Der Distributionskanal weist für bestimmte Produktgattungen Vorteile auf (z.B. kein Diebstahlrisiko bei Schmuck).
- Unabhängigkeit von Ladenöffnungszeiten.
- Erleichterte Suche von spezifischen Produkten für den Kunden und erleichtertes Sammeln von Daten über die Wünsche des Kunden.

Zweitens können *neue* Kunden angesprochen werden:

- Präsenz in neuen geographischen Bereichen.
- Erfüllen zusätzlicher Produktnutzen, wie z.B. Information.
- Ermöglichen einfacher Tests für bisherige Nicht-Kunden.

Die dritte grosse Gruppe von Vorteilen setzt sich aus einer Reduzierung der variablen und fixen Kosten zusammen:

- Die variablen Kosten lassen sich durch die Ersetzung kosten-intensiver Werbe- und Kommunikationsausgaben wie das Drucken von Papierkatalogen und die direkte Einbindung der Kundentransaktion in die Auftragsabwicklung senken.
- Die fixen Kosten sind durch die Beschränkung und Schliessung von Verkaufsflächen und Personaleinsparung reduzierbar, so dass sich die Fixkosten/Umsatz-Relation verbessert.

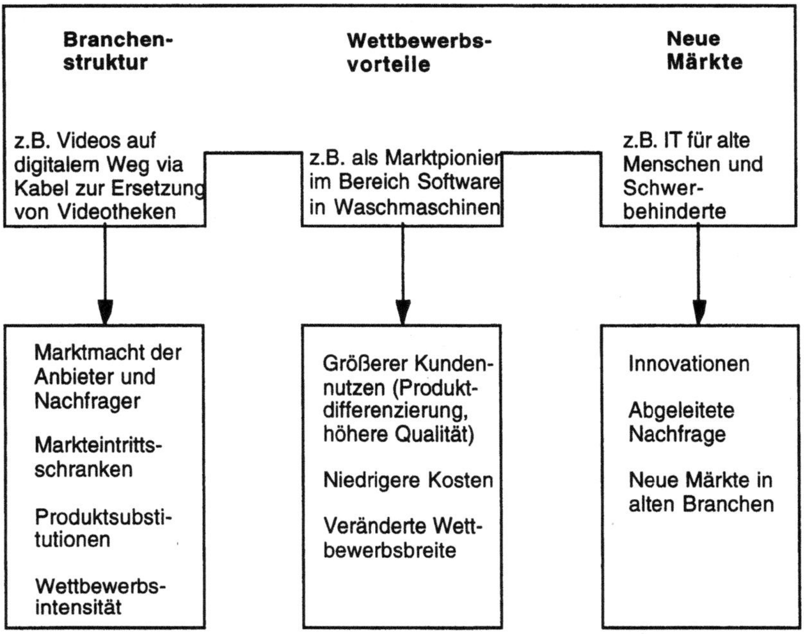

Bild 2.3.4/1 Wettbewerbsvorteile durch Informationstechnik der ClpHa

In Erweiterung zu Umsatzsteigerungen und Kostensenkung gehen Picot und Franck in ihrer Analyse auf eine Veränderung des Wettbewerbes durch neue Informationstechnik ein und stellen die Auswirkungen auf die Branchenstruktur, die Wettbewerbsvorteile und neue Märkte heraus, wenn sie die qualitativen Vorteile für Wettbewerber analysieren (Picot/Franck 1992, Sp. 888; Porter 1989). Das Bild 2.3.4/1 gibt in Anlehnung an Picot/Franck für jede dieser drei Alternativen ein Beispiel aus der Informationsverarbeitung der privaten Haushalte zur Darstellung der unternehmerischen Motivation.

2.4 Zusammenfassung

Kapitel 2 hat die wesentlichen Definitionen dieser Arbeit zusammengestellt und die Grundlagen der Informationsverarbeitung der privaten Haushalte beschrieben. Bedeutsam ist die Abgrenzung der privaten von der betrieblichen Informationsverarbeitung, die in vielen Bereichen durch Überschneidungen schwer durchführbar oder problematisch ist. Es wurde deutlich, dass verschiedene Ansätze die private Informationstechnik aus unterschiedlichen Perspektiven wie Marketing oder Soziologie zu beschreiben suchen. Wesentliche Arbeiten der Wirtschaftsinformatik beschränkten sich auf einzelne Gebiete der informationstechnischen Infrastruktur oder bestimmte Anwendungsfelder.

Eine Zusammenstellung des Status quo der Infrastrukturen bildete den Ausgangspunkt für eine Diskussion von Abschätzungen relevanter Teilmärkte. Viele Prognosen sind für wissenschaftliche Zwecke aufgrund irrealer Annahmen oder optimistischer Extrapolation nicht verwertbar. Verschiedene Institute liegen in ihren Werten weit auseinander. Alle Betrachtungen müssen vor dem Hintergrund der wirtschaftlichen und sozio-demographischen Situation und zukünftigen Entwicklung der privaten Haushalte gesehen werden.

Die Begrenzung des Geld- und Zeitbudgets ist eine Restriktion für neue Technik im Haushalt. Schliesslich hat eine kurze Darstellung der unternehmerischen Motivation gezeigt, dass der Markt der CIpHa durch Kostensenkung und Umsatzerhöhung wesentliche Wettbewerbsvorteile durch Informationstechnik für die beteiligten Unternehmen eröffnet. Vorliegende Arbeiten haben diese Analyse bisher ausschliesslich qualitativ durchgeführt. Kapitel 3 schlägt ein umfassendes Modell zur Analyse der computerunterstützten Informationsverarbeitung der privaten Haushalte (CIpHa) vor.

3 Das Modell der computerunterstützten Informationsverarbeitung der privaten Haushalte

Nachdem Kapitel 2 die Einordnung der computerunterstützten Informationsverarbeitung der privaten Haushalte in die Wirtschaftsinformatik vorgenommen und die Potentiale verdeutlicht hat, schlägt dieses Kapitel ein Modell aus Infrastrukturen und funktionalen Anwendungsfeldern vor. Die ausführliche Beschreibung der konstitutiven Elemente, der Infrastrukturen und Anwendungen, findet sich in den Kapiteln 4 und 5.

3.1 Anforderungen an das Modell

Tschammer-Osten weist darauf hin, dass der private Haushalt ein vielfältiges und schwierig zu fassendes Wirtschaftssubjekt ist (Tschammer-Osten 1979). Ziel muss es sein, vorhandene Anwendungstypen im privaten Haushalt möglichst umfassend und vollständig zu identifizieren. Jede 'Funktion' des privaten Lebens muss durch mindestens einen Anwendungstyp abgedeckt werden. Dabei darf nicht die Trennschärfe zwischen einzelnen Bereichen verloren gehen. Die Beurteilung ist insbesondere schwierig, wenn im privaten Bereich z.B. elektronische Bücher auf CD-ROM sowohl für Unterhaltungs- als auch für Informationszwecke eingesetzt werden. In der Praxis haben sich dafür Hybridbegriffe wie *Infotainment* oder *Edutainment* durchgesetzt. Das Vorgehen dieser Arbeit identifiziert den primären Zweck der Verwendung, der bei einer CD-ROM Enzyklopädie die 'Information' ist, und nimmt danach die Zuordnung unter Beachtung der Abgrenzungsproblematik vor. Die Definitionen der Anwendungsschwerpunkte (vgl. 3.2.2) werden im Sinne einer Arbeitsdefinition verwendet, da in der Literatur keine einschlägigen Definitionen angeboten werden. Leitgedanke der gewählten Klassifikation ist der private Haushalt, der als Anwender Informationssysteme zur Erreichung subjektiver Problemlösungen einsetzt. Diese Analyse führt mit einer Darstellung gegenwärtiger und zukünftiger endkundenorientierter Infrastrukturen und Anwendungen zu einer nutzengetriebenen Betrachtungsweise.

Von grosser Bedeutung ist die offene Gestaltung des Modells. Die informationstechnische Entwicklung schreitet mit einer Geschwindigkeit voran, die kontinuierlich neue Anwendungen für den privaten Haushalt generiert. Auf der Seite der Informationstechnik muss ein Ansatz gewählt werden, der auf der Basis existierender betrieblicher Systeme die Perspektive auf das neue Einsatzgebiet eröffnet und gleichzeitig die spezifische private Informationstechnik zu repräsentieren vermag. Für ein neues Forschungsgebiet ist die intuitive Verständlichkeit bedeutsam, um einen ersten Zugang zu ermöglichen. Nicht unbedeutsam ist, dass der private Haushalt ein Gebiet ist, indem jeder eigene praktische Erfahrungen und Meinungen hat, denen sich ein Forschungsmodell stellen muss.

3.2 Modell im Überblick

Bild 3.2/1 zeigt das Modell der computerunterstützten Informationsverarbeitung der privaten Haushalte (CIpHa) im Überblick (Brenner/Kolbe 1995, S. 100). Die Darstellung der drei Dimensionen

- Infrastruktur-Komponenten.
- Anwendungsschwerpunkte.
- Anwendungsformen.

erfolgt in den Abschnitten 3.2.1, 3.2.2 und 3.2.3.

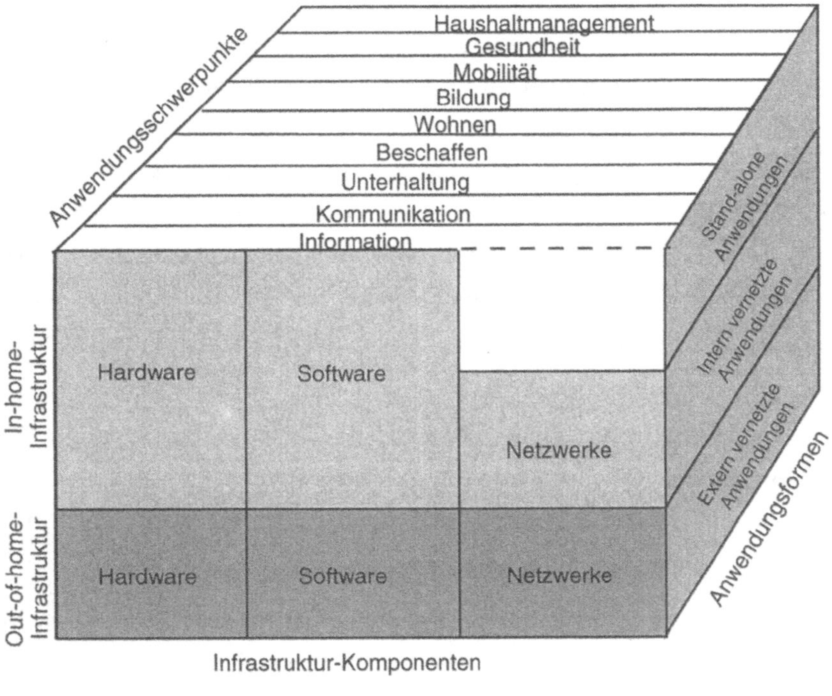

Bild 3.2/1 Modell der CIpHa

3.2.1 Infrastruktur-Komponenten

Die Infrastrukturen bilden die Grundlage für die Funktionsfähigkeit der Anwendungen. Die Darstellung im Rahmen dieser Arbeit teilt die Infrastrukturen in die

- In-home-Infrastrukturen und
- Out-of-home-Infrastrukturen

für die privaten Haushalte auf. Gemäss des in 3.2 vorgestellten CIpHa-Modells umfassen nach ihrer Lage in bezug auf die Wohnung *In-home-Infrastrukturen* Hardware, Software und Netzwerke, die innerhalb der privaten Wohnung installiert sind. Beispiele sind der Home-PC, ein Videospiel und die Telefonverkabelung ab dem Übergabepunkt innerhalb des Hauses. *Out-of-home-Infrastrukturen* referieren auf Hardware, Software und Netzwerke ausserhalb der privaten Wohnung, die aber notwendig sind, um Anwendungen für den privaten Haushalt zu realisieren. Beispiele dafür sind Grossrechner bei Online-Diensten, Multimedia-Datenbanken oder Breitband-Kabelnetzwerke. Bild 3.2.1/1 zeigt, wie Out-of-home- (vgl. 4.2) und In-home-Infrastruktur (vgl. 4.1) zusammenarbeiten, um z.B. interaktive Dienste für den privaten Haushalt zu ermöglichen.

Jeder dieser zwei Bereiche wird im einzelnen weiter nach der Branchenherkunft und -zugehörigkeit in fünf Bereiche unterteilt:

- Informationstechnik: Die Informationstechnik ist im Sinne dieser Arbeit die Gesamtheit aller Hardware, Software und Netzwerke, die hauptsächlich zur automatisierten Verarbeitung von Daten dient (Schwarze 1994; Brenner 1994).
- Telekommunikationstechnik: Darunter wird der Austausch von Nachrichten zwischen Partnern, die ausserhalb der durch die Umgebung begrenzten Sicht- und Hörweite sind, verstanden. Dieser Vorgang wird durch nachrichtentechnische Systeme unterstützt (Zilahi-Szabò 1995, S. 562).
- Unterhaltungselektronik: Auch als "Braune Ware" bezeichnet, umfasst dieser Begriff Komponenten zur Erstellung, Übertragung, Empfang und Reproduktion von Musik, Video und Textinformationen zu Unterhaltungszwecken (Wiesinger 1994, S. 9). Aktuelle Definitionen der Verbände erweitern diesen Begriff um private Telekommunikation und private Computernutzung, um bei gesättigten Märkten der klassischen 'Braunen Ware' noch aggregiert zu Marktwachstum zu gelangen (Kahle 1995). Dieser Systematik wird im Rahmen dieser Arbeit nicht gefolgt.

- Hausgerätetechnik: Diese Komponente, auch als "Weisse Ware" bezeichnet, umfasst Geräte, die in und ausserhalb des Hauses die Erfüllung von Tätigkeiten der Hausarbeit wie Kochen, Waschen und Reinigen unterstützen (IEE 1989).
- Ausrüstungstechnik: Als Erweiterung der Hausgeräte wurde im Laufe der achtziger Jahre Anlagentechnik aus den Unternehmen in die Haushalte übernommen wie Heizungsinstallationen, Licht oder Alarmsysteme. Im Unternehmensbereich hat sich für die Nutzung der Potentiale der Anlagen eines Gebäudes der Begriff "Facility Management" etabliert (Frutig/Reiblich 1995, S. 60; Hampel/Mollenkopf 1991, S. 58ff.).

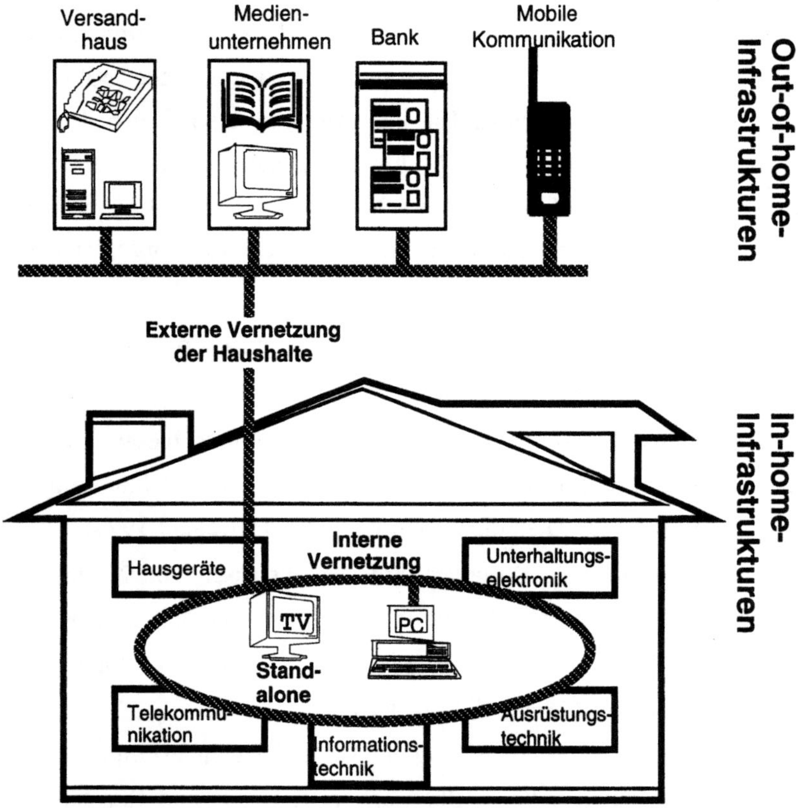

Bild 3.2.1/1 Zusammenhang zwischen In-home- und Out-of-home-Infrastruktur der privaten Haushalte

Die Infrastrukturen des privaten Haushalts bieten ein heterogenes Bild. Zwischen verschiedenen Haushaltstypen ergeben sich grosse Unterschiede zwischen Technikpionieren mit hohem Einkommens- und Bildungsniveau und der breiten Masse, wie das Beispiel des privaten Internet-Anschlusses oder Heim-PCs eindrucksvoll beweist. So stammen 68% aller PC-Besitzer und 80% aller Benutzer von Online-Diensten und des Internets aus Einkommensklassen mit einem Nettoeinkommen über DM 3.000 (GWP 1995, S. 10; MC 1995, S. 17). Innerhalb eines Haushalts zeigt sich ein Gefälle: Während die Unterhaltungselektronik mit Camcorder und Stereoanlage intensiv mit Informationstechnik bestückt ist und graphische Funktionsanzeigen zur Standardausstattung gehören, ist dieses z.B. bei Hausgeräten mit Ausnahme der Mikrowelle nicht der Fall. Eine Timerfunktion ist i.d.R. die einzige programmierbare Funktion.

3.2.2 Anwendungsschwerpunkte

Eine Dimension des Forschungsansatzes bilden die in Kapitel 5 definierten Anwendungsschwerpunkte für den privaten Haushalt. Hierzu werden wichtige Einsatzgebiete des privaten Haushalts innerhalb der einzelnen Anwendungsschwerpunkte dargestellt. Es werden folgende Anwendungsschwerpunkte verwendet (Brenner/Kolbe 1994):

- Information.
- Kommunikation.
- Unterhaltung.
- Beschaffen.
- Wohnen.
- Bildung.
- Mobilität.
- Gesundheit.
- Haushaltsmanagement.

Funktionale Ansätze mit Bezug auf den privaten Haushalt sind in Anlehnung an die funktionalen Erklärungsversuche aus dem Blickwinkel des Marketing (Raffée 1974) für die Nutzensegmentierung ("benefit segmentation") (Kotler/Bliemel 1992) zu finden. Ansätze, die ebenfalls nach einer funktionalen Gliederung eine Erklärung der Implikationen von Informationstechnik im privaten Haushalt verfolgen, werden in Bild 3.2.2/1 dargestellt.

Autoren	*Funktionale Bereiche*	*Ziele*
Tschammer-Osten 1979, S. 151ff.	Informationsbedarf, Informationsbeschaffung, Informationsspeicherung, Informationsverarbeitung, Informationsverwendung	Funktionen der Informationsführung des Haushaltes, an die Phasen des Informationsprozesses von Raffee und Heinen angelehnt
Dutton/Kovaric 1985, S. 10	Learning and Education, Family Functioning, Personal Development, Leisure Activities, Work from Home, Household Routines, Privacy, Civil Liberties and Property Rights	Modell zur Erklärung des Home-Computings
Liesenfeld 1989, S. 153ff.	Kommunikation, Teleshopping, Homebanking, Holidays on Display, Computerbildung, Haushaltsmanagement	Beschreibung der Potentiale durch innovative Informationstechnik im privaten Haushalt
Gassner/Kuom 1995	Unterhaltung, Einkaufen, Tele-Arbeiten, Kommunizieren, Lernen, Informationsbeschaffung	Tele-Dienstleistungen im Heimbereich
o.V. 1995b, S. 39	Electronic Services und Transaktionen, Bildung und Beruf, Unterhaltung und Freizeit, Zukunft der Medien, Kommunikation, Mobilität, Home-Automation und Sicherheit	Systematisierung von Multimediadiensten nach Anwendungsbereichen
Griffis/Lipoff 1994, S. 462	Interaktive Unterhaltung, Transaktionen, Heimarbeit, Sicherheit (safety und security), Informationen, Haushaltsmanagement, Energiemanagement, Erziehung, Kommunikation, Gesundheit, Persönliche Produktivität	Neue Informationstechnik in verschiedenen Anwendungsbereichen der Unterhaltungselektronik

Bild 3.2.2/1 Übersicht über funktionale Ansätze zur Informationstechnik im Haushalt

Umfragen haben versucht zu zeigen, in welchen Bereichen Haushalte Informationstechnik vorwiegend einsetzen oder einsetzen würden. Die Ergebnisse (Piller 1994; Pavlik 1996) zeigen, dass uneinheitlich freizeit-orientierte Unterhaltung, zweckgerichtete Informationsbeschaffung oder Produktivität wie Textverarbeitung im Vordergrund stehen.

Die Darstellung der Nutzenpotentiale erfolgt im Rahmen dieser Arbeit qualitativ (KPMG 1994, S. 82f.; Moroney/Matthews 1995). Prognosen zu Potentialen einzelner Anwendungen beruhen auf Erwartungen und Schätzungen, die unsicher sind und weit voneinander abweichen. Einige Bereiche wie 'Gesundheit' oder 'Wohnen' sind bisher unzureichend aus der Perspektive der IT untersucht worden. Quantitative Daten liegen daher nicht vor. Ein Grund für das Fehlen solcher Angaben ist, dass viele der beschriebenen Infrastrukturen wie das Interaktive Fernsehen das Teststadium nicht verlassen oder wie das Internet sich im privaten Bereich nicht etabliert haben. Daten seitens der Anbieter basieren auf optimistischen Nachfragemodellen. Ein Beispiel hierfür sind die unrealistischen Einnahmeprognosen zu Projekten des Interaktiven Fernsehens in den USA (Nynex 1994b). Grundsätzliche Fragestellungen der Nachfrage sind unbeantwortet und ausschliesslich ex post analysiert worden (vgl. Dholakia/Dholakia 1994).

Die Bildung von Anwendungsschwerpunkten ist determiniert durch die Zielkonflikte zwischen Abstraktion, Abgrenzungschärfe und intuitiver Zuordnungsfähigkeit. Insbesondere der Trend zu multifunktionalen Produkten und Dienstleistungen, die dem privaten Kunden durch 'one-stop shopping', d.h. die Erbringung unterschiedlicher Dienste aus einer Hand, Nutzen in mehreren Anwendungsbereichen bringen, erschweren eine klare Abgrenzung. Konvergenzbestrebungen bei Anwendungen werden deutlich an Kunst-Begriffen wie 'Infomercial' (Information und Beschaffen), 'Infotainment' (Information und Bildung), 'Edutainment' (Bildung und Unterhaltung) oder 'Advertorial' (Beschaffen und Bildung), die das Zusammenwachsen von Dienstleistungen verdeutlichen. Bei bestimmten Anwendungen ist eine mehrfache Einordnung möglich. Ein elektronisches Lexikon wie die CD-ROM 'Encarta' von Microsoft kann in den Bereich 'Information', 'Bildung' oder 'Unterhaltung' eingeordnet werden. Für diese Arbeit wird klassifizierend ein primäres Einsatzgebiet, in dem konkreten Fall einer Enzyklopädie der Zweck der Information, angenommen.

In der Literatur der Wirtschaftsinformatik wird von Metafunktionen wie Steuern, Anzeigen, Übermitteln und Verarbeiten gesprochen, die auf Metainhalten wie Video, Audio, Text und Multimedia arbeiten (Schmitz 1992, Sp. 961). Auf diese hohe Abstraktionsebene wird nicht eingegangen.

3.2.3 Anwendungsformen

Die neun Anwendungsschwerpunkte lassen sich auf der Basis der verwendeten Art der Infrastrukturen in drei Klassen gliedern.

- *Stand-alone Anwendungen*: Anwendungen im stand-alone Betrieb verwenden eine nicht-vernetzte Infrastruktur und werden als Offline-Anwendungen bezeichnet. Sie beruhen ausschliesslich auf der Hard- und Software der In-home-Infrastruktur. Beispiele sind Lernsoftware auf einem Einzelplatz-Heim-PC oder Videospiele auf einer Spielkonsole. Beispiel 3.2.3/1 zeigt eine stand-alone Anwendung in Form einer Enzyklopädie auf CD-ROM.

Beispiel 3.2.3/1: Stand-alone Anwendung

Die multimediale Enzyklopädie 'Encarta' von Microsoft ist die weltweit meistverkaufte CD-ROM Software der Welt (allein 69.000 Kopien in den USA). Auf einem Personalcomputer lassen sich damit Informationen zu bestimmten Themengebieten suchen. Die Darstellung der Sachgebiete erfolgt multimedial. So können z.B. historische Reden oder kleine Videoclips zu bestimmten Themen angesehen werden. Hyperlinks weisen auf verwandte Bereiche hin, die durch Anklicken aufgerufen werden können.

- *Intern vernetzte Anwendungen*: Diese Anwendungen bestehen aus innerhalb der privaten Wohnung vernetzten Infrastrukturen. Für die Ausrüstungstechnik und Hausgeräte werden diese mit dem Begriff 'Heimautomation' (Heimer 1993) oder 'Home Systems' (EHSA 1992) belegt. Sie verwenden Hard-, Software *und* Netzwerke der In-home-Infrastruktur. Beispiele sind eine intelligente Einzelraumregelung der Heizung oder Steuerung von Hausgeräten über den PC. Ein Netzwerk, das verschiedene Hausgeräte und Ausrüstungstechnik integriert und über einen PC gesteuert wird, zeigt Beispiel 3.2.3/2.

Beispiel 3.2.3/2: System 'Arigo' von IBM

Das Produkt 'Arigo' von IBM bietet die Möglichkeit, elektrische Geräte mit dem PC ferngesteuert ein- und auszuschalten. Boole 'sche Bedingungen auf der Basis von Uhrzeit, Temperatur oder Helligkeit können angegeben werden. Gesteuert wird das System über einen PC mit einer speziellen Zusatzkarte und das Wechselstromnetz des Hauses. Nach Übermittlung der durch einen Sicherheitscode geschützten Befehle an das jeweilige dezentrale Modul kann der PC abgeschaltet werden. Geplant ist der Anschluss eines Modems, das die Abfrage des Zustandes eines angeschlossenen Gerätes wie der Waschmaschine aus dem Telefonnetz erlaubt (CZ 32-1995, S. 16). In einem Set für DM 1.200 sind die PC-Karte, Software und 2 Module enthalten.

- *Extern vernetzte Anwendungen*: Anwendungen extern vernetzter Form verwenden Hard-, Software und Netzwerke der externen Out-of-home-Infrastruktur, um auf Komponenten der In-home-Infrastruktur dem privaten Haushalt einen Dienst zur Verfügung zu stellen. Eine Home-Banking Anwendung eines Online-Dienstes nutzt den Heim-PC und dessen installierte Software ebenso wie Telekommunikationsnetzwerke und eine zentrale Infrastruktur beim Anbieter des Dienstes. Externe Vernetzung setzt die interne 'Verkabelung' innerhalb des Hauses für den Anschluss des Gerätes vom Übergabepunkt des externen Netzwerkes voraus. Das Telefon-Banking in Beispiel 3.2.3/3 ist eine extern vernetzte Anwendung.

Beispiel 3.2.3/3: Extern vernetzte Anwendung

Über ton- und sprachgesteuerte Computer verschiedener Direktbanken wie der American Express Bank lassen sich im Service '24 Direkt' Telefon-Banking-Aktionen von zuhause ausführen. Durch Drücken bestimmter Tasten im Tonwahlverfahren und Steuerung durch Spracheingabe können so in einem hierarchischen Menü Kontostände abgefragt, Überweisungen getätigt oder Formulare bestellt werden. Das Abfragen von Konditionen für spezielle Anlagen wird ermöglicht. Eine neue Generation überträgt die gewünschten Informationen und Kontodaten auf das Fax-Gerät des Kunden. Andere Institute bieten die Kontoführung über Online-Dienste wie T-Online oderdas Internet an.

Daneben gibt es Hybrid-Anwendungen, die prinzipiell offline orientiert arbeiten, gewisse zu aktualisierende Datenbestände durch eine Verbindungsaufnahme mit externen Infrastrukturen auffrischen ('Downloading'). Beispiele hierfür sind die multimediale CD-ROM des Versandhauses Otto, die in Ergänzung des unveränderlichen Kataloges für die Bestellung eine Online-Verbindung mittels Datex-J aufbauen kann, oder die Tele-CD-i-Technik von Philips, bei der Bewegungsdaten wie Preise und Verfügbarkeit bei Bedarf aktualisiert werden.

3.3 Das Modell im Vergleich mit bestehenden Ansätzen

Wenige Ansätze aus der Betriebswirtschaft beschäftigen sich mit der Kombination aus Informationstechnik-Infrastuktur und funktionalen Anwendungen im Sinne dieser Arbeit.

Das Marktforschungsinstitut Inteco ordnet unterschiedliche Anwendungen nach den Dimensionen "Veränderungshäufigkeit der Daten" und "Erfordernis der Interaktion des Nutzers" ein. Die im Rahmen dieser Arbeit verwendeten Anwendungsschwerpunkte lassen sich in dieses Schema direkt einordnen. Vorteil dieser Beschreibungsform ist, dass eine direkte Verbindung zu der unterliegenden Infrastruktur-Plattform nach dem CIpHa-Modell deutlich wird. Es sind für wenig veränderliche Anwendungen wie Video-Spiele (Unterhaltung) stand-alone PC-Plattformen sinnvoll, während starken Änderungen unterworfene Daten wie Nachrichten (Information) durch extern vernetzte Plattformen entsprochen werden kann (Inteco 1994, S. 12ff.).

Benjamin und Wigand (Benjamin/Wigand 1995, S. 69) untersuchen in ihrem Modell die Veränderung der Wertkette durch die informationstechnische Anbindung der Haushalte an elektronische Dienste. Zur Kombination von Anwendungen und Infrastrukturen bilden sie eine abstrakte 'Market Choice Box' (vgl. Bild 3.3.3/1). Diese wird definiert als ein "server that manages the configuration of workstations, telephones, and TVs in the home, and provides a telecommunications interface to those channels that directly reach the home. The box will present a choice of markets and other activities such as entertainment, shopping, surfing on the Internet, or getting health information" (Benjamin/Wigand 1995, S. 69). Über eine Hierarchie graphischer Benutzerschnittstellen erhält der Haushalt Zugang zu unterschiedlichen Diensten. Eine Telekommunikationssteuerung ("telecom controller") regelt den Anschluss der diversen Endgeräte an die verschiedenen Netzwerke. Die "Market Choice Box" ist ein nicht näher definiertes Konstrukt zur Verbindung von Anwendungen und Infrastrukturen und ähnelt von der Intention den in dieser Arbeit verwendeten *Anwendungsformen.*

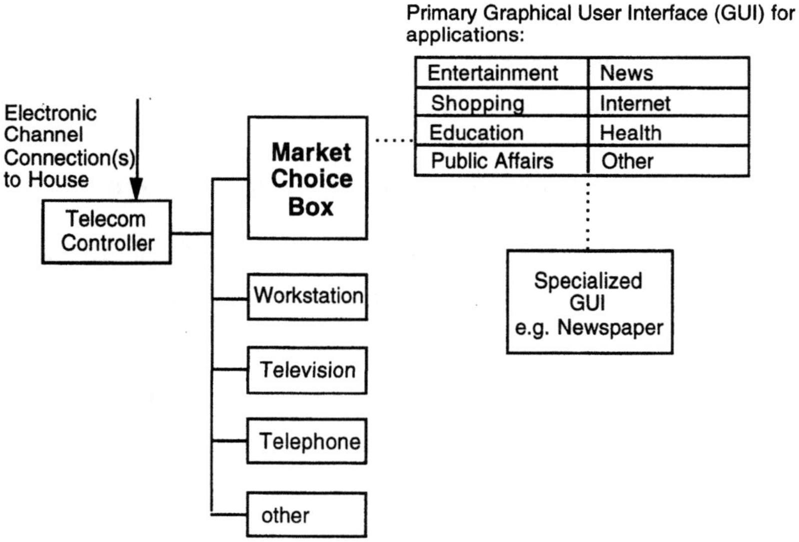

Bild 3.3.3/1 Verbindung von Anwendungen und Infrastrukturen im Modell nach Benjamin und Wigand (Benjamin/Wigand 1995, S. 69)

Bild 3.3.3/2 vergleicht die in Abschnitt 2.2 beschriebenen Ansätze zur Informationstechnik in privaten Haushalten anhand des in diesem Abschnitt vorgeschlagenen Modells aus Infrastrukturen und Anwendungen.

Wissenschaftsdisziplin	*Zentrale Aussage*	*Quellen/Jahr*	*Infrastruktur*		*Anwendungsformen*		
			In-home	Out-of-home	Stand-alone	Intern vernetzt	Extern vernetzt
Betriebswirtschaft	Informationstechnik im Privatbereich verändert Wertschöpfungsketten	Tietz 1987; Kurz/Altgeld 1995; Benjamin/Wigand 1995		x	x		x
Wirtschaftsinformatik	Interaktive Telematiksysteme für den Heimbereich	Schmid 1995; Zimmermann 1995		x			x
Wirtschaftsinformatik	Masseninformationssysteme und Online-Dienste	Hansen 1994a; Hansen 1996		x			x
Ingenieurwissenschaften	Home Informatics, Informationstechnische Infrastruktur	Miles 1988; Heldman 1994; Inteco 1994	x	x	x	x	x
Marketing	Marktstrategien für ein Home Information System	Venkatesh/Vitalari 1986; MGM 1994	x		x	x	
Marketing	Modell der Adoption und Nutzung für Home-IT	Dholakia 1994; Dholakia/Mundorf 1996	x	x	x		x
Volkswirtschaft	Technikgenese in Volkswirtschaften	Heimer 1993; Heimer 1995	x			x	
Sozialwissenschaften	Veränderung des sozialen Kontextes, Technik-Folgenabschätzung	Meyer/Schulze 1994; Ohly/Ostner 1988	x			x	
Berateransätze	Marktentwicklung, Abschätzung von Potentialen	KPMG 1994; Moroney/Matthews 1995; Mercer 1996	x	x	x	x	x

Bild 3.3.3/2 Vergleich verschiedener Ansätze zur Informationstechnik im privaten Haushalt anhand des ClpHa-Modells

Die bisherigen Ansätze konzentrieren sich auf einzelne Teilbereiche des vorgeschlagenen Modells. Die Betriebswirtschaft und die Wirtschaftsinformatik haben sich mit den Implikationen der externen Vernetzung der privaten Kunden beschäftigt. Ein Anschluss an eine Out-of-home-Infrastruktur wie dem Internet wird unterstellt (Zimmermann 1995). Der In-home-Bereich wird nicht betrachtet. Die Ingenieurwissenschaften haben sowohl die interne als auch die externe Infrastruktur für private Haushalte analysiert (Miles 1988). Der Fokus liegt auf der Technik und nicht auf Anwendungen.

Eine starke Ausrichtung auf die interne Adoption von Technik in den Haushalt ist in verschiedenen Wissenschaftsdisziplinen zu finden. Das Marketing setzt sich mit den Konsequenzen für die Anbieter von Produkten und Dienstleistungen auseinander, ohne speziell auf den Bereich der internen Vernetzung einzugehen (Dholakia 1994). Die In-home-Vernetzung ist Gegenstand der Volkswirtschaft nur im Rahmen der Entstehungsprozesse von Technik (Heimer 1993).

Die Abschätzung der Technikfolgen liegt im Zentrum der sozialwissenschaftlichen Betrachtungen. Die Veränderung der Familienstrukturen durch Technik und Medien wird analysiert, wobei die Konsequenzen der externen Vernetzung nicht im Fokus liegen (Meyer/Schulze 1994). Unterschiedliche Beratungshäuser haben sich mit einzelnen Aspekten der ClpHa wie

- Heimautomatisierung (Howaldt/Jeck 1996),
- Multimedia für Verbraucher (Booz, Allen & Hamilton 1995; KPMG 1994),
- Interaktiven Diensten (Sattler 1994; Moroney/Matthews 1995; Mercer 1996)

beschäftigt. Ihre Modelle zielen auf eine Charakterisierung des Marktumfeldes, die Analyse von Erfolgsfaktoren sowie die Definition von Potentialen in bestimmten Marktsegmenten für spezifische Klienten. Sie beschreiben jeweils Marktausschnitte entweder von Infrastrukturen oder Anwendungen. Ein Gesamtmodell wird nicht entwickelt.

Keiner der Ansätze deckt die gegenwärtige Vielfalt von Infrastrukturen und Anwendungen für den privaten Haushalt vollständig ab.

4 Infrastrukturen für die privaten Haushalte

Kapitel 4 zeigt exponierte Entwicklungen und Produkte für den Heimbereich. Die folgende Darstellung geht explizit auf charakteristische Merkmale des Heimbereiches ein. Grundlegende Informationstechnik, wie digitale Vermittlungsstellen oder Mehrzweck-Chipbausteine, die sowohl für betriebliche als auch Heim-Anwendungen identisch verwendet werden, werden nicht betrachtet. Zur Vertiefung dieser Technik wird auf weiterführende Literatur (Steinbock 1995a; Technology Centre 1994; Grant 1995) verwiesen. Die Branchenherkunft der Infrastrukturen nach Informations-, Telekommunikations-, Hausgeräte- und Ausrüstungstechnik sowie Unterhaltungselektronik bedingt einen unterschiedlichen Grad der Informatisierung. Die Anforderungen der Privathaushalte als auch die Marktgegebenheiten sind in jedem dieser Bereiche jeweils für die In-home- und Out-of-home-Infrastrukturen getrennt zu betrachten. Das Investitionsgut 'Heizungsanlage' unterliegt z.B. anderen Marktmechanismen als ein vernetzter, interaktiver Videodienst, auch wenn die in Kapitel 2 beschriebenen Konvergenzbestrebungen diese Unterschiede in der Zukunft verringern werden. Bild 4/1 verdeutlicht die in Kapitel 4 dargestellten Infrastrukturen anhand ausgewählter Beispiele für jede der Infrastruktur-Komponenten.

Komponente/ IT-Infrastruktur	In-home			Out-of-home		
	Hardware	Software	Netzwerke	Hardware	Software	Netzwerke
Informations-technik	Home-PC	Videospiel	Small Area Networks	Massiv-parallele Großrechner	Multimedia Datenbank für Videos	World Wide Web
Tele-kommunikation	Mobiltelefone	Fax-Software	In-home Koaxial Verkabelung	ATM-Switch	Voice Mail	Glasfasernetz, Satellit, Funk
Unterhaltungs-elektronik	Minidisc-Player	Steuerungs-programm für Bedienungs-logik	Vernetzung zwischen HiFi-Bausteinen	Sendeanlagen für DAB	Abrufbare CD-Ausschnitte via Audiotext-Dienst	Funk, Kabel, Satellit
Haus-geräte	Elektronik in Wasch-maschine	Prozess-Steuerungs-software	Vernetzte Küchengeräte	Zentraler Steuerrechner	Monitoring-Software im EVU	Fernsteuerung der Waschmaschine via ISDN
Ausrüstungs-technik	Heizungs-steuerung	Steuerungs-software	Vernetzte Heizungs-systeme	Zentraler Steuerrechner	Optimierungs-software für Auslastung	Fernablesen des Stromverbrauchs via Funk

Bild 4/1 Gliederung der Infrastrukturen der privaten Haushalte mit Beispielen

4.1 In-home-Infrastruktur der privaten Haushalte

Die In-home-Infrastruktur setzt sich aus Hardware (vgl. 4.1.1), Software (vgl. 4.1.2) und Netzwerken (vgl. 4.1.3) zusammen (Brenner/Kolbe 1995). Dieser Abschnitt gibt einen Überblick über den Status quo und aktuelle Entwicklungen in diesem Bereich. Beispiele konkreter Produkte verdeutlichen dabei, welche Chancen und Risiken für die Anbieter damit verbunden sind.

4.1.1 Hardware

4.1.1.1 Definition und Überblick

Unter In-home-Hardware verstehen wir die gesamte im Haushalt vorhandene physikalische, materielle Infrastruktur, die nicht Software oder Netzwerken zuzurechnen ist. Da der Netzwerkbereich ebenfalls Hardware- (z.B. Netzwerkkarten) und Softwareteile (Netzbetriebssystem) enthält, ist eine Abgrenzung schwierig. Die Hardware lässt sich in die fünf o.g. verschiedenen Komponenten gliedern. Daneben gibt es Elemente der Hardware, die im weiteren nicht gesondert betrachtet werden, da sie, wie z.B. die Chipbausteine, keine originäre Infrastruktur mit abgrenzbaren Merkmalen für den Heimbereich darstellen. In den Geräten der Unterhaltungselektronik befanden sich 1994 allein für den deutschen Markt Universal Integrated Circuits (ICs), Anwendungsspezifische ICs und übrige Halbleiter im Werte von DM 900 Mio., die von der Timerfunktion bis zur Bedienungslogik steuern und regeln (CZ 31-1995, S. 9). Eine eingehende Darstellung dieses breiten Feldes der Prozesssteuerung wird nicht verfolgt.

4.1.1.2 Komponenten

4.1.1.2.1 Informationstechnik

Computertechnische Hardware für den privaten Haushalt innerhalb der Wohnung findet sich im wesentlichen als Home-Personalcomputer und Zubehör, Sondergeräte zwischen der Unterhaltungs- und der Informationstechnik sowie monofunktionale Geräte zur Datenverarbeitung:

- Home-PCs und Zubehör: In den privaten Haushalten Deutschlands stehen 1995 ca. 5,1 Mio. private PCs, das sind etwa 19% aller Haushalte. Davon sind 43% mit einem 80486 und 31% mit einem 80386 Prozessor, 31% mit Farbmonitoren einer Diagonale von 17 Zoll oder grösser, 29% mit CD-ROM Laufwerken, 23% mit Soundkarten und 8% mit einem Modem ausgestattet (IRES 1995, S. 18). 1994 wurden 1,9 Mio. Personal Computer in Deutschland zur privaten Nutzung verkauft. Der Umsatz aus diesen Home Computern betrug 1994 DM 1,8 Mrd., während für den gleichen Zeitraum mit 5,6 Mio. abgesetzten Farbfernsehern ein Umsatz von DM 5,8 Mrd. erzielt wurde (Kahle 1995; o.V. 1996f). In den USA beträgt das Verhältnis der abgesetzten Stückzahlen etwa 3:1 zugunsten des Fernsehers. Aufgrund fallender Preise der Unterhaltungselektronik überstieg 1994 der PC-Umsatz mit US$ 8 Mrd. den des Fernsehergeschäftes um etwa US$ 1 Mrd.; der Heimbereich ist für 40% des gesamten PC-Marktes verantwortlich.

Die Zahlenangaben variieren stark je nach verwendeter Quelle. In (o.V. 1996f) findet sich ein dreifacher Umsatz durch Home Computer für 1994 (DM 5,6 Mrd.) in Deutschland als in vergleichbaren Quellen. Eine Zuordnung zur privaten Nutzung und eine klare Definition eines Home Computer gibt es in der Literatur nicht. Die Attraktivität des privaten PC-Marktes besteht in dem mit 16% doppelt so grossen Wachstum wie dem der betrieblichen Nachfrage mit 8%. Das gesamte Volumen des weltweiten, privaten PC-Marktes von 1995 mit US$ 50 Mrd. wird sich bis zum Jahr 2000 verdoppeln (o.V. 1996g). Andere Quellen sprechen von einer Zunahme der PC-Auslieferungen an den Heimbereich in den USA von 1993-1998 um 21% und an betriebliche Nutzer nur um 9% (o.V. 1994d).

Der PC ist die zentrale Hardware innerhalb des privaten Haushalts und bildet die Grundlage für andere Infrastrukturen, wie z.B. die Nutzung von CD-ROM Software oder die Anbindung an Online-Dienste oder das Internet. In Deutschland befindet sich 1994 der Home-PC in 65% der Haushalte im Arbeitszimmer und nicht wie in den USA in einem Familienraum (Inteco 1994, S. 32). Zur Einschätzung der Marktpotentiale ist bedeutsam, dass gegenwärtig ca. 90% aller Haushalte weltweit keinen PC besitzen.

Nach frühen Anfängen von speziellen Home-Computern wie dem VC-64 von Commodore hat sich seit den späten achtziger Jahren der IBM-Industriestandard als Synonym für den "Home-PC" etabliert. Einen wesentlichen Beitrag dazu hat der Übergang zu einer graphischen Benutzeroberfläche (Windows), der Preisverfall und die Fülle von Anwendungsprogrammen für den privaten Gebrauch geleistet. 1990 beschloss das Multimedia PC Marketing Council, für die Bezeichnung

"Multimedia-PC (MPC)" Mindestvoraussetzungen zu definieren, die ständig aktualisiert werden. Zum "MPC Level 2" gehören (KPMG 1994, S. 165):

- 80486 DX PC mit mindestens 4 MB Hauptspeicher, 160 MB Festplattenkapazität, CD-ROM Laufwerk mit mdst. 300 Kbyte/s Datentransferrate und Diskettenlaufwerk.
- Tastatur, 2-Tasten Maus und VGA-Videoadapter.
- Mikrofonanschluss, Lautsprecher, 16-Bit-Audiokarte.
- Windows 3.0 oder 3.1.

Nachdem 1995 weltweit 52 Mio. PCs abgesetzt wurden, werden Personal- oder Home-Computer zunehmend wie Konsumgüter vermarktet. Neben einer aggressiven Preispolitik, dem Verkauf zusammen mit einer Vielzahl vorinstallierter Softwareprodukte ('Bundling') haben die Werbeetats von US$ 100 Mio. einer einzelnen Firma wie Compaq, die dem Etat zur Markteinführung eines neuen Fahrzeugmodells entsprechen, enorme Ausmasse erreicht (Fehr 1995, S. 11). Auch die Vertriebswege haben sich geändert. Packard Bell, hinter Compaq und Apple, der drittgrösste Hersteller von PCs auf dem amerikanischen Markt vertreibt die PCs in Warenhäusern, Verbrauchermärkten und über den Versandhandel. Neben diesen klassischen PCs richten sich einige Hersteller an dem Kundensegment der Kinder ab ca. 5 Jahren aus. Es werden spezielle Kindercomputer angeboten, die bunt und robust gebaut sind und im Design einem Laptop ähneln. Eine bestimmte Anzahl von Spiel- und Lernprogrammen ist unveränderlich vorinstalliert. Sie erfüllen die Funktion einer elektronischen Spielesammlung und sind mit verschiedenen Schwierigkeitsstufen zu betreiben. Das Beispiel 4.1.1.2.1/1 zeigt, dass die Hersteller auch abweichend von Industrie-kompatiblen Computern, spezielle auf die Bedürfnisse des privaten Haushaltes zugeschnittene Hardware anbieten:

Beispiel 4.1.1.2.1/1: Einfach-Computer für den Haushalt (CZ 19-1996, S. 2)

Die 1996 gegründete Diba Inc. will Home-Computer nach dem Vorbild von Hausgeräten so konstruieren, dass sie nur einen bestimmten Zweck erfüllen und den Preis eines üblichen PCs unterschreiten. Als Beispiele werden die Internet-Maschine genannt, die als Plattform für Internet-Browser eingesetzt werden kann, die Küchen-Maschine zur Speicherung von Kochrezepten oder das Post-Gerät für die Kombination aus Telefon, Fax und elektronischer Post. Die Bedienung erfolgt über Tasten und Knöpfe, der Preis soll US$ 300 nicht überschreiten. Software und das Produktdesign, die von handelsüblichen PCs abweichen, sollen in Lizenz vertrieben werden. Erster Lizenznehmer ist die Telekommunikationsfirma Cable & Wireless.

- Sondergeräte wie Set-top Boxen: Ein Gerät, das in der aktuellen Diskussion immer wieder mit den Neuen Medien und Haushalten in Verbindung gebracht wird, ist die Set-top Box (STB), die als Beistellgerät zum Fernseher den Zugang zu digitalen Diensten über das Fernsehgerät ermöglicht. In den Versuchen zum digitalen Fernsehen ist die Übertragung der Daten digital. Damit das Signal auf dem Fernseher dargestellt werden kann, muss es vorher wieder in das analoge PAL- bzw. das amerikanische NTSC-Format gewandelt werden. Bestandteile einer Set-top Box sind (Reinhardt 1994, S. 63):
  - Graphische Benutzeroberfläche.
  - Sicherheits- und Abrechnungsfunktionen durch eine Chipkarten-Schnittstelle.
  - Dekompression von MPEG-Daten, Demultiplexing verschiedener Video- und Audioströme.
  - 1-3 MB RAM und ROM Bausteine für ein Echtzeit-Betriebssystem.
  - Grafik- und Fehlerkorrekturchips.
  - Netzwerkschnittstellen für Satelliten- oder Kabelempfang.
  - Rückkanalkontrollbausteine für die Synchronisation und Übermittlung von Benutzereingaben an die zentralen Infrastrukturen.

  Grosse Marktpotentiale stehen dem Risiko gegenüber, dass die Funktionen der Set-top Box entweder in den Fernseher oder in den Home-Computer integriert werden. Angebotene Set-top Boxen gleichen sich im wesentlichen in den grundlegenden Funktionen. In Deutschland steht insbesondere ein Standard für das Conditional Access System in der Diskussion, mit dem die Anbieter von Programmen den Zugang und die Abrechnung kontrollieren. Beispiel 4.1.1.2.1/2 gibt den Hintergrund zu diesem Dissenz um einen nationalen Standard wieder.

Beispiel 4.1.1.2.1/2: 'Dekoderstreit' in Deutschland

Auf dem deutschen Markt stehen sich bei der Einführung des digitalen Fernsehens zwei Gruppen gegenüber. Der wesentliche Dissenz besteht in dem Aufbau der Set-top Box. Ein Vertreter ist die Kirch-Gruppe, der andere die MMBG (Multimedia Betriebsgesellschaft), eine Nachfolgeorganisation der MSG (Multimedia Servicegesellschaft), die 1995 vom europäischen Kartellamt verboten wurde. Zur MMBG gehören die Deutsche Telekom, Bertelsmann, Debis, ARD, ZDF, RTL,

Canal+ und CLT. Die MMBG favorisiert die "Mediabox" und ein Zugriffssystem der Fa. Seca, ein Unternehmen von Bertelsmann und Canal+. Die von Philips und Thompson gefertigte "Mediabox" hat einen Einführungspreis von DM 1.000, besitzt einen Rückkanal mit 1.200 Bit/s und ist ausschliesslich für Steuer- und Zahlungsinformationen geeignet (o.V. 1996d, S. 2). Die Kirch-Gruppe setzt auf die d-box, die von Beta-Technik, Nokia, TV-Com und C-Cube entwickelt wurde und ein Conditional Access (CA)- (Zugangskontroll-) System der Fa. Irdeto besitzt. Die Einführung eines Common Interface (CI), das den Empfang der Programme beider Systeme erlaubt, wird für zukünftige Versionen diskutiert (o.V. 1996e, S. 4).

Die Schwierigkeit, sich auf einen Standard zu einem niedrigen Preis zu einigen, kann dem Markt schwerwiegende Probleme bringen.

- Dedizierte Geräte mit bestimmtem Anwendungszweck: Der Home-Computer ermöglicht die vielfältige Nutzung verschiedener Anwendungen. Daneben existieren Geräte, die einem speziellen Einsatzzweck dienen. Ein Beispiel sind die tragbaren Electronic Book Player, wie sie von Sony oder Panasonic angeboten werden. Basierend auf einer CD-Grösse von 8 cm erlauben sie den interaktiven Zugriff auf elektronische Bücher, sogenannte E-Books. Es gibt verschiedene Entwicklungen, die sich in der Ausstattung wie Ton, Grösse des Schwarz-Weiss-Displays und Schnittstellen unterscheiden. Es wurden bis heute weltweit nur etwa 20.000 Geräte abgesetzt. Nach dem Aufkommen von Emulationssoftware für den PC mit CD-ROM-Laufwerk ist die Nachfrage stark zurückgegangen (Kreuzfeld 1994, S. 27). Elektronische Bücher werden auf CD-ROM oder Diskette vermarktet.

4.1.1.2.2 Telekommunikationstechnik

Zu der Komponente Telekommunikationstechnik gehört die physikalische Ausstattung innerhalb des Haushaltes, die der Sprach-, Audio-, Video- oder Datenübertragung dient. Elemente der Ne\tzwerke werden unter 4.1.3, die der mobilen Kommunikation unter 4.3.1 erläutert. Die Integration von Telekommunikation und Informationstechnik führt zur Computer Integrated Telephony (CIT).

- Multifunktionale Telefone: Die Informationstechnik hat das Standardgerät zur Kommunikation des privaten Haushalts verändert. An die 38 Mio. Hauptanschlüsse in Deutschland wurden 1994 ca. 4 Mio. Telefonendgeräte ausgeliefert. Das ist eine Verdopplung gegenüber 1992 und weist auf den steigenden Ersatzbedarf hin. Funktionen wie Kurzwahlspeicher oder Wahlwiederholung werden durch den Einsatz von Speicherbausteinen möglich. In den digitalen Telefonsystemen (ISDN) kann die Rufnummer des Anrufenden angezeigt oder der Anschluss für bestimmte Nummern gesperrt werden. In den USA hat Philips ein Telefon, das P100, entwikkelt, das einen Bildschirm zum Abruf von Informationen, ausklappbare Tastatur und einen Kreditkartenleser enthält. Mit der Citibank und 7.000 Haushalten in Garden City, New York, wird ein Versuch zum Tele-Banking und zu Informationsdiensten ohne Nutzung eines PCs durchgeführt. Weitere Anwendungen gehen in Richtung auf die Nutzung des Internets mit einem erweiterten Telefon. Das Gerät "Communicator 9000" von Nokia ist ein aufklappbares Mobiltelefon mit integriertem Internetanschluss. Es enthält innen ein Display und eine Tastatur. Ein Beispiel für ein Telefon mit erweiterter Funktionalität ist das 'Celint 2000' von Olivetti, das über einen LCD-Bildschirm die Ausführung von Aktionen zum Home-Banking erlaubt. Die Sicherheit wird duch einen Chipkartenleser garantiert, alle Informationen können auf einen Drucker ausgegeben werden (CZ 7-1995, S. 15). In den privaten Haushalten finden sich immer mehr computergesteuerte, private Nebenstellenanlagen, die Anrufweiterleitung, Internverkehr oder Konferenzschaltungen möglich machen.

- Anrufbeantworter: 43% der Haushalte in den USA und etwa 14% in Deutschland verfügen 1992 über einen Anrufbeantworter (Dholakia/Mundorf 1993). In den USA setzt sich die digitale "Voice Mail" immer mehr durch. Die Telefongesellschaften bieten einen Service zur Aufnahme von Nachrichten an, wenn der Anschluss besetzt oder nicht erreichbar ist. Der Vorteil gegenüber einem üblichen Anrufbeantworter ist die Bereitschaft, auch wenn die Leitung besetzt ist. Im Zuge der zunehmenden Online-Aktivitäten hat diese Fähigkeit an Bedeutung gewonnen, auch wenn Dholakia darauf hinweist, dass Privatpersonen eher physischen Objekten, wie dem Anrufbeantworter, als der abstrakten Dienstleistung, der Voice Mail, zugewandt sind (Dholakia/Mundorf 1993). Anrufbeantworter nehmen den Ansage- und Meldungstext in einem Speicherchip oder in einer Kassette auf und speichern zur eingegangenen Nachricht Zusatzinformationen wie Datum und Uhrzeit.
- Home-Fax: Eine weiterer Trend ist der Einzug des Faxes, als eine Funktion eines multifunktionalen Telefons oder im Rahmen von Telekommunikationsfähigkeiten eines durch ein faxfähiges Modem erweiterten Home-PCs, in die Haushalte. In den USA besitzen 1994 6% aller Haushalte ein Home-Fax (o.V. 1995a, S. 20). Nach Angaben der EU sind es in Deutschland 4% (Coehoorn/Richier 1996, S. 16).

4.1.1.2.3 Unterhaltungselektronik

Unter der Unterhaltungselektronik im Bereich der In-home-Hardware werden alle Geräte und Zubehör verstanden, die der Unterhaltung innerhalb des Hauses dienen und Informationstechnik verwenden.

In den letzten Jahren ist dieser Markt durch eine Sättigung der Haushaltsausstattung einerseits und starken Preisverfall andererseits gekennzeichnet. Der Weltumsatz betrug seit Anfang der neunziger Jahre relativ konstant ca. DM 245 Mrd., wobei eine Abnahme des europäischen Anteils durch den Nachholbedarf in Osteuropa ausgeglichen werden konnte. Der Umsatz in Deutschland schrumpfte von 1992 mit DM 25 Mrd. auf ca. DM 20 Mrd., also um 20%. Die Verkaufszahlen des wichtigsten Einzelpostens, des Fernsehers, sind mit ca. DM 5,5 Mrd., 1995 mit ca. 4% rückläufig, während 1995 der Verkauf von Camcordern um 17% einbrach (Kahle 1995). In aktuellen Publikationen der Verbände werden die private Telekommunikation, Home Computer und Videospielgeräte mit erheblichen Wachstumsraten in die Unterhaltungselektronik einbezogen, so dass ein positives Bild gezeichnet werden kann. Die Sättigung der Haushalte ist unübersehbar. 15% des Fernsehbestandes werden pro Jahr substituiert. Die Hersteller klassischer "Brauner Ware" suchen daher nach neuen innovativen Produkten durch den Einsatz von Informationstechnik. Neben der Verbesserung einzelner Produkte wie z.B. dem ersten digitalen Camcorder entstehen neue Substitutionsprodukte im Zuge dieses "Digitalisierungsschubes" (Tietz 1987, S. 1023).

Wiesinger weist darauf hin, dass die positive Entwicklung bis zu Beginn der neunziger Jahre im wesentlichen auf die Einführung neuer Technik zurückzuführen ist. DM 5,6 Mrd., rund 25% des Gesamtumsatzes von 1993, werden der Rolle der Informati onstechnik zugeschrieben (Wiesinger 1994, S. 132). Wie schnell sich die digitale Technik durchsetzen kann, zeigt das Beispiel des CD-Players: Wurden 1980 109 Mill. analoge Langspielplatten und 950.000 Plattenspieler, aber keine CDs und CD-Player an Privatkunden verkauft, waren es 1993 152 Mio. CDs und ca. 2,9 Mio. CD-Player, aber nur 1,6 Mio. Langspielplatten und 200.000 Plattenspieler.

Im Rahmen der Out-of-home-Infrastruktur (vgl. 4.2) werden umfassende Systeme wie das Digitale Radio und das Digitale Fernsehen näher erläutert. Aktuelle Entwicklungen digitaler Unterhaltungselektronik der In-home-Infrastruktur von besonderer Bedeutung sind Videospielgeräte, die Digital Versatile Disk, Home Theaters, digitale Fotografie sowie die CD-interactive Technik:

- Videospielgeräte: Sowohl vom Marktvolumen als auch von der Seite der eingesetzten Informationstechnik gehört der Videospielmarkt zu einem vernachlässigten Faktor. Von allen Produkten der Informationstechnik erreichten die Videospielkonsolen am schnellsten eine 20%-Penetration in den Haushalten. In den USA z.B. waren dafür nur 3 Jahre notwendig, während es beim Farbfernseher mehr als 6 Jahre erforderte (vgl. Bild 4.1.1.2.3/1).

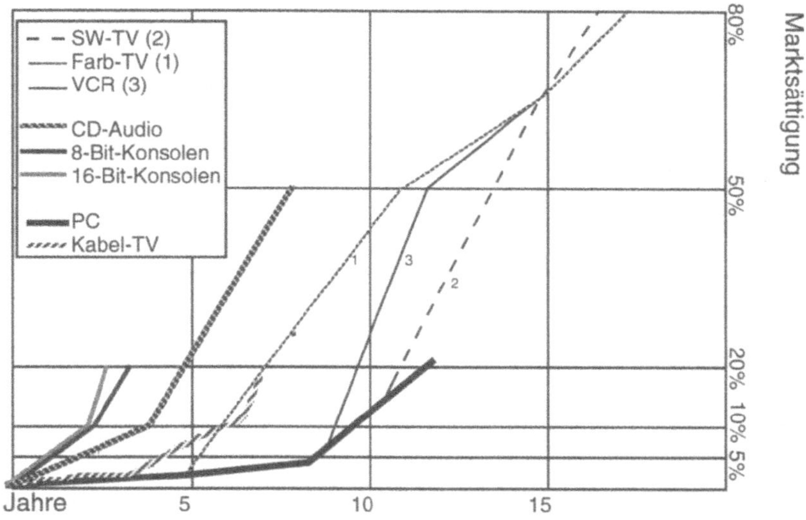

Bild 4.1.1.2.3/1 Penetrationsgeschwindigkeit von Videospielgeräten im Vergleich zu anderen Geräten der Unterhaltungselektronik (Quelle: Graf/Treplin 1996)

Der harte Wettbewerb um Marktanteile auf diesem Markt, der eher den Gesetzen eines Konsumgütermarktes als eines Computermarktes folgt, hat die Hauptanbieter, Sega, Nintendo und Sony, zu Innovationen bei niedrigen Preisen gezwungen. Die Informationstechnik übertrifft daher im Preis-Leistungsverhältnis den PC-Bereich deutlich. Es wurden Spezial-Chips zur Grafikbeschleunigung oder Darstellung von 3-D Grafik entwickelt. Neben dem System mit CD-ROM Laufwerken, z.B. Sony Playstation, wird das der ladbaren ROM-Module, z.B. von Nintendo, weiterverfolgt. Die Systeme sind aus Gründen der Kundenbindung inkompatibel. Eine Videospielkonsole wie das 32-Bit-Gerät 'Sega Saturn' ist ein komplexes System der Informationstechnik, das in bestimmten Leistungskategorien wie Grafikanimation handelsübliche PCs der Pentium-Klasse übertrifft und zu einem Zehntel des Preises eines mittleren PCs verkauft wird.

Hohe Performanz zu einem geringen Preis hat bei der Konstruktion die grösste Bedeutung. Wesentliche Entwicklungen der Spiele-Hardware, die der der PC-Welt vorauseilen, sind (Hachman 1995, S. 45, 52):

- 32- und 64-Bit RISC-Architektur der Haupt-Prozessoren, alternativ multifunktionale ASICs (Sony Playstation), die Mikroprozessor, Grafik- und Speichermanagement integrieren.
- Spezialprozessoren zur Ausführung von Grafik- und Audiooperationen, auch Coprozessoren für 2-D und 3-D Operationen für virtuelle Realität wie bei Nintendo Ultra64.
- Zugriff von Grafik- und Hauptprozessor auf einen gemeinsamen Hauptspeicher (UMA, Unified Memory Access), dadurch ist kein dedizierter Videospeicher erforderlich.
- Synchron zur CPU getakteter Speicher (Synchronous DRAM).
- Spezieller Puffer-Speicher für Video (VRAM), Audio (ARAM) und CD-ROM-Zugriff.
- Kostenreduktion durch einfaches Strommanagement und weniger Schichten der Platinen.

Die Preise der Spielgeräte bewegen sich um den magischen Wert von US$ 300, wobei der eigentliche Gewinn mit den Spielen erzielt wird. Nintendo und Sega haben 1994 weltweit DM 13,5 Mrd. umgesetzt, wobei allein in Deutschland die 4,8 Mio. Haushalte mit Videospielgeräten 5 Millionen Kopien von "SuperMario" erworben haben. 1995 verkaufte Nintendo sein milliardstes Spiel, was ein Spiel je Teenager weltweit bedeutet (Keni 1996, S. 161). Datamonitor sieht ein Wachstum von 87% bis zum Jahr 1998 in Europa, danach wirkt sich die Ausstattung der Haushalte mit PCs und Online-Unterhaltung negativ auf die Entwicklung aus (Graf/Treplin 1996, 2.2.2, S. 1). Es wurden 1995 ca. 5 Mio. 32- und 64-Bit Spiele weltweit verkauft, 70% aller Umsätze wurden mit 16-Bit Konsolen erzielt. Atari hat die 64-Bit Spielkonsole "Jaguar" über den Versandhandel vertrieben. Wesentliche

Kennzeichen der grundsätzlich unifunktionalen Videospielgeräte, die in einer mobilen Version als "Gameboy" bezeichnet werden, sind die Einfachheit der Bedienung, die Fixierung auf die Zielgruppe von Kindern und Jugendlichen sowie der niedrige Preis bei hoch-spezialisierter Informationstechnik. Umfragen zeigen erstaunlicherweise, dass 47% aller Spieler entgegen der Erwartung 18 Jahre oder älter sind (Philips o.J., S. 8). In den USA besassen 1993 69% aller Haushalte mit Kindern zwischen 12 und 17 Jahren ein Videospielgerät von Sega oder Nintendo (Keni 1996).

In den USA bietet Sega für die Konsole 'Genesis' einen Anschluss an das Kabelnetzwerk an, um neue Spiele zu testen (Sega-Channel), während Nintendo in Japan über einen Anschluss an das Telefonnetz Bankgeschäfte und Pferdewetten über die Spielkonsole erlaubt. Erweiterungen der Spielgeräte zum Zugriff auf das Internet sind erhältlich. Neuere CD-gestützte Konsolen wie der 3DO-Player von Panasonic vereinen neben den üblichen Spielanwendungen auch das Abspielen von Video-CDs, Photo-CDs, Audio-CDs und Lernprogrammen.

Eine grosse Gruppe von Spielgeräten sind tragbare, unifunktionale Spielgeräte, auf denen ein Videospiel fest vorinstalliert ist, sowie technische Spielwaren mit Informationstechnik. Die Fa. Optimum bietet einen interaktiven, sprechenden Teddy mit computergesteuerter Mimik an. Er ist per Funk mit einem Kommando-PC verbunden.

- Digital Video/Versatile Disk (DVD): Nach den differierenden Vorschlägen zweier Konsortien (Toshiba/Time Warner vs. Philips/Sony) wurde Ende 1995 die Einigung auf die Nachfolgetechnik der CD, der DVD erzielt. Die Speicherung umfangreicher multimedialer Daten wie Filme war bisher auf ca. 70 min. beschränkt. Mit der neuen DVD ist die Speicherung je nach Modifikation von 4,7 bis 9 GB (zweiseitig) Daten möglich, was etwa 180 min. Video mit mehreren Audiokanälen entspricht. Ziel ist es, die CD-ROM und gleichzeitig die Videokassette als auch die analoge Laserdisc zu substituieren. Führende Filmstudios waren an der Entwicklung beteiligt. Die Abspielgeräte werden seit Herbst 1996 in den USA zu dem Preis von US$ 500 deutlich über dem eines Videorekorders angeboten. Eine schnelle Marktpenetration könnte dadurch verhindert werden, dass eine Aufnahmefunktion erst in Geräten der zweiten Generation enthalten sein wird. Erster Einsatzzweck wird nicht die digitale Archivierung von Filmen für den Videoleihmarkt sein, sondern die Massendatenspeicherung für den PC. Das Marktvolumen wird bis zum Jahr 2000 auf ca. 120 Mio. Einheiten jährlich geschätzt.

- Home Theater: In den USA stellt die Aufrüstung des Heimfernsehers zu einem "Home Theater" mit 20% das am stärksten wachsende Segment der Unterhaltungselektronik dar (Sprout 1994). Neben einem Breitwandfernseher gehört zu dieser Konfiguration ein Stereo-Videorekorder oder Bildplattenspieler und ein Dolby Pro Logic Surround Sound Audio-/Video-Prozessor mit mindestens 4-5 Lautsprecherboxen. Die räumliche Klangumgebung eines Kinos wird nachgeahmt, indem Lautsprecher an den Aussenseiten, im Zentrum des Bildes und hinter den Sitzpositionen durch getrennte Kanäle beliefert werden. Die getrennten Kanäle werden durch Kompression auf zwei Stereo-Spuren gebracht und durch den digitalen Klangprozessor wieder dekomprimiert. Neue Generationen wie AC-3 verwenden sechs unterschiedliche Kanäle. Das aufwendige Home THX Audio System von Lucasfilm trennt die Beschallung in Bass- und Hoch-/Mitteltonbereiche auf. Dolby Surround-Videoclips des Senders MTV werden z.B. mit diesem Klangsystem ausgestrahlt.

  Eine weitere, wichtige Entwicklung in Zusammenhang mit dem Breitbildformat 16:9 und der weiteren Professionalisierung der Heimunterhaltung ist der zukünftige Übergang von Röhrengeräten zu Projektionstechniken und Flachbildschirmen. Grossbildschirme traditioneller Technik sind auf eine Diagonale von ca. 1 m beschränkt und haben Nachteile hinsichtlich Volumen, Gewicht sowie der Kosten (Ziemer 1994, S. 222). Ein grossformatiges flaches Farbdisplay z.B. in Plasmatechnik oder mit Projektionsverfahren wie dem LCD-Lichtventil-Projektor muss kostengünstig und tragbar sein. Weiterhin sind eine hohe Auflösung sowie ein niedriger Stromverbrauch Voraussetzungen, um die Röhrenbildschirme abzulösen (Ziemer 1994, S. 221).

- Fotografie und Videoaufnahmen: In Kameras und Camcordern für den privaten Bereich kann Informationstechnik in drei Stufen eingesetzt werden. Erstens kann die Bedienung und Anzeige von Funktionen über einen Mikroprozessor gesteuert werden. In einer weiteren Stufe wird Fuzzy-Logik zur Belichtungssteuerung eingesetzt, die automatisch Störungen wie Gegenlicht oder Schatten kompensiert. Daneben kann sie die Autofokusgeschwindigkeit steuern, zum Verwackelungsschutz oder zur Einzelbildnumerierung eingesetzt werden (Kasper/Dewitz 1994, S. 26; Schmenk/Wätjen 1993). Die eigentliche Filmaufnahme erfolgt auf einem üblichen Film. Als dritte Stufe sind erste Apparate für den Verbraucher erhältlich, die Bilder digital speichern. Eine Weiterverarbeitung im PC ist möglich. Hohe Preise haben bisher diese Technik auf den Profimarkt beschränkt. Das Produkt "PhotoPC" von Epson wird für US$ 499 in den USA angeboten und kann je nach Farbqualität 16-32 Bilder in einer Auflösung von 640x480 Punkten speichern. Die Bilder werden digital im JPEG-Format in einem internen Speicher abgelegt. Mit optionalen Speichermodulen sind bis zu 160 Aufnahmen möglich. Es bestehen Schnittstellen zum PC, Fernseher, Videorekorder und einem speziellen Farbdrucker.

Sony hat erstmals 1996 eine vollständig digitale Videokamera 'DCR-VX1000' vorgestellt, die in den USA für etwa US$ 4.000 erhältlich ist. Die Bildinformationen werden von drei lichtempfindlichen CCD-Chips (Charged Couple Device) mit je 410.000 Bildpunkten für Rot, Grün und Blau aufgenommen. Die Stereotonaufzeichnung erfolgt mit 12-Bit und 32 kHz. Eine Kassette hat eine Aufzeichnungskapazität von 60 Minuten. Die Kamera kann ebenso zur Erstellung von Einzelfarbbildern verwendet werden. Einzelbildgenaue Numerierung und Zeitkodierung erlauben über eine digitale Schnittstelle eine exakte Nachbearbeitung des Videomaterials mit Hilfe eines optionalen Video Capture Board in einem PC (Sony 1996).

Die Nutzung der Photo-CD von Kodak unterstützt schliesslich die digitale Archivierung von ca. 100 Kleinbild-Dias oder Negativen. Es können fünf verschiedene Bildformate abgespeichert und mit einem speziellen Photo-CD-Spieler oder entsprechenden CD-ROM Laufwerk gelesen werden. Für die Wiedergabe auf dem Bildschirm wird eine Auflösung von 512x768 Punkten verwendet. Die Photo-CD Portfolio kann neben max. 800 Bildern eine Unterlegung mit bis zu 1 Std. Musik enthalten.

- Compact Disc Interactive (CD-i): Die von Philips entwickelte CD-i stellt ein Hybridprodukt der Informationstechnik und der Unterhaltungselektronik dar. Diese Geräte sind in der Lage, Photo-CDs, Video-CDs, Audio-CDs und proprietäre interaktive CDs abzuspielen und werden an den Fernseher und die Stereoanlage angeschlossen. Sie sind gekennzeichnet durch Stereoton eines 16-Bit Audio-Signalprozessors, 16- oder 32-Bit Prozessor-Architektur und Hauptspeicherkapazität von 1-4 MB. Spezielle Grafikprozessoren erlauben eine Darstellung von 16,7 Mio. Farben gleichzeitig (Philips o.J., S. 10). Weltweit wurden bis heute etwa 800.000 CD-i Player und 460.000 3DO-Spieler abgesetzt, davon etwa 40.000 in

Deutschland (o.V. 1995m, S. 8). Eine unzureichende Versorgung mit CD-Titeln hat eine Verbreitung im Massenmarkt bisher verhindert. Hinzu kommen Beschränkungen bei digitalen Videos auf 74 Minuten Dauer in der unzureichenden VHS-Qualität sowie die fehlende Aufnahmefunktion. Es wird der Kompressionsstandard MPEG-1 unterstützt.

- Musikgeräte: Für den Heimgebrauch werden zunehmend Geräte zur synthetischen Klangerzeugung angeboten. Diese als Synthesizer bezeichneten Geräte erlauben die Imitation verschiedener Instrumente auf einem Keyboard ebenso wie die Programmierung und den Abruf bestimmter Rhythmen. Die Steuerung erfolgt über den PC durch eine MIDI-Schnittstelle (Musical Interactive Digital Interface). Durch digitale Aufzeichnung und Bearbeitungsmöglichkeiten entsteht eine neue Qualität privater Musikerstellung.

Produkte wie die Digital Compact Cassette (DCC) von Philips oder die Mini-Disk (MD) von Sony werden als nicht erfolgreich angesehen in dem Versuch, die sich auf einem konstanten Niveau behauptende analoge Audiokassette zu ersetzen. 1994 wurden 120.000 DCC-Spieler und 600.000 MD-Geräte weltweit verkauft (Chyi 1996, S. 223). Der Verkauf wiederbespielbarer digitaler Tonträger ist ebenfalls nicht zufriedenstellend: 1994 wurden etwa 8.000 bespielte DCC-Kassetten in den USA abgesetzt. Chyi nennt fünf wesentliche Gründe für dieses Scheitern (Chyi 1996, S. 221f.):

- Wegfall des Nutzens: Eine Veränderung in der Zeitnutzung der Haushalte verringert den Bedarf, Aufnahmen zu Hause selbst durchzuführen. Für die Wiedergabe im mobilen Einsatz wie dem Auto wird die CD verwendet.
- Hoher Preis: Die Kosten für die Endgeräte und die Datenträger selbst sind aufgrund der geringen Stückzahlen deutlich höher als beim analogen Konkurrenzprodukt, der Audiokassette.
- Mangel an entsprechenden Titeln: 1994 gab es 470 Titel für das MD-Format. Ausser den Herstellern wie Philips oder Sony selbst gibt es kaum Produzenten von Titeln. Ausserdem weigert sich der Handel, Titel auf verschiedenen Plattformen mehrfach zu führen.
- Technische Nachteile: Während die MD nicht die Klangqualität der CD erreicht, hat die DCC bei besseren Klangwerten den Nachteil, dass nur ein sequentieller Zugriff auf Titel möglich ist.

- Fortschritte bei analogen Systemen: Die Verbesserungen der analogen Technik z.B. durch neue Geräuschfilter wie Dolby-S haben die Unterschiede zu digitalen Tonträgern in der Klangqualität verringert. Hinzu treten flankierende Marketing-Massnahmen wie "Closest to the CD" bei neuen Audiokassetten.

4.1.1.2.4 Hausgeräte

Miles unterscheidet fünf verschiedene Bereiche, in denen die Informationstechnik die Hausgeräte funktional ergänzt (Miles 1988, S. 29):

- Speicher: z.B. Mikrowelle mit speicherbaren Kochprogrammen.
- Sicherheit: z.B. Warnindikatoren und Alarmeinrichtungen, wenn z.B. der Kühlschrank von der Netzversorgung getrennt wurde oder die Tür des Kühlschrankes nach einer bestimmten Zeit nicht geschlossen wurde.
- Wartungsfunktionen: Durchführung von Selbstdiagnose, Fehleranzeige und Vorschlägen zur Behebung bei der Bedienung einer Waschmaschine.
- Energiesparfunktionen: Eine Steuerung der Heizung trägt in Abhängigkeit von der Aussentemperatur unter Verwendung eines Temperaturfühlers zur Kostensenkung bei. Eine Klimaanlage von Mitsubishi in Japan erreicht durch Fuzzy-Logik einen um 25% geringeren Energieverbrauch als herkömmliche Systeme.
- Kommunikation: Fernsteuerung und -wartung von Elektrogeräten und anderen Systemen des Hauses.

Wesentliche Einsatzfelder von Informationstechnik im Haushalt sind Geräte, die die Aktivitäten "Waschen", "Kochen" und "Hobbies" unterstützen.

- Waschmaschine und Geschirrspülmaschine: Der Übergang von der elektromechanischen Steuerung zu einer elektronischen Prozesssteuerung ist gerade im Bereich der Hausgeräte mühsam. Viele innovative Ansätze beschäftigen sich mit der Vernetzung der Hausgeräte (vgl. 4.1.3), aber erst in den letzten Jahren begannen Unternehmen wie Bosch Siemens Hausgeräte (BSHG) über das Konzept "Küche 2000" nachzudenken. Neue Produkte der Fa. Miele enthalten eine serielle Schnittstelle mit dem Namen "up-to-date", über die der Servicetechniker Fehlercodes im Reparaturfalle auslesen kann. Bei neuentwickelten Fasern oder Waschmitteln kann das Softwareprogramm der Waschmaschine ausgetauscht werden. Die Waschmaschine Bosch WFK enthält eine Fuzzy-Logik, die es erlaubt, die Trommelbewegungen in Abhängigkeit von der Wäschemenge zu regulieren. Ferner werden beim

Schleudern beladungsabhängig Anlauf, Dauer, Drehzahl und Unwucht gesteuert. Übliche Maschinen brechen bei Unwucht den Vorgang ab, während eine Reduktion der Drehzahl erfolgt. Andere Produkte senken den Wasserverbrauch durch Anpassung der Menge an die Art und das Gewicht der Wäsche. Neben einer besseren Ressourcenauslastung ist die erhöhte Bequemlichkeit ein Ziel des Einsatzes von Informationstechnik in Hausgeräten. Ein Staubsauger von Panasonic erkennt automatisch den Verschmutzungsgrad des Bodens und passt die Saugleistung ohne Zutun des Nutzers an (Kasper/Dewitz 1994, S. 28). Eine Weiterentwicklung ist ein akkubetriebener Saugroboter mit Fuzzy-Logik, der selbständig die Reinigung des Bodens durchführt und Hindernisse umfährt.

- Herd und Mikrowelle: Moderne Herde und Mikrowellen haben eine Vielzahl von programmierbaren Funktionen und Multifunktionsdisplays, die über die übliche Timerfunktion hinausgehen. Die Wärmstufe in Mikrowellen wird z.B. direkt in Abhängigkeit des Gewichtes des Lebensmittels eingestellt, der Dampf gemessen und die Innenraumtemperatur ausgewertet (Kasper/Dewitz 1994, S. 28). Standard-Kochprogramme, die der Familiengrösse angepasst sind, können eingegeben und jederzeit abgerufen werden. Auch der Sicherheitsaspekt spielt eine Rolle. Entfernungs-Sensoren in einem Herd-Prototypen stellen fest, ob die bedienende Person die Grösse eines Erwachsenen hat, und blockieren sonst die Bedienungslogik. Ein Herd der Firma Whirlpool enthält einen Computer, aus dem man 100 europäische Kochrezepte und deren Zubereitung abrufen kann. Die Verwendung von Fuzzy-Logik in Herden gestattet eine gradgenaue Temperaturregelung oder bei Dampftöpfen ein automatisches Halten des Dampfdruckpunktes.
- Heimwerk- und Hobbytechnik: Hierzu zählen Heimwerkergeräte mit integrierter Prozesssteuerung zur Regelung von z.B der Umdrehungsgeschwindigkeit bei Bohrmaschinen. Ebenso findet sich Informationstechnik in anderen Geräten des sich ständig ausdehnenden Hobby-Bereiches. Dies reicht von computergesteuerter Leistungsregelung und Funktionskontrolle bei Home-Fitness-Trainern wie dem 'ZX1' von Kettler bis zur digitalen Weichenkontrolle zur Steuerung der Modelleisenbahn.

4.1.1.2.5 Ausrüstungstechnik

Die Hardware der In-home-Ausrüstungstechnik besteht aus Einrichtungen zur Steuerung der Heizung und des Klimas, des Lichtes, der Sicherheit sowie der Ver- und Entsorgung des privaten Haushalts:

- Heizung und Klima: Die Informationstechnik besteht im Bereich "HVAC" (Heating, Ventilation, Air Conditioning) aus den Steuerkomponenten mit Timerfunktionen zur programmierbaren Ein- und Ausschaltung von angeschlossenen Komponenten wie Umwälzpumpen oder Warmwasseraufbereitung. Bild 4.1.1.2.5/1 zeigt das Bedienungspanel einer tag- und zeitgenauen Heizungssteuerung für den privaten Haushalt mit 4-Kanal Mikroprozessor:

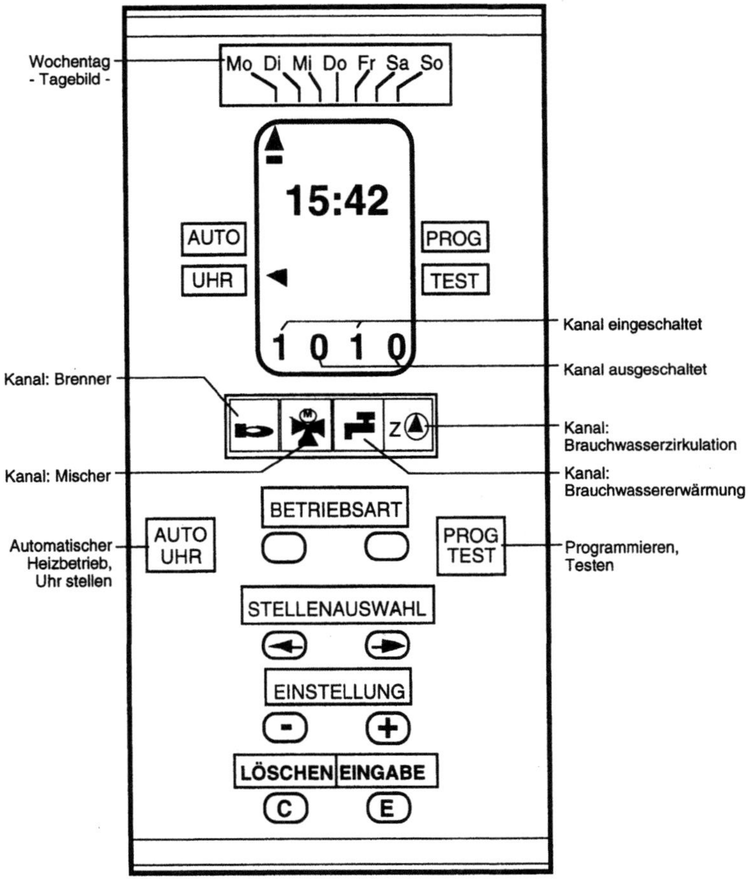

Bild 4.1.1.2.5/1 Heizungssteuerung mit 4-Kanal Mikroprozessor (Fa. Buderus)

Grössere Heizanlagen verfügen über eine Signalisierung von Fehlfunktionen über den Short Message Service (SMS) der digitalen Funknetze D1 bzw. D2. Ziel dieser IT ist die kunden-individuelle Bedienung und Nutzung von Energiesparpotentialen. Ein elektronischer Heizungsthermostat, der eine bestimmte Temperatur in Abhängigkeit von Aussentemperaturfühlern exakt gewährleistet, ist das weitverbreiteste Beispiel. Es lassen sich verschiedene Temperaturen für bestimmte Wochentage oder -enden vorprogrammieren, bestimmte konstante Werte für z.B. Urlaubstage vorgeben, stufenlose Erhöhung oder Erniedrigung der Raumtemperatur anwählen und mehrere Temperaturzonen innerhalb eines Hauses bilden (Gaddis 1992, S. 123).

- Licht: Eine programmierbare Steuerung der Lichtschaltung und Fernsteuerung der Raumhelligkeit über eine Fernbedienung ist mit dem Produkt "Beolink" von Bang & Olufsen möglich. Der Lichteinfall von aussen kann ebenfalls automatisiert werden. Zur Schaltung der Jalousien mit Timerfunktionen in Abhängigkeit des Lichteinfalls wird eine elektronische Jahreszeitschaltuhr verwendet, die einen Rolladenmotor ansteuert. Sogenannte Astroprogramme führen einprogrammierte Schaltprogramme aus, die sich an die Sonnenauf- und untergangszeiten anlehnen. Eine Erweiterung um einen Lichtsensor lässt nach Überschreitung einer vorher eingespeicherten Sonneneinstrahlung die Rolladen bis zu einer bestimmten Position herunter- und nach Verminderung wieder herauffahren (Busch-Jaeger o.J.). Komponenten der Lichtsteuerung sind Prozessoren zur Analyse von Kommandos und Bedingungen, Eingabegeräte als Tastatur oder als Sensor, Kommikationselemente als Verbindung zu externen Geräten durch mehrere Medien. Wird ein intelligentes Zentralsystem verwendet, kann die Hardware-Ausstattung durch Verlagerung der Intelligenz in die Zentraleinheit variieren (Gaddis 1992, S. 72).
- Sicherheit: Im Zuge der steigenden Einbruchs-Kriminalität, Zunahme von Senioren- und Einpersonen-Haushalten und des privaten Eigentums in einem durchschnittlichen Haushalt gewinnen Sicherheitssysteme, die bisher für den Schutz gewerblicher Anlagen eingesetzt wurden, an Bedeutung. Vernetzte Sensoren und programmierbare Steuerungseinheiten verwenden Informationstechnik zur computerunterstützten Steuerung und Überwachung des technischen Prozesses (Prozesssteuerung). Man unterscheidet Sensoren zur Wahrnehmung von Zu standsänderungen, Controller zur Überwachung der Sensoren und Aktivierung der

dritten Gruppe, der eigentlichen Warngeräte (Gaddis 1992, S. 49). Nach der Art des überwachten Risikos lassen sich drei Gruppen bilden (Miles 1988, S. 109f.):

- Detektoren von Verschmutzungen, Rauch oder Feuer.
- Sensoren für Bewegung, Körperwärme, Türen, Fenster oder Hausgeräte.
- Alarmknöpfe und Notfallmelder für Alte und Behinderte in Not. Ein Beispiel ist das Gerät "Security" der Telekom, der um den Hals getragen in Notsituationen ein Signal absetzt.

Daneben finden elektronische Anzeigen in anderen Messgeräten des privaten Haushalts wie Wetterstationen oder Blutdruckmessgeräten Einsatz. Elektronische Barometer des Herstellers Oregon Scientific zeigen auf einem Display Symbole für die lokale Wetterlage an und warnen akustisch bei einer heranziehenden Sturmfront.

- Ver-/Entsorgung und Wartung: Hierzu zählen Wasser- und Stromkontrolleinrichtungen, die zur Fernablesung von Verbräuchen über ein Kabel- oder Funknetzwerk notwendig sind. Pilotprojekte (vgl. Kapitel 5.5 "Wohnen") untersuchen z.B. den Einsatz von Chips an Mülltonnen, um die Entleerung und die Abrechnung zu automatisieren. Elektronische Armaturen sind in der Lage, den Wasserverbrauch um bis zu 70% zu senken. Die Armatur wird durch Infrarot-Objektsensoren ausgelöst und stoppt den Wasserfluss automatisch, nachdem das Objekt nicht mehr erfasst wird. Ein Sicherheitsventil schliesst den Hahn nach maximal einer Minute. Zusatzfunktionen wie Kurzabgabe für Reinigungszwecke oder längerer Fluss zum Füllen eines Eimers können abgerufen werden.

4.1.1.3 Ausblick

Für den Bereich der In-home-Hardware zeichnet sich eine Polarisierung ab. Zum einen werden aufgrund der Konvergenzbestrebungen integrative Produkte einen Schwerpunkt bilden, die Aspekte aus den fünf Komponenten vereinigen wie der CD-i Player von Philips, der als ein originäres Gerät der Unterhaltungselektronik auch Computer- und Telekommunikationstechnik enthält. Die vorgeschlagenen Set-top Boxen von Nokia oder Scientific Atlanta vereinen Elemente aus verschiedenen Bereichen. In diesem Zusammenhang ist die aktuelle Debatte zu sehen, welches Endgerät langfristig das Informationszentrum des privaten Haushalts sein wird. Business Week widmete diesem Thema im Juni 1996 eine komplette Spezialausgabe

(Sager/Judge 1996; Gross 1996). Diskutiert werden der PC, der Fernseher, das intelligente Telefon oder ein Hybridgerät, die als 'Teleputer' oder 'Compuvision' (Gilder 1994) apostrophiert werden. Wesentlicher Vorteil des PCs für die Zukunft ist die vorhandene Interaktivität und Digitalisierung der Medien, während der Fernseher ein in jedem Haushalt vorhandenes und vertrautes Gerät darstellt. Ein Ergebnis dieses Paradigmenstreits ist nicht abzusehen und wird von den Interessen der jeweiligen Hersteller dominiert. Verschiedene Anbieter wie Siemens mit dem 'FD 200 M6' oder Olivetti mit dem in Beispiel 4.1.1.3/1 dargestellten 'Envision' verbinden einen PC mit einem TV-Gerät.

Beispiel 4.1.1.3/1: Der Olivetti 'Envision'

Der von Olivetti speziell für den Heimbereich entwickelte 'Envision' besteht aus einem Pentium Prozessor unter Windows 95 mit 8 MB Hauptspeicher und 850 MB Festplatte. Das äussere Erscheinungsbild gleicht in Form und Farbe einer Komponente der Unterhaltungselektronik. Wesentlichste Bedienungsfunktionen können über Tasten am Gehäuse ausgelöst werden. Neben einer Fernbedienung kann die Bedienung über eine Infrarot-Tastatur aus bis zu 5 m Entfernung erfolgen. Als Standardsichtgerät dient der Fernseher. Fax-Modem, Stereolautsprecher und MPEG-Videokompressionsmodul gehören zur Grundausstattung. Wesentliche Schnittstellen befinden sich auf der Vorderseite. Kurzinformationen zum Betrieb werden auf einem LCD-Display angezeigt. Nach erstmaligem Einschalten befindet sich der Rechner im Stand-by Betrieb und ist danach ohne Wartezeit bereit. Eine intuitive Bedienungsoberfläche verwendet Objekte der realen Welt, um den Umgang zu erleichtern. Der Preis bewegt sich deutlich oberhalb des Niveaus für normale PCs.

Zum anderen zeigen sich vereinzelte Ansätze, dedizierte Geräte für einen bestimmten Zweck zu entwickeln. Der von Oracle und anderen vorgeschlagene Network Computer (NC) arbeitet netzwerkzentriert und hat eine minimale Hardwareausstattung ohne Festplatte. Er soll im wesentlichen zu minimalen, für den Massenmarkt akzeptablen Kosten um US$ 500 den Zugriff auf die Ressourcen des Internets ermöglichen. Ein Beispiel ist das von Apple und Bandai in Kooperation hergestellte Gerät 'Pippin Atmark'. Es besteht aus einem 66 MHz PowerPC Prozessor, 6 MB RAM, CD-ROM-Laufwerk, Modem und einer videospielähnlichen Kontrollkonsole. Disketten-Laufwerk oder Festplatte sind nicht vorhanden. Der Anschluss erfolgt an den Fernseher, die Stereoanlage und den Videorekorder. Jedes Anwendungsprogramm enthält einen Teil der Betriebssystem-Software. Es wird geschätzt, dass bis zum Jahr 2000 22% aller Internetzugänge nicht über den PC, sondern Geräte wie den NC erfolgen.

Der nachhaltige Erfolg ausschließlich unifunktionaler Videospiele ist ein Beweis für den Wunsch der privaten Haushalte nach Einfachheit der Bedienung bei hoher Leistung und geringem Preis, unter Tolerierung von Beschränkungen der Funktionsvielfalt. In diese Richtung zielt das Konzept von Microsoft zur Simply Interactive PC (SIPC) Technik, dessen Funktionen wie bei Hausgeräten unmittelbar nach dem Anschalten zur Verfügung stehen sollen. Weitere Kennzeichen sind:

- Laufwerk für die Digital Video Disk.
- Audiosystem nach dem Dolby Surround-Verfahren.
- Kabelmodem für Fax, Telefonie und Online-Anschluss.
- Gemeinsamer Anschluss USB (Universal Serial Bus) für die gesamte Peripherie.
- Kein Startvorgang notwendig durch intelligentes Strommanagement.

Unternehmen der Unterhaltungselektronik gehen den Weg aus der Richtung ihres angestammten Marktes und integrieren PC- und Netz-Eigenschaften in ihre Produkte. Philips entwickelt unter dem Namen 'Multimedia Access Terminal (MAT)' einen Fernseher, der je nach Modell als Computermonitor mit Internetfunktionalität, Telefonanschluss oder Sprachmailbox arbeiten soll (Gross 1996, S 98).

Im Bereich der Hausgeräte ist ein Trend zu beobachten, die Informationstechnik zur vereinfachten Bedienung einzusetzen. Eine wesentliche Hemmschwelle zum Kauf einer Mikrowelle ist die komplizierte Bedienung. Unternehmen wie Moulinex arbeiten an der Einführung einer 'Leichtbedien-Elektronik', die die Präzision der Elektronik mit einfachen Drehschaltern verbinden soll. Die Firma Küppersbusch hat z.B. eine TV-ähnliche Fernsteuerung zur Bedienung von Dunsthauben vorgestellt (Walleran 1995).

Das Programm "Things That Think" des MIT MediaLab in Cambridge, Mass./USA, geht einen Schritt weiter und untersucht die Möglichkeit, Informationstechnik in allen Dingen des täglichen Bedarfs unterzubringen. Beispiele sind Kleidungsstücke, die sich den Bedürfnissen des Trägers intelligent anpassen oder deren Verwendung optimieren. Es wird mit Schuhen experimentiert, die miteinander kommunizieren. Beim Händedruck der Träger werden Informationen über die in den Schuhen befindliche Elektronik ausgetauscht, um z.B. einen Austausch von Visitenkarten zu ersetzen. Ein intelligenter Tisch merkt sich, wo bestimmte Gegenstände im Laufe der Zeit abgelegt wurden (Verity/Judge 1996, S. 119).

4.1.2 Software

4.1.2.1 Definition und Überblick

Unter Software wird der immaterielle Teil der In-home-Infrastruktur verstanden, der mit den unter 4.1.1 genannten Geräten auf System- oder Anwendungsebene arbeitet. Auf die Ebene der Prozesssteuerung soll nicht eingegangen werden. Es werden für den privaten Haushalt entscheidende Entwicklungen der System- und Anwendungssoftware dargestellt.

4.1.2.2 Komponenten

4.1.2.2.1 Informationstechnik

Die Informationstechnik der In-home-Software gliedert sich in Anwendungssoftware, Systemsoftware, spezielle Bedieneroberflächen, In-home-Client Programme sowie in grundlegende Kompressionsverfahren:

- Anwendungssoftware: Von 1994 bis 1995 hatte weltweit das Geschäft mit der Software für Informationstechnik im privaten Bereich einen Zuwachs von durchschnittlich 82% von US$ 1,4 Mrd. auf US$ 2,6 Mrd. (Girgis 1996, S. 22). Hinsichtlich der Anwendungsprogramme werden nach der Marktforschung von IDC drei grosse Gruppen unterschieden:
  1. Spiele und Unterhaltung mit einem Wachstum von 34%: Simulations-, Strategie-, Adventure-, Rollen- und Arcadespiele. Merkmal ist eine Auswertung nach Gewinner und Verlierer.
  2. Home-Produktivität mit einem Wachstum von 122%: Persönliche Kreativität und persönliche Hilfestellung wie Ratgeber, Kochbücher oder Werkzeuge, die dem Personal Information Management zuzurechnen sind, wie Terminplaner oder Steuererklärungsanleitungen.
  3. Erziehung und Edutainment mit dem grössten Wachstum von 143%: Lernhilfen wie Vorschulgeschichten oder Studierhilfen, aber auch Software mit Lernfunktionen, die durch Einbettung von Unterhaltung attraktiver gestaltet werden.

Während 1994 51% des Umsatzes weltweit mit Spielanwendungen erzielt wurde, ging dieser Anteil 1995 auf 38% zurück, wobei sich absolut eine Steigerung ergab. Gewachsen ist insbesondere die Erziehung mit einem Anstieg von 21% auf 30% Anteil am Gesamtumsatz (Girgis 1996, S. 22). Eine andere Studie, die den deutschen Markt für 1994 untersucht hat, kommt zu dem Ergebnis, dass die drei meist genutzten Anwendungen Textverarbeitung, Spielprogramme und Tabellenkalkulation darstellen, während die Nutzung von Online-Diensten mit 5% als die zweitseltenste Nutzungsart angegeben wurde (IRES 1995, S. 32). 47% aller Anwendungen auf privaten PCs sind beruflicher Art, deren durchschnittliche Nutzungsdauer mit ca. 16 Std. pro Woche die der reinen privaten (9 Std./Woche) übersteigt (IRES 1995, S. 35).

Plattform für Anwendungssoftware ist neben der Diskette zunehmend im Multimediabereich die CD-ROM, wie das Beispiel 4.1.2.2.1/1 zeigt.

Beispiel 4.1.2.2.1/1: CD-ROM Software Markt

Weltweit gibt es heute etwa 9.500-12.000 verfügbare CD-ROM Titel. 1994 wurden weltweit 91,8 Mio. CD-ROMs verkauft, was einen Zuwachs von 161% zum Vorjahr bedeutet. Der Umsatz konnte aufgrund der sinkenden Preise mit einem Wachstum um 61% nicht mithalten und beträgt durchschnittlich ca. US$ 50 (Graf/Treplin 1996, 2.3.2, S.1), der Nettogewinn ca. US$ 11, während die Entwicklungskosten im Mittel US$ 300.000 betragen (Monnet 1995). Die Top-30 des amerikanischen Marktes sind für 70% aller Titel und 75% des Umsatzes von US$ 320 Mio. verantwortlich. Consumer-Titel machen ca. 80% des Marktes aus. Die drei führenden Hersteller sind Broderbund (9,46%), Softkey (6,57%) und Microsoft (4,4%). Intuit mit der Privatfinanzsoftware "Quicken" liegt auf Platz 8 (Graf/Treplin 1996, 2.3.3, S. 1). 30% aller CD-Infotainment-Titel in Deutschland werden per Mailorder verkauft und weitere knapp 30% über Märkte und Ketten und knapp 5% über den Buchhandel, da es keine festgelegte Bestell- und Logistikinfrastruktur für den Multimediamarkt gibt (Graf/Treplin 1996, 2.3.1, S. 1f.). Bestseller in den USA war 1993 Microsofts Enzyklopädie 'Encarta' mit 69.000 Einheiten und einem Umsatz von US$ 7,5 Mio. (Monnet 1995).

- Systemsoftware: Mehr als 60% aller privaten PCs werden unter der graphischen Betriebssystemerweiterung Microsoft Windows betrieben, nur 4% entfallen z.B. auf das Apple Macintosh System 7.x (IRES 1995, S. 16). Insbesondere für den Bereich der Set-top Boxen wird an speziellen Betriebssystemen gearbeitet, die in der Lage sind, die Anforderung nach multimedialer Echtzeitverarbeitung zu erfüllen. Ein Gremium, dass sich mit der Entwicklung und Standardisierung solcher Systemsoftware beschäftigt, ist DAVIC (Digital Audio Video Interactive Council). Ein Anbieter eines solchen Systems ist die Fa. Microware, die ihr Produkt DAVID (Digital Audio Video Interactive Decoder), das auf dem Multitasking-Mikrobetriebsystem OS-9 der CD-i Geräte basiert, an Hersteller wie General Instruments lizensiert hat (Nynex 1995). Aber auch andere Allianzen wie Open TV (Sun und Thompson) oder Interactive Video Services (SGI, AT&T und Time Warner) haben Vorschläge für ein eigenes Betriebssystem und Anwendungsschnittstellen (API) gemacht. Furht und Kalra nennen ein idealtypisches 4-Schichtenmodell (Furht/Kalra 1995, S. 36):

- Hardware Abstraktionsschicht mit dem Zugriff auf Subsysteme wie Audio und Video. Sie verbirgt die Hardware vor der darüberliegenden Sicht ähnlich dem BIOs in der PC-Welt.
- Mikrokernel als kleines Echtzeitbetriebssystem zum Management der Ressourcen wie Speicher und Kommunikationskanäle und der Prozesse. Das von Apple vorgeschlagene Betriebssystem benötigt z.B. nur 27 KB Speicher.
- Treiber und Bibliothek mit Diensten für Anwendungen zum Netzwerk- und Sitzungsmanagement oder zur Steuerung der Grafik und der Bedieneroberfläche.
- Anwendungen wie elektronische Programmführer, z.B. wie der in den USA angebotene Videoguide zur interaktiven Auswahl aus dem bestehenden Fernsehprogramm oder Videokontrollkonsolen.

• Bedieneroberflächen: Die mit der intensiven Benutzung des Computers nicht vertraute Zielgruppe der privaten Haushalte macht es erforderlich, über neue Oberflächen nachzudenken, die intuitiv mit Objekten der realen Welt eine Bedienung vereinfachen. Das Betriebssystem Windows 95 ist ein erster Schritt in diese Richtung. Die ursprünglich für tragbare, kommunikationsfähige Personal Intelligent Communicators entwickelte Oberfläche 'Magic Cap' (Knaster 1994) von General Magic zeigt in Bild 4.1.2.2.1/1 eine dahingehende Realisierung am Beispiel eines Schreibtischarbeitsplatzes mit Funktionen wie Kalender, Telefon oder Adressbuch.

Eine zweite Entwicklung ist das Entstehen sogenannter "Social Interfaces", wie das Produkt 'Bob' von Microsoft, das die Bedienung des Computers und seiner Anwendungen durch die Darstellung eines Wohnzimmers symbolisiert. Ein Lexikon-Programm ist z.B. ein Buch im Regal, das durch Anklicken aktiviert wird. Bisher ist diese Entwicklung als eigenständiger Zusatz zu den Betriebssystemen nicht von Erfolg gekennzeichnet. Nach einem Jahr am Markt mit einem Einführungspreis von US$ 99 wurde 'Bob' 1996 in Computerdiscountern in den USA für US$ 9 verteilt. In Deutschland erreichte es nie den Handel.

Bild 4.1.2.2.1/1 Beispiel für objekt-orientierte Bedieneroberflächen: 'Magic Cap'

- In-home-Clients für den Anschluss an externe Netzwerke: Im Rahmen von Online-Diensten wurde aus Gründen der mangelnden Ressourcen früher ein Hardware-Dekoder benutzt, um die Darstellung auf einem PC durchzuführen. Heute wird dafür ein Softwaredekoder verwendet, der bei Neuerungen leicht ausgetauscht werden kann und durch Einbindung von Grafik, Bewegtbild und Ton multimediafähig ist (Krause/Rosenow 1995). Für das Internet wird Client-Software, z.B. in Form von WWW-Browsern wie Netscape Navigator oder Microsoft Explorer benötigt, um die Kommunikation und den Zugriff auf Daten der Internet-Server zu ermöglichen. Auch Teile der Software einer Set-top Box gehören in diesen Bereich, wobei die Frage der Verteilung der Intelligenz zwischen In-home-Clients, Netzwerk und zentralen Servern nicht geklärt ist. Aktuelle Produkte wie der Network Computer zielen auf eine Verlagerung der Intelligenz in das Netz. Dies setzt eine leistungsfähige Netzinfrastruktur voraus.

4.1.2.2.2 Telekommunikationstechnik

Die Software in Telekommunikationsapparaten ermöglicht den zuvor beschriebenen Hardware-Komponenten den ordnungsgemässen Betrieb. Obwohl eine Unterscheidung nicht eindeutig ist, lassen sich folgende Bereiche differenzieren:

- Bedienungssoftware: Hierzu gehört die Einstellung von Optionen oder die Anwahl von Funktionen, wie das Erhöhen der Lautstärke über ein Bedienungsdisplay.
- Anwendungsähnliche Programme: Komforttelefone enthalten ein Vielfalt von ergänzenden Funktionen, die über die eigentliche Funktion hinausgehen, wie z.B. das Verwalten eines elektronischen Telefonbuchs.
- Steuerungssoftware: Auf der Ebene der Bedienungs- und Schaltelektronik überwacht und steuert die Steuerungssoftware den Ablauf von Prozessen der Bedienung und Funktionsausführung, wie z.B. die Anzeige eines ankommenden Anrufes durch Aktivierung des Klingeltons durch einen Synthesizer-Chip.

Die extern vernetzte Ausrichtung der Telekommunikation bedingt für den Bereich der In-home-Software eine Neuausrichtung und Erweiterung bestehender Funktionen. Die Tochtergesellschaft des Marktführers für Internet-Software Netscape Communications, Navio, arbeitet an der Integration ihres Internet-Browsers Netscape Navigator in private In-home-Infrastrukturen. Ziel ist es, die Zahl der Privatpersonen im Internet dadurch zu erhöhen, dass dieses auch über Mobiltelefone, Fernseher oder Videospielgeräte für Verbraucher zu erreichen ist. Firmenvision ist die Ausdehnung der derzeitigen installierten Basis von 40 Mio. Kopien auf weltweit 500 Mio. im Jahr 2001. Bei der gegenwärtigen begrenzten Bandbreite der Netze ist eine sinnvolle Nutzung in dieser Dimension jedoch nicht vorstellbar.

4.1.2.2.3 Unterhaltungselektronik

Auf dem Gebiet der Unterhaltungselektronik findet sich der Software-Einsatz im privaten Haushalt in den Bereichen:

- Funktionssteuerungs- und Programmierungssoftware für Videorecorder oder Fernseher, sogenannte On-Display Funktionen wie Timerprogrammierung, der Einstellung von Aufnahmeoptionen oder der Abstimmung von Sendern.
- Prozesssteuerungselemente, die der logischen Kontrolle der in einem Gerät der Unterhaltungselektronik ablaufenden Funktionen auf der Ebene der Mikrolevel-Programmierung der jeweiligen Prozessoren dienen.

Aktuelle Projekte arbeiten an der Aufrüstung von herkömmlichen Geräten der Unterhaltungselektronik durch Softwareelemente. Die Fa. Wink Communications, Alameda/USA, hat einen Interpreter entwickelt, der nach Implementierung in Videorekorder,

Fernseher und Set-top Boxen den Empfang von und die Interaktion mit Zusatzdiensten zu bestehenden Fernsehprogrammen unterstützt. Im Oktober 1996 hat ein Fernsehsender in Tokio mit der Ausstrahlung von Programmen und Toshiba mit dem Verkauf von Fernsehern auf der Basis von Wink-Software begonnen.

4.1.2.2.4 Hausgeräte und Ausrüstungstechnik

Die Software zur Unterstützung der Bedienungsoptionen durch ein Display oder eine Menüsteuerung, z.B. zur Programmierung unterschiedlicher Tageszeiten für eine Heizungssteuerung oder Anwahl von Waschprogrammen, dient der Prozesssteuerung im Haushalt. Neben der Bedienung sind die Steuerung und Regelung einzelner Komponenten, wie der Beschleunigung der Waschtrommel auf eine bestimmte Geschwindigkeit oder der Überwachung von Raumtemperaturen durch ein elektronisches Thermostat, wichtige Aufgaben.

4.1.2.3 Ausblick

Die Bedeutung der Software im In-home-Bereich wird in Zukunft zunehmen. Insbesondere die verhaltene Entwicklung auf dem Gebiet der Online-Anbindung der privaten Haushalte mit 3-5% aktiven Internet-Haushalten in Deutschland und ca. 5-8% Mitgliedern von professionellen Online-Diensten lässt zunächst eine kurzfristige Konzentration auf das Offline-Geschäft auf der Basis von CD-ROM Produkten erwarten. Prognosen sprechen für das Jahr 2000 von einem Weltmarkt von ca. DM 28 Mrd. für die Consumer-Titel (Middelhoff 1995, S. 35f.). Diese Software im Haus wird langfristig immer mehr durch eine Anbindung an externe Netzwerke ergänzt. Diese hybriden Titel, bei denen Informationen auf CD-ROM online aktualisiert werden, bieten sich für Nachschlagewerke, Bestellkataloge und Anwendungssoftware an. Von 1995 auf 1996 hat sich die Zahl dieser Hybridtitel auf 4% des Weltmarktes der CD-ROM Produkte verdoppelt. Mit steigender Bedeutung des Marktes der privaten Haushalte werden spezielle Versionen von Programmen den privaten Verbraucher erreichen. Diese sind auf seine privaten Anforderungen zugeschnitten, und stellen nicht wie bisher eine einfache Übertragung der betrieblichen Software dar, die im Bereich der Textverarbeitung viele nicht benötigte Funktionen enthält.

Zukünftige Versionen von Betriebssystemen werden mit einem integrierten Internet-Browser ausgeliefert. Das von Microsoft als Nachfolger von Windows 95 entwickelte

System behandelt die Dateien der eigenen Festplatte wie externe Daten und stellt diese innerhalb des Browsers dar. Spezielle Betriebssysteme für PC-fremde Consumergeräte wie Mobiltelefone oder Fernseher werden auf der Basis standardisierter Produkte, aber mit reduzierten Anforderungen an Systemressourcen entwickelt. Bild 4.1.2.3/1 zeigt die Oberfläche des Betriebssystems 'Windows CE' von Microsoft, das ein solches Produkt darstellt. Es benötigt 2 MB Speicherplatz, arbeitet ohne Festplatte und ist ein vollständiges 32-Bit Multitasking Betriebssystem abgeleitet von Windows 95 (Chernicoff 1996). Funktionen zur persönlichen Datenverwaltung wie ein Terminkalender und vereinfachte Versionen von Standardanwendungssoftware wie 'Microsoft Word' sind enthalten.

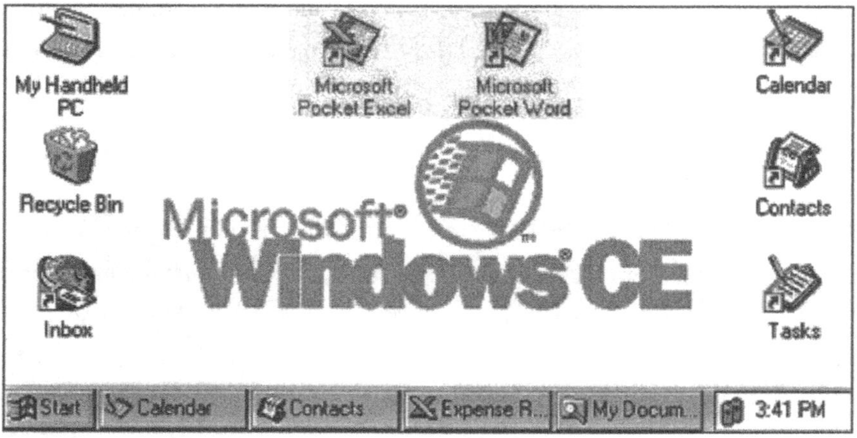

Bild 4.1.2.3/1 Graphische Oberfläche von 'Windows CE'

Mit zunehmender Leistungsfähigkeit der Hardware wird virtuelle Realität immer mehr Einzug in private Software halten. Die 64-Bit Konsole 'Ultra64' und der 'Virtual Boy' von Nintendo, einem tragbaren 32-Bit Spielgerät mit 3-D Grafik und Stereoklang, haben im Videospielsektor mit einem Preis von US$ 200 erste Ansätze gezeigt. Der Absatz des 'Virtual Boy' ist aufgrund monochromer Grafik nicht zufriedenstellend. Im Bereich der Programmierung von Geräten der Unterhaltungselektronik oder Hausgeräten setzt sich die graphische Bedienungsführung und elektronische Kontrolle von Prozessen immer weiter durch. Ziel kann die Vereinfachung der Bedienung sein, wie der Zusatz "Showview" zur Vereinfachung der umständlichen Programmierung des Videorekorders durch Eingabe eines in der Programmzeitschrift angegebenen Codes für eine aufzunehmende Sendung zeigt.

4.1.3 Netzwerke

4.1.3.1 Definition und Überblick

Netzwerke als Teil der In-home-Infrastruktur stellen die Verbindung verschiedener, an sich unabhängig betriebsfähiger Hardware-Komponenten im privaten Haushalt dar, damit sie Daten und Methoden austauschen können (Mertens/Bodendorf 1995, S. 31f.). Dazu werden die Geräte selbst, Datenübertragungswege und bestimmte Protokolle benötigt. Scherer spricht von "Integrierten Intelligenten Haussystemen", wenn die "Komponenten und Subsysteme informatorisch vernetzt und mit lokaler und zentraler maschineller Intelligenz versehen sind" (Scherer 1995, S. 15). Ein konkreter Nutzen entsteht durch Senkung der Betriebskosten, Reduktion der Umweltbelastung, Erhöhung der Sicherheit und des Komforts sowie einer Unterstützung behinderter und alter Menschen. Ein Nachweis für diese Nutzen wurde bisher nicht geführt. Die technischen Synergieeffekte durch Systemintegration werden gesehen in (Scherer 1995, S. 15):

- Optimierende Koordination der Teilprozesse.
- Visualisierung der Informationen und Abläufe.
- Straffung und Vereinfachung der Bedienung.
- Mehrfachauslastung von Geräten und Komponenten.

Schliesst man Systeme aus, die bedingt ein Netzwerk in diesem Sinne bilden, wie die Infrarot-Fernsehfernsteuerung, da mindestens eine der Komponenten ein nicht-eigenständiges Gerät darstellt, spielen diese Netzwerke gegenwärtig eine untergeordnete Rolle im Haushalt. Weltweit versuchen viele Institutionen unter Projektbezeichnungen wie Smart House, Intelligent Home, oder Home Systems technische Grundlagen und Prototypen für ein vernetztes Heim zu schaffen. Man kann drei wesentliche Ansätze unterscheiden (Heimer 1993; Heimer 1995):

- Beim *konsumgeräte*-orientierten Ansatz wird die Intelligenz zur Netzwerksteuerung dezentral in die Endgeräte der Weissen und Braunen Ware verlegt. Damit steigt der Wertanteil dieser Komponenten an. Medien sind Stromnetz, Telefon, Infrarot und Koaxialkabel. Verwendet wurde dieser Ansatz in HS (ESPRIT, Europa), CEBus (USA) und HBS, Japan.
- Einen *computerhardware*-orientierten Ansatz verfolgen Echelon (USA) und Tron (Japan). Die Netzsteuerungssoftware wird in Chips integriert und der Einfluss des

Benutzers ist gering. Es eignen sich hierfür alle Medien. Ein Einsatz ist vor allem in grösseren Gebäuden geplant.

- Im *installations*-orientierten Ansatz gibt es die Anstrengungen des EIBus (European Installation Bus) von Siemens, Batibus von Krupps/HS und des Projektes Smart House aus den USA, die den Schwerpunkt auf Installationsartikel wie Elektrosteckdosen legen (Rose 1993).

Bild 4.1.3.1/1 zeigt die wichtigsten Ansätze im Überblick:

Projekt	*Land/seit*	*Teilnehmer und Inhalt*
Smart House	USA 1987	Teilnehmer: Dominanz der Bauindustrie und Hersteller von Installationsmaterial und Netzkomponenten; basiert auf vier getrennten multimedialen Kabeln (Koaxial-, Telefon-, Glasfaser- und Stomkabel); mündet in speziell entwickelte Steckdosen für verschiedene Endgeräte; keine Intelligenz in den Endgeräten; Systemsteuerung erfolgt über eine Zentraleinheit.
CEBus	USA 1984	Teilnehmer: Unternehmen aus den Bereichen Unterhaltungselektronik, Hausgeräte, Kabel und Telekommunikation, Heizungs-, Klima-, Sicherheits- und Lüftungstechnik sowie Energieversorgung, Dominanz liegt bei den Herstellern von Konsumgütern; offener Standard, d. h. die Kommunikationsprotokolle sind in Form von Lizenzen erhältlich; dezentrale Architektur mit verteilter Intelligenz in den Endgeräten; automatische Konfiguration des Netzes, Benutzerschnittstelle über den Fernseher; Nutzung des Spannungsnetzes.
LON-Works/ Echelon	USA 1986	Teilnehmer: private Investoren, Investmentgesellschaften und Apple; basiert auf dem NEURON-Chip; der Chip wird in die Endpunkte (Schalter, Steckdosen, Endgeräte) eines dezentralen Netzes integriert und übernimmt die Kommunikationsfunktion; Erwerb der Lizenz ermöglicht Nutzung der LON-Technologie.
HBS	Japan 1984	Home Bus System: Im Rahmen einer Kooperation verschiedener Ministerien; Teilnehmer: Dominanz von Herstellern Brauner und Weisser Ware; dezentrales System, d. h. die Intelligenz befindet sich in den Endgeräten.
TRON	Japan 1984	Von Prof. Sakamura der Tokyo University (Sakamura 1994); Teilnehmer: 140 Unternehmen unterschiedlicher Branchen; Dominanz der Computerbranche; Systemarchitektur für Anwendungen in der industriellen Produktion, in der Büro- und Hausautomation sowie der Vernetzung grosser Computer; Anwendungen reichen vom intelligenten Autor über das intelligente Haus bis hin zur intelligenten Stadt; Aktivitäten im Bereich der Hausautomation werden von der TRON Intelligent House Study Group koordiniert; die Funktionen des 1989 fertiggestellten Prototyps des TRON Hauses (1.000 Mikrocomputer in 400 Subsystemen) reichen von intelligenten Fenstern bis zur intelligenten Toilette, die bei Benutzung eine Gesundheitsüberprüfung durchführt.
D2B Bus	Europa 1985	Von Philips; für die Integration von Audio- und Videosystemen entwickelt; anerkannt von Matsushita und Sony; erster weltweiter Standard im Audio- und Videobereich.

Projekt	*Land/seit*	*Teilnehmer und Inhalt*
BatiBus	Europa 1986	Von der Elektroinstallationsfirma Mérlin Gerin; Teilnehmer: 120 Unternehmen aus der Elektroinstallations, Heizungs- und Klimatechnikbranche; basiert auf verdrillten Kabeln; eignet sich nicht für Audio- und Videoübertragung; erfordert umfangreiche Verkabelung; nach Meinung von Experten veraltet.
EIBus	Europa 1986	Bis 1992 von Siemens entwickelt; Teilnehmer der auf dieser Initiative basierenden EIBA (European Installation Bus Association, vgl. EIBA 1993): Unternehmen der Elektroinstallationstechnik, vorwiegend aus Deutschland; Spezifikation des Standards ist den Mitgliedern frei zugänglich; Hauptkomponente ist der Busankoppler, der in die Endstellen des Netzes eingebaut wird; dank Programmierbarkeit hohe Flexibilität bei der Installation; Anwendungen vor allem im Bereich der Beleuchtungs- und Rolladensteuerung; eignet sich primär für Neubauten.
ESPRIT Home Systems (HS)	Europa 1986	Im Rahmen eines EUREKA-Projektes; Teilnehmer: Elektronik-, Haushaltsgeräte- und Installationsartikelhersteller; multimediales dezentrales System (ähnlich dem CEBus aus den USA); primäre Verwendung des Spannungsnetzes für die Datenübertragung; Mikroprozessorgesteuerte Mikrocontroller erlauben eine automatische Konfiguration des Netzes; Pilotprojekt mit 100.000 Haushalten im Bereich des Lastmanagements geplant, wobei das Fernsehgerät als Bedienungsterminal verwendet wird; vorläufige Anwendungen: Lastmanagement, Fernablesen des Stromverbrauchs, Kontrolle des Eingangsbereichs, ein TV-/Videosystem und die Fernsteuerung über Minitel.
X-10	USA 1978	Teilnehmer: Fa. X-10, Verwendung der Stromleitung zur Übertragung von Informationen, Produkte als Add-on zu elektrischen Geräten zum An- und Ausschalten; Restriktionen hinsichtlich Kommunikation oder Audio-/Video-Steuerung; Störung durch Interferenzen; Angebote im Versandhandel und Handelsketten wie Sears oder Radio Shack.

Bild 4.1.3.1/1 Ansätze zur Vernetzung innerhalb des Hauses

4.1.3.2 Komponenten

4.1.3.2.1 Informationstechnik

Die Penetration von Heim-PCs lässt keine Aussagen zu, in welchem Umfang sich im privaten Bereich Formen von LANs bilden werden. Miles prägte dafür den Begriff "Small Area Networks (SAN)" (Miles 1988, S. 21). Studien über Anschaffungen im Computerbereich der privaten Haushalte zeigen, dass die Tendenz in Richtung einer Aufrüstung und Modernisierung bestehender Rechner z.B. mit CD-ROM-Laufwerken geht und selten zum Mehrfach-Besitz, z.B. bei Haushalten mit Kindern. Ein Beispiel für ein In-home-Netzwerk ist die durch eine Kooperation von Microsoft und Timex entwickelte Uhr "Data Link", die an bestimmte Termine erinnert. Sie wird über graphische Bildschirmausgabe und einen Sensor in der Uhr über den PC programmiert.

Von grosser Bedeutung für den Bereich der Informationstechnik ist die Anbindung an die externen Netze und deren Verbindung von der Aussenwand des Hauses zum Hardware-Endgerät. Vier Möglichkeiten sind möglich:

- Telefon-Kupfernetz: Der PC wird über das Telefonnetz mit der Aussenwelt verbunden. Grundlage dafür ist ein Modem zur Wandlung analoger in digitale Signale. Bei Nutzung eines digitalen Telefondienstes wie ISDN entfällt diese Notwendigkeit. Dafür wird eine ISDN-taugliche Zusatzkarte für den PC benötigt.
- Glasfasernetz: Als Konzept "Fibre-to-the-Machine" kommt dieses Konzept für Haushalte in Frage, die extern über Glasfaser, "Fibre-to-the-home" angeschlossen sind, wie die 1,2 Mio. Haushalte in den Neuen Bundesländern. Dadurch wird eine breitbandige symmetrische Kommunikation z.B. Videophonie möglich. Dieser Ansatz steht im Experimentalstadium, da weder die Kosten noch die Anforderungen zur Zeit für private Haushalte realistisch sind.
- Funknetz: Durch den Anschluss von Funkmodems an einen PC kann die Vernetzung durch Mobilfunk erreicht werden (vgl. ausführlich dazu 4.3.3). Dies ist in Gebieten mit einer Unterversorgung an Festnetzanschlüssen, z.B. den Neuen Bundesländern, denkbar.
- Koaxial-Kupferkabelnetz: Gerade in letzter Zeit mit dem Aufkommen der Diskussion um "Datenautobahnen" und der verstärkten Nutzung von Online-Diensten und des Internets wurden Versuche zum Anschluss des PCs durch Kabelmodems an ein breitbandiges Koaxialnetzwerk untersucht, über das bisher die Versorgung der Haushalte mit Fernsehen und Rundfunk stattfand (vgl. 4.3.3). Innerhalb des Hauses wird das vorhandene oder zu erweiternde Netz der Koaxial-Breitbandkommunikation (BK) verwendet.

4.1.3.2.2 Telekommunikationstechnik

Im Bereich der Telekommunikationstechnik lassen sich Beispiele im Bereich privater Nebenstellenanlagen oder drahtloser Telefonanlagen finden, die einen aufwendigen Installationsaufwand überflüssig machen.

Grundsätzlich bildet die Vernetzung durch das Telefonnetz aus verdrillten Kupferkabeln das zentrale Telekommunikationsnetzwerk innerhalb des Hauses. Eine echte interne Vernetzung mehrerer Räume ist in Mehrfamilienhäusern zu verschiedenen Wohnparteien und selten innerhalb einer Wohnung zu finden. Insbesondere in den USA ist eine Strategie der Telekommunikationsunternehmen zur mehrfachen Leitung für Kinder oder Online-Aktivitäten zu beobachten. 73% aller Telefonteilnehmer in den USA haben zwei oder mehr Telefone (Pavlik 1996, S. 241), was eine stärkere interne Vernetzung nach sich zieht.

Im In-home-Bereich ist der Übergang von der analogen drahtlosen CT- (Cordless Telephony) Technik zum europäischen, digitalen DECT-Standard zu beobachten. Bis zu 6 Handgeräte können an einer Basisstation betrieben werden, wobei Gespräche von einem zum anderen Handgerät weitergegeben werden können und eine interne Kommunikation zwischen den tragbaren Einheiten möglich ist (Telekom 1994). Bessere Sprachqualität und Abhörsicherheit sind weitere Merkmale. RWE Telliance unternimmt in Gelsenkirchen ein Pilotversuch, den Anschluss des Haushalts mit den mobilen Telefonen nach dem DECT-Standard zu überbrücken. Diese arbeiten als schnurloses, digitales Gerät im Haus, aber auch als zellulares Mobiltelefon ausserhalb des Hauses. Für den alternativen Zugang privater Telekommunikationsfirmen über die "last mile" zum Haushalt kommt solcher Technik entscheidende Bedeutung zu. Dies kann in Geräten mit "Dual Mode" münden, die sowohl zum Mobilfunk geeignet sind, als auch als drahtloses Hausgerät Verwendung finden.

4.1.3.2.3 Unterhaltungselektronik

In der Unterhaltungselektronik wird die Vernetzung in der Regel durch Koaxialkupferkabel durchgeführt, deren Bandbreite und Qualität den Audio- und Videodaten entspricht. Man kann folgende Formen unterscheiden:

- Zuführung von Daten: Die Installation von Koaxial- oder Glasfaserkabeln innerhalb des Hauses zur Zuführung von Audio- und Videoinformationen zum TV oder Radiogerät stellt die grundlegende Vernetzung innerhalb des Hauses dar.

- Funktionsverbund: Die Verkabelung von Videorekorder und Fernseher oder CD-Player mit einem Verstärker-Gerät ermöglicht oder erweitert die Funktionen eines einzelnen Gerätes. Befehle der Infrarot-Bedienung werden z.B. in einer HiFi-Anlage über das Empfangsteil an eine Komponente weitergegeben, die die Funktion ausführt. Verschiedene Videorekorder-Modelle, z.B. des Herstellers Philips, laden bei zeitgesteuerten Aufnahmen Videotext-Programmtafeln aus dem Videotext-Modul des Fernsehers in den Speicher des Gerätes. Die Reihenfolge programmierter Sender des Fernsehens wird erfasst und im Speicher des Videorekorders identisch abgelegt ('Follow-TV').

- Verteilte Systeme: Der Anschluss von mehreren Fernsehgeräten an einen zentralen Videorekorder, die Bedienung entfernter Geräte über eine einheitliche Fernbedienung oder das Einspielen von Musik auf Lautsprecherboxen in einem entfernten Zimmer sind Kennzeichen einer verteilten Unterhaltungsumgebung, wie sie z.B. das System von Bang & Olufsen 'Beolink' bietet. Verschiedene High-end Hersteller in den USA bieten mobile, grafische Tabletts an, über die drahtlos durch einfache Symbole die gesamte Unterhaltungselektronik eines Hauses gesteuert werden kann. Eine Umleitung des Signals von einem Videorekorder auf einen beliebigen Fernseher in einem anderen Raum ist möglich.

4.1.3.2.4 Hausgeräte

Alle Hausgeräte sind heute mit einem Anschluss an das Stromleitungsnetz verbunden. Aufgrund der schlechten Qualität dieses Netzes lassen sich nur elementare Befehle wie 'an-aus' übertragen. Dies kann im Rahmen des Energiemanagements durch eine Fernsteuerung seitens des Energieversorgungsunternehmens (EVU) genutzt werden (vgl. Kapitel 5.5 und 4.3.3). Da die Installation qualitativ höherer Netzwerke an dem Aufwand an Kosten und Unbequemlichkeit scheitert, wird eine drahtlose Lösung z.B. über Infrarot bevorzugt. Mit dem Produkt "Magic Control" der Firma Grewe Datentechnik sind alle elektrischen Geräte im Haus programmierbar. Nicht nur alle ohnehin fernbedienbaren Geräte, sondern auch Hausgeräte ohne Fernbedienung wie Rasensprenger, Heizung oder Küchengeräte lassen sich durch ein Interface auf Infrarot-Basis mit einer Softwareschaltuhr über den PC ein- und ausschalten (o.V. 1993a).

4.1.3.2.5 Ausrüstungstechnik

Eine Vernetzung in der Ausrüstungstechnik ist durch die Art der Anwendung determiniert. Moderne Heizungssysteme mit Temperaturfühlern oder Lichtanlagen mit Aussensensoren machen ohne eine Verbindung der einzelnen Einheiten keinen Sinn. Die Einzelraumsteuerung 'GEAdomics' in Abschnitt 3.3.2 hat eine Form dieser Vernetzung gezeigt. Als Übertragungsmedium kann entweder ein exklusives kabelgebundenes oder -loses Netzwerk, das bei der Installation der Anlage installiert wird, oder das vorhandene elektrische Netz genutzt werden. Das Beispiel 4.1.3.2.5/1 stellt ein In-home-Netzwerk vor, das auf die Steuerung von Ausrüstungstechnik ausgerichtet ist.

Beispiel 4.1.3.2.5/1: Home Electronic System (HES)

Junkers, Bosch-Siemens-Hausgeräte, Bosch und Siemens haben ein System entwickelt, mit dem alle haustechnischen Anlagen wie Alarmanlage und Heizung bedient, gesteuert und kontrolliert werden können. Die Kommunikation erfolgt über eine gesonderte Datenleitung, die parallel zum Stromnetz verlegt wird. Grundlage ist der Anschluss an den European Installation Bus (EIBus). Die zentrale Steuerung erfolgt über einen PC. Für den Heizungsbereich lassen sich z.B. intelligente Mischermodule, Wärmeerzeuger oder elektronische Thermostatventile ansteuern. Im Lieferumfang befindet sich eine CD-ROM mit Hinweisen zur Installation, Bedienung und Fehlerbehebung. Die Benutzeroberfläche, die Bild 4.1.3.2.5/1 zeigt, ist graphisch und symbol-orientiert. Sie integriert die steuerbaren Geräte der Ausrüstungstechnik sowie andere Infrastrukturkomponenten unter einer einheitlichen Oberfläche.

Bild 4.1.3.2.5/1 Benutzeroberfläche des Home Electronic System (HES)

Unter dem Menüobjekt "Licht/Klima" kann man z.B. das Tages- oder Wochenprogramm modifizieren, die Raumtemperatur vorwählen oder ändern. Per Telefon kann der Heizungsinstallateur den Zustand der Heizung abfragen und gezielt mögliche Fehlerquellen analysieren.

4.1.3.3 Ausblick

Immer mehr wird die in der betrieblichen Umgebung zu beobachtende Vernetzung von einzelnen Infrastrukturelementen in den privaten Bereich Einzug halten, wenn aufgrund der hohen Kosten und des Installationsaufwandes auch verhaltend. Es ist für den privaten Kunden schwer erkennbar, welche die Kosten rechtfertigenden Vorteile ihm die teurere Vernetzung im Vergleich zur individuellen Komposition aus einzelnen Lösungen bietet. Der einer Vernetzung entgegenlaufende Trend ist die Integration verschiedener Funktionen in einem Gerät, wenn z.B. PCs mit eingebautem TV und Radio-Tuner angeboten werden. Die externe Anbindung des privaten Haushalts an Online-Dienste kann die interne Vernetzung depriorisieren.

Die Vernetzung aller Infrastruktur-Komponenten des privaten Hauses ist kurz- bis mittelfristig nicht zu erwarten und stellt eine Zukunftsvision dar. Einzelne Projekte auf diesem Gebiet wie das der European Home Systems Association (EHSA) der Europäischen Union haben offenbart, dass sowohl Probleme auf der Seite des Angebotes mit dem Mangel an klaren Standards und im Handel erhältlichen Produkten als auch der Seite der Nachfrage mit der Abneigung gegen die Kosten zur Zeit die Entstehung eines grösseren Marktes verhindern. Prototypen kompletter 'Intelligenter Häuser' befinden sich im Experimentalstadium (Mason 1988). Gleichwohl sehen die Visionen grosser Anbieter aus der Computerbranche einen Anschluss von Geräten des Haushalts an ein Netzwerk vor. Novell spricht vom "pervasive computing" im Rahmen der NEST (Network Embedded Systems Technology) oder Microsoft vom USB (Universal Serial Bus), einem universellen Bussytem für Geräte der Daten- und Haushaltstechnik.

Das MIT-MediaLab arbeitet an einer Ausweitung des Netzwerkgedanken auf den menschlichen Körper selbst. Die Verbindung von intelligenten Kleidungsstücken und Accessoires wird als Body-Net oder PAN (Personal Area Network) bezeichnet. Ein erstes Beispiel ist ein MIT Forscher, dessen Körper eine eigene Internet Protocol (IP) Adresse besitzt und durch informationstechnische Anlagen wie Videocamera und Bildschirm an seinem Körper sein Sichtfeld permanent über eine Funkverbindung ins Internet sendet (Verity/Judge 1996). Ziel ist es auch, die Erweiterung der menschlichen Sinne durch Anbindung an Netzwerke zu untersuchen.

4.2 Out-of-home-Infrastruktur der privaten Haushalte

Die Out-of-home-Infrastruktur setzt sich aus Hardware (vgl. 4.2.1), Software (vgl. 4.2.2) und Netzwerken (vgl. 4.2.3) zusammen, die ausserhalb der privaten Wohnung installiert sind, aber zur Erbringung von Diensten für private Haushalte benötigt werden (Brenner/Kolbe 1994; Brenner/Kolbe 1996). Dieser Abschnitt gibt einen technisch-orientierten Überblick über den Status quo und die aktuellen Entwicklungen in diesem Bereich. Eine vertiefte Diskussion von technischen Details wird nicht verfolgt. Beispiele konkreter Produkte verdeutlichen dabei, welche Chancen und Risiken für Anbieter damit verbunden sind.

4.2.1 Hardware

4.2.1.1 Definition und Überblick

Unter der Out-of-home-Hardware werden alle technischen Geräte verstanden, die ausserhalb des privaten Hauses den Betrieb von informationstechnischen Systemen sicherstellen. Zusätzlich wird die mobile Informationstechnik wie Chipkarten dargestellt, die auch innerhalb des Hauses Anwendung finden können. Der Bereich der Automobil-Informationstechnik und exklusiver Aussentechnik wie Informationssäulen werden dabei erläutert.

Wie im Bereich der In-home-Infrastruktur wird eine Beschreibung anhand der fünf Komponenten Informationstechnik, Unterhaltungselektronik, Telekommunikation, Hausgeräte und Ausrüstungstechnik durchgeführt.

4.2.1.2 Komponenten

4.2.1.2.1 Informationstechnik

Die Informationstechnik der Out-of-home-Infrastruktur umfasst die Bereiche zentraler Grossrechner, mobiler Informationstechnik, Informationssäulen und der Chipkarten als Gebiet mit besonderer Bedeutung.

- Zentrale Grossrechner: Ist der private Haushalt durch ein externes Netzwerk angeschlossen wie z.B. an einen Online-Dienst, sind zentrale Infrastrukturen beim Anbieter notwendig, um die Informationen zu verarbeiten und den Kommunikationsablauf zu steuern. Im Rahmen des deutschen Online-Dienstes T-Online (früher

BTX/Datex-J) besteht diese zentrale Infrastruktur aus einem zentralen Datenbankrechner der Leitzentrale in Ulm und 72 regionalen Vermittlungsstellen, die wiederum je aus 1-2 Datenbankrechnern und 1-8 Zugangsrechnern zum Management der Kommunikation zu den Teilnehmern aufgebaut sind (Stahlknecht 1995). Weiterhin können die externen Rechner der Dienste-Anbieter als auch deren Editiersysteme, die eine Bearbeitung der auf den Telekom-Rechnern gespeicherten Daten erlauben, zu dieser Gruppe gezählt werden. Funktionen sind dabei:

- Steuerung der Kommunikation und der Netzwerkkomponenten sowie Allokation der notwendigen Kommunikationsbandbreite.
- Regelung der Autorisierung.
- Management von Kundeneingaben und Rückkanalsteuerung.
- Bereitstellung von Informationen z.T. in Echtzeit und das zugehörige Datenbankmanagement.
- Monitoring, Protokollierung und Auswertung der Zugriffe sowie Abrechnungsaufgaben.
- Initiierung weiterer Aktivitäten, z.B. bei Bestellvorgängen.

Diese Aufgaben werden durch grossrechner-basierte Systeme ausgeführt. Zur Erfüllung der Anforderungen interaktiver Netze, der Breitbandkommunikation zu den privaten Haushalten, werden verschiedene Mehrprozessoren-Systeme diskutiert. Man unterscheidet zwischen Rechnern zur Administration der Verbindung und Kundendaten und den sogenannten Inhalte-Servern zur Bereitstellung von z.B. Videoinformationen. Komponenten solcher Systeme sind (vgl. Bild 4.2.1.2.1/1):

- Umfangreiche Festplattenspeicher, da sich 90% der Anforderungen auf 10% der gespeicherten Daten beziehen.
- Sekundäre Speicher wie CD-ROM oder Bandarchive, z.B. für Filmbibliotheken.
- Kontrollbausteine für eingehende Benutzeranforderungen von den Haushalten.
- Hochgeschwindigkeits-Systembus zur Steuerung der Systemressourcen.
- System- und Hauptspeicher mit Cachepuffern.
- Ausgabestrom-Kontrollbausteine für die Kanäle zu den Haushalten.

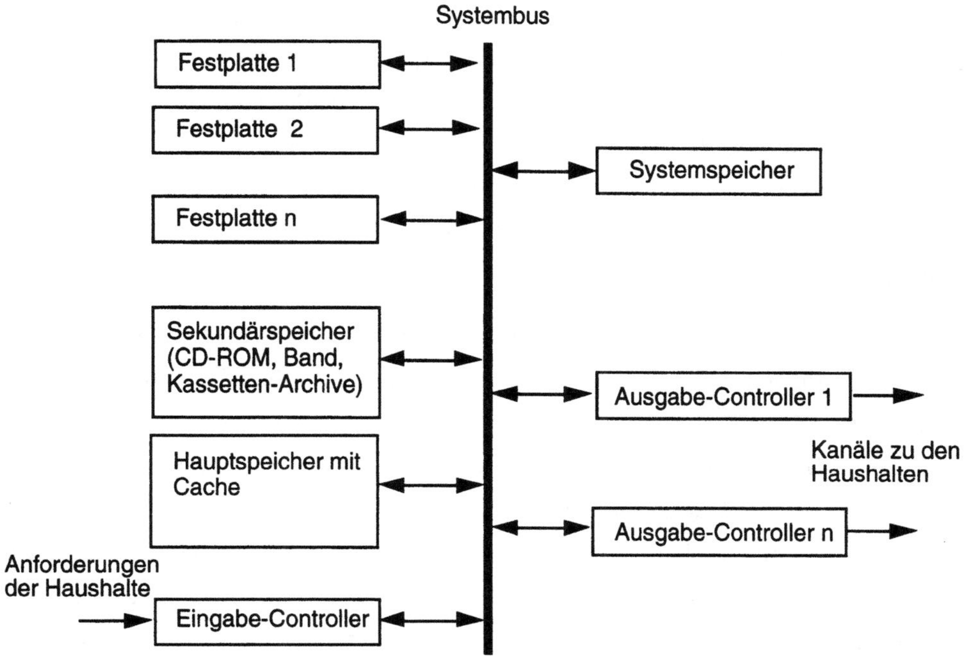

Bild 4.2.1.2.1/1 Typischer Aufbau eines Video-Servers (Zarnekow 1995, S. 42)

Die Anforderungen an das Speichermanagement sind enorm. Bei einer Übertragungsrate von 4 Mb/s benötigt ein Film von 120 Minuten Länge ca. 4 GB Speicherplatz. Bei 1.000 parallelen Videoströmen benötigt man über 150 verschiedene Festplatten im RAID-Verband (Redundant Array of Inexpensive Disks), auf denen jeweils ein Stück des Films gespeichert ist. Die Transferrate des Bussystems muss bei 1.000 Strömen mit 4 Mb/s Übertragungsrate schon bei 10.000 Mb/s liegen, um eine Übertragung in Echtzeit zu gewährleisten (Zarnekow 1995, S. 45f.).

Hinsichtlich der Grundkonzeption zur Bewältigung der zentralen Aufgaben werden zwei Grundformen von Architekturen vorgeschlagen. Zum einen Mehrprozessoren-Systeme auf massiv-paralleler Basis oder sogenannte Cluster von PC-Systemen, da das Problem nicht in der eigentlichen Rechenleistung, sondern in der parallelen Verarbeitung von Ein-/Ausgabeoperationen liegt. Massiv-parallele-Systeme (MPS) bestehen aus unabhängigen Einzelsystemen mit jeweils Prozessoren und RAM-Speicher, die miteinander vernetzt sind und separaten Zugriff auf die Ein-/Ausgabepfade haben (Oracle 1994a). Es gibt keinen gemeinsamen Systembus. Die Vorteile liegen in einer Skalierbarkeit und optimalen Anpassung an das

Lastprofil. Ein von der Fa. nCube vorgeschlagenes System vereint die Rechenleistung von 8.192 Prozessoren mit einer Hauptspeicherkapazität von bis zu 262 GB und einem externen Speichervolumen von 18 TB. Von der internen Kommunikationsbandbreite von 295 GB pro Sekunde werden 10 GB/s im Idealfall nach aussen an die Endkunden abgegeben (Oracle 1994b). Das Modell 'MediaCube 3000' kann 20.000 Videoströme erzeugen und mehr als 24.000 Stunden digitalen Inhalts verwalten.

Verteilte PC-Netze, sogenannte Cluster, die durch LANs verbunden sind, eignen sich eher zur Versorgung kleinerer Nutzergruppen. Eine mögliche Anwendung wäre die eines lokalen Servers, der zwischen den zentralen Infrastrukturen und den privaten Haushalten zwischengeschaltet ist. Ein Beispiel dafür ist die von Microsoft vorgeschlagene Konzeption 'Tiger', die aus zusammengeschalteten PCs besteht, die durch einen 'Masterserver' gesteuert werden (Moroney/Matthews 1995). Als Vorteile solcher Systeme gelten die Skalierbarkeit und geringe, initiale Kosten für begrenzte Anforderungen. Es hat sich in vielen Versuchen gezeigt, dass eine zuverlässliche Arbeitsweise dieser Grosssysteme bei einer über den Versuchsbetrieb hinausgehenden Belastung erhebliche Mängel aufweist (Booz, Allen & Hamilton 1995).

- Mobile Informationstechnik: Im Privatbereich ist der Einsatz von mobiler Informationstechnik nicht stark verbreitet. Jedoch zeigen Ansätze mit Personal Digital Assistants (PDA) wie der auf einem RISC-Prozessor basierende Newton von Apple, der über eine Handschriftenerkennung verfügt, und Personal Organizers zur Verwaltung der persönlichen Termine und Adressen, eine Tendenz, in das Privatleben einzudringen. Moderne Entwicklungen zielen auf eine Anbindung an externe Netze durch eine Funkmodemschnittstelle, durch die der Zugriff auf Online-Dienste oder das Internet möglich ist. Man spricht von einem Personal Intelligent Communicator (PIC). Produkte dieser Gattung sind die für etwa US$ 500 in den USA angebotenen 'PIC-1000' von Sony oder der 'Envoy' von Motorola. Die Positionierung auf dem Markt ist nicht unproblematisch, da sie sich zwischen der Informationstechnik und Geräten der Unterhaltungselektronik befinden.

Neben diesen multifunktionalen Geräten werden mobile Apparate angeboten, die für einen bestimmten Einsatzzweck vorgesehen sind. Der tragbare 'Routefinder' auf der Basis eines Motorola 16-Bit 68000 Chips mit 64 KB RAM von Philips Car Systems gibt z.B. auf einem Display Streckenempfehlungen zwischen Ausgangs- und Zielort an. Er enthält eine komplette Strassenkarte Deutschlands. Stadtpläne sind per ROM-Steckmodul ladbar. Ein anderes Beispiel ist ein elektronisches Wörterbuch wie der 'alpha 120' von Langenscheidt, der als tragbarer Sprachcomputer 330.000 Stichwörter, Wendungen und Lautschrift mit integrierter Terminverwaltung enthält.

- Kundenselbstbedienung mit Informationssäulen: 98,5% aller Kreditinstitute setzen Kontoauszugsdrucker und Geldautomaten zur Automatisierung von Routinegeschäften im Kundengeschäft ein (Graf/Treplin 1996, 5.5.2, S. 1f.). Interaktive Terminals z.B. zum Ausfüllen von Überweisungsaufträgen befinden sich in ca. 15% der Banken. Diese Selbstbedienungsgeräte bieten an öffentlichen Plätzen in Flughäfen oder im Handel die Möglichkeit, sich zu informieren oder Geschäfte zu tätigen. Man unterscheidet Systeme, die durch einen Berater unterstützt werden, und solche, die ohne menschliche Hilfe auskommen. Eine andere Klassifizierung differenziert nach der Umgebung in allgemeine öffentliche Plätze wie Bahnhöfe ohne inhaltlichen Bezug mit Informations- und Auskunftscharakter (POI, Point-of-Information) und spezielle Umgebungen wie Warenhausabteilungen oder Banken mit Verkaufs- oder Beratungsbezug (POS, Point-of-Sale). Ein allgemein zugängliches Terminal auf dem Frankfurter Flughafen zum Abruf der Flugpläne oder ein Stadtinformationssystem sind Beispiele für die erste Gruppe, das System 'Music Master' (vgl. Kapitel 5.4, 'Beschaffen') der Fa. Kaufhof zum Abruf und Vorbestellung von CDs ein Beispiel für die zweite Gruppe (Heimbach 1995, S. 202). Als Vorteile werden genannt:
  - Geringere Hemmschwelle, als Verkaufspersonal anzusprechen.
  - Durch aktive Auswahl des Kunden wird die Bindung zum Produkt erhöht und damit die Motivation zum Kaufabschluss.
  - Bei Konfliktsituationen wie der Unzufriedenheit mit dem Produkt wird diese Dissonanz nicht unmittelbar auf das verkaufende Unternehmen übertragen.
  - Bessere Informationsvermittlung und Aufzeichnung des Kundenverhaltens.
  - Einfache Aktualisierung und Anpassung z.B. von Preisänderungen.

Die Hardwareausstattung variiert sehr nach dem Ort der Aufstellung, der erwarteten Zielgruppe und Art der Präsentation. Oft werden an öffentlichen Plätzen vandalensichere Gehäuse verwendet, in denen sich ein Personal-Computer befindet. Zur Bedienung kann ein Touchscreen oder ein Trackball dienen. Weitere Designkriterien sind, ob analoge oder digitale Bildquellen Verwendung finden und ob eine Aktualisierung über ein Netzwerk notwendig ist (vgl. o.V. 1995o, S. 126).

- Chipkarten: Der Begriff "Chipkarte" wird umfassend verwendet und ist nicht eindeutig definiert. Eingesetzt werden kann neben einer konventionellen Magnetstreifenkarte ein Speicherchip, ein intelligenter Speicherchip oder ein Prozessorchip. Noch selten sind die sogenannten kontaktlosen Chipkarten, für die zur Datenübertragung ein Sender und Empfänger eingesetzt wird. Im Personennahverkehr kann damit auf eine Distanz von mehreren Metern der Fahrpreis belastet werden (SNI 1995, S. 4f.). Eine wesentliche Voraussetzung für die Funktion ist die mikroskopische Bauweise des Chips von 25 qmm und die Entwicklung nichtflüchtiger Speicherbausteine für Tauglichkeit im stromlosen Zustand. Winzige Leitungen an der Oberfläche der Karten versorgen den Chip beim Arbeiten mit Energie, andere wiederum tauschen Daten aus.

Die grossen Kreditkartenunternehmen haben sich auf einen gemeinsamen Standard geeinigt und planen, die Magnetstreifenkarten durch Chipkarten mit grösserem Speicherumfang und speziellen Authentifikationsprozeduren zu ersetzen. Der wesentliche Vorteil der Chipkarte wird in den multifunktionalen Einsatzbereichen, der erhöhten Sicherheit, und der Kostenersparnis durch wegfallende Online-Autorisierung von Transaktionen gesehen. Eine moderne Prozessorchipkarte enthält einen Mikroprozessor in 8-Bit-Technik, ROM für das Betriebssystem, RAM mit bis zu 16 KB und EEPROM-(Electrically Erasable Read Only Memory) Baustein. Dieser kann mindestens 10.000 mal neu beschrieben werden und hält den Inhalt ca. 10 Jahre lang. Bild 4.2.1.2.1/2 zeigt die Unterschiede verschiedener Chipkarten-Systeme (vgl. SNI 1995, S. 8):

	Magnetstreifen-karte	*Speicher-Chipkarte*	*Intelligente Speicher-Chipkarte*	*Prozessor-Chipkarte*
Anwendung	Kreditkarte	Krankenversicherungskarte	Telefonkarte	Multifunktional und Sicherheit
Getrennte Anwendungen auf einer Karte	nein	nein	nein	ja
Speicher	1.000 Bit	41 Bit - 8 KB	416 Bit - 1 KB	5 - 16 KB
Transaktions-speicher	nein	nein	nein	ja
Sicherheit des Speichers	nein	nein	ja	ja
Verhinderung des Duplizierens	nein	nein	z.T.	ja
Dynamische Sicherheit	nein	nein	z.T.	ja
Kryptographische Funktionen	nein	nein	z.T.	ja
PIN-Prüfung auf Karte	nein	nein	ja	ja

Bild 4.2.1.2.1/2 Vergleich verschiedener Chipkarten-Systeme

4.2.1.2.2 Telekommunikationstechnik

Das Zusammenwachsen von Computer- und Telekommunikation wird durch die Digitalisierung der Übertragungstechnik begünstigt. Während in dem Produktionsbereich die Bearbeitung und die Erstellung von Filmen durch Schnittcomputer unterstützt wird, sind die Segmente Übertragung und Endgeräte (vgl. 4.1.1) erst in den neunziger Jahren der Digitalisierung unterzogen worden. Nach der Informationstechnik ist die Telekommunikation mit DM 2,9 Mrd. der grösste Abnehmer von Halbleitern in Deutschland mit einem Wachstum von ca. 20% (CZ 48-1995, S. 17). Man kann die Digitalisierung der Kopfstellen, der Vermittlungs- und Übertragungstechnik sowie den Aufbau von mobilen Personal Communications Networks unterscheiden.

- Digitalisierung der Kopfstellen: Sie werden als 'Head-End' in der Kabeltechnik oder 'Central Office' in der Telefontechnik bezeichnet. Die zentrale Vorbereitung von Sendesignalen zum Rundfunk oder die Verteilung von anderen Diensten hat bisher im wesentlichen auf dem analogen Wege der Modulation auf ein bestimmtes Frequenzband stattgefunden. Schon hier wurde Informationstechnik zur Steuerung eingesetzt (Nynex 1994a). Im Zuge der Digitalisierung z.B. bei Versuchen zum Interaktiven Fernsehen, werden digitale Komponenten benötigt, um Inhalte der Anbieter aufzubereiten, zu kombinieren (Multiplexing) und zu senden. Schliesslich müssen eingehende Nutzeranforderungen bei interaktiven Netzen bearbeitet werden.

- Übertragungstechnik: Hierzu gehört sämtliche Informationstechnik, die zum Empfang oder Senden von Informationen notwendig ist, wie im Bereich der Satellitentechnik digitale Transponder. Andere leitungsgebundene Komponenten, wie BONT-Module (Broadband Optical Network Termination) zur opto-elektronischen Wandlung der Signale und andere elektronische Bauteile in Verteilerstellen (Hubs) gehören zu dieser Gattung. Ein vertiefte Betrachtung findet nicht statt.

- Vermittlungstechnik: In den Vermittlungsstellen der Telekommunikationsfirmen gehören analoge Vermittlungen der Vergangenheit an. Digitale 'Switches' von Unternehmen wie AT&T oder Siemens übernehmen die Schaltung von Gesprächsanfragen auf die Empfängerleitung. In den digitalen Mobilfunknetzen ist dieses durchgängig realisiert. In zukünftigen vermittelten Breitbandnetzen finden ATM-Switches Anwendung. Wesentliche Vorteile sind eine höhere Qualität, verbesserte Auslastung der Frequenzen durch Komprimierung, höhere Sicherheit, Fehlerkorrektur und verringerte Wartungsaufwendungen.

- PCN-Geräte: Zellulare Personal Communications Networks (PCN) wie das E-plus-Netz von Thyssen/Mannesmann richten sich schwerpunktmässig auf den Massenmarkt (Neugebauer 1992, S. 7). Sie arbeiten in höheren Frequenzbereichen um 2 GHz. Da die Sendeweite dieser Frequenzen geringer ist, müssen die Funkzellen kleiner sein als bei herkömmlichen Zellularnetzen, was eine höhere Anzahl von Zellen und damit dezentraler Transceiver bedeutet. Die hohe Frequenz mit der dreifachen Bandbreite erlaubt eine bessere Nutzung durch ein Vielfaches paralleler Kanäle. Die tragbaren Geräte nach dem DCS1800 Standard sind leichter und kleiner als die nach dem GSM900 System arbeitenden Handys der D1-/D2-Netze. Eine geringere Sendeleistung aus kleineren Zellen resultiert in einer Verringerung der benötigten Sendeleistung und damit Verkleinerung der Telefone selbst. Neugebauer spricht langfristig von 40 Mio. "mobilen" Personen als Marktpotential in Deutschland, wovon in der Einstiegsphase bei hohen Preisen nur etwa 1 Mio. als Teilnehmer aktiviert werden können (Neugebauer 1992, S. 15). Beispiel 4.2.1.2.2/1 beschreibt eines von mehreren Projekten, mobiles Telefonieren durch Satellitenrelais interkontinental von Handgerät zu Handgerät zu realisieren.

Beispiel 4.2.1.2.2/1: Iridium

Ein von Motorola geführtes Konsortium plant zur Errichtung eines weltumspannenden, mobilen, digitalen Kommunikationsnetzwerkes, 66 kleine tieffliegende Satelliten auf eine Umlaufbahn in 780 km Höhe zu bringen (LEO, Low Earth Orbit). Von den Handgeräten, die heutigen Mobiltelefonen gleichen sollen, wird direkt an den Satellit gesendet. Über eine Relaisstrecke durch weitere Satelliten wird der Angerufene von dem nächstgelegenen Satellit erreicht. Die Kosten für das Projekt, das bis 1998 realisiert sein soll, betragen etwa US$ 3,4 Mrd. Die Kosten pro Minute für Sprach- oder Datendienste werden zur Zeit mit US$ 3,00 pro Minute und der anfängliche Preis für das Handgerät mit US$ 2.500 angegeben. Weitere Projekte mit ähnlichem Ziel sind 'Odyssey' von TRW, 'Globalstar' von Loral und Qualcomm sowie Immarsat (Wyman 1995, S. 388).

- Zeitmessung: Eine als Armbandversion oder Standgerät erhältliche Funkuhr wird durch ein Funksignal auf Normalzeitbasis in 1.500 km Radius gesteuert. Die Uhr stellt sich automatisch von Winter- auf Sommerzeit um und wird stündlich durch einen Sender der Physikalisch-Technischen Bundesanstalt synchronisiert. Die Abweichung beträgt 1 Sekunde in 1 Mio. Jahre.

4.2.1.2.3 Unterhaltungselektronik

Zentrale Infrastrukturen, die nicht von der in 4.1.1 beschriebenen IT in der Unterhaltungselektronik in den Privathaushalten abweichen, werden nicht behandelt. Ein Beispiel ist der CD-Player, der zum Abspielen von CDs in einer Rundfunkanstalt verwendet wird. Das Gebiet der Out-of-home-Unterhaltungselektronik gliedert sich in die folgenden vier Bereiche.

- Informationstechnik im privaten Auto: Der Weltmarkt für Autoelektronik betrug 1994 US$ 36 Mrd., und soll bis zum Jahr 2000 auf US$ 57 Mrd. steigen (CZ 31-1995, S. 16). 25% davon dienen Sicherheit und Komfort, 33% der Antriebselektronik, 16% der Fahrerinformation, 9% der Karosserieelektronik und 17% der Unterhaltung. Den grössten Teil des deutschen Mikroelektronikverbrauches im Automobilbau von DM 1,2 Mrd. nahmen 1994 die anwendungsspezifischen ICs mit ca. DM 500 Mio. ein. 1994 wurden ca. 5,7 Mio. Autoradios in Deutschland abgesetzt. Moderne Unterhaltungselektronik im Auto hat die stationäre hinsichtlich Funktionsfülle erreicht. Selbst Glasfasernetzwerke im Auto und Mehrfach-CD-Wechsler im Kofferraum machen das moderne Automobil zu einem Unterhaltungszentrum. Beispiel 4.2.1.2.3/1 zeigt, aus welchen Elementen ein vernetztes Unterhaltungssystem im Auto aufgebaut ist.

Beispiel 4.2.1.2.3/1: Clarion

Clarions 'Active Digital Control System' ist ein volldigitales Konzept für den Klang im Auto. Es besteht aus einem parametrischen Equalizer, 14-Kanal elektronischem Tonfrequenzfilter und Klangprozessor. Zudem gibt es die Möglichkeit, mit einem Messmikrofon und einem Computer das Signal zu jedem Lautsprecher exakt zeitlich zu justieren. Dazu gehört ein eigenständiger Klanganalysator. Der in einem gegossenen Aluminiumgehäuse ummantelte Zentralprozessor ist im Kofferraum untergebracht. Die zentrale Kontrolleinheit besteht aus einem einfachen CD-Spieler und einer CD- oder MD-Wechselsteuerung für bis zu vier Wechsler. Der Klang des FM/AM-Radios wird in digitale Signale umgewandelt und wie die Signale der CD über Glasfaserkabel zum Zentralprozessor geleitet. Am Lenkrad befindet sich eine drahtlose Fernsteuerung in Joystickformat.

Innovative Anwendungen sind Rückfahr-Kamerasysteme im Auto, die über die Abstandswarnung hinaus ein Bild des rückwärtigen Raumes auf einem Bildschirm anzeigen. Dazu wird ein 1/3-Zoll-Sensor in Charge Coupled Device- (CCD) Technik als elektronisches Auge verwendet. Das ist ein lichtempfindliches Halbleiterbauelement, das auch bei Dunkelheit eine klare Auflösung von 250.000 Bildpunkten liefert.

Mit Navigations- und Komponenten von Verkehrsleitsystemen, die zur Zeit als Sonderausstattung mit hohen Kosten verbunden sind (vgl. Kapitel 5.7, 'Mobilität'), sollen bis zum Jahr 2000 5 Mio. Fahrzeuge ausgestattet werden. 84% der Autofahrer zeigen Interesse an der Nutzung solcher Systeme (Porst/Steiner 1993, S. 49).

- Stationäre Spielautomaten mit und ohne Gewinnmöglichkeit: Moderne Glücksspielautomaten in Spielhallen und öffentlichen Plätzen enthalten in zunehmendem Masse zur Steuerung des Spielablaufes Informationstechnik. Moderne Beispiele sind Virtual-Reality-Automaten, in denen sich zwei Kontrahenten in einem Gestell mit Datenhandschuh und Head Mounted Display gegenüberstehen und einen Kampf im dreidimensionalen Raum austragen. Der Umsatz ist in Deutschland von 1994-1995 um 55% gestiegen, Absatzzahlen für die Geräte selbst liegen nicht vor. Für den Freizeitbereich wurden ca. 29.000 Stück verkauft. Der Absatz von Videospielen und VR-Spielen an Spielhallen wuchs mit 9% (Graf/Treplin 1996).

- Zentrale Einrichtungen zum Betreiben von Netzwerken, die auf die Unterhaltungselektronik ausgerichtet sind: Ein Beispiel ist die zentrale Technik des Sega-Channel in den USA, bei dem für US$ 20 im Monat aus einer Bibliothek von 600 Spielen die Software über das analoge Kabelnetzwerk in eine mit einem Adapter ausgerüstete Sega Genesis-Konsole geladen werden kann. Diese Infrastruktur setzt sich aus Elementen zusammen, wie sie zum Betrieb eines üblichen Kabelprogramms verwendet werden. Dazu treten Infrastrukturen, die zentral zur Realisierung von Funktionen der Unterhaltungselektronik im Haus bereitgestellt werden müssen. Die VPS-Sendetechnik (Video Programming System), die den programmierten Videorekorder exakt zum Sendebeginn aktiviert, macht diese Eigenschaft des VCR möglich und stellt eine realisierte Fernsteuerung der Unterhaltungselektronik dar.

4.2.1.2.4 Hausgeräte

In Kapitel 4.1.3 wurde auf die Vernetzung von Hausgeräten eingegangen. Wird diese Vernetzung im Rahmen von Lastmanagement- oder Fernsteuerungsaktivitäten z.B. zur Energieeinsparung durch ein externes Netzwerk verknüpft (vgl. 5.5, 'Wohnen'), ergibt sich die Notwendigkeit der externen Prozesssteuerung durch das Elektrizitätsversorgungsunternehmen (EVU). Diese Systeme steuern die Impulse zur An- oder Ausschaltung bestimmter elektrischer Stromverbraucher. Zum Management werden klassische Administrations- und Prozesssteuerungssysteme eingesetzt (vgl. Steinbock 1995a, S. 62ff., 216ff.).

4.2.1.2.5 Ausrüstungstechnik

Werden die In-home-Geräte der Ausrüstungstechnik mit einem externen Netzwerk, das in der Regel das stationäre oder mobile Telefonnetz darstellt, zur Fernwartung oder Fernsteuerung gekoppelt, wird auf Seiten des Anbieters von Fernwirkdiensten eine Hardware benötigt. Diese steuert die Abfrage, die Verwaltung der Zustandsabfragen und das Einleiten von Aktionen, z.B. das Aktivieren von Service-Technikern. Ein klassisches Beispiel aus der betrieblichen Informationstechnik ist das Unternehmen Otis, das eine Fernwartung von installierten Aufzügen per Modem einsetzt, um operational Kosten zu senken und schnellen, fehlerspezifischen Service zu bieten (McFarlan/Stoddard 1985).

4.2.1.3 Ausblick

Die technische Entwicklung der zentralen Infrastruktur wird entscheidend beeinflusst von:

- Der Nachfrage nach innovativen Diensten, die eine moderne Infrastruktur erfordern, z.B. digitales Fernsehen.
- Der weiteren Automatisierung von bisher manuell oder analog betriebenen Bereichen, z.B. Vermittlungsstellen.
- Der Akzeptanz von Informationstechnik in- und ausserhalb des Hauses, z.B. von Kiosken am Point of Information (POI).

Es kann gezeigt werden, dass in kundennahen Bereichen wie der Kundenselbstbedienung in Banken (Rautenberg 1996, S. 156) als auch in kundenferneren Teilen der Infrastruktur wie der Digitalisierung der Telekommunikation erhebliche Kostensenkungspotentiale liegen. Durch Verwendung der Digitaltechnik kann z.B. ein Satellitentransponder, der ein analoges Programm sendet, durch Kompression und Multiplexing je nach Übertragungsrate zwischen 6 und 15 verschiedene, qualitativ bessere Programme übertragen, was die Fixkosten pro Programm senkt, neue Werbe- oder Zugangseinnahmen eröffnet und eine Rentabilität für Spartenkanäle ermöglicht. Der Satellitenbetreiber kann seine Kapazität an eine grössere Zahl von Programmanbietern verkaufen. Insbesondere in der Telekommunikation wird eine Modernisierung von Netzen durch Digitaltechnik durch sinkende Kosten bei Wartung, Pflege und Fehlerlokalisation begründet. Aktive Geräte signalisieren z.B. den Ort und Art eines Ausfalls präzise. Experten sehen eine Einsparung von 10-20% der Fixkosten eines privaten Telefonanschlusses (Jasinski 1996).

4.2.2 Software

4.2.2.1 Definition und Überblick

Unter Software im Out-of-home-Bereich der Infrastruktur wird der immaterielle Teil der Informationstechnik verstanden, der zum Betrieb der externen Hardware und Netzwerke mit dem Ziel der Erstellung von Diensten für die privaten Haushalte notwendig ist. Neben der eigentlichen Software wird von sogenannten Autoren-Werkzeugen oder Generatoren gesprochen, die der Erzeugung von Software dienen. Diese Produkte sollen hier nicht behandelt werden.

4.2.2.2 Komponenten

4.2.2.2.1 Informationstechnik

Die Verwaltung der grossen Datenmenge von an ein externes Netzwerk angeschlossenen Haushalten einerseits und die Daten der Inhalte-Anbieter andererseits erfordern den Einsatz konventioneller Datenbankmanagementsysteme und aussenorientierter Administrationssoftware (Steinbock 1995a, S. 50f., S. 69f.) mit Funktionen wie Abrechnen, Aufzeichnen, Steuern und Archivieren. Davon abweichende Anforderungen von insbesondere für den Einsatz in privaten Haushalten geeigneten multimedialen Daten sind:

- Unstrukturiertheit und besondere Grösse.
- Kontinuierlicher Fluss mit hohen Datenübertragungsraten.
- Verarbeitungsanforderung in Echtzeit und zeitliche Synchronisation.
- Geringere Anwortzeittoleranzen und hohe Anforderung an Qualität.

Diesen Merkmalen wird durch den Aufbau von Multimedia-Datenbanken oder Media-Servern begegnet. Alle grossen Anbieter wie Oracle (vgl. Beispiel 4.2.2.2.1/1) oder Sybase haben proprietäre Lösungen erarbeitet. Internationale Standards gibt es nicht.

Beispiel 4.2.2.2.1/1: Oracle 'Media-Server'

Der Oracle-Media-Server ist eine Erweiterung der traditionellen Oracle7-Datenbank und arbeitet in einer verteilten Client-Server-Umgebung innerhalb von Echtzeitnetzwerken mit Datenhaltung auf der Serverseite. Er besteht aus fünf wesentlichen Komponenten. Die Kern-Dienste steuern die Überwachung, Verwaltung und Abrechnungsfunktionen, während optionale Anwendungsdienste das Auffinden von Daten vereinfachen. Prozedurale und relationale Dienste erlauben den Zugriff auf SQL-Funktionen und relationale Datenbestände der konventionellen Oracle7-Datenbank. Die dritte Gruppe bildet der Nachrichtenaustausch mit den Clients, also Anforderungen der Haushalte, durch Remote Procedure Calls über Service-Kontrollpunkte. Schliesslich erfolgt die Datenzugriffsverwaltung auf diskrete und kontinuierliche Datentypen. Für die Verwaltung der letzten Gruppe ist der Echtzeit-Server mit einem speziellen Scheduler verantwortlich, der z.B. Funktionen wie Vor- und Rücklauf realisiert. Eingesetzt wird diese Technik in Versuchen zum Interaktiven Fernsehen von der British Telecom in London und Bell Atlantic in Virginia.

4.2.2.2.2 Telekommunikationstechnik

Die Hardware der Kopfstellen, Vermittlungs- und Übertragungseinrichtungen, die unter 4.2.2 beschrieben wurde, wird durch Programme gesteuert. Die Prozesskontrolle erfolgt z.T. durch festverdrahtete Schaltlogik oder dezentrale Leitrechner, die den Zustand der Telekommunikation überwachen. Sogenannte NOCs (Network Operation Center) fassen Gebiete zu übergeordneten Überwachungszentren zusammen und bestehen aus einer Ansammlung von vernetzten Workstations, die eingehende Zustandsberichte graphisch in der Art von Führungsinformationssystemen darstellen und entsprechende Massnahmen vorschlagen oder automatisch einleiten.

Moderne Telekommunikation basiert immer mehr auf Software-Elementen. Ein Beispiel dafür ist die Entwicklung von Netzwerkskripten, die die Informationssammlung und Ausführung ganzer Transaktionen nach einem Agentenprinzip zur Grundlage haben. Das Produkt 'Telescript' (vgl. Beispiel 4.2.2.2.2/1) der Fa. General Magic, einem Joint Venture von Unternehmen wie AT&T, Toshiba, Apple und Sony, ist in der Lage, eigenständige Software-Teile durch ein Kommunikationsnetz zu einem Anbieter von Diensten zu senden (Hanckmann 1994). Dort wird entsprechende Information aufgenommen, Daten mit anderen Agenten ausgetauscht und Ergebnisse an den Absender zurücktransportiert. Dem Markt für objekt-orientierte, software-basierte Agenten wird im Rahmen des Wachstums von Online-Diensten und dem Internet grosse Bedeutung zugemessen.

Beispiel 4.2.2.2.2/1: Telescript

Telescript ist eine interpretierte, objekt-orientierte und plattform-unabhängige Programmiersprache für Anwendungen, die kommunikations-orientierte Dienste anbieten. Intelligente Software-Teile, sogen. 'agents', können sich in einem Netzwerk umherbewegen und sich mit anderen Teilen austauschen. Der Austausch findet in fixen Elementen, sogenannten 'places', statt. Agenten können Kopien von sich selbst an andere Orte schicken. Jeder Prozess hat eine einer bestimmten Person der realen Welt entsprechende Autorität und eine eigene, ihn unterscheidende Identität zugeordnet. Die Lebensdauer solcher Agenten lässt sich begrenzen, um Ressourcen im Netz zu sparen. Anwendungen sind z.B. intelligente Postsysteme, die Nachrichten filtern und weitere Aktionen auslösen oder die Überwachung bestimmter Ereignisse wie die Verspätung eines Fluges (Vogel 1996, S. 120).

In eine ähnliche Richtung zielt die Einbindung von Elementen der Programmiersprache 'Java' der Fa. Sun in Betriebssysteme und Netzwerkzeuge (Browser) für das Internet. 'Java' ermöglicht die Ausführung systemunabhängiger Anwendungen, Applets genannt, auf der Basis interpretierter 'Bytecodes'. Daten und Funktionen werden bei Bedarf durch das externe Netzwerk aktualisiert. Es ist geplant, diese Software als komplettes Bauelement auf einem einzelnen Chip anzubieten, z.B. die Fa. Sun Microsystems unter der Bezeichnung 'Pico Java'. Ein Beispiel wird im Abschnitt 5.1 'Information' gezeigt. Ursprünglich war das Java-Betriebssystem für intelligente Haushaltsgeräte und Konsumelektronik konzipiert, wurde später jedoch auf Internet-Applikationen übertragen.

4.2.2.2.3 Unterhaltungselektronik

Die im Rahmen der mobilen Unterhaltungselektronik notwendige Software steuert Prozesse. Sie regelt wie im Heimbereich die Bedienung und Anzeige der Elemente einer Unterhaltungsanlage. Die Steuerungssoftware, die in den mobilen Geräten der Unterhaltungselektronik wie tragbaren Mini-Disk oder CD-Playern arbeitet, gehört in diese Out-of-home-Kategorie.

Die zweite grosse Gruppe wird gebildet aus den zentralen Steuerungs- und Sendesystemen der Telekommunikationskomponenten mit expliziten Zusatzfunktionen der mobilen oder stationären Unterhaltungselektronik. Beispiele sind das Radio-Daten-System (RDS) zur Anzeige des Senders in Klarschrift auf einem Display und die Enhanced Other Networks (EON) Erweiterung, die die Einspielung von Verkehrsnachrichten auch gewährleistet, wenn ein Programm ohne Verkehrsfunk angewählt ist (Wiesinger 1994, 109f.).

4.2.2.2.4 Hausgeräte

Bei der Anbindung von Hausgeräten an externe Netzwerke wird zur Steuerung z.B. von Lastmanagement-Programmen Software benötigt, die aus konventionellen Datenbanken, Prozesssteuerungs- und Administrationsanwendungen besteht. Heute können für begrenzte Nutzerkreise diese Funktionen auch von einem PC mit der entsprechenden Software übernommen werden.

4.2.2.2.5 Ausrüstungstechnik

Die Steuerung und Überwachung von Anlagen, 'Telemetry' (Steinbach 1993, S. 126f.) genannt, im Rahmen von Fernwartung, -messung oder -kontrolle z.B. via Temex-Dienst der Deutschen Telekom (Zoche 1990) oder nach dessen Auslaufen 1994 via ISDN erfordert auch ausserhalb des Hauses den Einsatz von Informationstechnik. Dabei wird zwar das Telefonnetz verwendet, jede zugehörige Ortsvermittlungsstelle muss aber mit einer Temex-Einheit ausgerüstet sein, woran sich Anbieter des Telemetry-Dienstes anschliessen können. Frequenzweichen trennen die Telefon- und Temexsignale. Darüber geordnet ist die Temex-Zentrale, die die einzelnen Temex-Vermittlungsstellen miteinander verbindet und damit das Netz bildet. Auch diese Zentrale unterhält eine Verbindung zu der Leitstelle des Dienste-Anbieters, in der eingehende Meldungen aufgenommen, verarbeitet und beantwortet werden. Heute wird dies durch ISDN realisiert, wobei der Leitrechner durch einen ISDN-Adapter angeschlossen ist.

4.2.2.3 Ausblick

Die Out-of-home-Software ist geprägt durch zwei wesentliche Strömungen. Zum einen der vermehrten Verarbeitung multimedialer Informationen wie Audio und Video, die insbesondere für Dienste, die die privaten Haushalte ansprechen sollen, von steigender Bedeutung sind. Ein Beispiel hierfür ist die Umrüstung des deutschen Online-Dienstes T-Online (früher 'BTX'), der bis 1994 nach dem zeichen-orientierten CEPT-Standard arbeitete, auf multimediale Daten durch den KIT (Kernel Intelligent Terminal)-Standard. Dies stellt erhöhte Anforderungen an die zentralen Infrastrukturen der Dienste-Anbieter, die sich diesen Möglichkeiten stellen müssen. Zum anderen ist die Konzentration auf Netze, die für den privaten Haushalt zugänglich sind, wie das Internet, ein Katalysator für die Entwicklung von intelligenter Netzsoftware für Text-, Audio- und Videodaten. Daneben sind Software-Architekturen wie die zur Verwaltung von zentralen World Wide Web-Servern des Internets von grosser Bedeutung.

4.2.3 Netzwerke

4.2.3.1 Definition und Überblick

Die Out-of-home-Netzwerke, die die privaten Haushalte zum Transport von Informationen verwenden können, sind sehr heterogen. Netze, die früher betrieblichen Anwendern vorbehalten waren wie Mobilfunk oder globale Computernetze wie das Internet stehen auch privaten Anwendern offen. Dieser Abschnitt nennt einige der Alternativen, die in der aktuellen Diskussion als 'Datenautobahn' oder 'Information Highway' apostrophiert werden. In Zukunft wird nicht eine einzelne Netzwerkinfrastruktur die Grundlage kommunikativer Haushalte bilden, sondern ein Komplement aus verschiedenen Netzwerkmedien.

4.2.3.2 Komponenten

4.2.3.2.1 Informationstechnik

Grundsätzlich unterscheidet man breitbandige und schmalbandige Netze. *Schmalband* bezeichnet die für den Telefonverkehr verwendete Bandbreite von 300-3400 Hz. Damit wird der Anschluss der Haushalte über das analoge oder digitale Telefonnetz gleichgesetzt. Ein *Breitband*-Netz muss im allgemeinen die Fähigkeit der Bewegtbildkommunikation besitzen (Hansen 1992, S. 661). Zur Beurteilung des Marktes wird oft eine Anbindung des PCs über Modem und Telefon (schmalbandig) von der eines interaktiven Breitbandnetzes z.B. über Glasfaser und Fernseher getrennt, da im ersteren Bereich kurz- und mittelfristige Marktpotentiale bis zum Jahre 2000 erwartet werden (Middelhoff 1995, S. 35). Diese Einschätzung wird durch die ernüchternden Fakten über die Voraussetzung des Zuganges zu Datennetzen (PC und Modem) und die tatsächliche Nutzung von Online-Diensten in Haushalten gestützt (vgl. Bild 4.2.3.2.1/1). Nur 10% der US-Haushalte hatten 1995 Zugang zu Online-Diensten oder dem Internet. Deutsche Werte, für die Statistiken nur in Teilaspekten vorliegen, sind nach Division der US-Werte (nach ETR 1996) durch den Faktor 2 (IRES 1995; BMWi 1995) zu erhalten.

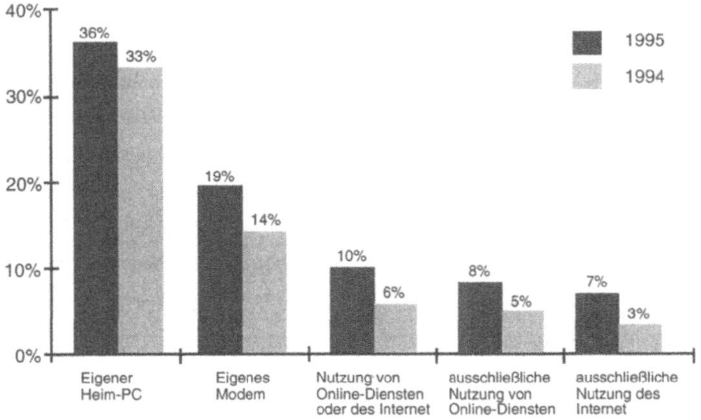

Bild 4.2.3.2.1/1 Online-Anschluss von Haushalten in den USA 1994/1995 (ETR 1996) auf der Basis der US-Haushalte mit Telefon (Stand: September 1995)

Die Netzwerke der Informationstechnik, an die der private Haushalt angeschlossen werden kann, sind im wesentlichen gegeben durch:

- Nationale Online-Dienste - generisch "Videotex" genannt - wie T-Online in Deutschland oder Télétel in Frankreich stellen redaktionell aufbereitete Informationen privaten Nutzern über ein Netzwerk zur Verfügung. Der Zugriff erfolgt über ein spezielles Terminal oder einen PC mit einem Hardware- oder Softwaredekoder. Der deutsche Dienst T-Online der Telekom AG hat in den letzten Jahren nach anfänglichen Problemen seit der Einführung 1984 durch Neustrukturierung seit 1992 und neue Marketing-Konzepte einen enormen Zuwachs an Mitgliedern erfahren. Ende 1995 wurde die Millionengrenze erreicht. Der Zugang zu T-Online erfolgt über das Fernsprechnetz oder ISDN. Die Leitzentrale ist ebenfalls über ISDN mit den dezentralen Netzknoten verbunden. Anbieter können ihre Dienste entweder im T-Online-Netz hinterlegen oder eigene externe Rechner über das paketvermittelte Datex-P-System an T-Online anbinden. Die Entwicklung des französischen Dienstes Télétel beschreibt Beispiel 4.2.3.2.1/1.

Beispiel 4.2.3.2.1/1: Der französische Online-Dienst Télétel (France Telecom 1993)

Der Service Télétel der France Telecom wurde 1983 als Ersatz für ein Telefonauskunftssystem und zur Ausnutzung des vorhandenen Telefonnetzes eingeführt. Mittlerweile werden 20.000 Dienste angeboten. Das dazugehörige Terminal Minitel mit 1200 bps wurde den Kunden kostenlos überlassen. Bisher wurden ca. 6,5 Mio. Terminals an Haushalte abgegeben, 5% davon werden nicht genutzt (Cats-Baril/Jelassi 1994, S. 13). Neue Geräte mit erweiterter Funktionalität und erhöhter Übertragungsgeschwindigkeit werden nicht mehr kostenlos abgegeben, weshalb eine Erneuerung der veralteten Infrastrukur schwierig ist. 1/12 der Kunden nutzt einen PC für den Zugang, während dies in Deutschland für T-Online bei 80% der Fall ist. Das paketvermittelte Transpac-Netz stellt die Verbindung der Rechner der Anbieter zu Zugriffspunkten her, in die sich der private Kunde seit 1994 mit max. 9600 bps über das Telefonnetz einwählen kann. France Telecom als Betreiber hat keine Verantwortung für die Dienste. Sie berechnet 30% des Umsatzes der Diensteanbieter und übernimmt die anonyme Abrechnung. 34% der Bevölkerung hatten 1992 Zugang zu einem Minitel-Terminal. Es gingen 1,8 Mrd. Anfragen mit einer Gesamtverbindungsdauer von 110 Mio. Stunden ein. Die Nutzung des Telefonverzeichnisses ist für 21% der Dauer, aber 43% der Anrufe verantwortlich (Cats-Baril/Jelassi 1994, S. 9).

- Internationale Online-Dienste wie America-Online, Compuserve oder Microsoft Network bieten im Vergleich zum Internet ein strukturiertes, redaktionell betreutes System von Inhalten an. Sie bauen im wesentlichen auf dem Fernsprechnetz und ISDN auf und bieten weltweit lokale Einwählpunkte (POP, Point-of-Presence) an. Übergänge in das Internet, sogenannte Gateways, sind heute vorhanden, so dass Dienste des Internets wie E-Mail genutzt werden können.

- Breitbandnetze: Insbesondere in den USA haben die Erfordernisse des multimedialen Internetzugriffs eine Reihe von Entwicklungen auf dem Gebiet der Datenübertragung in Breitbandnetzen initiiert. Dabei wird ein asymmetrisches Modell zugrundegelegt, d.h. dass die Bandbreite zum Senden an den Empfänger ungleich höher ist als der Rückkanal. Sogenannte Kabelmodems, die LAN-Ethernet-Anschlüsse darstellen, ermöglichen den Zugriff auf das Internet mit 10-30 Mb/s, d.h. mit ca. 100facher Geschwindigkeit im Vergleich zu ISDN-Verbindungen (Liskey 1995). Hintergrund ist die wachsende multimediale Gestaltung des World Wide Web und dadurch gestiegene Datenmengen. Probleme der Sicherheit und der Teilung der Bandbreite durch mehrere Haushalte eines Knotens sind nicht gelöst. Die Telekommunikationsfirma TCI unternimmt seit 1996 einen Versuch zur Versorgung der Haushalte mit Kabelfernsehen zum Fernseher und gleichzeitigem Internet-Zugriff zum PC über ein Breitbandnetz unter dem Namen '@Home' ("www.@home.com"). Zur Navigation im Internet ist ein schmaler Rückkanal zwischen 128 Kb/s und 4 Mb/s vorgesehen. Die Kosten für ein Kabelmodem werden in Mengen mit ca. US$ 400 angegeben. Pro Haushalt werden für den Betreiber ohne den Aufwand der Netzwerkaufrüstung Kosten von US$30-50 entstehen (Maresca 1996, S. 7).
- Internet: Gerade die aktuelle Diskussion um kommerzielle Angebote des Internets wie Home-Shopping oder Electronic Mail zeigen, dass der Zugang von privaten Haushalten in Zukunft eine grössere Rolle spielt. Der American Internet User Survey hat 1995 festgestellt, dass etwa 6% (ca. 6 Mio.) der amerikanischen Haushalte Internet-Nutzer sind. Zwei Drittel haben Zugang von zu Hause, 37% exklusiv von der privaten Wohnung aus. Es besteht *kein* Zusammenhang zwischen dem Ort und der Art der Nutzung. 29% der Nutzer verwenden das Internet ausschliesslich für private und 11% für geschäftliche Zwecke (ETR 1996). Die Situation stellt sich in Deutschland mit einer Reihe von unübersehbaren Hemmnissen anders dar:
  - Begrenztes Nutzerpotential: 95% der Internet-Nutzer haben ein hohes Einkommen, hohen Bildungsstand (CZ 42-1995, S. 8), 80% der Nutzer sind männlich.
  - Begrenzte Infrastruktur: ca. 3-5% der Haushalte haben einen PC mit Modem-Anschluss für den Zugang zu Online-Diensten oder Internet. Etwa 300.000 deutsche Haushalte haben einen Internet-Anschluss, das sind weniger als 1% der privaten Haushalte.

- Nutzungsart nicht privat: die wesentliche Nutzung ist auf betriebliche Nutzung beschränkt.
- Kosten für den Anschluss und den laufenden Betrieb durch teure Ortstarife sind hoch und z.T. durch unübersichtliche Strukturen geprägt.
- Erhebungen der T-Online-Anschlüsse zeigen, dass die Zahl der privaten Nutzer in Online-Diensten nicht mit den Presseverlautbarungen übereinstimmt und zwischen 20% und 70% der Gesamtnutzerzahl liegt (Altobelli 1991, S. 25).
- Inhalte im Internet sind unstrukturiert und erscheinen dem gelegentlichen Nutzer unübersichtlich.

Das Internet nutzt die Infrastrukturen, die im wesentlichen aus dedizierten Stand- und Wählverbindungen oder Paketvermittlung (X.25) der einzelnen Internet-Zugangsanbieter auf der Basis von Kupfer- und Glasfaserkabeln bestehen. Der Anschluss der Haushalte erfolgt über das Fernsprechnetz oder ISDN. Das Internet wird in Zukunft wie bereits in den USA auch in Deutschland das tägliche private Leben stärker beeinflussen, gegenwärtig sind die Hemmnisse für einen Massenmarkt der privaten Haushalte, insbesondere die Infrastrukturvoraussetzungen für die Haushalte und die Kosten des Zugangs, zu gross.

Um einen Überblick über die Kosten zu geben, zeigt das Bild 4.2.3.2.1/2 in einer Beispielrechnung die Kosten bei 10 und 20 Stunden Internet-Verbindung für einen Privathaushalt bei der Verwendung einer der professionellen Online-Dienste T-Online, America Online (AOL) oder Compuserve (Vahrenkamp 1996; eigene Berechnungen).

Nachdem in den USA private Internetzugänge für unbegrenzte Nutzung und Datenmengen einschliesslich der Stellung des Speicherplatzes für private WWW-Seiten pauschal für etwa US$ 10-20 im Monat zu erhalten sind, bieten deutsche Provider wie die Thyssen Tochter 'Internet Services' (vormals MAZ GmbH) in Hamburg Pauschalpreise für private Kunden zwischen DM 20 und 50 monatlich an, die ohne unübersichtliche mengen- und zeitabhängige Berechnung auskommen. Eingetragene Vereine wie subNetz e.V. oder Individual Network haben sich auf die Individualversorgung von Privatpersonen mit Internet-Diensten spezialisiert (Schneider 1995, S. 268). In Zusammenarbeit mit der Discountkette Vobis bietet der Provider 'metronet' einen Pauschalpreis von DM 9,99 pro Monat. Einwahlknoten werden z.Zt. in 50 Ortsnetzten grösserer Städte vorgehalten.

Kostenkomponente	*T-Online*	*Compuserve*	*AOL*
Grundgebühr pro Monat	DM 8,00	DM 19,95	DM 9,90
Stundenpreis	DM 0,02/Minute + DM 0,05/Minute = DM 4,20	DM 4,95	DM 6,00
Freistunden	keine	5	2
Telefongebühr (Citytarif) je Stunde	DM 0,048/Minute = DM 2,88	DM 2,88	DM 2,88
Summe für 10 Stunden	DM 78,80	DM 73,50	DM 86,70
Summe für 20 Stunden	DM 149,60	DM 151,80	DM 175,50

Annahmen: 50 DM einmalige Anschlussgebühr bei T-Online entfällt durch Vermittlung über Marketing-Agentur, lokale Einwahlknoten, Benutzung zwischen 18h und 21h, Hardware wie PC, Modem und Telefonanschluss vorhanden, Stand: Juli 1996. Gegenüber reinen Internet-Anbietern können z.T. gegen Aufpreis auch die proprietären Inhalte der Online-Dienste genutzt werden.

Bild 4.2.3.2.1/2 Kosten der Internet-Nutzung über Online-Dienste

4.2.3.2.2 Telekommunikationstechnik

Hinsichtlich des Anschlusses privater Haushalte hat Mitte der neunziger Jahre eine Diskussion eingesetzt, welche Alternative für die private Nutzung bestimmter Dienste angemessen sei (Lovegrove/Wilshire 1995, S. 121). Insbesondere diverse Pilotversuche mit neuen, interaktiven Telediensten haben gezeigt, dass die Wahl der richtigen Netzinfrastruktur von entscheidender technischer und ökonomischer Bedeutung ist (Heldman 1994). So ist die Kostenentwicklung z.B. abhängig von der benötigten Bandbreite und dem Grad der Interaktivität der geplanten Dienste. Bild 4.2.3.2.2/1 zeigt die Einordnung verschiedener, bestehender Netzinfrastrukturen für die zukünftige Anbindung der privaten Haushalte (vgl. Reinhardt 1994):

Technisches Kriterium	*Telefon-netz*	*Kabelnetz*	*Satellit*	*Internet (IT)*
Interaktivität\Vermittlung	ja	nein	nein	ja
Bandbreite	gering	hoch	hoch	z.Zt. gering
Rückkanal	ja	nein/Telefon	nein/Telefon	ja
Bandbreite des Rückkanals	gering	gering (Telefon)	gering (Telefon)	z.Zt. gering
Abrechnung und Sicherheit	ja	ja, mit Einschränkung	ja, mit Einschränkung	z. Zt. nein
Digitale Übertragung	ja, mit ISDN o. ADSL	nein, nur mit erheblichen Aufrüstungen	ja, mit digitalen Transpondern	ja
Angeschlossene Haushalte in Deutschland	99%	60%	30%	3%

Bild 4.2.3.2.2/1 Vergleich verschiedener bestehender Netzwerkinfrastrukturen

Neben einer umfassenden Ausrichtung an zukünftigen Anwendungen, wird das Argument genannt, sich eher am gegenwärtigen Bedarf zu orientieren. Bild 4.2.3.2.2/1 macht deutlich, dass keine der bestehenden Netzwerkinfrastrukturen den zukünftigen Anforderungen an ein bidirektional breitbandiges, bidirektionales und sicheres Netz entspricht. Derzeitig verfügbare Optionen der Telekommunikation (OECD 1995) sind:

- Telefonnetz: Mit einer Versorgung von fast 100% aller Haushalte im Westen und 70% im Osten Deutschlands ist dieses Netz aus Kupferkabeln das zentrale Netz zur Kommunikation der privaten Haushalte. Anschlüsse an externe Netze wie Online-Dienste oder das Internet erfolgen in überwiegendem Masse durch das Telefonnetz - abgesehen von den meist betrieblichen Mobilfunk-Datenzugriffen. Seine Bandbreite ist unter Ausnutzung gegenwärtiger Modeminnovationen bei analoger Übermittlung auf etwa 56 Kb/s begrenzt. Selbst die Anwendung des digitalen ISDN, das in Beispiel 4.2.3.2.2/1 auf die Nutzung durch private Anwender untersucht wird, erreicht nur eine Übertragungsleistung von 64 Kb/s je Datenkanal. Für die Übertragung multimedialer Daten wie Bewegtbild ist diese Bandbreite nicht ausreichend. Erweiterungen wie ADSL (Asymmetric Digital Subscriber Line), das unidirektional bis zu 7 Mb/s bei Erhalt des normalen Telefonverkehrs übertragen kann, oder HDSL (High Bit Rate Subscriber Line) mit ca. 2 Mb/s bidirektional für das Telefonnetz schaffen zwar neue Möglichkeiten (o.V. 1995n) für den Transport dieser Informationsmengen wie Versuche zum Interaktiven Fernsehen in den USA von Bell Atlantic und Oracle in England zeigen (Philips 1994). Sie stellen Interimslösungen dar, da sie eine technische Obergrenze bei ca. 6 Mb/s für das Down- und Uploading von Daten in starker Abhängigkeit von der zu überbrückenden Entfernung setzen. So kann ein neues Protokoll, BDSL (Broadband Digital Subscriber Line) 52 Mb/s in eine Richtung übertragen, die maximale Entfernung dafür ist 1.000 m.

Beispiel 4.2.3.2.2/1: ISDN für private Haushalte

Im Rahmen der Debatte um eine Datenautobahn, an die alle Haushalte angeschlossen werden sollen, wird insbesondere von den Telekommunikationsunternehmen gefordert, zunächst die bestehenden Möglichkeiten des ISDN (Integrated Services Digital Network) auszunutzen. Von den ca. 400.000 Basisanschlüssen sind ca. 100.000 durch private Haushalte und Freiberufler erfolgt, das sind etwa 0,2% der Telefonanschlüsse in Deutschland (Telekom 1995). Durch spezielle Förderprogramme versucht die Deutsche Telekom AG, den Privatkunden zum Kauf einer ISDN-Anlage zu bewegen. Hohe Anschluss- und Grundgebühren und Kosten für die Endgeräte haben eine

Verbreitung in den Haushalten bisher eingeschränkt. Funktionen des ISDN wie die Teilnehmeridentifikation hatten keine oder negative Bedeutung für den privaten Kunden. Andere Dienste wie Anrufweiterschaltung lassen sich ebenfalls bei einem traditionellen Anschluss mit digitaler Vermittlungsstelle erreichen. Wesentliche Hemmfaktoren von ISDN waren die teure Tarifstruktur und Bedienungsunfreundlichkeit (Hermanns/Flegel 1992, S. 19). Durch die Zunahme des externen Anschlusses der Haushalte z.B. an Online-Dienste und die Integration von ISDN-Karten in Home-PCs können die Vorteile der Digitalisierung wie die erhöhte Übertragungsgeschwindigkeit an Bedeutung gewinnen.

- Breitband-Kabel- (BK-) Netze: BK-Netze arbeiten ausschliesslich analog. Selbst bei der Einspeisung digitaler Informationen werden diese auf einen analogen Träger moduliert. Ihre Bandbreite von ca. 450 MHz ist ausreichend für den Transport von Audio- und Videoinformationen wie die 28 Kabelfernsehprogramme, 36 Rundfunkprogramme und 16 Programme des digitalen Satellitenrundfunks (DSR), die zur Zeit im BK-Netz der Telekom angeboten werden. Problematisch ist der Rücktransport von Daten, wie er für interaktive Dienste als auch Steuerung von Ausrüstungstechnik im Haus notwendig wäre. Die Telekom AG unterscheidet innerhalb ihres Breitband-Netzes nach der Nähe zu den Haushalten vier verschiedene Netzebenen, die den gesamten Bereich der Out-of-home Infrastruktur verdeutlichen (Ziemer 1994, S. 109):
  - Netzebene 1: Fernseh- und Hörfunkstudios der Rundfunkanstalten, Breitband-Verteilstellen wie Fernmeldetürme.
  - Netzebene 2: TV- und Hörfunksender, Rundfunk- und Fernmeldesatelliten, Richtfunkstrecken sowie zentrale Verstärkerstellen der Telekom.
  - Netzebene 3: Örtliche Verteilnetze mit Verstärker und Übergabepunkt als Ende.
  - Netzebene 4: Private Hausverteilanlagen, Antennenanschlussdose und -kabel.

Bestehende BK-Netze sind Verteilnetze in einer Baumstruktur und nicht vermittelt wie das Telefonnetz, so dass ein Rückkanal über das Telefon realisiert wird. Bei digitaler Übertragung werden spezielle Modulationsverfahren verwendet, um z.B. aus einem PAL-Kanal von 8 MHz Bandbreiten von 30-40 Mb/s zu erzielen, die durch Multiplexing weiter aufgeteilt werden können. Ziel des Ausbaus ist insbesondere der Hyperbandbereich zwischen 300-450 MHz, der durch Digitalisierung eine Datenrate von über 630 Mb/s oder max. 280 Programmen liefern kann (Ziemer 1994, S. 117).

- Glasfaser: Seit 1983 betreibt die Telekom AG den Ausbau ihres Netzes parallel zur Digitalisierung mit Glasfaser, insbesondere nach der Wiedervereinigung in den Neuen Bundesländern. Zunächst wurde Glasfaser zwischen Vermittlungsstellen im Fernnetzbereich verwendet. Vorteile von Glasfaser sind (Hansen 1992, S. 665):
  - Hohe Bandbreite, es lassen sich etwa 150.000 Telefonkanäle mit einer Glasfaser übertragen.
  - Geringere Dämpfung bedeutet längere Übertragung ohne Verstärkereinheiten.
  - Hohe Sicherheit gegen Abhören.
  - Unempfindlichkeit gegen Feuchtigkeit, Hitze, Biegungen und Korrosion.
  - Geringes Gewicht und geringerer Platzbedarf.

Neu ist der Einsatz im Teilnehmeranschlussbereich, um das Telefonnetz, das Breitbandverteilnetz und ein vermittelndes Breitbandnetz zu integrieren. Unter der Bezeichnung OPAL (Optische Anschlussleitung) führte die Telekom 1990-1992 sieben Projekte zur Installation von Glasfaser bis zu Ein- und Mehrfamilienhäusern durch (Fiber-to-the-Home, FTTH) (Tenzer 1991). Dabei wird jeder Haushalt mit mehreren Glasfasern von der Ortsvermittlungsstelle aus versorgt. Im Kabelverzweiger wird mit Hilfe eines optischen passiven Verteilers eine Faser auf mehrere Fasern aufgeteilt, die an der jeweiligen Teilnehmeranschlusseinheit am Haus enden (o.V. 1992, S. 239f.). Die Ergebnisse der OPAL-Versuche waren im Hinblick auf den unklaren Bedarf der Haushalte nach interaktiven Diensten und der sichtbaren Kostenvorteile von Kupfertechnik zurückhaltend. Es kann gezeigt werden, dass bei Neuinstallation in Mehrfamilienhäusern aufgrund des konstant hohen fixen Anteils an Erdbau und Kabelkosten von 50-60% der Gesamtkosten eine um ca. 20% günstigere Installation mit Glasfaser bei durchschnittlicher Nutzung möglich ist (Peisl/Schmid 1991, S. 268). Die Rentabilität hängt entscheidend von der Entfernung des Teilnehmeranschlusses von der Vermittlungsstelle ab. Rosenau (Rosenau 1991, S. 49) weist darauf hin, dass bei einer Entfernung unter 1,7 km Glasfaser jetzt schon Kostenvorteile besitzt. Weiterhin müssen die Kostenvorteile bei Nutzung von OSS (Operation Support Systems) zur aktiven Wartung im Vergleich zu Kupfernetzen quantifiziert werden. Als Faustformel gilt, dass 3.200 km Glasfaserverkabelung etwa US$ 100 Mio. kosten (Pavlik 1996, S. 29). Anwendungen im Glasfasernetz im Rahmen eines Pilotprojektes werden in (Ricke/Kanzow 1991) diskutiert und sehen eine private Nutzung nur bedingt vor. Ideales Protokoll für Glasfaser ist

ATM (Asynchronous Transfer Mode), das sich neben einer hohen Übertragungsleistung (vgl. Bild 4.2.3.2.2/4) durch eine flexible Bandbreitenaufteilung nach Bedarf für verschiedenartige, insbesondere kontinuierliche Datenströme wie Video auszeichnet.

- Hybride Netze: Im Rahmen von Pilotversuchen zum Interaktiven Fernsehen in den USA werden zwei verschiedene Arten von hybriden Netzen getestet.
  - Hybrid Fiber Coax (HFC)-Netze, die aus Glasfaser von der zentralen Kopfstelle bis zu einem Hauptverteiler in der Nachbarschaft bestehen (Paff 1995). Danach findet eine optoelektronische Wandlung statt und das Signal wird über Koaxial-Kupferkabel in die privaten Haushalte geleitet. Dieses System eignet sich für eine geringe Anzahl von Haushalten pro Verteilpunkt, da die Bandbreite für interaktive Anwendungen begrenzt ist. Das Netzwerk arbeitet prinzipiell nach analogen Verfahren.
  - Switched Digital Video (SDV)-Netze, die aus Glasfaser bis zum Anschlusspunkt der Häuser in einer Strasse bestehen. Die letzten Meter werden mit einfachen verdrillten Kupferkabeln ausgeführt. Diese auch als Fiber-to-the-Curb bezeichneten Systeme sind vollständig digital und vermittelt. Sie dienen dazu, sowohl Verteildienste wie auch interaktive Dienste und Telefonie zu übertragen. Aufgrund der höheren Kosten, da Glasfaser näher an die Haushalte gebracht wird, ist eine Verwendung erst ab einer Penetration von 20% der Haushalte wirtschaftlich. Nach negativen Erfahrungen mit der prinzipiell günstigeren HFC-Technik wird SDV als zukünftige Ideallösung betrachtet (McConnell 1995, S. 51).
- Satellitennetze: Satelliten bieten bei durchschnittlichen Kosten von US$ 300-500 Mio. pro Satellit eine günstigere Erreichbarkeit von mehreren Millionen privater Haushalte als der Auf- oder Ausbau von Kabelnetzen. Bild 4.2.3.2.2/2 zeigt einen Vergleich von Investitionskosten pro angeschlossenem Haushalt in Abhängigkeit von der Penetration in einem städtischen Gebiet. Hinsichtlich der Kabelnetze wird zwischen der Neuerstellung und der Aufrüstung für voll-interaktive oder begrenzt interaktive Dienste unterschieden. Die hohen Kostenvorteile von Satelliten schon bei geringen Teilnehmerzahlen sind evident (Beardsley/Bray 1995, S. 148f.). Ein weiterer Vorteil im Vergleich zu den kabelgebundenen Optionen ist das Entfallen von inkrementellen Kosten bei Anschluss weiterer Kunden. Nach Erreichen einer

bestimmten Teilnehmerzahl ist jeder weitere Kunde sofort erlöswirksam (Liao 1996, S. 5).

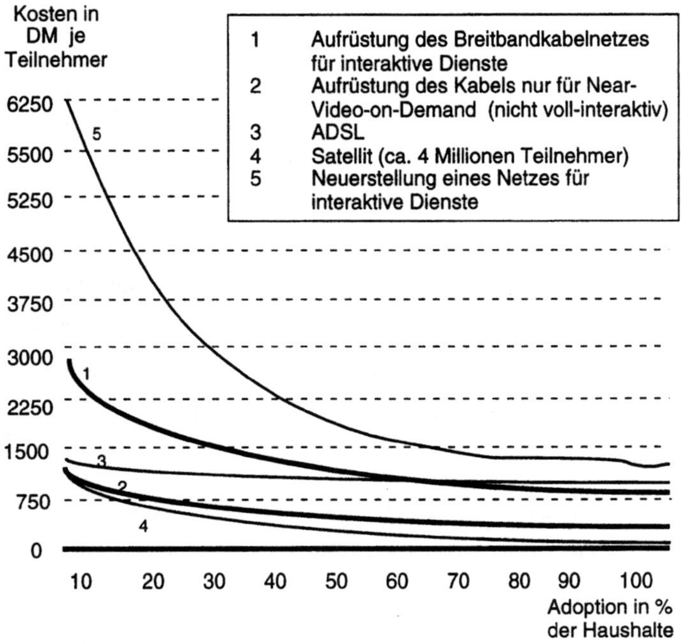

Annahmen: Die Investitionskosten beziehen sich auf ein dicht besiedeltes, urbanes Gebiet. Für die Berechnung der Kosten für den Satellitenempfang wird von dem Bau, Start und Betrieb eines Satelliten ausgegangen. Kosten der Endgeräte wie Satellitenreceiver trägt in diesem Modell der Teilnehmer.

Bild 4.2.3.2.2/2 Kosten für den Anschluss von neu-installiertem, bidirektionalem Kabelnetzwerk, Aufrüstung des Kabelnetzwerks, ADSL und Satellit (Beardsley/Bray 1995, S. 149, 151)

Die Erfolge von digitalen, direkt an die am Haus montierte Empfängerschüssel sendende Direktsatelliten (DBS, Direct Broadcast Satellite) wie DirecTV oder Primestar in den USA zeigen, dass trotz anderer Kabel-Infrastrukturen ein Potential an Haushalten vorhanden ist, wenn das Programmangebot über das bisherige hinausgeht. Die Digitalisierung bringt erhebliche Qualitätsvorteile für Bild und Ton und Verschlüsselung gegen Piraterie. Daneben kann die Programmauswahl durch Kompression und damit bessere Ausnutzung der Transponder um das 4-6fache auf 150-200 Programme gesteigert werden, wobei ein grosser Teil für neue Dienste wie CD-Radioprogramme oder Pay-per-view verwendet werden kann. Der mit digitalen Transpondern ausgerüstete Astra 1E und seine Nachfolgesatelliten werden in Europa digitales Fernsehen ermöglichen. Nachteilig wirkt sich das Fehlen lokaler Programme in den Satellitensystemen aus. Beispiel 4.2.3.2.2/2 geht auf die infrastrukturellen Grundlagen des digitalen Fernsehens in Deutschland ein.

Beispiel 4.2.3.2.2/2: Digitales Fernsehen (Deutsche Plattform 1995)

Das europäische DVB (Digital Video Broadcasting) Projekt mit über 160 Mitgliedsorganisationen hat das Ziel, digitales Fernsehen in Europa einzuführen und Standards zu erarbeiten. Bisher wurden Vorschläge zur Übertragung in Satelliten- und Kabelnetzen erarbeitet. Unter Verwendung der MPEG-Komprimierung kann ein Fernsehsignal von etwa 200 Mb/s auf 4-9 Mb/s reduziert werden. Es werden in einem konventionellen Fernsehkanal von 8 MHz sogenannte Datencontainer gebildet, die eine Datenrate von 39 Mb/s bieten. Ein Satellit mit 18 Übertragungskanälen stellt etwa 700 Mb/s zur Verfügung. Programme verschiedener Qualitätsanforderungen können diese Bandbreite flexibel ausnutzen. Multiplexing stellt sicher, dass die verfügbare Kapazität optimiert wird. Dazu wurden unterschiedliche Formate definiert:

- LDTV (Low Definition TV): Video-VHS-Qualität mit 2 Mb/s.
- SDTV (Standard Definition TV): vergleichbar mit etwa dem PAL-Standard mit 4 Mb/s.
- EDTV (Enhanced Definition TV): heutige Studiostandard 16:9 PALplus Format mit 8 Mb/s.
- HDTV (High Definition TV): hochauflösendes Fernsehen 16:9 Film-Format mit 35 Mb/s.

Es können etwa 120 Programme in PAL-Qualität von 6 Mb/s übertragen werden, was die Kapazität vorhandener Frequenzen um den Faktor 6-10 steigert. Ein Fernsehkanal kann für etwa 150 Radioprogramme verwendet werden. Im Bereich der terrestrischen Ausstrahlung sorgen Gleichwellennetze dafür, dass für dasselbe Programm im Versorgungsgebiet eine Frequenz verwendet werden kann, so dass statt 3-4 zukünftig etwa 20 Programme digital flächendeckend übertragen werden können (Ziemer 1994, S. 4). Terrestrisches digitales Fernsehen ist begrenzt nutzbar, da das verfügbare Frequenzspektrum insbesondere bei der erforderlichen anfänglichen Parallelausstrahlung von analogem und digitalem Fernsehen (Simulcast) zu gering ist. Für den stationären Empfang ist HDTV möglich, während portabel maximal SDTV und mobil z.B. im Bus maximal LDTV erzielt werden kann. Zunächst findet eine Digitalisierung der Inhalte statt, ohne die Vorteile der Hochauflösung zu nutzen, da weder Material noch günstige Empfangsanlagen in HDTV-Qualität vorliegen.

Das erste deutsche digitale Fernsehen 'DF1' wird seit Juli 1996 von der Kirchgruppe über Satellit ausgestrahlt und umfasst Ende 1996 etwa 50 Kanäle. Angeboten werden 14 TV- und 30 Radiokanäle sowie Pay-per-view für DM 20 im Monat. Es ist eine Satelliten-Direktempfangsanlage eines bestimmten Typs erforderlich (Seifert 1996, S. 65). Das System nutzt die 'd-box' der Fa. Betatechnik als zusätzliches Endgerät zum Fernseher. Die Übertragung, Komprimierung und Verschlüsselung wird von der neu gegründeten Beta Media Services GmbH gesteuert. Die Planungen zielen auf 2 Mio. Nutzer bis zum Jahr 2000.

In den USA ist das digitale Satellitenfernsehen das am schnellsten wachsende Produkt in der Geschichte der Konsumelektronik. Innerhalb von 10 Jahren wuchs die Zahl der Abonnenten von 0 auf 4,5 Mio., die Absatzzahlen der Empfangsgeräte von Sony und Thomson Consumer Electronics erreichten nach 18 Monaten Werte, für die das Farbfernsehen 9 Jahre benötigt hatte (Liao 1996, S. 1). Marktführer DirecTV arbeitet mit Microsoft an der Entwicklung eines PCs, der die Signale von DBS verarbeiten kann. Über ein Zusatzmodul kann der PC Informationsdienste schneller als über eine ISDN-Verbindung abrufen. Eine Begrenzung stellt das Telefonnetz als Rückkanal dar. Bild 4.2.3.2.2/3 stellt die Kennzeichen der wesentlichen Anbieter digitaler Satellitensysteme in den USA zusammen (Liao 1996, S. 7):

- Mikrowellennetze: Gerade in den USA werden sogenannte 'Wireless Cable' Netze unter dem Namen Multipoint Multichannel Distribution Service (MMDS) diskutiert, die insbesondere in dicht besiedelten Regionen auf Mikrowellenbasis digitale Programme über einen lokalen Sendeturm an Empfänger-Schüsseln der privaten Haushalte senden. Thomson hat dazu einen Auftrag zur Fertigung von 1,2 Mio. digitalen Empfängern erhalten. Problematisch ist die dafür notwendige Sichtlinie zwischen Sendeturm und Empfänger, weshalb urbane Gebiete wie New York City nicht geeignet erscheinen. Unbefriedigende Ergebnisse von Versuchen mit kabelgebundenen Lösungen wie HFC haben den Ausschlag dafür gegeben. Zentrale Infrastrukturen können bei einer späteren Aufrüstung weiterverwendet werden.
- Funknetze: Funknetzwerke erfreuen sich bei fallenden Preisen zunehmend des Interesses von privaten Nutzern, wenn auch eine klare Abgrenzung zur betrieblichen Verwendung nicht möglich ist. Am Beispiel des E-plus Netzes, das als digitales Netz auf der Basis verschiedener Funkzellen im Bereich von 1800 MHz arbeitet, wird der zukünftige Zielmarkt 'Privatkunden' deutlich. Für den Anschluss der privaten Wohnung werden insbesondere Funktechniken für die alternativen Anbieter nach der Liberalisierung des Telekom-Marktes interessant, um das de-facto Monopol des leitungsgebundenen Anschlusses der Haushalte der Telekom AG zu umgehen. Versuche mit der Anbindung von Wohnungen über Standards wie DECT, die durch dezentrale Sendestationen per Funk die Wohnung erreichen, werden unternommen. Für die Videoübertragung wird in den USA mit zellularen Videonetzen experimentiert. Diese als LMDS (Local Multipoint Multichannel Distribution Service) oder MVDS (Microwave Video Distribution Service) bezeichneten Systeme

Firma	*Teilnehmer in Mio.*	*Starttermin*	*Monatliche Gebühr in US$*	*Hardware Kosten in US$*	*Hersteller der Hardware*	*Eigentümer der Satelliten*
DirecTV	1,6	Juni 1994 (insgesamt 3 Satelliten)	14,95-44,95 *)	450-950	Thomson, Sony, Hughes Network	Hughes Electronics (General Motors)
Primestar	1,3	Juli 1994	19,95-54,95 (95 Kanäle)	199 (nur Installation, Vermietung)	General Instrument	General Electric Americon, TCI
USSB	0,8	Juni 1994 (DirecTV Satellit)	7,95-34,95 (nur Pay-TV wie HBO)	399-599	siehe DirecTV	Hubbard Broadcasting
Echostar	0,09	April 1996	9,95-39,95 (100 Kanäle)	500-700, MPEG-2 kompatibel	EchoStar, Tee Communications	EchoStar
AlphaStar	0,0001	März 1996	24,99-49,99	699	Hyundai, Samsung	Tee Communications
ASkyB	keine Angabe (k.A.)	1998	k.A.	k.A.	k.A.	MCI, News Corporation
TelQuest (aus Kanada)	k.A.	1998	k.A.	k.A.	k.A.	TelQuest Ventures, Telsat, TCI

*) Auswahl umfasst: 50 Pay-per-View-Kanäle mit US$ 2,99 je Film, 28 Musiksparten in CD-Qualität, 23 Sportsender, 65 Basic- und Premium-Kanäle. Komplementäres Film/Pay-TV Angebot durch USSB.

Bild 4.2.3.2.2/3 Digitale Direct Broadcast Satellite (DBS) Systeme in den USA

gleichen in ihrem Aufbau den Mikrowellennetzen der MMDS-Technik, verwenden aber zur besseren Versorgung der Haushalte dezentrale Funkzellen statt einer zentralen Sendeeinrichtung. Prominentester Anbieter interaktiver Dienste ist die Firma EON, die im Frühjahr 1996 in erhebliche Finanzschwierigkeiten geraten ist.

- Terrestrischer Empfang: Im Rahmen von DVB wird die Option untersucht, digitales Fernsehen über das terrestrische Frequenzspektrum zu senden. Da selbst bei Kompression die Bandbreite nicht für mehr als ca. 50 Programme ausreicht und das Medium eine physikalische Obergrenze hinsichtlich der Qualität setzt, kann diesem Medium keine längerfristigen Chancen ausserhalb einer experimentellen Testphase zugesprochen werden. Für neue, interaktive Dienste reichen auch die digitalen Möglichkeiten nicht aus (Prognos 1995; Ziemer 1994).

Bild 4.2.3.2.2/4 fasst die wesentlichen Out-of-home-Netzwerk Alternativen zur Versorgung der privaten Haushalte mit multimedialen Diensten zusammen (vgl. Booz,

Allen & Hamilton 1995, S. 76). Die Kostenangaben unterliegen einer starken Veränderung und sind als relative Richtwerte angegeben. Sie verstehen sich als Fixkosten zum Anschluss eines weiteren Haushaltes aus der Sicht eines Anbieters.

Architektur	*Beschreibung und Merkmale*	*Kosten pro Anschluss (DM)*
FTTH (Fiber-to-the-home)	Glasfaser bis ans Haus, technisch optimal, hohe Kosten pro Anschluss	5.000-8.000
FTTC (Fiber-to-the-curb)	Glasfaser bis zum letzten Verteiler, bei hoher Penetration günstiger als HFC	2.500-5.000
HFC (Hybrid Fiber Coax)	Analoge Basiskanäle mit Rückkanal, Einschränkungen bei interaktiven Diensten, Probleme bei Integration des Telefondienstes	2.500-5.000
ADSL (Asymmetric Digital Subscriber Line)	Nutzt Telefonleitungen, bis zu 2 Mb/s unidirektional und Datenkanal sowie Telefonie bidirektional, spezielles Modem notwenig	1.000-1.500
HDSL (High Bit Rate Subscriber Line)	Bis zu 2 Mb/s bis zu 4 km vom Verteiler bidirektional	4.000-5.000
ATM (Asynchronous Transfer Mode)	Optimales Protokoll für Glasfaser, wobei verschiedene Netze integriert werden können, Kapazität > 150 Mb/s	keine Angaben
Satellit mit Rückkanal	Nutzung des Telefonnetzes, kostengünstige Interimslösung für wenig interaktive Dienste	< 1.000

Bild 4.2.3.2.2/4 Optionen der multimedialen Netzwerkinfrastruktur für private Haushalte (Quellen: Booz, Allen & Hamilton 1995; Nynex 1995; Beardsley/Bray 1995)

4.2.3.2.3 Unterhaltungselektronik

Bestimmte Elemente der Unterhaltungselektronik sind durch Netzwerke an die externe Welt angeschlossen, um bestimmte Funktionalität für den privaten Haushalt bereitzustellen. Die physikalischen Möglichkeiten, Daten zu den privaten Haushalten zu transportieren, wurden unter der Komponente 'Telekommunikation' erläutert. Beispiele hierfür sind:

- Mehr als 50% aller Fernseher verfügen über einen Videotext-Dekoder. Die Übertragung erfolgt in der Austastlücke des Fernsehprogramms sequentiell. Die Bedeutung dieses Mediums ist in den letzten Jahren gestiegen, da erkannt wurde, dass Videotext der meistverbreiteste Informationsservice für den privaten Haushalt in Deutschland ist und in einer Koexistenz mit dem Unterhaltungsgerät Fernseher in die Wohnzimmer gelangte.

- Anschluss von Spielkonsolen wie der Sega Genesis in den USA an ein Kabelnetzwerk zur Übertragung von Spielen aus einer zentralen Infrastruktur in das Spielgerät. Hierbei wird ein Breitbandkabelnetzwerk verwendet, das auf einer bestimmten Frequenz die Software überträgt.
- Datenübertragung in der Austastlücke eines Fernsehprogramms wie Channel Videodat des Senders Vox, der Software oder Zusatzinformationen zu bestimmten Sendungen sendet. Zum Empfang wird ein PC mit einem speziellen Dekoder und einem TV-Tuner Anschluss benötigt.

4.2.3.2.4 *Hausgeräte*

Die Anbindung von Hausgeräten an ein externes Netzwerk geschieht in den meisten Fällen im Rahmen der Fernsteuerung über ein Telefonnetzwerk. Für einfache Aus- und Einschaltoperationen z.B. durch ein EVU eignet sich auch das Stromnetzwerk, sofern die Verbraucher an unterschiedliche Stromkreise angeschlossen sind. Aktuelle Versuche verwenden das zur Rücksendung von Daten erweiterte Breitbandkabel zur integrativen Übertragung von Audio- und Videoprogrammen als auch zur Steuerung von Hausgeräten. In den USA testen einige EVUs die Lastkontrolle von Stromverbrauchern in den privaten Haushalten durch Kabelnetze aus Glasfaser und Koaxialkabel entlang ihrer Stromtrassen. Eine ausführliche Darstellung erfolgt in Kapitel 5.5 'Wohnen'.

4.2.3.2.5 *Ausrüstungstechnik*

Für die Ausrüstungstechnik des Haushalts ist das Telefonnetz die weitverbreiteste Anbindung. Fernwirken, -wartung und -messen werden nach dem Auslaufen von 'Temex' auf der Basis von ISDN realisiert. ISDN stellt zwei Basiskanäle zur Verfügung, so dass trotz Datenübertragung auf der anderen Leitung gesprochen werden kann. Ferner ist eine Übertragung von Standbildern zur Überwachung von Räumen mit der automatischen Anwahl einer bestimmten Nummer bei Auffälligkeiten möglich. Nach einer Aufrüstung der bestehenden BK-Netze durch einen Rückkanal kann dieses zur telemetrischen Überwachung verwendet werden.

Einige Pilotversuche testen die drahtlose Steuerung der Ausrüstungstechnik z.B. durch Nutzung von Mobilfunknetzen oder aktive Geräte im Haushalt. Ein Wasserzähler wird dabei mit einem Funksender ausgestattet. Der Wagen des Wasserverbandes fährt durch bestimmte Strassen und aktiviert den Sender des Zählers für eine bestimmte Zeit, den aktuellen Zählerstand zu senden. Danach ist für einen definierten Zeitraum aus Datenschutzgründen eine Aktivierung nicht mehr möglich. Erhebliche Einsparungen durch das Entfallen des arbeitsintensiven Ablesen von Tür zu Tür und durch die automatische Weiterverarbeitung der Verbrauchsdaten sind offensichtlich.

4.2.3.3 Ausblick

In der Literatur wird betont, dass für den privaten Haushalt als Kunden insbesondere die Frage der technischen Ausgestaltung einer Infrastruktur wie der Out-of-home-Netze eine untergeordnete Rolle spielt (Connors 1996). Bedeutsam ist für ihn der Preis und die Merkmale der über das Netz zur Verfügung gestellten Dienstleistung. Aus der Sicht der Anbieter, die sich in Deutschland zur Zeit auf einen echten Wettbewerb um die privaten Haushalte einstellen, stellt sich diese Frage aus einer anderen Perspektive: 70-80% der Kosten eines leitungsgebundenen Telekommunikationsnetzwerkes entstehen durch die 'last mile' zum Endkunden, da keine Verteilung der hohen Kosten stattfindet. Ein Aufbau einer alternativen Infrastruktur ist kostspielig und das Mieten von Kapazität bestehender Anbieter schafft Abhängigkeiten. In liberalisierten Märkten wie den USA wird die Diskussion geführt, ob der private Haushalt - wenn Kabel- und Telefonunternehmen in der Lage sind, gleiche Services zu liefern - über zwei oder mehr Anschlüsse verfügen wird. Die Diskussion um das 'one-stop-shopping', das Empfangen verschiedener Dienste über einen Netzanbieter, trifft auf ein geteiltes Echo in Marktstudien (vgl. Mercer 1996, S. 15). Eine zeitliche, sich überschneidende Sequenz verschiedener Infrastrukturen scheint wahrscheinlich. Bestehende Netze werden für moderne Dienste aufgerüstet, wie am Beispiel von ISDN oder ADSL/HDSL zu sehen ist. Daneben werden Interimslösungen auf digitaler Basis wie Wireless Cable (MMDS) und digitale Direktsatelliten wie DirectTV erprobt und eingeführt. Die Zukunftsvision einer breitbandigen, vermittelten, symmetrischen Netzwerkstruktur von und zum privaten Kunden (Prycker/Landegem 1994) können diese Techniken noch nicht erfüllen.

4.3 Zusammenfassung

Die strukturierte Darstellung der Infrastruktur der privaten Haushalte in diesem Kapitel hat die Vielfältigkeit und Heterogenität der Informationstechnik für den Konsumenten aufgezeigt.

Die In-home-Infrastruktur ist gekennzeichnet durch einen unbemerkten Einzug von Informationstechnik in viele Produkte, die im Alltag bewusst wie der Heim-Computer oder unbewusst wie die Heizungssteuerung genutzt werden. Entscheidend für die weitere Entwicklung innerhalb des Haushalts ist die Etablierung einer Infrastruktur als zentrales multimediales Informations- und Kommunikationszentrum, wie es der Delphi-Bericht des BMFT in Form eines 'Multimedia-Gerätes' zwischen 1998 und 2004 erwartet (BMFT 1993, S. 620).

Eng verknüpft mit der In-home-Infrastruktur ist die Ausgestaltung der Informationstechnik ausserhalb der eigentlichen Wohnung, der Out-of-home-Infrastruktur. Die Anbindung der privaten Haushalte an digitale, externe Netze ist im Bereich von Online-Diensten bereits gegenwärtig, während z.B. die Fernwartung von Ausrüstungstechnik weitgehend ungenutzt ist. In anderen Bereichen wie dem Fernsehen oder Telefon laufen Projekte zur Digitalisierung der Übertragungs- oder Vermittlungstechnik. Überraschend ist die Fülle der Einsatzbereiche von Informationstechnik zur Versorgung der privaten Haushalte.

Das folgende Kapitel macht die unternehmerischen Potentiale anhand von funktionalen Anwendungsgebieten der Informationstechnik für den privaten Haushalt deutlich.

5 Anwendungsschwerpunkte der computerunterstützten Informationsverarbeitung der privaten Haushalte

Im Rahmen dieser Arbeit werden folgende Anwendungsschwerpunkte der computerunterstützten Informationsverarbeitung der privaten Haushalte (CIpHa) verwendet:

- Information (5.1).
- Kommunikation (5.2).
- Unterhaltung (5.3).
- Beschaffung (5.4).
- Wohnen (5.5).
- Bildung (5.6).
- Mobilität (5.7).
- Gesundheit (5.8).
- Haushaltsmanagement (5.9).

Die Anwendungsschwerpunkte 'Information' und 'Kommunikation' sind implizit zur Durchführung der Dienste anderer Anwendungen notwendig sind. Daher werden diese vorangestellt und als unterstützende Anwendungstypen bezeichnet. Diese "Zweck-Differenzierung nach Prioritätsgrad" findet sich auch bei Eggert (Eggert 1995, S. 152). Primäre Dienste sind demnach Dienste, bei denen Information oder Kommunikation der vorrangige Zweck sind, während sekundäre Informationsdienste eine zweite Aktivität in den Vordergrund stellen. Beim Tele-Shopping wird über die angezeigte Information hinaus auf das Verkaufen eigenständiger Produkte abgezielt (Eggert 1995, S. 153).

Jeder Anwendungsschwerpunkt wird nach einer Definition in die folgenden drei Anwendungsformen unterteilt:

- Stand-alone Anwendungen, die ohne eine Anbindung an ein internes oder externes Netzwerk auskommen wie eine Spieleanwendung auf einem isolierten Home-PC.
- Intern vernetzte Anwendungen, die über die Funktionalität einer stand-alone Anwendung hinaus eine Anbindung an ein In-home-Netzwerk haben wie Steuerung einer Heizung über das Fernsehgerät.

- Extern vernetzte Anwendungen, die durch die Anbindung an ein externes Netzwerk ihre Funktionalität erhalten wie das Telebanking über einen Online-Dienst.

Bild 5/1 zeigt die Strukturierung des fünften Kapitels nach Anwendungen und ihren Formen (vgl. 3.2) und in einer Übersicht anhand von Beispielen:

Anwendungsformen / Anwendungen	stand-alone	intern vernetzt	extern vernetzt
Information	Enzyklopädie auf CD-ROM	Anzeige von Bedieninfos auf TV	Nachrichtenmagazine im Internet
Kommunikation	Kein Nutzen ohne Vernetzung	Private Nebenstellenanlage	E-Mail, Videotelefon
Unterhaltung	Videospiel	Zentraler Videorecorder liefert an entfernten Fernseher	Spiele über das Netz wie Sega-Channel
Beschaffen	Produktkatalog auf CD-ROM	Automatische Erstellung einer Einkaufsliste	Home-Shopping
Wohnen	Fuzzy-control für Waschmaschinen	Heizungssteuerung über In-home-Netz	Lastmangement durch EVU
Bildung	Lernprogramm	Pädagogisches Heimnetz zur Überwachung von Kindern	Fernlernen
Mobilität	Isoliertes Verkehrsleitsystem (statisch)	Vernetztes Unterhaltungssystem im Auto	Verkehrsleitsystem mit GPS (dynamisch)
Gesundheit	Sportgeräte, Meßgeräte	Küchenhilfen für alte Leute über Home-Netz	Telemedizin: Ferndiagnose
Haushaltsmanagement	Private Hausverwaltung	Übernahme des Heizungsverbrauchs in die Hausverwaltung	Home-Banking

Bild 5/1 Anwendungen der ClpHa und ihre Formen

Nach der Darstellung der Anwendungsformen zeigt die Analyse der wesentlichen Einsatzbereiche, wie der private Haushalt Informationstechnik nutzbringend einsetzen kann. Ein Ausblick auf zukünftige Entwicklungen sowie eine Zusammenfassung beschliessen die Betrachtung des jeweiligen Anwendungsschwerpunktes.

5.1 Information

5.1.1 Definition

Unter 'Information' wird die Zusammenfassung aller informationstechnischen Funktionalitäten verstanden, die dem privaten Haushalt eine Erweiterung seines Wissens zur Information erlauben. Der Anwendungstyp 'Information' ist gekennzeichnet von einer Notwendigkeit für den privaten Haushalt, sich in einer an Komplexität zunehmenden Umwelt über aktuelle Entwicklungen zu informieren. Auch die Suche nach Information im Wege der Entscheidungsvorbereitung (Raffee 1974) vor der Inanspruchnahme einer Dienstleistung oder dem Kauf eines Produktes wird durch die Verarbeitung von Informationen mit dem Ziel der Entscheidungsfindung unterstützt (Blosser-Reissen 1977). Nach einer Umfrage in US-Haushalten waren die drei häufigsten Nennungen zum Interesse an interaktiven Diensten Gesundheitsinformationen (80%), individuelle Neuigkeiten (75%) und Produktinformationen (60%) (o.V. 1995c, S. 10). Auch bei den Entwicklern werden Point-of-Information Anwendungen neben der Bearbeitung von Video als zukunftsträchtigste Applikation eingeschätzt (Graf/Treplin 1996).

5.1.2 Anwendungsformen

Zu unterscheiden ist nach der Art der Anwendung gemäss Definition in Kapitel 3 in stand-alone betriebene, intern-vernetzte und extern-vernetzte Anwendungen:

5.1.2.1 Stand-alone Betrieb

Aufgrund der inhärenten Aktualität von Information sind stand-alone Anwendungen dort von Nutzen, wo eine permanente Aktualisierung der Daten nicht erforderlich ist. Beispiele sind Lexika wie die CD-ROM 'Encarta' von Microsoft, die auf einem isolierten PC mit CD-ROM Laufwerk den Zugriff auf elektronisches Wissen bereitstellt. 1993 wurden in den USA mehr Enzyklopädien auf CD-ROM als auf Papier verkauft (Gassner/Kuom 1995, S. 43).

5.1.2.2 Interne Vernetzung

Im Bereich des privaten Haushalts spielt die interne Vernetzung innerhalb der Wohnung durch ein In-home-Netzwerk praktisch als eigenständige Anwendung keine

Rolle. Im Rahmen anderer Anwendungen wie der Steuerung von Ausrüstungstechnik ist eine zusätzliche Informationsfunktion denkbar.

5.1.2.3 Externe Vernetzung

Durch die Notwendigkeit zur Aktualität spielt die externe Anbindung der Haushalte an Netzwerke eine grosse Rolle. Beispiele sind Informationen des Videotexts, auf dem Nachrichten zu Politik oder Sport abrufbar sind. Der Zugriff auf Berichte von lokalen Ereignissen über das Internet wie in einigen Kommunen der USA zeigt die Aussenorientierung des Typs 'Information'. Ein ständig an Bedeutung gewinnender Dienst ist das Audiotex, bei dem über das Telefon Informationen zu diversen Themen abgerufen werden können wie dem Reisewetter. Durch den Einsatz von Computer Integrated Telephony, Sprach- oder Tastensteuerung innerhalb von Menüstrukturen ist eine Anpassung an individuelle Bedürfnisse möglich. Eine Umfrage der Zeitschrift Stern nach Online-Wünschen ergab, dass 24% der Bevölkerung den Abruf von Nachrichten und Wetterberichten, 23% das Fernsehprogramm und 19% Sportergebnisse wünschen würden. Andere Anwendungen wie z.B. das Tele-Shopping erreichten 18%. Ebenso aussagekräftig ist das Desinteresse von 45% der Bevölkerung an jeglicher Nutzung von Online-Diensten (o.V. 1996a). Der Markt für Consumer-Online-Informationen betrug 1995 bereits DM 500 Mio., was etwa 15% des Online-Gesamtmarktes umfasst (o.V. 1996b).

5.1.3 Einsatzgebiete

Merkmale des Anwendungstyps 'Information' sind die Konsumentenberatung, Darstellung von Nachrichten, Wissen und Produktinformationen sowie allgemeine Bürger- und Stadtinformationen.

5.1.3.1 Konsumentenberatung

Die Beratung von Verbrauchern in Bereichen wie Umweltschutz oder Fragen des Alltags wird traditionell im wesentlichen durch die Tageszeitung und den Rundfunk durchgeführt. Heute werden dazu verstärkt Produkte der Informationstechnik eingesetzt. Vorteile sind die Individualisierung durch interaktive Bedienung und die Möglichkeit der grafischen Unterstützung. Der Übergang zu kommunikativen Aspekten ist fliessend. Im Rahmen der Verbrauchersendung WISO des ZDF werden neben einer Diskette auch Informationen über eine 0180-Telefonnumer bereitgestellt, die über ein sprachgesteuertes Menü die Informationen aus der Sendung zusammenfasst. Besondere Formen der Konsumentenberatung sind Informationsangebote auf der Basis von Audiotex und dem Service 130:

- Audiotex und private Informationsdienste: Im klassischen Ansagedienst bestanden 1992 über 70% aller Ansagedienste aus 'reinen' Informationen oder der Zeitansage (Krusch 1994, S. 79), ein Viertel des gesamten Verkehrsaufkommens allein aus der Abfrage von Glückszahlen. Neben den klassischen Ansagediensten der Telekom (Wetter, Sportergebnisse) gibt es seit 1991 unter Rufnummern mit der Vorwahl 0190 die Möglichkeit, über das Telefon oder Fax Informationen von privaten Anbietern zu erhalten. Die Telekom übernimmt die Transportleistung, das Inkasso der Gebühren und u.U. auch die Ansagetechnik und Generierung im Studio. Nach der Art der Informationsabfrage lassen sich passive, interaktive, quasi-live und persönliche Abfrage unterscheiden. Es findet eine Aufteilung der Verbindungsentgelte zwischen der Telekom und dem privaten Informationsanbieter statt. 1993 waren diese Dienste zu über 65% an dem Umsatz der Sprachmehrwertdienste beteiligt. Beispiele sind Informationen über den Fussballverein Schalke 04 mit der Möglichkeit, an einer Auslosung teilzunehmen. Innerhalb des Wetterdienstes kann durch Drücken bestimmter numerischer Tasten des Telefons z.B. das regionale Wetter abgerufen werden (Krusch 1994, S. 98). Bild 5.1.3.1/1 zeigt den Aufbau eines privaten Informationsdienstes (Audiotex).

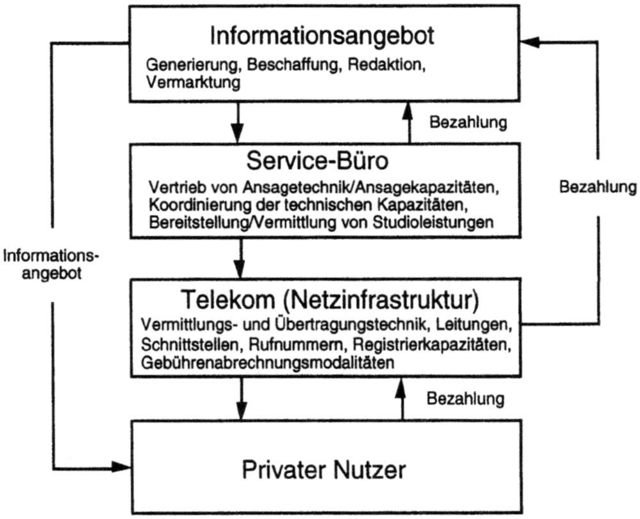

Bild 5.1.3.1/1 Schematischer Aufbau von Informationsdiensten (Audiotex)

- Service 130 (Krusch 1994, S. 26f.): Mit diesem Dienst der Telekom, international auch als Freephone- oder Toll-free-Service bezeichnet, wird einem Dienste-Anbieter die Übernahme von Entgelten für Anrufe aus in- und ausländischen Netzen angeboten und diesem eine Rufnummer mit der einheitlichen Vorwahl 0130 für Deutschland zugeordnet. 30% der Umsätze der Sprachwertdienste gingen 1993 zugunsten dieses Service mit ca. 12.000 Nummern. Über das Service-130-Netz kann auch Datenverkehr abgewickelt werden und die ankommenden Anrufe ursprungs- oder zeitabhängig weitergeleitet werden. Diese Dienste werden dort angeboten, wo die Hemmschwelle der Telefongebühren gesenkt werden soll. Informations- und Beratungsservice, Kundenberatung und Verkaufsförderung stehen im Mittelpunkt. Die Pannenhilfe des ADAC ist z.B. unter einer einheitlichen Rufnummer bundesweit zu erreichen. Andere 0130-Nummern wurden für die Rechtsschutz-Information eingerichtet. Seit der Einführung 1988 zeigen sich beim ADAC folgende Ergebnisse (Krusch 1994, S. 44):
  - Hemmschwelle, ein Telefonat zu führen, sinkt bei den Kunden.
  - Ausweitung der Dienste von Pannenaufnahme zur Mitgliederberatung.
  - Nutzung als Instrument der Verkaufsförderung und Auswertung von Gesprächsdaten.
  - Kosteneinsparung durch Reduktion des Schriftverkehrs und Übernahme von Daten in ein DV-System zur Schadensanlage und Abrechnung.
  - Erhöhung der Mitgliederbindung.

5.1.3.2 Nachrichten

Aktuelle Informationen wie Fernsehprogramme, Veranstaltungshinweise oder Sportergebnisse sind auf vielfältige Weise mit der Nutzung von Informationstechnik verbunden. Insbesondere der Bereich des 'Electronic Publishing' ist von grosser Bedeutung. Zukünftig kann die Gestaltung und der Druck von Informationen direkt in der Umgebung des Lesers (Point-of-Use, POU) oder auf Anforderung beim Händler erfolgen. Eine Reduzierung von Lieferzeiten, Fracht- und Lagerkosten wäre die Folge. Dies wird sich weniger auf den Buchdruck und Massenzeitschriften auswirken als vielmehr auf individualisierte Informationsdienste (Gassner/Kuom 1995, S. 44). Die Aufbereitung auf dem Bildschirm ist so unterstützbar, dass multimediale Darstellung, Stichwortsuche und Individualisierung der Inhalte möglich werden.

- Elektronische Zeitung: Protoypen wie 'is-news' des Instituts für integrierte Publikations- und Informationssysteme (IPSI) in Darmstadt (Müller 1992, S. 56) experimentieren bereits mit einer nach eigenen Kriterien zusammengestellten, persönlichen Zeitung. Der Umfang unterliegt keiner physikalischen Restriktion. Bei Bedarf kann durch Hyperlinks in weitere Datenbanken oder externe Rechnernetze wie das Internet verzweigt werden. Das Pilotvorhaben 'Individuelle elektronische Zeitung' experimentierte im Rahmen des RACE Projektes 'Telepublishing' mit einer Zeitung über ISDN. 60% der Zeitungen in Deutschland werden von kleinen Zeitungsverlagen produziert. Hier bietet diese Form eine neue Art des Verlegens und gleichzeitig die Möglichkeit, Tageszeitungen für die jungen, elektronischen Medien aufgeschlossenen Altersklassen attraktiver zu gestalten (Hudetz o.J., S. 10). Ein wesentliches Problem stellt die optische Qualität und die unsystematische Art der Rezeption der Information dar. Heutige Bildschirme sind einer physikalischen Zeitung unterlegen. Es wird bei Informationsdiensten fast immer eine Druckoption vorgesehen.
- Angebote im Videotext der jeweiligen Fernsehsender: Durch Verbesserung der optischen Aufbereitung wie ständig wechselnde Kopf- und Fusszeilen hat dieses Medium in letzter Zeit an Bedeutung gewonnen. Es stellt mit mehr als 60% Penetration in den Haushalten ein weit verbreitetes, wenn auch begrenzt interaktives Informationsmedium in privaten Haushalten dar. Schwerpunkte sind die Information über Nachrichten, Sportereignisse oder Wetter. Daneben werden viele Verkaufsangebote oder Audiotexdienste unter Angabe entsprechender Telefonnummern beworben. Es finden sich ebenso Informationen wie Tausch- oder Verkaufsbörsen sowie Partnerschaftsvermittlungen. Eine weitere wichtige Funktion ist die Einblendung von Untertiteln zu Sendungen für hörgeschädigte Zuschauer. Die ca. 800 Tafeln des Videotextes von SAT1, der als erster Sender dieses Medium auch für Werbung nutzte, werden täglich von durchschnittlich 1,3 Mio. Zuschauern ab 6 Jahren aufgesucht (Forster 1995, S. 68).
- Das elektronische Äquivalent von Zeitungen, Zeitschriften oder Nachrichtenagenturen findet sich zunehmend in Online-Diensten oder im Internet, z.B. das 'Handelsblatt' und die 'Wirtschaftswoche' in T-Online oder 'Der Spiegel' im Internet. Das Magazin 'Focus' ist bereits am Sonntag via ISDN abrufbar, das Wochenblatt 'Die Zeit' etwa hat die Internet-Adresse "http://www.zeit.de". Da die Erstellung im Verlag im wesentlichen durch Desktop Publishing durchgängig digital erfolgt, trifft der

Schritt zur digitalen Weitergabe an den Rezipienten auf keine prinzipiellen Hindernisse. Die Funktionalität kann erweitert werden, indem durch Hyperlinks von Überschriften des Umschlages direkt auf einzelne Artikel verzweigt oder zwischen Informationen verschiedener Artikel Verbindungen aufgebaut werden.

- Individualisierter Rundfunk durch hinsichtlich der Lokalität oder des Interessengebiets spezialisierter Kanäle wie Wetter- oder Bürgerfernsehen. Die dazu notwendige Kapazitätsausweitung wird technisch durch Digitalisierung und Komprimierung möglich.
- News-on-demand: Altuelle Projekte z.B. des Nachrichtensenders ntv und dem Datenbankanbieter Oracle untersuchen im Rahmen interaktiver Fernsehprogramme den zeitversetzten Abruf von Tagesinformationen über den Fernseher. Schwierigkeit bereitet jedoch, dass der Fernseher sowohl von der Auflösung als auch von der Entfernung zur Sitzposition für das Lesen nicht geeignet ist. Ein anderer Dienst dieser Kategorie ist Fax-on-demand, wobei sich Informationen zu einem bestimmten Gebiet auf das eigene Faxgerät übertragen lassen. Eine innovative Anwendung ist der in der Sprache Java als Applet programmierte Ergebnisdienst 'Sportswire' unter der Internet-Adresse "www.sportsnetwork.com". Aktuelle Ergebnisveränderungen oder Endstände von Sportveranstaltungen werden sofort über das Internet aktualisiert, während das Programm im Hintergrund resident arbeitet. Bild 5.1.3.2/1 zeigt die graphische Oberfläche dieser Anwendung.

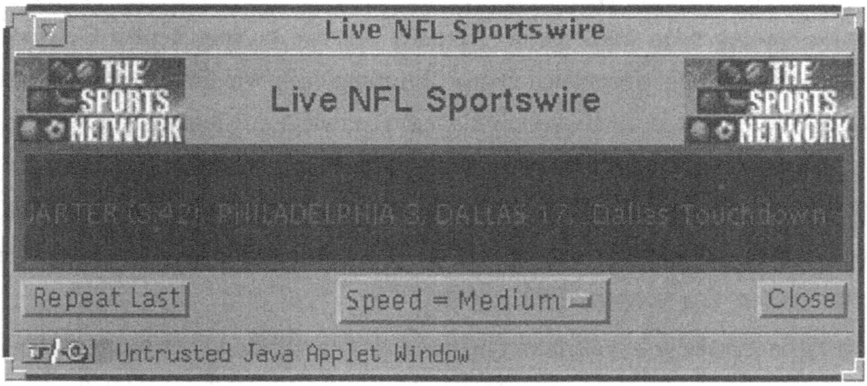

Bild 5.1.3.2/1 Java-Informationsanwendung 'Sportswire' ("www.sportsnetwork.com")

Eine persönliche Zusammenstellung von Nachrichteninhalten wird in einem Projekt des Bayerischen Rundfunks mit der Gesellschaft für Mathematik und Datenverarbeitung (GMD) über das Internet unter dem Projektnamen 'PersonalR@dio' erprobt. Private Nutzer haben sowohl Zugriff in Echtzeit auf die laufenden Sendungen des Nachrichtenkanals 'B5' oder auf ein Archiv, das 125 Stunden Sendezeit der vergangenen Woche auf einem Audio-Server enthält. Benötigt wird ein PC mit Soundkarte, ein WWW-Browser sowie eine bestimmte Dekomprimierungs- und Wiedergabesoftware für die Audio-Daten (Kesberg 1996, S. 23). Regelmässige Zugriffe kommen vor allem aus dem Ausland, in dem kein deutschsprachiges Radio zu empfangen ist. Eine begrenzte Kapazität des Internets setzt Echtzeit-Zugriffen von Ton oder Film enge Grenzen hinsichtlich Qualität und Kontinuität der Übertragung.

5.1.3.3 Wissen

Hierunter wird die Bereitstellung von Fakten und Tatsachen in Form von Nachschlagewerken, Büchern oder Online-Datenbanken verstanden:

- Enzyklopädien und andere Nachschlagewerke wie Fachlexika oder Wörterbücher auf CD-ROM oder in Online-Diensten erfreuen sich aufgrund neuer Funktionen wie Suche nach Stichwörtern oder direkt verfolgbarer Querverweise grosser Beliebtheit. In jedem sechsten deutschen Haushalt mit PC gibt es ein elektronisches Nachschlagewerk. 43% aller CD-ROM Produkte bestehen aus elektronischen Büchern und Nachschlagewerken (GWP 1995, S. 10).
- Elektronische Bücher werden auf Diskette, CD-ROM oder speziellen Formaten angeboten. Im wesentlichen finden sich elektronische Umsetzungen von physikalischen Büchern wie die 'Chronik des 20. Jahrhunderts' oder die 'Die Bibel' von Bertelsmann. Neben dem direkten Verzweigen zu Querverweisen und eigenen Anmerkungen sind 90 minütige Tondokumente enthalten. Schwerpunkte sind Nachschlagewerke wie Wörterbücher, Lexika, Atlanten oder Ratgeber, bei denen sich die elektronischen Recherchefunktionen als wirkungsvoll erweisen. Electronic Books sind die direkte Folge der Digitalisierung des Produktionsprozesses im Verlag. Eine klare Einordnung in eines der Anwendungsgebiete Unterhaltung, Ausbildung und Information ist schwierig.
- Online-Datenbanken, die Dokumente wie Produkthandbücher oder auch Referenzen elektronisch vorhalten. Eine Unterstützung durch suchbare Indices oder

Suchwerkzeuge erlaubt umfangreiche Recherchen für private Anwender wie die Job-Suche im Internet auf einer gegebenen Datenbank von Vakanzen. Vergleichbar den elektronischen Malls von Warenanbietern (vgl. Schmid 1995; Abschnitt 5.4) im Internet werden auch 'Online Media Malls' eingerichtet, die explizit eine Vielzahl von Anbietern elektronischer Informationen wie Bücher, Nachrichten, Veranstaltungstips oder Ratgeber in einem Dienst vereinigen.

5.1.3.4 Produktinformation

Informationen vor oder nach dem Kauf sind für den Verbraucher vielfältig mit der Verwendung von Informationstechnik verbunden. Die Grenze zur Werbung ist dabei fliessend. Möglichkeiten sind:

- Informationen auf CD-ROM oder Diskette zu Dienstleistungen wie Dienste der Telekom oder von Krankenversicherungen.
- Informationen durch Online-Dienste wie ein Service der Fa. Microsoft zu Software-Produkten in CompuServe.
- POI/POS-Säulen, die oft Produkte vorstellen und deren Einsatz demonstrieren. Im Friseurhandwerk wird z.B. mit einem System gearbeitet, das den Kunden mit einer Kamera aufnimmt, das Bild digitalisiert und mit spezieller Grafiksoftware mögliche Frisur- und Farbtypen hinzuspielt, um so die 'Konsequenzen' einer Frisur abschätzen zu können. Ähnliche Systeme sind bei Optikern zur Brillenanprobe einsetzbar (Mertens 1992, S. 60).
- Elektronische Programmführer (Electronic Program Guide, EPG): Als Ergänzung und Ersatz von TV-Zeitschriften werden Programminformationen vielfach elektronisch angeboten. Die MedienGruppe 66 bietet ihre vorbereitete, digitale Fernsehzeitschrift 'winTV' über folgende Wege an:
  - Auf Diskette oder CD-ROM. Die CD-ROM enthält neben dem Fernsehprogramm für 2 Wochen zusätzlich Spiele, Musik und Film-Trailer.
  - Über T-Online.
  - Über private Mailboxen.
  - Über die Austastlücke eines Fernsehsenders mit einem speziellen Dekoder für den PC.

Eine weitere Stufe stellt die jederzeit aktuelle Echtzeitanbindung der Programminformation dar. 'VideoGuide' ist ein Zusatzgerät zum Fernseher, das in den USA für einen Jahrespreis von US$ 99 angeboten wird. Es stellt auf einer graphischen Oberfläche das Fernsehprogramm der nächsten 7 Tage mit Hintergrundinformationen zusammen. Durch das Anklicken einer Sendung in der Übersicht wird das jeweilige Fernsehprogramm aktiviert. Das Programmieren des Videorekorders wird durch einfaches Markieren in der Liste durchgeführt. Ergänzt wird die sich an die Vorlieben des Nutzers anpassende Programminformation durch einen aktuellen Sportergebnis- und Nachrichtenservice. Technisch beruht das System auf der Anbindung an ein Funknetz (VideoGuide 1996).

5.1.3.5 Bürger- und Stadtinformation

- Tourismus: Dieser Bereich reicht von einfachen Auskunftssystemen zu Fahrtzeiten öffentlicher Verkehrsmittel bis hin zu kompletten Stadtinformationssystemen, die interaktiv über Bettennachweis, Attraktionen und Ereignisse informieren. Während stand-alone Geräte häufig anzutreffen sind, werden einige Lösungen per ISDN aktualisiert und erlauben auch Buchungen oder andere Transaktionen. Ein Beispiel ist das Stadtinformationssystem 'Cuxinfo' in Cuxhaven, das über öffentliche Terminals Daten zur Zimmervermittlung, Veranstaltungen und Notdiensten bietet. Diese als POI (Point-of-Information) in Form von Info-Säulen zu findende Anwendung hat Auswirkungen auf andere Anwendungen wie Mobilität/Reisen oder Beschaffen. Fahrplaninformationen der Deutschen Bundesbahn können auf Diskette, CD-ROM oder online über T-Online, der Elektronischen Verkehrsauskunft (EVA), bezogen werden.
- Museen, Messen und Ausstellungen: Immer häufiger findet man in Museen und Ausstellungen Informationssäulen, die einzelne Exponate in Bild und Ton erklären und Zusatzinformationen geben. So ist im Museum of Nature and History in New York in der Abteilung für Saurier ein System installiert, das einzelne Fossilien animiert und in ihrer natürlichen Umgebung zeigt. Besucher des Bayerischen Landtags werden über demokratische Prozesse durch ein Multimedia-Terminal informiert. Beispiel 5.1.3.5/1 zeigt die Funktionen eines Bürgerinformationssystems zur Weltausstellung 2000 in Hannover.

Beispiel 5.1.3.5/1: Informationssystem zur EXPO 2000 in (Graf/Treplin 1996; Winkel-Kirch 1994, S. B6)

An fünf Standorten in Hannover, dem Ort der Weltausstellung im Jahre 2000, sind zur Zeit per Touchscreen bedienbare Informationsterminals aufgestellt, die 2.000 Seiten abrufbare Informationen zu Hannover und der Weltausstellung enthalten. So kann in Text, Bild und Ton die Geschichte der Weltausstellung oder ein umfassender Pressespiegel zur Vorbereitung der Expo abgerufen werden. Daneben sind ein Hotelnachweis, Veranstaltungen und Kinoprogramme enthalten. Über ISDN und T-Online werden Flug- und Fahrplaninformationen immer aktuell bezogen. Zu bestimmten Zeiten kann sich der Benutzer über ISDN direkt mit dem Expo-Büro in Verbindung setzen. Für die Hardware sind IBM und Athos verantwortlich, für die redaktionelle Gestaltung die Schlütersche Verlagsanstalt in Hannover. Es werden insgesamt ca. 30.000 Anfragen monatlich registriert.

- Öffentliche Information für Bürger: Die Verbreitung des Internets hat in den USA dazu geführt, dass einzelne Gemeinden ihren Bürgern kostenlose Anschlüsse zur Verfügung gestellt haben, über die die Bürger Informationen zu lokalen Ereignissen beziehen können und Ihre Meinung zu wichtigen Entscheidungen mitteilen können. Diese werden als 'Freenets' bezeichnet. Der US-Staat Maryland hat ein Programm angekündigt, allen Bürgern einen kostenfreien Zugang zum Internet bereitzustellen. Kubicek nennt folgende Vorteile eines solchen Systems (Kubicek 1995, S. 293):
  - Gezieltes Suchen in umfangreichen Datenbeständen.
  - Höhere Anschaulichkeit durch Bild und Ton.
  - Verknüpfung verstreuter Informationen.
  - Aktualisierbarkeit von Informationen.
  - Individualisierbarkeit von Informationen.
  - Kommunikationsmöglichkeiten.
  - Transaktionsmöglichkeiten mit Vorbereitung, Einleitung und Erledigung einer Dienstleistung.

  Das Heartland FreeNet in Peoria, Illinois, versorgt die Bürger mit lokaler Bürgerinformation aus 113 Sachgebieten. Ein Veranstaltungskalender, Jobangebote und Mitteilungen der Kommune sowie Verwaltungsakte wie die Verlängerung der Fahrerlaubnis werden angeboten. Zudem beantworten freiwillige Helfer vom Roten Kreuz oder Rechtsanwälte anonym gestellte Fragen. Von einem anderen Bürgernetz wird berichtet, dass die Kosten für die Jobvermittlung von US$ 150 auf US $40 pro Person gesenkt werden konnten (The White House 1993). Bürger- und Touristeninformationssysteme sind schwer voneinander abgrenzbar. Ein bekanntes Beispiel ist die ehemalige Bergbaustadt Telluride in Colorado/USA. Durch das zweijährige Programm 'InfoZone' wurden Privathaushalte, Schulen, die Bibliothek, die Klinik und das Gemeindezentrum miteinander vernetzt. Schon 50% aller Haushalte haben dort einen PC. Apple stiftete Computer für öffentliche Einrichtungen und US West installierte ein Glasfasernetz (Pavlik 1996, S. 336). Bürgerinformationssysteme können als Bestandteil in ein umfassendes öffentliches Netzwerk für Unternehmen und Verwaltungen integriert sein (Zhi/Wang 1995).

Bild 5.1.3.5/1 zeigt den Aufbau eines geplanten Stadtinformationssystems am Beispiel der Stadt Bremen (Kubicek 1995, S. 300), das öffentliche Informationen wie Behördenwegweiser mit privatwirtschaftlichen Zugängen wie Firmeninformationen verbindet. Schnittstellen zu anderen Netzen wie dem Internet sind vorhanden.

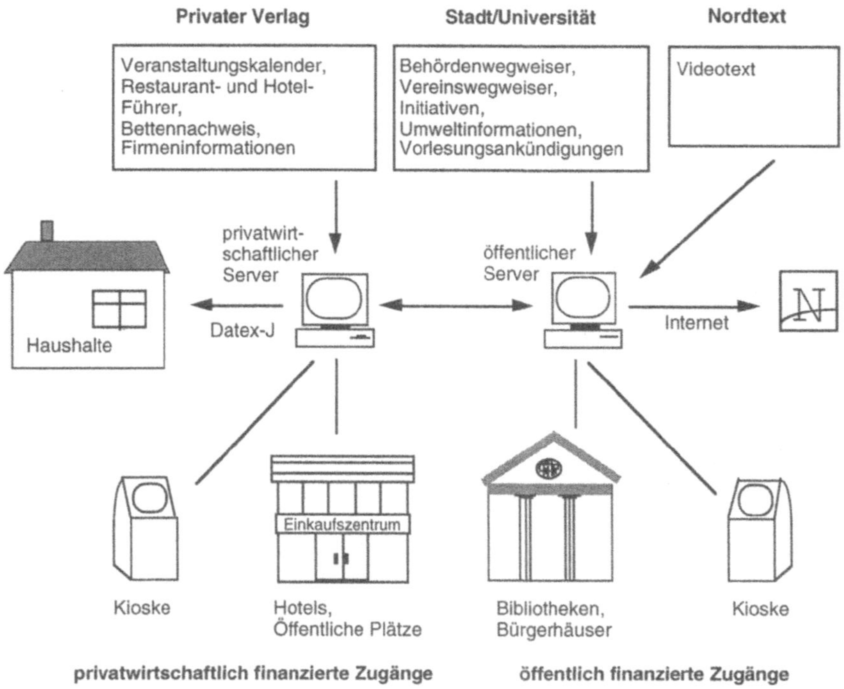

Bild 5.1.3.5/1 Aufbau eines Stadtinformationssystems

5.1.4 Zukünftige Entwicklung

Die zukünftige Entwicklung des Anwendungstyps 'Information' ist durch drei Trends gekennzeichnet:

- Zunehmende Individualisierung: Eine Konsequenz der Digitalisierung ist die Möglichkeit, Daten komprimiert zu übertragen. Dadurch wird die zur Verfügung stehende Bandbreite der Telekommunikationsnetze effizient genutzt und ermöglicht die dedizierte Informationsversorgung des individuellen Haushaltes. Für die Information können personalisierte Zeitungen möglich werden, die nach gespeicherten Interessensprofilen zusammengestellt sind. Schon existierende Beispiele sind das abonnierbare 'Personal Journal' des Wall Street Journal von Dow Jones, das 24 Stunden täglich nach eingegebenen Präferenzen aktuelle Nachrichten liefert.
- Zunehmende externe Informationsquellen: Der Anwendungstyp 'Information' zieht durch die Kennzeichnung vorwiegend aktueller Daten Nutzen aus einer Anbindung an externe Netzwerke. Trends im Bereich des Internets und anderer Online-Dienste zeigen, dass unter Nutzung von Suchwerkzeugen die riesigen Datenmengen vereinzelt für die Information von Haushalten einsetzbar sind. 'Homework Helper' ist als Online-Bibliothek für die ganze Familie gedacht und enthält 100 Volltext Zeitungen und 400 Zeitschriften, Enzyklopädien und Karten. Anfragen können als Fragen in einfachem Englisch gestellt werden. Forschungsbedarf besteht jedoch in bezug auf die Oberflächen. Spezielle Anwendungen aus dem Bereich der intelligenten Softwareagenten richten sich auf den Privatkunden aus. Ein Beispiel ist der Service 'Firefly', der nach Eingabe von Beurteilungen zu Filmen, die Präferenzen des Anwenders erlernt und Vorschläge zu aktuellen oder nach bestimmten Kriterien selektierbaren Filmen macht (Nissen 1995). Bild 5.1.4/1 zeigt die Oberfläche des Dienstes 'Firefly' im Internet ("www.ffly.com") mit einer Suchabfrage nach Western mit John Wayne, die dem Nutzer auf Basis der zuvor gelernten Präferenzen gefallen würden.

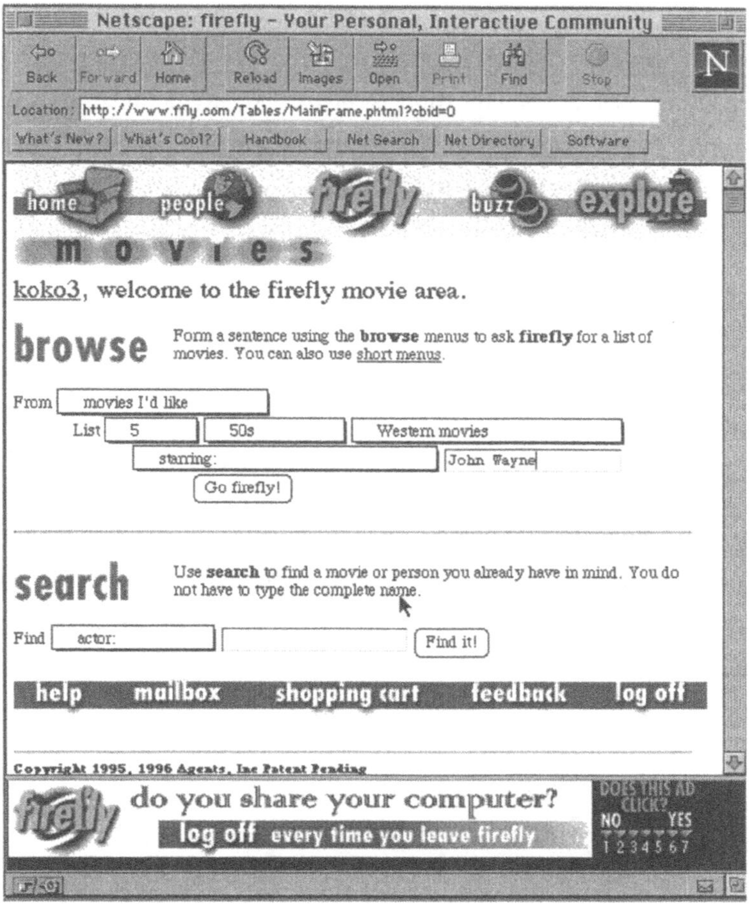

Bild 5.1.4/1 Intelligente Agenten zur Unterstützung bei der Auswahl von Filmen

- Eine zunehmend komplexere Umwelt bedingt erhöhte Anforderungen im Alltag. Der Bedarf an Informationen und Selektionshilfen vorhandener Informationen wird grösser. Finanzielle Restriktionen vieler Institutionen zu Beratungen oder Informationsweitergabe wie Verbraucherverbänden oder Behörden lassen die selbstgesteuerte Informationssuche in den Vordergrund treten. Die Terminals zur Unterstützung der Stellensuche in den Arbeitsämtern sind ein Beispiel für die gegenwärtige Nutzung. Einer weitgehenden Verlagerung des öffentlichen Lebens auf sogenannte Net-Communities oder Virtuelle Gemeinschaften wie "THE WELL" (Rheingold 1992) sind soziale und infrastrukturelle Grenzen gesetzt. Sie beschränken sich auf einen technophilen kleinen Teil der Bevölkerung.

5.1.5 Zusammenfassung

Der Stellenwert der Anwendung 'Information' im Verhältnis zu anderen Gebieten wie der 'Unterhaltung' oder 'Kommunikation' ist nicht eindeutig definiert, da wie oben angedeutet, moderne Produkte eine Mischung aus diesen Komponenten darstellen. Von grosser Bedeutung ist die Notwendigkeit für den privaten Haushalt, auf Informationen verstärkt zuzugreifen. Im Zentrum der 'Information' stehen der Zugriff auf:

- Konsumentenberatung.
- Nachrichten.
- Wissen.
- Produktinformationen.
- Lokale Bürger- und Stadtinformationen.

Neben der stand-alone Lösung durch CD-ROM gewinnt die externe Vernetzung, z.B. durch das Internet als umfassendes Informationsreservoir, weiter an Bedeutung. Die interne Vernetzung spielt z.Zt. innerhalb eines Haushalts zum Zweck der 'Information' keine Rolle.

5.2 Kommunikation

5.2.1 Definition

Unter 'Kommunikation' wird im Rahmen dieser Arbeit die Zusammenfassung aller informationstechnischen Funktionalitäten verstanden, die dem privaten Haushalt eine Übertragung von Informationen zum primären Zweck des Austausches und nicht sekundärer Ziele wie Unterhaltung oder Information erlauben. Auch die 'Kommunikation' wird als unterstützender Anwendungstyp verstanden. An dieser Stelle werden die selbständigen Merkmale der Kommunikation des privaten Haushalts dargestellt. Im weiteren Sinne wird diese Anwendung unter dem Begriff "Computer-mediated Communication (CMC)" zusammengefasst (Zimmermann 1995; Pavlik 1996, S. 340).

5.2.2 Anwendungsformen

5.2.2.1 Stand-alone Betrieb

Da Kommunikation immer die Übertragung von Informationen von einem Sender zu einem Empfänger beinhaltet, spielt der stand-alone Betrieb für den Anwendungstyp 'Kommunikation' keine Rolle. Die offline Erstellung von elektronischer Post oder die Möglichkeit, in den Oberflächen der Online-Dienste offline bestimmte Inhalte vorzuselektieren, um Online-Gebühren und Telefonkosten zu sparen, können bei breiter Auslegung der Definition hierzu gezählt werden.

5.2.2.2 Interne Vernetzung

Die interne Vernetzung spielt innerhalb des Hauses zum Zweck der 'Kommunikation' eine untergeordnete Rolle, da die Kommunikation zwischen Haushaltsmitgliedern persönlich stattfindet. Die Installation privater Nebenstellenanlagen für interne Gespräche oder mehrfacher Telefonanschlüsse mit verschiedenen Rufnummern bietet sich für Haushalte aus mehreren Parteien wie Familien mit erwachsenen Kindern oder Senioren an. In den USA verfügen 86% der Haushalte über mehr als ein Telefon, in Deutschland sind es 15% (Dholakia/Mundorf 1993).

5.2.2.3 Externe Vernetzung

Dem Prinzip der Kommunikation entsprechend findet sich in der externen Vernetzung der Haushalte der Sinn für den Anwendungstyp 'Kommunikation'. Wesentliche Entwicklungen auf dem Gebiet der digitalen Telefonie und des Mobilfunks haben die Kommunikation auch im privaten Bereich modernisiert. ISDN-Anlagen für private Haushalte werden z.B. von der Telekom AG mit Gebührengutschriften gefördert. Moderne Personalcomputer mit Modem und Sprachfunktion integrieren mit Telekommunikationssoftware Faxfunktionen, digitale Anrufbeantworter, Sprachmailboxen und Fax-on-demand-Dienste auch für den privaten Anwender. Besondere Beachtung hat die synchrone Kommunikation mit Sprache (Telefonieren) über das Internet gefunden. Moderne Internet-Clients enthalten die entsprechenden Software-Komponenten. Ein grosses Hindernis für eine qualitativ gute Verbindung stellt z.Zt. trotz Kompression die notwendige Bandbreite in Verbindung mit der starken Belastung des Internet dar. Die Tragweite für den Telekommunikationsmarkt bei einer zukünftigen Nutzung der Internet-Telefonie durch den privaten Massenmarkt ist evident.

5.2.3 Einsatzgebiete

Allgemeine Kennzeichen der unterstützenden Anwendung 'Kommunikation' sind Kommunikationsforen, die elektronische Post, kommunikative Mehrwertdienste, computergesteuerte Sprachkommunikation, Videotelefonie und das Paging.

5.2.3.1 Kommunikationsforen

Dem sozialen Bedürfnis des Austausches von Informationen zu vielen Themen des Alltags, Problemen und speziellen Fragestellungen dienen Diskussionsforen in verschiedenen Online-Diensten und dem Internet. Man kann diese abonnieren und mit entsprechender Software Beiträge anderer Teilnehmer lesen und selbst Beiträge leisten. Auch wenn E-Mail die meist genutzte Funktion im Internet ist, stehen an zweiter Stelle die sogenannten 'Schwarzen Bretter'. Bulletin Boards Server (BBS) dienen dem öffentlichen Meinungsaustausch zwischen mehreren Personen. Die Anzahl der Newsgruppen im Internet wächst rapide und liegt zwischen 3.000 und 5.000. 1993 haben etwa 9.500 Teilnehmer über 43.000 Mitteilungen täglich an verschiedene Gruppen gerichtet (Lowe 1995, S. 154). Die Themen sind vielfältig und beschäftigen sich mit allem, was vorstellbar ist. So sind einige Foren des Anbieters Compuserve wegen jugendgefährdenden pornographischen Materials geschlossen worden. Viele der Gruppen konzentrieren sich aufgrund der Herkunft auf Fragen der Computertechnik. Lowe weist darauf hin, dass die meisten Nutzer nicht aktiv teilnehmen, sondern die Diskussion als passiver Zuschauer verfolgen (Lowe 1995, S. 152).

Der IRC (Internet Relay Chat) ist ein Dienst des Internets, der in Echtzeit die textbasierte Kommunikation von Teilnehmern unterstützt. Erweiterte Formen sind MUD (Multi User Domains, oder auch: Dungeons) und MOO (Multiple User Object Oriented), die eine virtuelle Umgebung schaffen, in denen die Teilnehmer unter einem mit bestimmten Attributen ausgestatteten Synonym Spiele oder Situationen simulieren. Die MUD 'Cyberion City' am MIT ist ein interaktiver Text aus mittlerweile mehr als 50.000 Objekten und Personen, der aus dem gemeinsamen Schreiben von über 500 Teilnehmern am Tag besteht. Es entsteht eine ständig wachsende virtuelle Welt (Pavlik 1996, S. 170). Mittlerweile werden solche Systeme mit der Unterstützung von zwei-dimensionaler Grafik und Ton ausgestattet, dass man seine eigene und fremde Figuren sprechen hören kann.

In Singapur wurde ein staatliches Heiratsvermittlungsbüro, Social Development Unit (SDU), gegründet, das in Zusammenarbeit mit dem National Computer Board ein Computersystem bereitstellt, das über elektronische Kommunikation Heiratswillige mit Hochschulabschluss zusammenführt. Neben der Personenbeschreibung wird die erste Kontaktaufnahme durch elektronische Post innerhalb eines Tages hergestellt. Ziel des Programmes ist die Förderung 'intelligenter' Neugeborener.

5.2.3.2 E-Mail

E-Mail (oder elektronische Post) ist die asynchrone Versendung und der Empfang von Nachrichten mittels eines Computernetzwerkes. Auch wenn diese Nutzung gegenwärtig vorwiegend betrieblichen oder wissenschaftlichen Zwecken dient, trägt die Verbreitung von Online Diensten und Internet-Anschlüssen in privaten Haushalten dazu bei, dass die elektronische Post an Bedeutung gewinnt. 1994 wurden nach Hochrechnungen weltweit durchschnittlich 25.000 Mails pro Tag versendet, insgesamt mehr als 9,3 Mio. im gesamten Jahr 1994. Damit ist die E-Mail der intensivst genutzte Dienst des Internet (Plumlee 1995, S. 184). Die Kosten für E-Mail sind nicht entfernungsabhängig und steigen nicht, wenn der Brief wie eine Einladung an mehrere Adressaten gesendet wird. Alle kommerziellen Online-Dienste bieten einen E-Mail-Dienst zum Übergang in das Internet an. In der Literatur finden sich Hinweise, dass die private Nutzung von elektronischer Post von dem Besitz eines eigenen Computers und dem Wunsch, mit Freunden Informationen auszutauschen, abhängt. Die Qualität des Systems ist gegenüber diesen sozio-emotionalen Faktoren von sekundärer Bedeutung (Plumlee 1995, S. 184). Ein wesentlicher Teil der Transaktionen des französischen Online-Dienstes Télétel wird durch private Kontaktanzeigen, den 'service rose', generiert. Miles (Miles 1988, S. 74f.) sieht die relative Anonymität von Computernetzwerken als fördernden Faktor an. Eine exklusiv private E-Mail Anwendung ist das Angebot des Anbieters Novalink zur Weiterleitung von Wunschzetteln an den Weihnachtsmann unter der Adresse "santa@novalink.com" (Pavlik 1996, S. 342).

5.2.3.3 Mehrwertdienste

Einige der unter dem Begriff Audiotex oder Sprachmehrwertdienste gefassten Dienste dienen über die in 5.1 beschriebenen Funktion der Information hinaus der Kommunikation von Dienstleistungsanbietern mit Kunden oder der Initiierung von Kontakten zwischen Kunden. Über den Service 130 können Kunden z.B. Probleme mit Produkten klären, die den Kommunikationsbedarf des Kunden befriedigen, dem Unternehmen Kundendaten liefern und Hinweise zur Produktverbesserung geben. Andere Dienste, sogenannte 'chatlines', dienen einfach der Teilnahme an laufenden Gesprächen, die entweder auf bestimmte Themen gerichtet oder völlig frei ablaufen (Miles 1988, S. 75). Private Informationsanbieter sind im Audiotex mit 'Rendevouz-Diensten' zur Partnerschaftsvermittlung vertreten (Krusch 1994, S. 99). Aufzeichnungs- oder Mailbox-Dienste mit Anrufbeantworterfunktion, bei denen eine zentrale digitale Speicherung des Ansagetextes und der Meldungen erfolgt, sind ein Beispiel für Sprachmehrwertdienste, die in den USA gegen einen monatlichen Aufpreis für jeden Haushalt als 'Voice Mail' erhältlich sind. Neben Abruf und Löschen von Meldungen ist eine Archivierung für 30 Tage sowie eine Weiterleitung an einen anderen Telefonteilnehmer möglich.

5.2.3.4 Computergestützte Sprachkommunikation

Der reine Austausch von Informationen wird im Bereich des Telefonierens in den Vordergrund gestellt. Nach dem Fernsehen und Zeitunglesen ist das Telefonieren die dritthäufigste Freizeitbeschäftigung in Deutschland (Eggert 1995, S. 276). Der Einfluss der Informationstechnik ist dabei vielfältig. Bereits 1995 sind nach Telekomangaben 7% aller Telefonanschlüsse in Deutschland digital. Mobiles digitales Telefonieren und Personal Communication Services sowie Nutzung des digitalen Festnetzes mit ISDN ermöglichen neue Dienste im Telefonnetz wie:

- Universelle Kommunikation von Daten, Sprache und Bildern über ein Netz.
- Gleichzeitiger Betrieb von mehreren Geräten oder Kommunikationsarten über einen Anschluss wie Telefon, Fax, T-Online.
- Bessere Qualität und höhere Übertragungsleistung (ISDN mit 64 kb/s pro Kanal, also 144 Kb/s mit Basisanschluss mit 2 Datenleitungen und 1 Steuerkanal oder 1,9 Mb/s mit einem Primärmultiplexanschluss mit 30 Daten- und einem Steuerkanal) sowie höhere Abhörsicherheit.
- Möglichkeit zur Übertragung von Stand- und Bewegtbildern im digitalen Telefonnetz.
- Rufnummererkennung und damit Dienste des computergestützten Telefonierens.
- Anklopfen eines anderen Teilnehmers während eines Gespräches und automatischem Rückruf, automatische Anwahl bei besetzten Leitungen.
- Weiterleitung auf beliebige andere Rufnummern.

5.2.3.5 Video-Telefonie

Das Bildfernsprechen, bei dem die Teilnehmer sich hören und sehen, gehört schon lange zu den Zukunftsvisionen der Telekommunikationsunternehmen. Nach einem Prototypen 1933 auf der Weltausstellung in Chicago bot 1964 AT&T auf dem amerikanischen Markt ein Modell an, das 1972 mangels Nachfrage als Flop eingestellt wurde. Die Telekom AG bietet mit einem für den Heimmarkt hohen Preis von ca. DM 1.200 (Zmud 1995, S. 407) ein Gerät ("Xitel") an, mit dem Videotelefonieren über normale Telefonleitungen möglich ist - vorausgesetzt der Gegenteilnehmer hat auch ein entsprechendes Gerät. Das im Jahr 1992 eingeführte AT&T VideoPhone verfügt erstmals über ein Farbbild mit 2-10 Bildern pro Sekunde Übertragungsgeschwindigkeit. Die notwendige Kompression von 6.000:1 und Interferenzen verhindern aber die konstante Darstellung fliessender Bewegungen (Zmud 1995, S. 403). In der mangelnden Verbreitung und schlechten Qualität liegt die Restriktion. Videotelefonie über das normale Telefonnetz wird daher nicht weiterverfolgt. British Telecom hat von ihrem Gerät nach 4 Jahren 4.000 Stück verkauft. Durch ISDN und multimediale Computer, die mit einer Videokamera, Mikrofon und Lautsprecher ausgerüstet sind, sind die technischen Grundlagen für eine Videokommunikation über den PC gegeben. Video-

Conferencing Systeme, die als multilaterales, synchrones Medium in Unternehmen eingesetzt werden, sind auch für den Privatbereich denkbar. Im Bereich des Telefon-Dienstes sind Konferenzschaltungen auch für private Teilnehmer auf Antrag durch die Telekom zu schalten.

5.2.3.6 Paging

In den privaten Bereich sind die Dienste des Paging, des Suchens von Personen, eingedrungen. Auf der Basis von Funknetzen kann Teilnehmern mit 'City-Ruf' durch Ton oder Vibration das Eintreten eines Zustandes oder eine numerische oder alphanumerische Mitteilung angezeigt werden, die in der Regel eine Telefonnummer ist, die der Empfänger anrufen soll. In den USA sind Pager in Restaurants verbreitet, die dem wartenden Gast das Freiwerden eines Tisches anzeigen. In Deutschland bietet die Telekom in Zusammenarbeit mit dem Schweizer Uhrenhersteller Swatch einen Pager in einer Swatchuhr an, die sich mit auffälligem Design an den privaten Markt richtet. Auch der Service 'Scall', der ohne laufende Grundgebühren in 50 km um eine Postleitzahl arbeitet, ist z.T. mit aggressiven Designs auf den Privatmarkt gerichtet (Telekom 1994). 1994 wurden 50.000 Scall-, und 60.000 Cityruf-Geräte abgesetzt (dvi 1994). Marktzahlen sehen keine Trennung in private und betriebliche Nutzer vor.

5.2.4 Zukünftige Entwicklung

Die zukünftige Entwicklung der privaten, computerunterstützten Kommunikation wird im wesentlichen von folgenden Entwicklungen gekennzeichnet sein:

Die externe Vernetzung der privaten Haushalte führt zu einer Zunahme von elektronischer Post und der zunehmenden Unterstützung der Telefonie durch Digitaltechnik. Die Telekom AG führt 1996 erstmals als begrenzten Pilotversuch in Deutschland digitale Voice Mail Systeme zunächst kostenfrei ein. In den USA gehört diese Dienstleistung zum Standardangebot lokaler Telefongesellschaften. Diese Entwicklung geht von ausschliesslich isoliert text- und sprachgebundenen Diensten hin zu einer Einbindung verschiedener Medien. Elektronisches Versenden von Bildern oder Audio-Informationen ist im Internet oder innerhalb von graphischen Benutzeroberflächen möglich. Ob sich Videokommunikation in den Haushalten durchsetzen wird, hängt von einer qualitativ ansprechenden Technik ab, die den Mehrwert des Bildes zur Sprachkommunikation kostengünstig anbietet. Oft wird die Schaffung von Akzeptanz und einer kritischen Masse an installierten Geräten über den betrieblichen Bereich erwartet.

Die Entwicklung der Telefonie wird bestimmt durch die Erweiterung bestehender Geräte um weitere Funktionalität. Neben einer Integration von Fax oder Anrufbeantworter bieten moderne, intelligente Telefone wie der Philips 'P100' eine Anbindung an das Internet oder Online-Dienste. E-Mail und andere Dienste sind über einen eingebauten Bildschirm abrufbar. Vergleichbare Entwicklungen gibt es in Frankeich, wo diese 'Smart Phones' mit integriertem Terminal für den Online-Dienst Télétel angeboten werden.

Ziel der digitalen, mobilen Telefonie ist ein Zusammenwachsen aller Kommunikationsnetze zu einem Universal Mobile Telecommunication System (UMTS) und die weltweite Erreichbarkeit unter einer persönlichen Nummer. Hierzu dienen die oben beschriebenen satellitengestützten Projekte zu Personal Communications Networks wie Iridium (vgl. Beispiel 4.2.1.2.2/1).

Eine qualitative Veränderung der privaten Kommunikation ist die Ergänzung der traditionellen 1:1 Kommunikation durch n:m Kommunikation in Diskussionsforen und -listen, die eine Verteilung von Diskussionsbeiträgen an die eingetragenen Teilnehmer vornimmt. Der Haushalt wird nicht nur passiver 'Consumer' bleiben, sondern aktiv Information und Kommunikation suchen, selbst anbieten oder andere Dienstleistungsaufgaben übernehmen. Dieser Paradigmenwechsel wird insbesondere die Kommunikation der Unternehmen zum Endkunden z.B. durch Werbung beeinflussen. Die Einbindung des Internets in die Marketing-Konzepte zeigt die Bedeutung dieser Veränderung. Der Haushalt, der produktive Aktivitäten überantwortet bekommt, wie es im Bereich der Selbstbedienung im Bankwesen schon lange beobachtet werden kann, wird in der Literatur als 'Prosumer' oder 'Prosument' bezeichnet (Tapscott 1995, S. 62; Till/Op Hey 1988). Der Haushalt wird dabei durch die Möglichkeiten der Informationstechnik z.B. durch Installation eigener WWW-Seiten selbst zum Anbieter von Informationen.

Die wesentliche Motivation zur Kommunikation wird der soziale Austausch durch persönliche Kontaktaufnahme bzw. -pflege zwischen Menschen bleiben. Daher wird von besonderer Bedeutung die Fähigkeit der Informationstechnik sein, diese Bedürfnisse *intelligent* zu befriedigen. In diese Richtung zielen 'Internet-Cafes' wie das 'Cybersmith' in Cambridge, Mass./USA (E-Mail: "harvard_sq@cybersmith.com"), die den sozialen Aspekt eines Kaffeehauses mit dem Interesse an Informationsaufnahme und der Kommunikation mit Menschen verbinden. Neben Videospielen, Virtual Reality Simulationen und Online-Diensten werden alle Optionen des Internets wie ein persönliches E-Mail Konto angeboten.

5.2.5 Zusammenfassung

Neben der 'Information' hat die 'Kommunikation' für den privaten Haushalt als soziales Gebilde eine erhebliche Bedeutung. Die Unterstützung durch Informationstechnik führt zu einer Erweiterung von Funktionalität und zu einer qualitativen Verbesserung bestehender Dienste. Allgemeine Kennzeichen sind:

- Kommunikationsforen.
- Elektronische Post.
- Kommunikative Mehrwertdienste.
- Computergesteuerte Sprachkommunikation.
- Videotelefonie.
- Paging.

Innovationen wie E-Mail basieren auf der vermehrten Nutzung von Online-Diensten und dem Internet, auch durch private Haushalte. Historische Erfahrungen mit der technischen Unterstützung neuer Dienste wie dem Bildtelefon haben gezeigt, dass der Privatbereich der Kommunikation als sensible Intimssphäre verstanden wird, die neben der bekannten Telefonie nur begrenzt Technik zulässt. Mittelfristige Potentiale bestehen in der Ausweitung eben dieser Dienste durch Digitalisierung (ISDN) und Mehrwertdienste wie Voice Mail.

5.3 Unterhaltung

5.3.1 Definition

Unterhaltung als Anwendungsschwerpunkt fasst alle Funktionalitäten der Informationstechnik für den privaten Haushalt zusammen, die den Haushaltsmitgliedern im Rahmen der Freizeitgestaltung zur Unterhaltung dienen. Da dieser Typ das elementare Bedürfnis der Haushalte nach Freizeitgestaltung unterstützt, das 1993 in Deutschland 23% des privaten Verbrauchs von DM 1,8 Billionen ausmachte, wird das Einsatzpotential in diesem Bereich als hoch eingeschätzt. 14% des verfügbaren Einkommens, d.h. ca. jährlich DM 9.000 für einen durchschnittlichen Vierpersonen-Haushalt, werden für Freizeitaktivitäten ausgegeben (Eggert 1995, S. 274). Bild 5.3.1/1 zeigt die prozentuale Aufteilung des monatlichen Freizeitbudgets von DM 761 für einen 4-Personenhaushalt mittleren Einkommens (o.V. 1995d). Zusammen mit Urlaub, Sport und Auto nehmen Radio- und Fernsehunterhaltung mit 11% grosse Anteile ein.

Freizeitgut	*in %*
Urlaub	25
Spiele, Spielzeug	5
Sport, Camping	15
Theater und Kino	2
Auto	14
Fotografieren, Filme	2
Radio, TV	11
Bücher, Zeitungen, Zeitschriften	8
Garten, Tierhaltung	7
Heimwerken	1
Sonstiges	11

Bild 5.3.1/1 Aufteilung des Freizeitbudgets in Deutschland 1995

Diese Ausgaben steigen schneller als die Einkommen. Für die Freizeitausgaben als auch für die freie Zeit wird ein weiterer deutlicher Anstieg prognostiziert (Opaschowski 1995). Eng damit verknüpft ist die Nutzung der Freizeitmedien, die durch die Informationstechnik wesentlich beeinflusst werden. Fernsehen, Zeitung lesen und Radio hören stellen (neben dem Telefonieren) die meist ausgeübten Freizeitaktivitäten dar. Interessant ist die Zunahme des Konsums elektronischer Medien bei den 14-24jährigen, die die neue Zielgruppe der erwachsen werdenden 'Computerkids' darstellen. Bild 5.3.1/2 fasst die Ergebnisse einer Umfrage zusammen und vergleicht die Ergebnisse für die Jugendlichen mit denen der Gesamtbevölkerung.

Freizeitaktivität in %	*Gesamtbevölkerung*	*14- bis 24-Jährige*	*Differenz*
Fernsehen	86	82	-4
Zeitung oder Illustrierte lesen	68	49	-19
Radio hören	64	66	+2
CD, MC oder LP hören	34	66	+32
Buch lesen	33	36	+3
Video sehen	19	36	+17
Lexikon benutzen	9	12	+3
Mit Computer beschäftigen	9	18	+9
Videospiele	5	12	+7

Zur Ergänzung (Eggert 1995, S. 276): Telefonieren 64%, Familie betreuen 57%, Essen gehen 28%, Sport treiben 13%.

Bild 5.3.1/2 Medienkonsum in der Freizeit (Opaschowski 1995, S. 8)

5.3.2 Anwendungsformen

5.3.2.1 Stand-alone Betrieb

Der stand-alone Betrieb von Unterhaltungsanwendungen ist gekennzeichnet durch die Verwendung von Geräten der Konsumelektronik wie dem Hören von CDs und dem Spielen von Videospielen auf Spielkonsolen oder dem Heim-PC. Die Erlöse aus Videospielen in den USA übersteigen den Videoleih- und kaufmarkt sowie die Kinoeinnahmen deutlich. Das Segment der Spielsoftware im privaten Bereich ist das neben der Bildung am stärksten wachsende (vgl. Abschnitt 4.1.2.2). Zunehmend wird die private Unterhaltung auf externe Informationstechnik zurückgreifen.

5.3.2.2 Interne Vernetzung

Spielte die interne Vernetzung im Unterhaltungsbereich bisher eine untergeordnete Rolle, wird durch Zusammenschaltung verschiedener Geräte der Unterhaltungselektronik wie Videorekorder und Fernseher oder Einsatz innovativer Funktionen wie Raumklangprozessoren mit Dolby Surround Klang für Fernseher mit komplexen Audiosystemen ein Trend zur internen Vernetzung deutlich. Die komplette Fernsteuerung von ganzen Systemen aus Videorekorder, mehreren Fernsehern und HiFi-Systemen über ein In-home Netzwerk wie sie von Bang & Olufsen als 'Beolink' System angeboten wird, stellt eine weitere Evolutionsstufe der internen Vernetzung dar. Beispiel 5.3.2.2/1 beschreibt ein Produkt, das Unterhaltungsanwendungen auf der Basis einer internen Vernetzung realisiert.

Beispiel 5.3.2.2/1: Kenwood Stage 3

Der Stage 3 Home Theater Controller von Kenwood steuert funkgesteuert digital bis zu zehn Audio- und Videokomponenten. Er verfügt über die Rauschunterdrückung Dolby, das THX Cinema Klangsystem sowie sechs Audio Ausgabekanäle für Surroundklang. Zentrales Bedienungselement ist ein mobiles, graphisches Display. Die Oberfläche zeigt die angeschlossenen Geräte und Funktionen als Objekte. Die Auswahl erfolgt über die Berührung des Bildschirms. Die Steuerung der Unterhaltungselektronik kann von jedem Zimmer des Hauses erfolgen.

5.3.2.3 Externe Vernetzung

Die beliebteste Freizeitbeschäftigung ist das Fernsehen, wenngleich Studien zeigen, dass mehrere Aktivitäten gleichzeitig begleitet durch das Fernsehen ausgeübt werden (Opaschowski 1995). Es wird die nicht bewusst wahrgenommene Anbindung des privaten Haushalts an externe Netze zum Zwecke der Unterhaltung deutlich. In Kapitel 4 wurde aufgezeigt, welchen Einfluss die Informationstechnik auf das digitale Fernsehen haben wird. Der private Haushalt ist die Zielgruppe von Projekten zum 'Service-on-demand', die wie das Interaktive Fernsehen den Haushalten die selbstbestimmte Möglichkeit zur Selektion und Interaktion mit den Sendeinhalten bieten. Andere Autoren warnen vor der Überfrachtung von per definitionem passiven Medien wie dem Fernsehen mit Interaktivität und verweisen auf die fehlgeschlagenden Projekte der Vergangenheit wie das 1970 eingestellte Projekt 'Qube' von Time und Amex (Carey 1996). Vertiefende Einsichten in die Entwicklung und zukünftige Ausgestaltung der Unterhaltungsindustrie durch Informationstechnik beschreibt Steinbock (Steinbock 1995b, S. 273f.). Er legt insbesondere dar, wie die digitale Distribution zum Endkunden in der Unterhaltung Intermediäre umgehen kann.

5.3.3 Einsatzgebiete

Grundsätzliche Merkmale der privaten 'Unterhaltung' sind Spiele, Fernsehen, Musik, Bücher, Gestaltung, Pornographie und Erlebnisparks:

5.3.3.1 Spiele

Das Merkmal 'Spiele' innerhalb der Unterhaltung kann in Spiele auf dem PC, auf speziellen Spielkonsolen, Spiele auf Abruf, hybriden Film-/Videospielen und dem Glücksspiel aufgeteilt werden:

- PC-Spiele: Nach der Textverarbeitung sind Computerspiele mit 63% die häufigste Nutzungsart auf privaten PCs mit einer durchschnittlichen Nutzungsdauer von 3,6 Std. pro Woche und Nutzer (IRES 1995, S. 34). Während 1994 in Deutschland US$ 200 Mio. für Videospiele, jedoch US$ 600 Mio. für PC-Spiele ausgegeben wurden, wird sich nach einer Studie von Forrester (CZ 16-1995, S. 11) dieser Trend 1996 umkehren und US$ 1.000 Mio. für Videospiele und US$ 900 Mio. für PC-Spiele betragen. Man kann folgende Arten von Spielen unterscheiden (Girgis 1996, S. 22):
  - Strategiespiele: z.B. Command & Conquer (Hersteller: Westwood Studios), Caesar (Hersteller: Sierra), Siedler (Hersteller: BlueByte).
  - Adventure- und Rollenspiele und Multi-User Dungeons: z.B. Myst (Hersteller: Broderbund), Sam & Max (Hersteller: LucasArts).
  - Simulationsspiele: z.B. Flugsimulatoren wie Flight Unlimited (Hersteller: Looking Glass).
  - Geschicklichkeits-, Arcade- oder "Jump 'n' Run"-Spiele: z.B. Aladdin (Hersteller: Disney), Tetris.
  - Actionspiele: z.B. Wing Commander III (Hersteller: Origin), Rebel Assault (Hersteller: LucasArts).
- Spiele auf Konsolen: Der Weltmarkt für Videospiele beträgt etwa US$ 15 Mrd., wovon etwa die Hälfte in den USA umgesetzt wird. Zwei Drittel des Umsatzes werden durch die Software generiert (Glen 1994). In Deutschland setzten die Marktführer Sega und Nintendo 1992 in etwa DM 1,2 Mrd. um, es werden jedoch nur 1% der Spiele in Deutschland entwickelt. Das Spiel 'Sonic 2' von Sega erreichte in 60 Tagen bei 5 Mio. verkauften Einheiten in den USA einen Umsatz von US$ 300 Mio. (Glen 1994). Von dem Spiel 'Sonic the Hedgehog' wurden bei Produktionskosten von US$ 1 Mio. mehr als 5 Mio. Einheiten verkauft, die US$ 225 Mio. Umsatz generierten. Von einem durchschnittlichem Spiel werden in Europa etwa 20.000 Stück, von einem Bestseller etwa 60.000 verkauft (Pavlik 1996, S. 234).

Die Zahl der verkauften Spiele je Spieler ist von sieben 1989 auf zwei im Jahr 1994 zurückgegangen.

- Games-on-demand: Spiele über ein Netzwerk finden im Internet im Rahmen von MUD (Multi User Dungeons) statt, die interaktive Rollenspiele darstellen. Speziell für den privaten Verbraucher bieten Systeme wie der Sega Channel, der in den USA zusammen mit der Kabelgesellschaft TCI angeboten wird, für eine monatliche Gebühr von US$ 20 eine Bibliothek aus 50 Spielen. Ältere und neuentwickelte Spiele zum Markttest können über das Fernsehkabelnetz in die Spielkonsole Sega-Genesis mit einem Adapter geladen werden.
- Hybride Film-/Videospiele: Die digitale Wiederverwendung erfolgreichen Filmmaterials wie Star Wars führt zu Videospielen, die interaktiv gestaltet werden können. Auf der Basis von CD-i oder eines Multimedia-PCs können Handlungsabläufe beeinflusst werden. In den USA übersteigt der Verkauf von Videospielen die jährlichen Einnahmen der Kinos von etwa US$ 5 Mrd. Bei niedrigeren Produktionskosten von durchschnittlich US$ 0,5 Mio. pro Spiel liegen die Einnahmen deutlich über denen von Spielfilmen. Die Bruttoerlöse pro verkauftem Exemplar liegen mit US$ 8 für die Anbieter unter anderen Datenträgern (Pavlik 1996, S. 234). Bei Columbia Pictures, einer Tochter des Sony-Konzerns, wird jedes Drehbuch zu Beginn auf seine Spieltauglichkeit geprüft. Mittlerweile sind Videospiele mit Erfolg verfilmt worden z.B. das 16-Bit Spiel 'Mortal Kombat' von Acclaim.
- Glücksspiele/Gambling: Da das Glücksspiel rechtlichen Grenzen unterliegt, wird dem Glücksspiel-auf-Abruf (Gambling-on-demand) über ein Netzwerk grosse Chancen eingeräumt. Erste Erfahrungen des Royal Hong Kong Jockey Club mit der Abgabe der Wetten über interaktive Heimterminals sind positiv (Loebbecke/Blanning 1995). Ausgaben für Lotterien und Casinos allein übersteigen in den USA jeweils den Markt für Videoverleih von US$ 11 Mrd. (Glen 1994; Orme 1996, S. 73). Insgesamt wurden in den USA US$ 330 Mrd. in Glücksspielen umgesetzt, der Gewinn betrug 1992 US$ 30 Mrd. (Orme 1996, S. 73), was etwa das Sechsfache der Kinoeinnahmen ist. In Südkalifornien betreibt TNT Communications einen Testversuch mit Namen 'Triples', indem Kunden über das Fernsehen Pferdewetten plazieren (Chwallek 1994) können. In Montreal können bei 'Dollars en Direct' im Rahmen einer Spielshow Geldeinsätze über den Fernseher getätigt werden.

5.3.3.2 Fernsehen

Fernsehen ist die häufigste Freizeitbeschäftigung in Deutschland. Die Fortschritte der Fernsehtechnik werden folgende Auswirkungen für den Endverbraucher haben, wobei einzelne Entwicklungen ohne Einsatz der Digitaltechnik möglich werden, aber als Evolutionsstufen von Bedeutung sind (vgl. 4.2.3.2, Beispiel 'Digitales Fernsehen'):

- Bessere Übertragungs- und Bildqualität durch höhere Auflösung.
- Veränderung des Bildformats von 4:3 in 16:9, wie durch PALplus erfolgt (ohne Digitaltechnik).
- Verbesserten technischen Komfort der Geräte wie Bild-in-Bild-Funktion oder Surroundklangsystem.
- Erhöhung des Programmangebotes durch digitale Kompression. Untersuchungen der Marktforschungsfirma Nielsen in den USA haben gezeigt, dass bei einer Auswahl von 10 Kanälen 6-7 tatsächlich gesehen werden, bei einer Auswahl von 20 ca. 10 Sender. Mit einem steigenden Programmangebot findet die tatsächliche Kundenselektion zwischen 12 und 14 Sendern ihre Obergrenze (Glen 1994).
- Alternative Übertragung auf Satellit-, Kabel- oder terrestrischem Netzwerk.
- Angebot von Zusatzdiensten wie Programmzusatz-Informationen, z.B. ein interaktiver Programmführer wie EPG (Electronic Program Guide).

Von den Ausgaben der US-Haushalte in Höhe von US$ 341 Mrd. für Unterhaltung wurden 1992 für audio-visuelle Medien rund US$ 35 Mrd. ausgegeben. Es entfielen auf:

- Kabelgrundprogramme (Basic CATV) US$ 13 Mrd.
- Kabelpremiumprogramme (Premium CATV) US$ 5 Mrd.
- Kinoeinnahmen US$ 5 Mrd.
- Videoverleih und -kauf US$ 11 Mrd. In Deutschland beträgt dieser Wert etwa DM 1,5 Mrd.

Prognosen sagen für diesen Markt bis 2001 ein Wachstum auf US$ 57 Mrd. voraus, wobei US$ 13 Mrd. durch neue interaktive Dienste und ein Anstieg der Kabelgrundprogramme auf US$ 21 Mrd. die einzigen Wachstumsquellen sind (Mavridis 1993). Vergleichbare Prognosen werden für den deutschen Markt erstellt (z.B. Prognos 1995), sind wegen der grösseren Distanz zur Realität unsicherer als amerikanische Studien. Neue Dienste, die zur Zeit intensiv in der Literatur diskutiert und im Rahmen von Pilotversuchen als Evolutionsstufen auf dem Weg zum Interaktiven Fernsehen (Sattler 1994) getestet werden, sind:

- Pay-per-channel (PPC): Der Kunde abonniert einen bestimmten Kanal, für den eine monatliche Gebühr unabhängig von der Nutzung gezahlt wird. Ein Beispiel ist Premiere in Deutschland mit z.Zt. ca. DM 45 monatlich.
- Pay-per-view (PPV): Der Kunde zahlt für die Nutzung eines bestimmten Inhalts. In den USA kann man durch Wahl einer bestimmten gebührenfreien Nummer bis 5 Minuten nach Filmbeginn einen Film bestellen. Der Preis liegt geringfügig über den Kosten des Verleihs. Möglich wird dieses durch unidirektional adressierbare Kabelconverter. Hauptinhalte sind Spielfilme, zu 54% aber Box- und Wrestlingkämpfe. Ein US-Haushalt bestellt durchschnittlich 2,5 Filme im Jahr über PPV, was 1995 US$ 642 Mio. einspielte (Pavlik 1996, S. 244). In Videotheken werden dagegen ca. 38 Filme pro Jahr ausgeliehen, die Ausgaben für Kabelfernsehen Basisdienste betragen US$ 15 Milliarden. Intensiven Einsatz hat PPV in einem speziellen Kabelnetz im New Yorker Stadtteil Queens gefunden, wie Beispiel 5.3.3.2/1 zeigt.

Beispiel 5.3.3.2/1: Time Warner Queens 'Quantum' Kabelversorgung mit 150 Kanälen (MGM 1994, S. 22ff.; Götz 1994)

Das Quantum-Projekt von Time Warner in Queens, New York City, bietet seit 1991 für 5.000 Haushalte 150 Fernsehkanäle, wobei 57 analoge Pay-per-view Kanäle mit 16 Spielfilmen belegt sind. Hierdurch wird eine Art 'Near Video-on-demand' simuliert. Die Startzeiten der Filme liegen zwischen 30 und 60 Minuten auseinander. Das Angebot richtet sich nach dem Kinoerfolg und ändert sich alle 1-6 Wochen. Pay-per-view Angebote anderer Anbieter sind möglich. Neben dem nationalen Kabelprogramm gibt es Kanäle für Sparten wie bestimmte Sportarten oder bestimmte ethnische oder religiöse Gruppen. Für Marketing-Zwecke ist eine individuelle Addressierung der in den Haushalten installierten Empfangsdekoder möglich. Die Kosten für den Kunden betragen monatlich US$ 23,95, zuzüglich je Film zwischen US$ 1,95-4,95. Durchschnittlich werden 1,6 Filme pro Monat je Haushalt bestellt, was deutlich über der durchschnittlichen PPV-Nutzung liegt. Kürzere Filmintervalle wirkten sich positiv auf die Bestellrate aus. Die Anschlusskosten für Time Warner belaufen sich auf US$ 200 pro angeschlossenem Haushalt, die Mehreinnahmen auf ca. US$ 6 pro Monat und Haushalt.

- Pay-per-day: Gegen Zahlung einer Pauschale kann ein Film einen ganzen Tag lang nach Belieben angesehen werden. Erfahrungen belegen eine bessere Akzeptanz als bei Pay-per-view.

- Near Video-on-demand (NVOD): Auf vielen Kanälen wird zu unterschiedlicher Startzeit derselbe Film gezeigt. Eine interaktive Beeinflussung ist nicht möglich. Digitales Satellitenfernsehen wie DirecTV in den USA stellt ca. 50-60 Kanäle für diese Programmform zur Verfügung.
- Video-on-demand (VOD): Der Kunde kann auf Abruf Filme aus einer digitalen Bibliothek auf einem Video-Server wählen und durch einen Rückkanal die Steuerung vornehmen. Funktionen eines Videorekorders wie Pause, Vor- und Rückspulen sind möglich. Aufgrund technischer Probleme ist ein Einsatz in breitem Massstab zur Zeit fraglich. Die teure Infrastruktur und Zweifel an der Akzeptanz lassen die Betreiber z.Zt. die NVOD-Alternative bevorzugen.
- Interaktives Kino: Einige Versuche wurden mit der Einflussnahme von Kinobesuchen auf den Fortgang des Filmes unternommen. Da die Kosten für die Filmerstellung aufgrund der möglichen Verzweigung ansteigen und die Akzeptanz sehr gering war, wurden diese Versuche nicht weiterverfolgt oder auf Spiele auf CD-ROM begrenzt. Ein Beispiel ist der 'Interfilm' "I'm Your Man" der Fa. Controlled Entropy, der sechs Wochen in einem von Sony für US$ 70.000 umgebauten New Yorker Kino lief. Die Zuschauer konnten 50 Entscheidungspunkte mit einer Art Joy-Stick kontrollieren, der Handlungsverlauf entsprach dem Mehrheitsvotum (Schwarz 1994, S. 84). Mit der digitalen Lieferung von Kinofilmen direkt vom Filmstudio zum Kino wurde in den USA durch Pacific Bell experimentiert (Pavlik 1996, S. 237).

Der Begriff 'Interaktives Fernsehen' bezeichnet die Einflussnahme des Zuschauers auf den Sendeinhalt in unterschiedlicher Weise. Erste Versuche in den siebziger Jahren von Warner Amex in Columbus/Ohio unter dem Namen 'Qube' scheiterten an technischen und finanziellen Problemen. Es wurden wichtige Erkenntnisse über neue Programmformen gewonnen. MTV ist z.B. ein Ergebnis dieses Pilotversuches (Carey 1996). Erste, begrenzte Regeldienste wie 'Your Choice TV' (YCTV) in den USA, das die Bestellung von Sendungen des Vortages erlaubt, zeigen mässigen Erfolg (Mundorf/Dholakia 1994). Eines der wenigen erfolgreichen Projekte ist 'Videoway' in Montreal. Es bietet seit mehr als 4 Jahren für ca. US$ 10 ohne zusätzliche Hardwarekosten interaktive Nachrichten, Spiele und verschiedene Kameraperspektiven bei Sportveranstaltungen. Ein in der Literatur stark diskutiertes Projekt zum interaktiven Fernsehen, das Time Warner Full Service Network, wird im Beispiel 5.3.3.2/2 beschrieben.

Beispiel 5.3.3.2/2: 'Interaktives Fernsehen' - Time Warner Full Service Network (FSN) in Orlando/Florida, USA

Das in der internationalen Presse seit 1993 am stärksten diskutierte Projekt zum interaktiven Fernsehen hat Time Warner Cable, die zweitgrösste Kabelgesellschaft der USA, in Florida in den Vororten Southwest Seminole County und Orange County von Orlando unternommen (Time Warner 1996; Reinhardt 1994).

Demographische Kennzeichen und ein hoher Glasfaseranteil waren wesentliche Entscheidungsgrundlagen. Der 24-monatige Test basiert auf einer hybriden Glasfaser-Koaxial Architektur (Fiber-to-the-Neighborhood), die durchgängig auf den Einsatz der ATM-Technik setzt. Im Haushalt wird ein kostenloses Home Communications Terminal als Set-top Box, eine Fernbedienung, eine Atari Jaguar Spielkonsole und ein Farbdrucker verwendet. Der Zugang erfolgt über die rotierende dreidimensionale Oberfläche 'Carousel' oder den Omnio Navigator. Bild 5.3.3.2/1 zeigt die anbieterneutrale Oberfläche des 'Carousel' Navigators, auch als 'Level 1-Gateway' bezeichnet. Zwischen verschiedenen Dienstkategorien wie Filmen, Einkaufen oder Spielen kann gewählt werden. Nach Auswahl einer Diensteart stellt das 'Level 2-Gateway' die Übersicht verschiedener Firmen einer Dienstart, z.B. verschiedene Shopping-Dienstleister, zusammen.

Bild 5.3.3.2/1 Oberfläche des Navigators 'Carousel' im Full Service Network

Im Dezember 1994 waren fünf Teilnehmer angeschlossen. Das Projekt war aufgrund von technischen Schwierigkeiten mehrere Monate hinter den Planungen zurück. Im Dezember 1995 konnte die geplante Zahl von 4.000 der 6.000 Teilnehmer-Haushalte angeschlossen werden. Seit März 1996 können Besucher der Walt Disney World auf die Dienste zugreifen. Es ist geplant, die Technik auf 80% des Kabelnetzes von Time Warner bis zum Jahre 2000 auszudehnen. Kooperationsverträge wurden z.B. mit der Singapore Telecom unterzeichnet.

Die Dienste werden nach dem 'Pay-as-you-use'-Verfahren abgerechnet. Filme im VOD-Verfahren kosten zwischen US$ 1,95 und 5,95. Für die Spielkonsole beträgt die Miete US$ 2,95 im Monat und ca. US$ 1 für ein Spiel pro Tag. Die Diensteanbeiter sind selbst für die Ausführung ihrer Transaktionen verantwortlich. Zur Zeit angebotene Dienste sind:

- Video-on-demand: 15 Haushalte können gleichzeitig denselben Film ansehen, 1.000 Haushalte sind in der Lage, verschiedene Filme gleichzeitig zu bestellen. Die Kapazität beträgt 25%. Zur Zeit sind 100 Filme verfügbar.
- 4 interaktive Spiele gegen andere Netzteilnehmer, 16 Spiele für 64-Bit Atari Jaguar Spielkonsole.
- Tele-Shopping in einer dreidimensionalen Umgebung, z.B. mit dem Versandhaus Spiegel oder dem US Post Office.
- Nachrichten und Sport auf Abruf und Preview-Informationen.
- Lokale Bürger- und Stadt-Informationen.
- Pizza Bestellservice.

Da die meisten Versuche zum interaktiven Fernsehen inzwischen eingestellt, gestoppt oder umdefiniert wurden, ist das FSN eines der wenigen Versuche, die zur Zeit einen operationalen Markt- und Techniktest durchführen können.

Man unterscheidet im Interaktiven Fernsehen vier Interaktivitätsebenen (MGM 1994, S. 7), gegenwärtig sind die Stufen 1 und 2 verfügbar, Stufe 3 wird in Pilotversuchen untersucht, und die Interaktivität der Stufe 4 wird als Vision nach Einführung der Stufe 3 realisiert werden können:

- Ebene 1: Parallele Ausstrahlung desselben Programms auf verschiedenen Kanälen mit unterschiedlicher Perspektive wie Täter-Opfer.
- Ebene 2: Mit dem analogen Fernsehsignal werden digitale Zusatzinformationen ausgestrahlt wie Channel Videodat des Senders Vox.
- Ebene 3: Neben dem digitalen Fernsehen können über den Fernseher passiv weitere Inhalte wie Nachrichten bei Bedarf abgerufen werden.
- Ebene 4: Das Fernsehen dient zur bidirektionalen Bildkommunikation und zur aktiven Beeinflussung von Handlungen.

Die inhaltliche Definition geht über die eigentliche Übertragung von Filmen hinaus und umfasst interaktive Tele-Dienste wie Tele-Shopping oder Tele-Banking. Interaktives Fernsehen wird in einigen Quellen fälschlicherweise mit VOD gleichgesetzt. Erste Ergebnisse und Modellrechnungen (Dholakia 1996; Nynex 1994b) zeigen, dass aus Kostengründen sowohl Betreiber als auch Endkunden an einem vielfältigen Angebot verschiedener Dienste interessiert sein müssen. Es wird von Kosten pro Anschluss eines Haushaltes zwischen US$ 1.500 und 4.500 und zusätzlich je Videokanal je Teilnehmer zwischen US$ 500-2.500 pro Jahr gesprochen. Diese können nicht allein durch VOD-Gebühren, die sich am Videothekenmarkt orientieren müssen, finanziert werden. Die Gewinnschwelle wird nach 3-8 Jahren erreicht sein (Pavlik 1996, S. 187). Das Interaktive Fernsehen wird daher als weiterer Distributionskanal unterschiedlicher Anbieter zum Endkunden verstanden.

Die Ergebnisse der Pilotversuche zum Interaktiven Fernsehen sind zwiespältig. Von Markttests der Telekommunikationsunternehmen Bell Atlantic (Gibbons 1996, S. 14) und AT&T (Allen/Heltai 1993) werden positive Ergebnisse berichtet, während Piller eine geringe Akzeptanz der Testhaushalte anderer Versuche feststellt (Piller 1994). Der sechsmonatige Versuch von Bell Atlantic 1995 in Virginia mit 1.000 Haushalten fokussierte auf Video-on-demand in einer ADSL-Technik. Die Kaufrate war ähnlich hoch wie beim Videoverleih und deutlich besser als beim klassischen Pay-per-view. Das Interesse der Haushalte konzentrierte sich auf aktuelle Filme. Die Verteilung der Kundenanfragen für jede Filmkategorie nach anteiligem Aufkommen und Umsatz zeigt Bild 5.3.3.2/2 (Gibbons 1996, S. 14):

Filmkategorie	*Anteil am VOD-Aufkommen in %*	*Anteil am Umsatz in %*
Neue Filme	50	79
Alte Filme aus Archiv	15	12
Kinderfilme	15	3
Lernen und Lifestyle	9	3
Spezielle TV-Shows	7	2
Spezielle Inhalte	4	1

Bild 5.3.3.2/2 *Ergebnisse eines VOD-Versuches von Bell Atlantic*

5.3.3.3 Musik

Im Vergleich zu visuellen Informationen werden auditive Informationen anders wahrgenommen und nutzen sich durch ein- oder mehrfache Rezeption nicht so stark ab wie visuelle Quellen (Maus 1991, S. 37). Allein der amerikanische Markt für Musikaufnahmen betrug 1993 US$ 9 Mrd. Die Möglichkeit zur Aufnahme ist bei Musik eine essentielle Funktion, wie der Marktflop im Consumermarkt des Digital Audio Tape (DAT) oder der Digital Compact Disc (DCC) durch einen elektronischen Kopierschutzmechanismus, der einmaliges Duplizieren der digitalen Originalquelle erlaubt, gezeigt haben (Maus 1991, S. 231). Neue digitale Datenträger für Musik wie CD oder Mini Disk bieten eine höhere Klangqualität, direkten Zugriff, hohe Datensicherheit und die Möglichkeit, Informationen wie Dauer und Interpreten des Musikstückes zu speichern. Analoge Langspielplatten sind im stationären Heimbetrieb innerhalb von 10 Jahren bis auf 1% des CD-Absatzes vom Markt verschwunden.

- Digitaler Hörfunk: Seit 1995 kann in Deutschland digitaler Hörfunk im Digitalen Satelliten Radio (DSR) oder Astra Digital Radio (ADR) über Satellit direkt empfangen werden. Die Telekom speist 16 Sender des DSR in das Breitbandkabelnetz ein. Die Qualität entspricht der einer CD, wobei die Übertragung von Zusatzinformationen wie Programmkennung möglich ist. Ein ähnliches Angebot bieten die Pilotversuche zum terrestrischen Digital Audio Broadcasting (DAB), das in Beispiel 5.3.3.3/1 dargestellt wird.

Beispiel 5.3.3.3/1: Digitaler Hörfunk mit DAB

Digital Audio Broadcasting (DAB) wurde als europäisches Radiosystem von 1986 bis 1994 entwickelt. Es ist ein digitales Übertragungssystem zur terrestrischen Hörfunk- und Datenrundfunkverbreitung. Die Datenreduktion erfolgt nach dem Verfahren MUSICAM (Masking pattern adapted Universal Subband Integrated Coding), das Audioinformationen jenseits der Hörschwelle ausblendet (Lütteke 1995). Vorteile im Vergleich zum UKW-Empfang sind:

- Verbesserung der Empfangsqualität bei mobilem Empfang in CD-Qualität.
- Datenrundfunkdienste neben den Hörfunkprogrammen als Zusatzdienste wie Einblendung des Interpretennamens oder unabhängige Mehrwertdienste wie Verkehrsnachrichten und Veranstaltungshinweise.
- Keine Einstellung eines günstigeren Senders erforderlich, da im gesamten Versorgungsgebiet durch Gleichwellennetze eine Frequenz benutzt wird, jedoch keine Beeinträchtigung durch Mehrwegeempfang.
- Grössere Übertragungskapazitäten, da durch Datenreduktion ein Programm eine geringere Frequenzbreite einnimmt.
- Geringere Sendeleistung, einfache Antennen ausreichend, dadurch geringere Betriebskosten.

Für die Nutzung sind spezielle Empfangsgeräte mit Digital-/Analogwandler erforderlich, die zur Zeit in Kleinserien gebaut werden. Nachteilig ist neben der Übergrösse der hohe Preis. Neben der Tonübertragung wird die parallele Übermittlung von Bildern wie Strassenkarten auf Flachbildschirmen getestet. Die EU schätzt bei 600 Mio. Rundfunkempfängern in Europa den Bedarf für DAB-Geräte auf 350 Mio. Stück oder DM 100 Mrd. und erwartet durch den Einbau hochentwikkelter Chips Chancen für die Halbleiterindustrie (Landtag BWB 1995, S. 125, 190). Für eine Übergangszeit ist mit einem Parallelbetrieb UKW/DAB zu rechnen. Der Pilotbetrieb wurde 1995 mit 3.000-5.000 Teilnehmern in Berlin/Brandenburg gestartet, 1997 ist die Einführung des Dauerbetriebes geplant. Der Einsatz fokussiert bisher auf Anwendungen im Auto.

Unter Verwendung eines Dekoders zur Entschlüsselung kann Pay-Radio durch bestimmte werbefreie Spartensender ein Kundensegment erreichen. In den Niederlanden bietet MC Europe (Sony, Time Warner, EMI, General Instruments) für eine Anschlussgebühr von DM 36 und monatlich DM 21 für Programm und Miete des Spezialdekoders 60 Spartenprogramme in Digitalqualität im Kabelnetz an. Der Zugang erfolgt über eine Smartcard. Der Kunde kann aus dem Programm mit Hilfe einer Fernbedienung auswählen, auf deren Display der Titel, der Künstler und weitere Informationen wie die Bestellnummer der CD eingeblendet werden (Kurt/Bischoff 1994, S. 24).

- Audio-on-demand: Die Zahl der Hörer, die Musik im Handel erwerben, ist auf unter 50% zurückgegangen. Die Anzahl der jungen Intensivkäufer, die 7% der Kunden ausmachen, aber für 55% des Umsatzes verantwortlich sind, wird in den nächsten Jahren sinken (Skai 1995, S. 220). Eine Vorstufe des direkten Bezugs der Musik durch den Endkunden über ein Netz stellt die Erstellung im Handel dar. Das 'New Leaf'-Projekt von IBM und Blockbuster versuchte 1993 die Erstellung von Audio-CDs am Point-of-Sale nach Auswahl durch den Kunden einzuführen. Reduzierung von Verkaufs- und Lagerflächen und Verlust der Marktmacht für die grossen CD-Hersteller wären die Folgen gewesen. Grundlage waren Statistiken, dass 43% aller Musikkäufer nicht die gewünschte CD im Laden finden und dieses ca. US$ 1 Mrd. an Umsatzschäden nach sich zieht. Dieses Projekt ist an Widerständen der grossen Plattenlabels gescheitert und inzwischen eingestellt worden (Sass 1995). Im Rahmen von Audiotex-Diensten und Online-Diensten werden Bibliotheken von Musik angeboten, die auf den heimischen PC geladen und dort abgespielt werden können. Notwendig ist dazu spezielle Software zur Dekompression und eine Soundkarte. Die Hardrock-Band Aerosmith verkaufte z.B. ihre Single 'Head First' exklusiv über den Online-Dienst Compuserve, die Rolling Stones übertrugen ein ganzes Konzert im Internet (Skai 1995, S. 219). Für das digitale Fernsehen können einzelne Kanäle für digitale Musiksender genutzt werden. Im digitalen DirecTV in den USA werden 20-30 Kanäle für diverse Sender bestimmter Musikgenres verwendet, die in CD-Qualität übertragen.

Aus dem asiatischen Kulturkreis stammt 'Karaoke', bei dem die Teilnehmer über ein Mikrofon zu einem Musikstück den Gesang selbst aufsprechen. Durch einen Klangprozessor wird von einer handelsüblichen CD die Klangfrequenz des Originalkünstlers ausgeblendet. Solche Karaoke-Abspielgeräte werden z.B. von Pioneer hergestellt. Daneben ist das Abspielen von Musik-CDs, Single-CDs, analoger Laser-Discs und Photo-CDs integriert.

5.3.3.4 Bücher

Anders als Nachschlagewerke, die prinzipiell der Information dienen, werden Bücher zu Unterhaltungszwecken in elektronischen Formaten angeboten. Die für multimediale Bücher bekannte Firma Voyager bietet den Bestseller 'Dino Park' von Michael Crichton auf CD an. Es ist möglich, Randnotizen einzufügen und Bild- und Tonsequenzen anzuschauen. Fraglich ist aber, ob die Verwendungsweise belletristischer Literatur im Haushalt für die Verwendung des Computers geeignet ist. Das dauerhafte Lesen am Bildschirm ist wegen der räumlichen Distanz nicht geeignet.

5.3.3.5 Gestaltung

Der Bereich der aktiven Gestaltung und Entwicklung von Dokumenten ist im privaten Haushalt begrenzt. Die Ausgaben für Foto und Filme machen mit 2% einen geringen Anteil an den Freizeitausgaben aus.

- Fotografieren: Die Unterstützung des Fotografierens durch Informationstechnik hat sich bisher im privaten Bereich auf den Einbau von Mikrocomputern in Kameras zur Steuerung der Funktionen und auf die Datenrückwand zur Einblendung von Informationen auf das Negativ beschränkt. In Zukunft wird sich die digitale Fotografie auf den Bereich der Bildspeicherung und -verarbeitung ausdehnen. Erste Modelle mit Preisen um DM 2.000 wie die Kodak DC 40 speichern Bilder digital in 4-bit Farbtiefe ab. Eine Weiterverarbeitung im PC oder ein Ausdruck mit einem Drucker ist danach problemlos möglich. Der umgekehrte Weg, das Digitalisieren und Einlesen von fertigen Fotos in den Computer wird mit Scannern für den Heimbereich wie dem 'EasyPhotoReader' möglich. Heute können normale Negative im Fotolabor auf die Kodak Photo-CD digital gespeichert und mit einem Photo-CD-fähigen CD-Player angesehen werden. Vorteile sind die hohe Qualität, die Verfügbarkeit eines visuellen Inhaltsverzeichnisses und die Unempfindlichkeit gegenüber äusseren Einflüssen.

- Heimproduktion von Videos: Der private Markt für tragbare Videokameras (Camcorder) in Deutschland ist 1995 mit DM 1,1 Mrd. beachtlich, jedoch von 19% Umsatzrückgang gegenüber 1994 gekennzeichnet (o.V. 1996f, S. 59). 17% der deutschen Haushalte verfügen über ein solches Gerät (DVI 1994). Spezielle Zusatzmodule wie 'Video Machine' der Fa. Fast erlauben auf einem PC die professionelle Bearbeitung von Videos wie in einem Studio. Multimediale Urlaubsberichte oder Diashows lassen sich zusammenstellen.
- Einige Künstler wie Peter Gabriel mit 'Xplora' bieten auf CD-ROM zusätzlich zu den Musikstücken die Möglichkeit, mit Musikteilen zu experimentieren und selbst neu zu komponieren. Die Rolling Stones fügten ihrer Audio-CD 'Stripped' Videos und Tour-Informationen hinzu, die einheitlich auf Macintosh und PC-Basis abrufbar sind. Diese Datenträger verwenden den sogenannten 'Mixed-Mode' zur Speicherung von verschiedenen Informationsarten auf einer CD.

5.3.3.6 Pornographie

Über den Bereich der Pornographie liegen wenige Daten vor. Zu diesem Gebiet zählen (Robinson/Tamosaitis 1993):

- Interactive CD-ROMs wie Penthouse Interactive Photography Studio.
- CD-ROM Videos.
- Photo-CDs mit erotischen Sammlungen.
- Computerspiele wie Strip Poker.
- Online-Angebote wie Internet-Seiten z.B. "www.playboy.com" und Newsgruppen.
- Simulation mit virtueller Realität.

Untersuchungen über die Genres des Videomarktes vernachlässigen diesen Bereich und geben ihn in Deutschland für 1995 mit 0,2% im Kaufvideomarkt und 0,6% im Leihvideomarkt an (Infratest 1995). Der Umsatz mit Erwachsenentiteln liegt bei CD-ROMs zwischen 20% und 85% des Umsatzes der Händler, der Anteil am Gesamtmarkt betrug 1993 8% mit steigender Tendenz (o.V. 1994a, S. 11). Schwarz (Schwarz 1994, S. 71) sieht den Anteil der Pornographie im Multimediamarkt unter Berücksichtigung der enormen Dunkelziffer bei 80% des Marktes. Im August 1993 waren in den USA vier Erwachsenentitel in den Top Ten der CD-Charts vertreten. Aufgrund der pornographischen Nutzung von mehr als 30 Newsgruppen des Internets und privater Bulletin Board Server (BBS) (Robinson/Tamosaitis 1993, S. 295) ist deutlich, dass die Pornographie im Online-Markt eine grosse Rolle spielt. Anbieter wie Beate Uhse sind sowohl in Online-Diensten wie T-Online als auch im Internet vertreten. Im Rahmen der virtuellen Realität werden Begriffe wie 'Cybersex' als Verschmelzung von Pornographie, Datentechnik und Telekommunikation diskutiert. Dieser Bereich befindet sich in einer experimentellen Phase. Rheingold prägte dafür den Begriff 'Teledildonics' (Rheingold 1994).

5.3.3.7 Spielhallen und Erlebnisparks

In Erlebnisparks wie dem 1996 eröffneten 'MovieWorld' von Time Warner und Nixdorf in Bottrop wird Informationstechnik in Form von Videospielen oder Kontrolltechnik eingesetzt. An öffentlichen Plätzen wie Spielhallen, Gaststätten oder Bahnhöfen wird Unterhaltung durch Spiele ohne Gewinnchance (Flipper) und Glückspiele repräsentiert.

Die Bedienung, der um Elemente der virtuellen Realität erweiterten Spiele, kann besser als in der privaten Wohnung dem realen Einsatz z.B. durch imitierte Rennwagensitze oder Pedalensteuerung angepasst werden. Virtual World Entertainment besitzt 22 Unterhaltungszentren auf der ganzen Welt mit den VR-Spielen 'BattleTech' und 'Red Planet'. Die Spieler kämpfen für US$ 9 in einer künstlichen Umgebung gegen Mitspieler oder technische Hindernisse. Pavlik berichtet von einem zu erwartenden Anstieg des Umsatzes mit virtueller Realität in der Unterhaltungsbranche von 1995 US$ 15 Mio. auf US$ 150 Mio. im Jahr 1999 (Pavlik 1996, S. 120, 237). Jedoch weist er auf den unterentwickelten Zustand des Marktes hin. Als erste Stufe des Produktzyklus testen die Spielehersteller wie Sega vor dem Vertrieb im Massenmarkt ihre Produkte in Vergnügungsparks und Spielautomaten. Zu Werbezwecken werden solche Location-Based-Entertainment (LBE) Einrichtungen (Schwarz 1994, S. 64f.) in Einkaufszentren installiert. In der Mall of America, Minneapolis, können Kunden an einer virtuellen Simulation einer Wildwasserfahrt teilnehmen.

5.3.4 Zukünftige Entwicklung

Durch die Zunahme von Freizeit aus sozio-demographischen Gründen ergeben sich Potentiale für neue Produkte. Daneben bestehen grosse Substitutionspotentiale existierender Märkte wie des Kino- und Videothekenmarktes. Der Anwendungsschwerpunkt 'Unterhaltung' wird daher in Zukunft von zentralem Interesse sein.

Insbesondere der geplante breitbandige Anschluss der Haushalte wird den Zugriff auf interaktive Tele-Dienste eröffnen, die wie Video-on-demand ausschliesslich Unterhaltungszwecken dienen. Obgleich Zeitpunkt und Umfang trotz vieler Prognosen nicht klar bestimmt werden können, zeigt die schrittweise Einführung digitalen Satellitenfernsehens, digitaler MMDS-Systeme oder Nutzung von xDSL-Protokollen als Interimslösungen in den USA die grundsätzliche Richtung auf. Die Entwicklung wird auf 'on-demand' Dienste fokussieren, die bei Bedarf durch den Haushalt aufgerufen und bei Nutzung bezahlt werden (Pay-per-use) (Time Warner 1996). Die Interaktion mit anderen Teilnehmern wie bei Mehrpersonen-Spielen oder dem Handlungsablauf selbst kann neue Dienste erfolgreich unterstützen, aber auch als Eindringen in die Intimssphäre mit Zurückhaltung aufgenommen werden (Opaschowski 1995).

In Kapitel 2 wurde gezeigt, dass die Zeit- und Geldbudgets der privaten Haushalte begrenzt sind. Daher wird es zu Substitutionseffekten bei bisher nicht auf dem Einsatz der Informationstechnik beruhenden Unterhaltungsformen kommen. Unter Berücksichtigung der begrenzten Penetrationsgeschwindigkeit - selbst beim Fernsehen hat es ca. 20 Jahre bis zur 80% Penetration gedauert - und Restriktionen hinsichtlich Verhaltensänderungen der privaten Umgebung müssen neue Produkte einen wahrnehmbaren Mehrwert zu akzeptablen Preise gegenüber den etablierten Anwendungen bieten. Schwierigkeiten mit der Einführung der neuen Fernsehnorm PALplus oder der CD-i von Philips zeigen die Resistenz der Haushalte gegen marginale Verbesserungen. Das Exempel der CD bei fast vollständigem Verschwinden der Langspielplatte bietet ein erfolgreiches Gegenbeispiel für die Vehemenz einer Veränderung.

5.3.5 Zusammenfassung

Aufgrund der hohen Freizeitausgaben hat die Unterhaltung für den Einsatz von Informationstechnik im privaten Haushalt besondere Bedeutung. Wesentliche Impulse gehen von der Digitalisierung des Fernsehens und des Hörfunks aus. Die hohen Ausgaben der Haushalte für Unterhaltung eröffnen Marktchancen in folgenden Feldern:

- Spiele.
- Fernsehen.
- Musik.
- Bücher.
- Gestaltung.

- Pornographie.
- Erlebnisparks.

Der Anwendungsschwerpunkt 'Unterhaltung' ist geprägt von einer verstärkten Anbindung des Haushalts an externe Quellen, kurz- bis mittelfristig findet eine Konzentration auf den stand-alone Sektor wie Videospiele statt. Erhöhte Inhaltsvielfalt und eine verbesserte Qualität sind die wesentlichen Vorteile für den Kunden. Die Akzeptanz in vielen Bereiche ist unklar. Die Finanzierung muss im wesentlichen über eine Substitution vorhandener Dienste erfolgen oder durch die Betreiber subventioniert werden, da das Geldbudget der Haushalte für Unterhaltungszwecke trotz kurzfristiger geringer Steigerungen mittelfristig relativ konstant bleiben wird.

5.4 Beschaffen

5.4.1 Definition

Unter Beschaffen wird die Zusammenfassung der Funktionen der Informationstechnik verstanden, die die Versorgung des privaten Haushalts mit Gütern und Dienstleistungen unterstützen. Es steht der Beschaffungsvorgang im Vordergrund. Assoziierte Aspekte, z.B. der Unterhaltung (Abschnitt 5.3) und der Bezahlung (Abschnitt 5.9), sind nicht zentraler Zweck der privaten Versorgung mit Produkten und Dienstleistungen in diesem Sinn. In der Literatur wird der Begriff 'transaktionale Dienste' verwendet, um die über den blossen Informationsfluss hinausgehende Bestellung oder Zahlung von Gütern zu kennzeichnen.

Deutschland hat weltweit den höchsten Bestellwert aus Versandhauskatalogen je Haushalt. Es wurden 1992 danach US$ 806 jährlich gekauft, wobei die USA mit US$ 540 auf dem zweiten Rang liegen (Booz, Allen & Hamilton 1995, S. 106). Der Gesamtumsatz betrug in den USA 1993 DM 145 Mrd. bei einem gesamten Einzelhandelsumsatz von US$ 1,5 Trillionen, während in Deutschland rund DM 37 Mrd. umgesetzt wurden. 50% aller US-Haushalte sind aktive Käufer, wobei 60% aller Bestellungen aus Kleidung bestehen (Orme 1996, S. 72). Der echte Tele-Shopping Umsatz, d.h. die direkte Bestellung nach einer Fernsehpräsentation, betrug in den USA US$ 3 Mrd.

5.4.2 Anwendungsformen

5.4.2.1 Stand-alone Betrieb

Mit dem enormen Wachstum von CD-ROM Laufwerken in deutschen Haushalten von 1,1 Mio. im Jahr 1994 auf 3,1 Mio. Stück 1995 ist die Basis für Produktkataloge auf CD-ROM gegeben (CZ 31-1995, S. 17; IRES 1995, S. 3). Für die Bestellung müssen externe Netze wie das Telefon verwendet werden. Die Kioske am POS arbeiten zum grossen Teil im stand-alone Betrieb. Einige Systeme können z.B. durch ISDN-Verbindung bei Preisänderungen aktualisiert werden oder aufgezeichnete Eingaben weitergeben.

5.4.2.2 Interne Vernetzung

Die interne Vernetzung im Haushalt hat im Rahmen der privaten Beschaffung keine Bedeutung. Es werden zukünftige Anwendungen im Rahmen des Projektes 'Intelligent Rooms' des MIT MediaLab untersucht, in denen Schränke zur Neige gehende Vorräte an ein beim Einkauf mitzunehmendes elektronisches Notizbuch oder Kleidungsstücke übertragen (Verity/Judge 1996).

5.4.2.3 Externe Vernetzung

Trotz Sicherheitsproblemen wie bei der Bestellung von Produkten im Internet bietet sich die Online-Anbindung der Haushalte bei der Beschaffung aus Gründen der Aktualisierungsfähigkeit von Daten (Preisen), individualisierten Angeboten, der Gewinnung von Kundendaten und der Einbindung in unternehmensinterne Prozesse an (Hermanns/Flegel 1992, S. 2, 20). Kurz und Altgeld (Kurz/Altgeld 1995, S. 464) sprechen von einer Produktion der Güter erst bei Bestellung und von einer Preisreduzierung von fast einem Drittel, da Intermediäre, Verkaufsräume und Lager eliminiert werden können. Bild 5.4.2.3/1 zeigt die Auswirkungen des extern vernetzten Beschaffungsvorgangs auf die traditionellen Unternehmensprozesse. Während der Endkunde bisher nur durch Nachfrage oder Ablehnung beim Händler über das Ergebnis einer Güterproduktion entscheiden konnte, gewinnt er durch die externe Vernetzung Einfluss auf alle Stufen des Produktionsablaufes wie Entwicklung, Produktion und Auslieferung. Die Bestellung und bei bestimmten Produkten, z.B. Software, auch die Lieferung können online über Netzwerke ausgeführt werden.

Die Untersuchung des Einflusses der privaten Kundenaktivitäten wie im Fall des Home-Shopping auf die Prozesse der Produzenten ist bisher nicht im Detail im Rahmen der Wirtschaftsinformatik erforscht worden.

Andere Quellen (Hollis 1996, S. 23) sprechen davon, dass 20% der Kosten eines Produktes durch die physikalische Präsentation in einem Verkaufsraum entstehen und bei einem 'Virtual Retailing' entfallen würden. Bild 5.4.2.3/2 verdeutlicht die traditionelle Aufteilung des Preises eines Konsumgutes und die Veränderung bei Verwendung externer Netze für das Marketing sowie die Bestellung durch den Endkunden (Hollis 1996, S. 22). Einsparungen von 11% und eine Erhöhung der Ausgaben für Direktlieferungen resultieren in einer Zunahme von Gewinnpotentialen, die als Preissenkungen weitergegeben werden könnten.

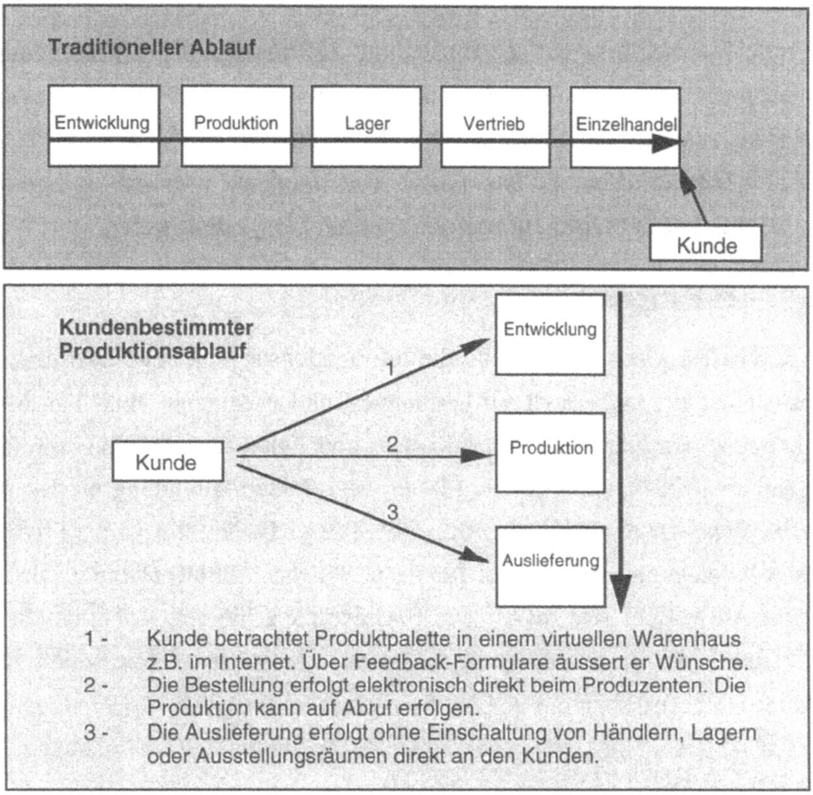

Bild 5.4.2.3/1 Einfluss der privaten Beschaffung auf die Unternehmensprozesse (Kurz/Altgeld 1995, S. 465)

Preiskomponente	*Traditionell in % des Preises*	*'Virtual Retailing' in % des Preises*
Rohmaterial	35	34 (-1)
Herstellung	13	12 (-1)
Distribution	8	6 (-2)
Marketing	17	10 (-7)
Einzelhändler	18	24 (+6) (Direktlieferung an Endkunden)
Gewinn-/Preissenkungs-Potential	9	14 (+5)

Bild 5.4.2.3/2 Veränderung der Preiszusammensetzung durch 'Virtual Retailing'

Die Aufzeichnung und Analyse des Kundenverhaltens (Monitoring) gibt dem Anbieter wertvolle Rückschlüsse auf die Einstellung zu Produkten. Die Einbindung von Home-Shopping in Projekte zum Interaktiven Fernsehen wird stark diskutiert. Im Rahmen einer Umfrage zur Akzeptanz von Tele-Shopping (o.V. 1995e, S. 21f.) fanden sich 14% der Befragten, die interaktives Tele-Shopping vorbehaltlos akzeptieren würden, während 46% indifferent bzw. 40% negativ eingestellt waren.

5.4.3 Einsatzgebiete

Für die Beschaffung von Gütern kann die Informationstechnik neue Distributionskanäle bereitstellen und individuell auf bestimmte Kundensegmente eingehen. Medienbrüche können vermindert und damit Kosten- und Zeitvorteile erreicht werden, wie das Beispiel des POS-Systems 'Music Master' mit direkter Anbindung an das Warenwirtschaftssystem der Karstadt AG zeigt. Von grosser Bedeutung ist die Protokollierung des Kundenverhaltens, so dass Probleme üblicher Marktforschung wie sozialerwünschte Antworten oder Interviewer-Bias entfallen. Interaktive Formen des Einkaufens können von Versandhändlern, aber auch von Industrieunternehmen zum Direktverkauf unter Ausschaltung von Mittlern eingesetzt werden.

5.4.3.1 CD-ROM basiertes Beschaffen

Im Winter 1994/95 boten erstmals die Versandhäuser Quelle und Otto Teile ihres Papierkataloges auf CD-ROM an. Die Produkte sind multimedial dargestellt. Durch eine Suchfunktion lassen sich gezielt bestimmte Angebote finden. Bestellungen können über das Telefon, via Telefax oder direkt über Datex-J aufgegeben werden. Das Datex-J Netz wird zur Übertragung der Daten verwendet, der Kunde muss jedoch nicht T-Online Teilnehmer sein. Die niederländische Supermarktkette Albert Heijn experimentiert seit 1994 mit einer Teleshopping-Anwendung auf Tele-CD-i-Basis. Die Aktualisierung von Preisen und Einstellung von besonderen Angeboten erfolgt online über ein Spezialmodem. Das Grundsortiment befindet sich auf der CD-i, die im offline Modus betrachtet werden kann. Nach Auswahl werden die Produkte wieder online mit Preisen versehen und bestellt. Die Produkte werden nach Hause geliefert. Es ergaben sich deutliche Unterschiede zwischen 'runshoppers', die den schnellen, zeitsparenden Einkauf suchen, und 'funshoppers', die durch zusätzliche Erlebnisse den Unterhaltungswert steigern möchten (Drift/Stakenborg 1996, S. 171). Es werden 1% der

Käufe über einen elektronischen Katalog getätigt, während 70% der Bestellungen über das Telefon abgewickelt werden (Eggert 1995, S. 158).

5.4.3.2 Direct-Response-TV (DRTV)

Die Präsentation von Produkten erfolgt im Rahmen von speziellen Fernsehpräsentationen, sogenannten Infomercials oder Advertorials. Nach Einblendung einer Telefonnummer wird der Zuschauer zum Bestellen aufgefordert. Diese Impulskäufe sollen durch Videotextangebote gefördert werden, die per Telefon bestellt werden können. Zielgruppe sind verheiratete Frauen zwischen 26 und 45. Hohe Produktionskosten und gestiegene Kosten für Sendezeit haben diesen Bereich unter ökonomischen Druck gebracht (Skumanich 1995).

5.4.3.3 Tele-Shopping

Die amerikanischen Fernsehkanäle QVC (Quality, Value, Convenience) und HSN (Home Shopping Network) bieten ein Verkaufs-Vollprogramm an. Nach der Demonstration der Ware können die Zuschauer für eine begrenzte Zeit anrufen und die Ware bestellen. Es wird ständig eingeblendet, wieviele Produkte verkauft und vorhanden sind. Der Umsatz betrug 1993 etwa US$ 3 Mrd. Das HSN erreicht über Kabel 65 Mio. Kabelhaushalte, davon sind ca. 2,5 Mio. Haushalte aktive Käufer. Die 158.000 täglichen Anrufe werden über 22.000 Telefonleitungen geschaltet. Die Hälfte der Anrufe wird von einem computergesteuerten interaktiven Sprachcomputer entgegengenommen (Skumanich 1995). HSN hat Angebote in Online-Diensten und dem Internet. Die Shopping-Kanäle übernehmen die Präsentation, die Logistik und den Versand für die Anbieter und erhalten zwischen 40-50% des TV-Umsatzes. Die Anbieter müssen z.T. auf eigene Kundendaten verzichten (Hansen 1994a). Beispiel 5.4.3.3/1 stellt die Merkmale des ersten deutschen Tele-Shopping Senders, Home Order Television, dar.

Beispiel 5.4.3.3/1: H.O.T. (Plewe 1996, S. 114)

Obgleich eine EU-Fernsehrichtlinie nur eine Stunde täglich Tele-Shopping je Sender zulässt, zeigt das Kooperationsunternehmen H.O.T. (Home Order Televison) von Quelle, Georg Kofler und Thomas Kirch als erster deutscher Sender 24 Stunden im Halbstundenrhythmus ein themenbezogenes Einkaufsprogramm. Über Kabel und Satellit werden seit Oktober 1995 ca. 7 Millionen Zuschauer erreicht. Geplant sind Umsätze zwischen DM 300 und 500 Mio. Bestellungen können per Telefon direkt aufgegeben werden, die Lieferung erfolgt innerhalb von drei Tagen. Die Artikel werden von H.O.T. in Kommission genommen, die Unternehmensphilosophie ist die eines

Vollsortimenters. Die Vorstellung erfolgt mit Präsentationsfilmen und Studiorunden für durchschnittlich DM 50.000. Live-Übertragungen sind geplant. 25% der Kunden sind Wiederkäufer, entgegen den amerikanischen Erfahrungen sind 60% der H.O.T.-Zuschauer männlich, 52% der Zuschauer sind zwischen 30 und 49 Jahre alt.

Als wesentliche Vorteile des Tele-Shopping nennen Kunden die Verfügbarkeit von Waren, den Vergleich von Preisen, Unabhängigkeit von Ladenschlusszeiten und die Bequemlichkeit, Staus, Gedränge und Sicherheitsrisiken aus dem Wege gehen zu können. Popp, Thesmann und Mertens weisen auf folgende Faktoren hin, die das Home-Shopping fördern (Popp/Thesmann 1996, S. 159):

- Individualität des Kontaktes und der Kaufsituation in bezug auf Ort, Dauer, Zeit und Inhalt.
- Kostenreduktion des Kontaktes für den Kunden und den Händler durch Wegfall von Personal.
- Bequemlichkeit, z.B. durch Lieferung bis ans Haus.
- Positives Image für Käufer und Händler.
- Umfangreicheres Produktsortiment kann angeboten werden, gleichzeitig Wegfall von Lagerkosten.
- Gewährleistung einer Anonymität bei bestimmten Produktgattungen wie Gesundheitsartikel.

5.4.3.4 Einkauf über das Interaktive Fernsehen

Alle Versuche zum Interaktiven Fernsehen wie die von Time Warner in Florida, Bell Atlantic in Virginia oder die deutschen Pilote schliessen Homeshopping konzeptionell ein (MGM 1994, S. 137). Time Warner hat zusammen mit Spiegel, einer Otto-Versandhaustochter in den USA, eine drei-dimensionale Einkaufshalle aufgebaut. Es finden sich Angebote verschiedener Gattungen wie Bücher, Geschenkartikel, Haushaltsgegenstände und Mode. Dieses wird im wesentlichen als eine Erweiterung des konventionellen Tele-shopping gesehen. Eine Studie von McKinsey sieht bis zum Jahre 2003 ein Umsatzpotential von US$ 4-5 Mrd. (Smith Shi/Salesky 1994, S. 77) unter der Voraussetzung des Ausbaus interaktiver Kabelnetzwerke. Spezielle TV-Verkaufskanäle wie QVC planen eigene, interaktive Angebote. Fraglich ist, wie sich diese Angebote im experimentellen Stadium gegen die steigende Bedeutung der Transaktionen im Internet behaupten können.

5.4.3.5 Online-Dienste und Internet

Der Warenumsatz 1993 in den USA im Internet und Online-Diensten betrug ca. US$ 200 Mio., was etwa 0,013% des Einzelhandelsumsatzes entspricht (Zimmermann 1995, S. 152). Verschiedene produktspezifische Angebote wie ganze elektronische Malls sind vorhanden. Im World Wide Web des Internets gibt es im Zuge der Kommerzialisierung in den USA über 50 solcher Einkaufszentren wie das 'Internet Shopping Network' ("www.internet.net"). Vorteile solcher Malls sind Suchwerkzeuge und Agenten, die nach bestimmten Kriterien wie Preis oder Hersteller Ergebnislisten liefern. Ein Beispiel unter Verwendung eines Agentensystems, das nach dem günstigsten Angebot angeschlossener Händler für eine zu spezifizierende CD sucht, zeigt Bild 5.4.3.5/1. Der Kunde kann zu der Ergebnisliste durch Hyperlinks weitere Informationen wie Produkttests anfordern oder sich vergleichende Angebote unterbreiten lassen.

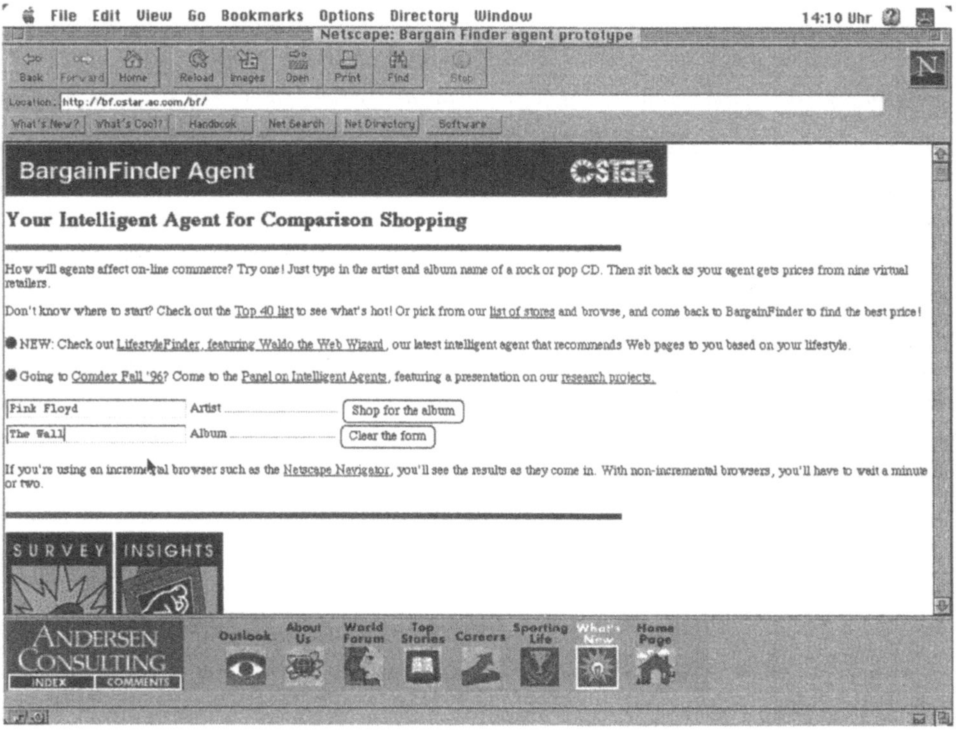

Bild 5.4.3.5/1 Shopping Beispiel aus dem WWW des Internet ("bf.cstar.ac.com/bf/")

Ein solches Einkaufszentrum bietet der Online-Dienst CompuServe an. Wichtig ist, dass dieses sehr von der Produktgattung abhängig ist. Wenig erklärungsbedürftige Güter wie Bücher eignen sich besser als Güter, deren Beschaffung mit Beratung und sozialen Kontakten verbunden ist, z.B. Schmuck (Popp/Thesmann 1996, S. 158). Bartel spricht im Tele-Shopping bei Gebrauchsgütern aus Haushalt und Freizeit von einem Anteil von 50% von den 'Verkaufsrennern' bei einem durchschnittlichen Preis zwischen DM 50 und 70 (Bartel 1995, S. 165). Orme berichtet von Büchern, CDs und Musik-Cassetten sowie Reisebuchungen als beliebteste Produktgruppen bei den Verbrauchern (Orme 1996, S. 73).

5.4.3.6 Point-of-Sale (POS)

Die Information, Präsentation und Demonstration von Produkten und Anbietern erfolgt am POS durch multimediale Informationssäulen. Beispiele dafür sind:

- Erweiterung des physikalischen Produktsortiments wie virtuelles Einkaufen an Tankstellen (vgl. Beispiel 5.4.3.6/1).

Beispiel 5.4.3.6/1: Virtuelles Shopping in BP-Tankstellen (Graf/Treplin 1996, 6.2.3, S. 1)

Die Veränderung der Verbrauchergewohnheiten hat in den Tankstellen zu einer Erhöhung der Umsätze mit Lebensmitteln geführt. Da die Verkäufsräume begrenzt und das Umfeld für Lebensmittel nicht optimal ist, wurde nach einer anderen Lösung gesucht. Seit Dezember 1995 testet der Mineralölkonzern BP in zehn Münchner Tankstellen die Bestellung von Gütern des täglichen Bedarfs über Informationssäulen. Wie in einem Laden werden die ca. 1.000 Prdukte graphisch in Regalen präsentiert. Ausgewählte Produkte werden in einen Einkaufskorb übernommen. Mit Menüvorschlägen stellt das System nach Wunsch eine Einkaufsliste zusammen. Neben dem Lebensmittelshopping ist der Otto-Katalog und ein Angebot zur Unterhaltung enthalten. Die Bezahlung erfolgt mit der EC-Karte, der eingebaute Drucker gibt eine Quittung aus. Die Lieferung erfolgt zu einem vereinbarten Zeitpunkt an der Tankstelle durch die Kooperation mit dem Lebensmittelhändler Frenser. Benutzt wird das System bisher von berufstätigen Personen zwischen 18 und 35 mit Computererfahrung zu kleineren Testkäufen.

- Verkaufsunterstützung von bestimmten Produkten im Lebensmittelhandel und Grosskaufhäusern (vgl. Beispiel 5.4.3.6/2).

Beispiel 5.4.3.6/2: Karstadt Music Master (Heimbach 1995, S. 200ff.)

An den variierend nach Filiale 1-4 Terminals der Musikabteilungen des Kaufhauses Karstadt hat der Kunde die Möglichkeit, sich in den Bereichen Pop/Rock, Klassik und Video nach Suchbegriffen, aktuellen Charts oder Neuveröffentlichungen zu informieren. Bild 5.4.3.6/1 zeigt den Systemaufbau und die angeschlossenen Komponenten des Music Master. Neben audio-visuellen Informationen wie 30 sekündige Ausschnitte von Musikvideos oder Coverfotos enthalten sie den Namen des Einzeltitels, Vermerke über Verfügbarkeit, Preis und Art des Tonträgers. Es wird angestrebt, 100.000 Titel in die Datenbank zu übernehmen. Bei Kaufabsicht erstellt ein Belegdrukker eine Quittung, die an der Kasse bei Aushändigung des Tonträgers und Zahlung vorzulegen ist oder als Nachweis einer Bestellung bei momentaner Nichtverfügbarkeit dient. Durch die Anbindung an das zentrale Warenwirtschaftssystem in Essen wird eine Aktualität der Preis- und Bestandsdaten gewährleistet. Fehlende Musikträger werden entweder aus dem Handlager vor Ort ergänzt oder über den externen Anschluss aus den Zentrallägern bestellt.

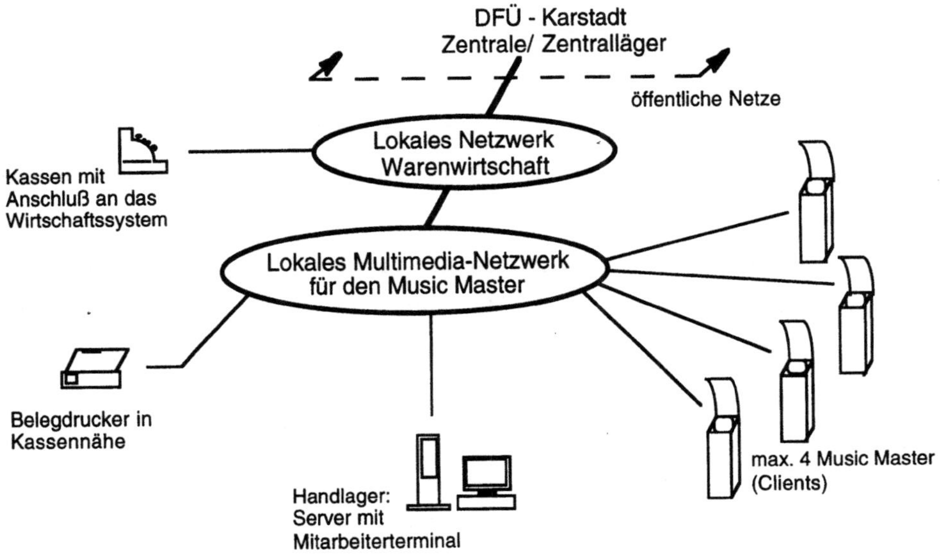

Bild 5.4.3.6/1 Aufbau des Karstadt Music Master

Ziele dieses Systems für die Unternehmensleitung waren:

- Senkung der notwendigen Verkaufsflächen bei sich ausweitendem Sortiment.
- Ein kompletter Katalog auch in kleinen Filialen.
- Personalarmer Bestellservice, da nie das ganze Programm vorrätig sein kann.
- Abbau von Berührungsängsten, z.B. bei mangelnden Sprachkenntnissen.
- Bedarfsweckung und Kundenbindung durch Imagegewinn.
- Marktforschung durch gespeicherte Nutzungsprotokolle, Feststellung von Trends, Optimierung der Sortimentszusammensetzung.
- Abkehr von der physischen Warenpräsentation in den Tonträgerabteilungen und Diebstahlschutz.

- Beratung bei komplexen oder erklärungsbedürftigen Produkten wie der Simulierung von Eigenheimen oder Automobilen.

Neben den verkaufsunterstützenden Kiosken am POS ist eine mobile Unterstützung der Warenpräsentation möglich. Das System 'VideOCart' wird aus einem auf den Einkaufswagen montierten Bildschirm gebildet, der ein Verzeichnis mit Lageplan aller vorhandenen Produkte und dem jeweiligen Weg zu diesen enthält. Nähert sich der Kunde einem bestimmten Regal, werden Sonderangebote und Werbespots eingeblendet. Die Darstellung von Rezepten, Witzen und Freizeittips erhöht den Erlebniswert des Einkaufens und nutzt die sonst lästige Wartezeit an der Kasse zur Verkaufsförderung (Lödel/Thesmann 1992).

Pille unterscheidet beim Einsatz von Informationstechnik im Bereich des POI/POS durch den privaten Kunden vier verschiedene Stufen unterschiedlicher Qualität (Pille 1995, S. 108f.):

- Stufe 1: Der Interessent kann Informationen auswählen und abrufen. Es besteht kein Rückkanal. Ein Beispiel ist ein Stadt-Informationssystem, das Werbung lokaler Firmen enthält. Eine Gewinnung von Kundeninformationen ist nicht möglich.
- Stufe 2: Zusätzlich zur Information können weitere Informationen durch Eingabe der Adresse angefordert werden. Die Informationssäulen 'Infomax' des Deutschen Jugendherbergswerkes erlauben die Anforderung von Material nach der Einspielung von Werbespots. Monatlich werden etwa 250 nutzbare Adressen generiert.
- Stufe 3: Es besteht die Möglichkeit, konkrete Transaktionen vorzubereiten oder einzuleiten. Reservierungen, Buchungen oder Stornierungen werden möglich, eine Bezahlung oder der Austausch von Waren oder Dokumenten ist ausgeschlossen.
- Stufe 4: Das Terminal wird zur Abwicklung von Transaktionen genutzt. Eine bargeldlose Zahlung und Ausgabe von Unterlagen wie Buchungsbestätigungen schliessen das Geschäft ab. Ein Beispiel ist das Customer Self-Service Center der Fluggesellschaft SAS, das auch Originaldokumente ausgibt.

5.4.3.7 Selbstbedienung

Heute findet die Informationstechnik im wesentlichen Einsatz bei der Unterstützung von einzelnen Phasen des Beschaffungsprozesses des privaten Haushaltes. Denkbar ist eine vollständige Substitution wie sie bei der Selbstbedienung im Bankwesen eingesetzt wird. Die gesamte Abwicklung ganzer Aktivitäten wird durch Informationstechnik ersetzt. In Erlangen steht das erste voll-automatische Getränke-Terminal in Europa. An zwei Kundenterminals mit Scheckkartenlesern stellen die Kunden ihren Getränkeeinkauf auf einem grossen Auswahlbildschirm zusammen, geben ihre Leerkästen zurück und bekommen nach Eingabe der Geheimnummer die Kästen an einer Schleuse ausgehändigt. Grundlage sind automatische Hochregallager, Lagerverwaltungsrechner und ein umfangreicher Robotereinsatz.

5.4.3.8 Elektronische Produktkataloge

Elektronische Produktkataloge (EPK) unterstützen die Produktpräsentation und Auswahl. Wesentliche unterstützte Funktionen sind Zugriff, Suche, Präsentation, Navigation, Hilfe und Monitoring der Kundenreaktionen (Popp/Thesmann 1996).

Die Zusammenfassung verschiedener Angebote unter einer einheitlichen Oberfläche wird als "Electronic Mall" (Schmid 1995; Zimmermann/Kuhn 1995) bezeichnet. Unterschiedliche Produkte können wie in einem Einkaufszentrum unter einem Dach angesehen und bestellt werden. Grundlage sind "elektronische Märkte (EM)", die "mit Hilfe der Telematik realisierte Marktplätze" (Schmid 1993, S. 468) darstellen und alle Phasen einer Markttransaktion unterstützen.

Bild 5.4.3.8/1 fasst die beschriebenen Formen der computerunterstützten Beschaffung für den privaten Haushalt zusammen (vgl. KPMG 1994, S. 20):

Kriterien / Technik	TV/Telefon	Online-Dienste oder Internet	CD-ROM	Interaktives Fernsehen	POI-/POS-Terminal
In-home-Infrastruktur	TV- und Telefonanschluss	im wesentlichen PC	PC und CD-ROM Laufwerk	Fernseher und Set-top Box	Out-of-home: Säule mit PC
Out-of-home-Netzwerk	Telefonnetz, Kabel, Satellit	Telefonnetz	kein Netz	Satellit, Kabel, Telefonnetz	Update über Telefonnetz
Technik	analog	analog/digital	digital	digital	digital
Beispiel	DRTV	Internetseiten von Quelle	Otto CD-ROM	Versuche in USA und D	Karstadt Music Master
Vorteil	hohe Verbreitung der Endgeräte	Aktualisierung, Lagerreduktion	bessere Produktpräsentation mit Multimedia	Interaktivität, Multimedialität	Verkaufsunterstützung, Lagerreduktion
Nachteil	nicht multimedial	geringe Verbreitung in privaten Haushalten	Notwendigkeit der Aktualisierung	erst Versuchsstadium	Einsatz nicht zuhause, Hemmschwelle gross

Bild 5.4.3.8/1 IT-Unterstützung der privaten Beschaffung

5.4.4 Zukünftige Entwicklung

Die Zusammenfassung einzelner Angebote zu elektronischen Einkaufszentren, die den Kunden bequem mit diversen Produkten versorgen können, wird sowohl im Internet als auch in proprietären Online-Diensten erfolgen. Solche Electronic Malls erfüllen dieselben Funktionen wie die grossen Einkaufszentren in den USA. Da die breite Nutzung von Online-Diensten und des Internets in privaten Haushalten einige Jahre in der Zukunft liegt, werden Interimslösungen wie sogenannte Hybridtechniken eingeführt. CD-ROM-gestützte Kataloge werden durch eine Aktualisierung über externe Netze wie dem Telefonnetz ergänzt. Shopping-Vollprogramme treffen in Deutschland auf starke rechtliche Hürden und können erst nach einer Neuordnung des Rundfunkrechts mit einer Verbreitung rechnen. Eine weitere Bedingung ist die Reservierung entsprechender Frequenzplätze im digitalen Fernsehen, da das analoge Kabelspektrum ausgelastet ist.

Ein Trend ist die Ausrichtung auf den 'individualisierten Massenkunden'. Einerseits werden Kostenvorteile durch eine Ansprache des Massenmarktes erzielt, andererseits dem einzelnen Kunden das Gefühl vermittelt, als Individuum betrachtet zu werden. Digitale, interaktive Medien sind Werkzeuge, die persönlich auf Kunden eingehen können, ohne die Produktion von Massenprodukten aufzugeben. Dieses als 'mass customization' bezeichnete Prinzip (Tapscott 1995) wird in einer Reihe von verbraucherorientierten Märkten praktiziert:

- Die zweitgrösste Supermarktkette in Neu-England, Shaw's, bietet ihren Kunden in ausgewählten Regionen eine persönliche Lieferung von Lebensmitteln nach Hause am Tag der Bestellung. Bestellt werden kann auf der Basis eines Katalogs aus 7.500 Artikeln per Telefon, Fax oder via Internet ("www.shopat.com/shaw's"). Die Lieferung erfolgt gegen einen fixen Aufschlag von US$ 12 und einen Postenzuschlag von je US$ 1, wenn die Bestellung aus mehr als 4 Teilen besteht. Elektronische Besteller erhalten einen Rabatt (Davis 1996, G2). Primäres Ziel ist nicht die Generierung von Umsatz, sondern die Kundenbindung zu erhöhen. In vier Wochen wurde der Internet-Katalog von 350 Benutzern geladen, 50 davon bestellten im Schnitt für etwa US$ 100. Der grösste Teil der Bestellungen wurde über eine gebührenfreie Telefonnummer vorgenommen. Ein ähnlicher Service zum Preis von US$ 30 pro Monat existiert in Chicago und San Francisco unter dem Namen 'Peapod' (Benjamin/Wigand 1995, S. 70).

- Toyota lässt seine Kunden in Tokio das Automodell RAV4 an einem Terminal selbst zusammenstellen. Die Eingabe erfolgt über eine Oberfläche, die einem Gameboy ähnlich ist. Die Bestelldaten können direkt in die Fertigung am Band eingreifen. Dieses als 'Realtime Engineering' bezeichnete Prinzip soll die Lieferzeiten auf 1 Woche reduzieren (o.V. 1995f, S. 8f.).
- Kunden des Jeans Herstellers Levi's können unter dem Namen 'Personal Pair Jeans' in 30 Geschäften in den USA mit Hilfe eines touchscreengesteuerten Computersystems direkt ihre persönlichen Masse nehmen lassen. Gegen einen Aufpreis von US$ 10 werden Schnittform, Masse und Stofftyp direkt an die Schneiderei nach Tennessee übermittelt. Die fertigen 'individuellen' Hosen können im Geschäft abgeholt oder gegen US$ 5 zugeschickt werden. Eine Auslieferung nach maximal 3 Wochen ist garantiert. Eine Erweiterung sieht eine direkte Bestellung über das Internet vor. 75% der Kosten in der Bekleidungsbranche entstehen in der Distribution (und nicht der Produktion) und 25% aller Kundinnen sind mit dem Sitz einer Jeans nicht zufrieden (Tapscott 1995, S. 92). Daher verspricht sich Levi's durch die Massschneiderung einen Abbau von Lägern, Rabatten für Restware und Erhöhung der Kundenzufriedenheit. In einem Geschäft steigen die Verkäufe 1995 um 300% imVergleich zum Vorjahr.
- In Japan bietet Panasonic die Massschneiderung eines Fahrrades an. Die Körpermasse des Kunden und der Verwendungszweck des Rades werden zur Ausrichtung des Rahmens verwendet. Bei der Ausstattung kann zwischen 90.000 Varianten gewählt werden. Die Konstruktionsdaten werden direkt in einem CAD-System weiterverarbeitet. Die Lieferzeit beträgt vier Wochen, der Preis zwischen DM 2.600 und 10.000 (Mertens 1992, S. 62). Hauptmotivation für Panasonic ist die Imageverbesserung und die Verkaufsförderung von Standardrädern.

Eine weltweite Beschaffung von Gütern und Dienstleistungen - wie für den Bereich der 'Information' lange üblich - an dem Ort, an dem die Produkte am vorteilhaftesten angeboten werden ('global sourcing'), kann für den privaten Verbraucher in Zukunft von Bedeutung sein.

Eine Anwendung der Fa. CUC International, einem Unternehmen, das 38 Mio. Mitgliedern Homeshopping-Angebote unterbreitet, führt dieses durch. Unter dem Namen Shopper's Advantage bietet CUC einen Internet-basierten Dienst an ("www.cuc.com/sa/pages/map/"), der den Zwischenhandel komplett ausschaltet. Der Kunde kann in einem 250.000 Artikel umfassenden Warenhaus nach Produktgruppen oder thematisch nach Zimmern seines Hauses wählen. Produkteigenschaften sowie persönliche Prioritäten werden in einem Formular genau spezifiziert. Danach wird eine Liste der den Anforderungen entsprechenden Produkte angezeigt, durch eine Hyperlink-Verbindung sind weitere Produktinfomationen und Bilder abrufbar. Der Service versteht sich ausschliesslich als elektronischer Markt ohne Produktpräsenz oder Handel. Die Auslieferung erfolgt direkt vom Produzenten. Eine Mitgliedschaft kostet im Jahr US$ 49, die Preisersparnis bewegt sich zwischen 10% und 50%. Auf alle Produkte wird eine Garantie von 2 Jahren gegeben, innerhalb von 30 Tagen wird die Preisdifferenz erstattet, falls es ein günstigeres Angebot des gleichen Produktes gibt. Bild 5.4.4/1 zeigt die Oberfläche der Auswahl für Produkte aus dem Wohnzimmer. Hierbei wird deutlich, wie eine graphische, objektorientierte Benutzersteuerung, die Situationen der Realität abbildet, aussehen kann. Es wird nicht nach Abteilungen des Anbieters (Möbel, Elektrogeräte) unterschieden, sondern auf die Problemstellung des privaten Kunden nach thematischen Bereichen ('etwas für das Wohnzimmer finden!') eingegangen.

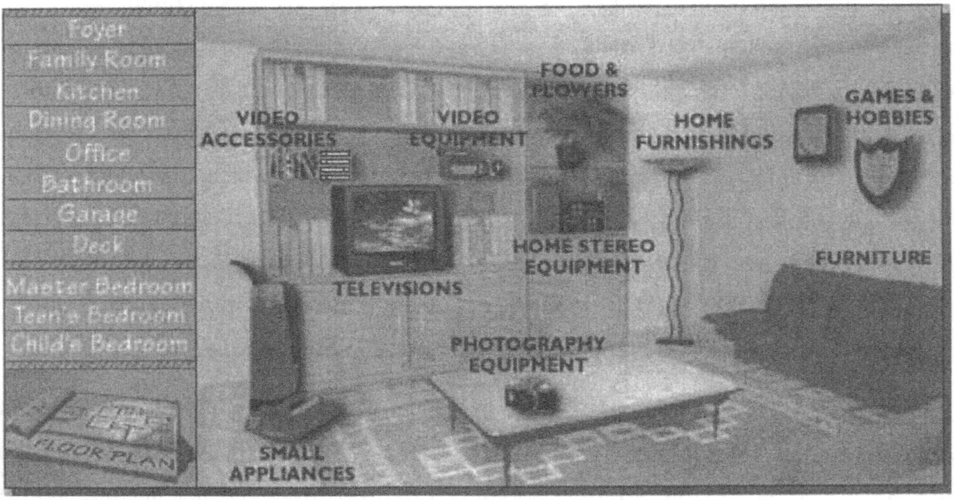

Bild 5.4.4/1 Warenauswahl im 'Wohnzimmer' bei Shopper's Advantage

Agenten-basierte Techniken bieten sich insbesondere in der privaten Beschaffung an, wo Preis- und Produktvergleiche aufgrund mangelnder Markttransparenz schwierig sind. Unternehmen wie QVC testen in den USA Pilotanwendungen. Ein Kundenprofil wird nach vorher zu beantwortenden Fragen gebildet. Bei Kundenwünschen sucht der Agent unter Beachtung des gespeicherten Profils bestimmte Produkte aus. Die Fa. eShop, Inc., entwickelt ebenfalls agenten-basierte Shopping-Anwendungen auf der Basis der Sprache Telescript. Ziel ist es, ein virtuelles Geschäft zu schaffen, indem ein elektronischer Verkaufsberater jeden Kunden individuell nach seinen Präferenzen bedient. Eine wichtige Frage ist, ob durch die direkte Beschaffung des privaten Haushalts beim Hersteller die Existenz von Intermediären wie Handel oder Reisebüros gefährdet ist. Dieses wird in der Literatur kontrovers diskutiert. Theoretische Überlegungen von Benjamin/Wigand (Benjamin/Wigand 1995, S. 67) kommen zu dem Ergebnis von erheblichen Preisreduktionen für den Endverbraucher und damit zu einer gewissen Überflüssigkeit dieser Stufe der Distribution. Andere Sichtweisen referieren auf die Bedeutung von persönlicher Beratung und die Restriktionen des Fern-Einkaufens. Es wird durchaus zu einem Schrumpfungsprozess mit einer Konzentration auf Kernkompetenzen der Intermediäre kommen, eine vollständige Eliminierung ist fraglich.

5.4.5 Zusammenfassung

Die informationstechnische Unterstützung des elektronischen Einkaufens gewinnt vor dem Hintergrund der Ausstattung der Haushalte mit den entsprechenden Infrastruktur-Plattformen wie PC, CD-ROM und Online-Anschluss an Bedeutung. Eine elektronische Unterstützung findet ihre Grenzen in der Art bestimmter Produktgattungen und der Tendenz der Haushalte zu einem erlebnisorientierten Einkauf verbunden mit sozialen Aktivitäten wie Essen ausserhalb der Wohnung. Chancen bieten sich in der kostengünstigen, multimedialen Unterstützung des Verkaufs am Point-of-Sale sowie der Ergänzung und schliesslich dem Ersatz teurer, papierbasierter Lösungen wie Produktkataloge. Einzelne Bereiche umfassen:

- Einkaufen via CD-ROM.
- Direct-Response-TV.
- Tele-Shopping.
- Beschaffen über das Interaktives Fernsehen.
- Einkaufen im Internet und via Online-Diensten.
- Point-of-Sale.
- Selbstbedienung.
- Elektronische Produktkataloge.

5.5 Wohnen

5.5.1 Definition

Unter dem Anwendungsgebiet 'Wohnen' wird die Zusammenfassung aller Funktionalitäten der Informationstechnik verstanden, welche die Sicherheit, die Ver- und Entsorgung sowie die Tätigkeiten der Hausarbeit wie Waschen und Kochen unterstützen. Wesentliche Infrastrukturen dieser Anwendungen wurden im Kapitel 4 in den Komponenten Ausrüstungstechnik und Hausgeräte beschrieben. 1990 wurden in der EU für ECU 292 Mrd. elekrotechnische Erzeugnisse hergestellt. 7,9% davon entfielen auf Hausgeräte und 2,7% auf Beleuchtung (Eurostat 1992, S. 189). Hinzu kommt ein schwer erfassbarer Anteil von Installationsartikeln.

Insbesondere aktuelle gesellschaftliche und soziale Tendenzen beeinflussen diesen Bereich stark:

- Zur Etablierung ökologischer Produktmerkmale wird Informationstechnik in Hausgeräten zur Energieeinsparung und Umweltschonung z.B. bei Waschmaschinen oder der Heizungssteuerung eingesetzt. Die National Association of Home Builders in den USA schätzt, dass durchschnittlich 55% der Betriebskosten einer Wohnung für Heizung, 20% für die Beleuchtung, 15% für die Wassererwärmung und 10% für die Grossverbraucher wie Kühlschränke verwendet werden (Hometeam 1996).
- Die zunehmende Gefährdung der Sicherheit der eigenen Wohnung durch gestiegene Kriminalität und Wertzuwachs in den Wohnungen. Mit 63% aller Delikte ist Diebstahl in Deutschland die häufigste Straftat überhaupt. Bei 575.000 Wohnungseinbrüchen entstand 1992 ein Schaden von mehr als DM 672 Mio., wobei die Steigerungsrate des Einbruchs etwa 14% beträgt. Dadurch steigt die Bedeutung der Informationstechnik im Rahmen der Sicherheitstechnik. Die Ausgaben der Haushalte für die Alarmtechnik betrugen 1994 allein in Deutschland DM 11 Mrd. (Eggert 1995, S. 282).
- Durch Kosteneinsparungen im Servicebereich der Unternehmen werden Aspekte der Fernablesung und Fernwartung nach Experimenten unter dem Eindruck der Energiekrise Anfang der achtziger Jahre wieder aktuell.

5.5.2 Anwendungsformen

5.5.2.1 Stand-alone Betrieb

Obgleich die externe und interne Vernetzung für das 'Wohnen' grosse Potentiale bieten, findet sich die Informationstechnik im wesentlichen zur Unterstützung des stand-alone Betriebes in drei Bereichen:

- Prozesssteuerung: Informationstechnik ermöglicht die effizientere Steuerung von Abläufen innerhalb von Hausgeräten oder der Ausrüstungstechnik. Fuzzy-Logik kann z.B. in Waschmaschinen eine bessere Waschqualität bei geringerem Energieverbrauch erreichen.
- Bedienung: Die Bedienung und die Anzeige von Funktionen bzw. Aktivitäten ist ein zweiter Bereich. LCD-Displays bei Mikrowellen, die eine Programmierung von Zeit, Garstufe und Sonderprogrammen zulassen, sind ein Beispiel.
- Energieeinsparung: Hauptgrund für den Einsatz von Elektronik im Haushalt ist die Energieeinsparung. Die Herde 'Worldline' von Miele schalten sich z.B. automatisch ab, wenn die Restwärme zum Fertiggaren ausreicht.

5.5.2.2 Interne Vernetzung

Abschnitt 4.1.3 hat die technischen Prinzipien bei der Steuerung von Hausgeräten und Ausrüstungstechnik über In-home-Netzwerke gezeigt. Obwohl der Markt bisher auf wenige erfolgreiche Beispiele beschränkt ist, die sich wie das 'Beolink' von Bang & Olufsen auf einen dedizierten Bereich konzentrieren (Unterhaltungselektronik/Licht), zeigen viele Pilotversuche empirisch die grossen Einsparungspotentiale von Energie (Jeck 1993, S. 12, 17).

Aufgrund der hohen Kosten wird das grösste Potential in der Nachrüstung bestehender Gebäude gesehen. Als Anteil der Gesamtkosten, der durch potentielle Informationstechnik im Haus konventionelle Installationen substituieren kann, berechnet Heimer (Heimer 1995, S. 38) für 1992 bei einem gesamten Bauvolumen von DM 196 Mrd. etwa 15% der Elektroinstallationskosten in Höhe von DM 18 Mrd. in Deutschland. Bei einem Ansatz von 20% der maximal möglichen Nutzer berechnet er ein Marktvolumen für vernetzte In-home-Technik von DM 529 Mio. (Heimer 1995, S. 38). Bild 5.5.2.2/1 zeigt eine Erhebung von Roland Berger & Partner bei potentiellen Nutzerhaushalten folgende Bedürfnisprioritäten, die in bisherigen Betrachtungen völlig unbeachtet geblieben sind (Howaldt/Jeck 1996, S. 342). Als "höchst sinnvoll" wurden die vernetzten Heiz-, Lastmanagement- und Sicherheitssysteme bewertet.

Bereich der internen Vernetzung	*Bewertung der Haushalte*
Beleuchtung und Jalousien	sinnvoll
Heizung und Lüftung	**höchst sinnvoll**
Lastmanagement	**höchst sinnvoll**
Unterhaltungssystem	sinnvoll
Eingangsüberwachung	sinnvoll
Sicherheitssystem	**höchst sinnvoll**
Externe Fernsteuerung durch Telefon	sehr sinnvoll
Weitere Dienste (Shopping, Information)	sehr sinnvoll

Bild 5.5.2.2/1 Bewertung von Einsatzgebieten der internen Vernetzung

Allgemeine Funktionen der internen Vernetzung sind:

- Fernsteuerung: Über zentrale Geräte wie dem Fernseher oder einem PC lassen sich diverse Aktoren im und ausserhalb des Hauses wie Jalousien, Rasensprenkler oder Lichtschalter fernsteuern und zeitlich programmieren. Dieses gilt auch für Geräte, die allein nicht programmierbar wären.
- Kontrolle: Neben der Fernsteuerung bietet die zentrale Kontrolle von Funktionen und Geräten einen besseren Überblick über Störungen und Bequemlichkeit für den Haushalt. Vernetzte Sicherheitseinrichtungen bieten bessere Funktionalität als isolierte Systeme. Durch eine Verbindung z.B. zur Klimasteuerung kann bei Verlassen der Wohnung der Verbrauch gedrosselt und bei Wiederbetreten ein vorgegebener Zustand automatisch wiederhergestellt werden.
- Optimierung: Wirtschaftlich bedeutsamer ist die Optimierung von Energieverbräuchen durch Anpassung an das individuelle Nutzungsprofil. Jeck zeigt, dass durch eine vernetzte Einzelraumsteuerung und zeitabhängige Programmierung einzelner Räume Einsparungen von mehr als 20% der Energiekosten erreicht werden können (Jeck 1993). Der Hersteller von Heizungsanlagen Honeywell hat den Einsatz intelligenter Systeme im Bereich der Heizung untersucht. Automatisches Absenken am Tage, wenn keine Personen anwesend sind, spart demanch ca. 18-30% der Kosten, die Einführung einer Einzelraumsteuerung wiederum 5-10% (Hometeam 1996). Durch automatisches Abschalten von Licht am Tage werden weitere 5-7% Einsparung erzielt, ebenso 3-5%, falls die Wassererwärmung auf den

Tagesrhythmus abgestimmt wird. Im Ergebnis kommt die Studie zu durchschnittlichen Einsparungen in den privaten Energiekosten von ca. 41%.

5.5.2.3 Externe Vernetzung

Die Gewinnung von Nutzungsdaten der privaten Haushalte, Vorteile durch Fernsteuern und Fernablesen oder die Einbindung in den Kundendienst sind bisher ungenutzt. Otis, ein Hersteller von Aufzügen, hat gezeigt, wie die Qualität des Kundendienstes durch externe Vernetzung der Fahrstühle mit dem Kundendienst erhöht werden kann (McFarlan/Stoddard 1985). Der Kundendienst ist vor der Abfahrt der Wartungstechniker über die technischen Einzelheiten des Problems informiert. Wesentliche Potentiale des 'Wohnens' lassen sich erst durch eine externe Anbindung der Haushalte erreichen:

- Optimierung durch zentrales Fernwirken: Die Verbindung des Haushalts zum Energieversorgungsunternehmen (EVU) erlaubt die ferngesteuerte An- und Ausschaltung von Grossverbrauchern wie Wäschetrocknern in günstigen Tarifzonen in der Nacht und dadurch ein Absenken von Lastspitzen der Energieversorgung. Auch die Fernablesung von Verbräuchen bietet Vorteile für Unternehmen und Haushalte.
- Erhöhung der Funktionalität: Durch eine Anbindung der Haushalte z.B. im Rahmen der Sicherheit an Nachbarschaften über ISDN oder direkt zur örtlichen Polizeiwache kann die eigentliche Funktion der internen Ausrüstungstechnik verbessert werden. Das Produkt 'Scenario' der Fa. Moulinex erlaubt neben der internen Fernsteuerung aller Küchengeräte über ein Steuergerät im Haus die Ferneinschaltung über das Telefonnetz, um z.B. vor Abfahrt am Arbeitsplatz den Herd anzuschalten.

5.5.3 Einsatzgebiete

Die Merkmale des Anwendungsschwerpunktes 'Wohnen' sind die Gewährleistung der inneren und äusseren Sicherheit, Heizung und Klima, Ver- und Entsorgung, die Beleuchtung sowie das Heimwerken:

5.5.3.1 Sicherheit

Im englischen Sprachgebrauch wird der Bereich 'Sicherheit' in Safety und Security unterteilt (EHSA 1992, S. 3). 'Safety' meint die Überwachung innerer Prozesse, während 'Security' den Schutz gegen Eindringlinge von aussen bezeichnet. Im Bereich der inneren Sicherheit kann etwa das Leckschlagen einer Leitung durch eine Flusskontrolle oder das Einfrieren von Wasserleitungen durch einen Temperaturfühler signalisiert werden. Die sogenannten Baby-Wächter, die das vorhandene Stromnetz zur Überwachung von Räumen einer Wohnung nutzen, können hier eingeordnet werden. Der externe Bereich besteht aus dem Schutz gegen Einbrecher. Einbruchmeldeanlagen (EMA) überwachen Flächen und Räume auf unbefugtes Eindringen. Die Alarmauslösung erfolgt automatisch durch Sensoren, die auf definierte physikalische Grössen reagieren, welche bei speziellen Einbruchsmethoden vorwiegend auftreten. In den vom Verband der Sachversicherer und der Kommission vorbeugender Kriminalitätsbekämpfung herausgegebenen Richtlinien sind als "Klasse A" und "Klasse B" die privaten Haushalte mit geringem bzw. erhöhtem Wertsachenanteil zugeordnet. Man kann vier Bereiche unterscheiden (Pistohl 1994, S. F51f.):

- Freigeländeüberwachung des Aussenbereiches wie bei Zäunen.
- Aussenhautüberwachung durch Kontaktmelder, Glasbruchmelder, Durchbruchmelder für Wände.
- Innenraumüberwachung durch Infrarot-, Ultraschall oder Mikrowellen-Bewegungsmelder.
- Objektüberwachung einzelner Gegenstände wie Gemälde oder Schmuck.

Hinsichtlich der Personen kann zwischen einer Anwesenheitssicherung und einer Abwesenheitssicherung unterschieden werden. Bei der letzteren erfolgt die Scharf- bzw. Unscharfstellung bei Verlassen oder Betreten des Hauses durch die Eingangstür, während die erstere z.B. vor dem Schlafengehen mit Verzögerung aktiviert wird. Die Einbruchsmeldung kann als externer Alarm durch eine Warnleuchte oder Sirene angezeigt werden. Zuvor kann ein interner Alarm im Gebäude eine Vorwarnung von Personen bewirken. Der stille Alarm stellt die automatische Weiterleitung des Alarms i.d.R. über das Telefonnetz dar. Bei Gebäuden der "Klasse B" ist eine Weiterleitung polizeilich vorgeschrieben. Ein Beispiel hierfür ist das Konzept 'TeleNachbar' der Alcatel SEL über ISDN. Wird ein Bewegungsmelder in einem Raum eines angeschlossenen Hauses ausgelöst, wählt der ISDN-Apparat eine Nummer des Nachbarn und aktiviert das Mikrofon. Überwachungsbilder lassen sich an einen Nachbarn übertragen. Der Nachbar gewinnt eine realistische Einschätzung der Lage, ohne sich selbst in Gefahr begeben zu müssen (o.V. 1993c).

5.5.3.2 Heizung/Klima

Im anglo-amerikanischen Sprachgebrauch als HVAC (Heating, Ventilation, Air Conditioning) zusammengefasst, bezeichnet dieser Bereich die gesamte klimatische Kontrolle des privaten Hauses. Insbesondere aus der flexiblen Gestaltung und Anpassung an die jeweilige Nutzung lassen sich Potentiale nutzen:

- Tageszeit: Kein oder verminderter Betrieb in den Nachtstunden.
- Jahreszeit: Reduzierter Betrieb im Sommer.
- Solare Zeit: Steuerung in Abhängigkeit vom tatsächlichen oder vorprogrammierten Sonnenstand, z.B. bei Jalousien.
- Temperaturabhängig, z.B. in Verbindung mit einem Aussensensor.
- Zeitabhängig: individuelles Programm nach persönlichem Empfinden.
- Nutzungsbezogen: Unterschiedlicher Betrieb in Abhängigkeit des Zweckes des jeweiligen Raumes oder bestimmter Raumzonen. Schlafzimmer können nur mässig temperiert werden, unabhängig von den übrigen Räumen. Diese als Einzelraumsteuerung bezeichneten Systeme können nach Jeck Einsparungen bis zu 20% bewirken (Jeck 1993, S. 12, 17). Das Bild 5.5.3.2/1 zeigt das System 'GEAdomics' (Köller/Seyer 1993, S. 116, 121). Kessel, Regler und ein zentrales Steuergerät werden durch ein In-home-Netzwerk miteinander verbunden. Die über die Bedieneinheit vorgegebenen Temperaturen werden über das Netzwerk und die lokalen Raumregler an die einzelnen Aktoren wie Heizungsventile weitergegeben.

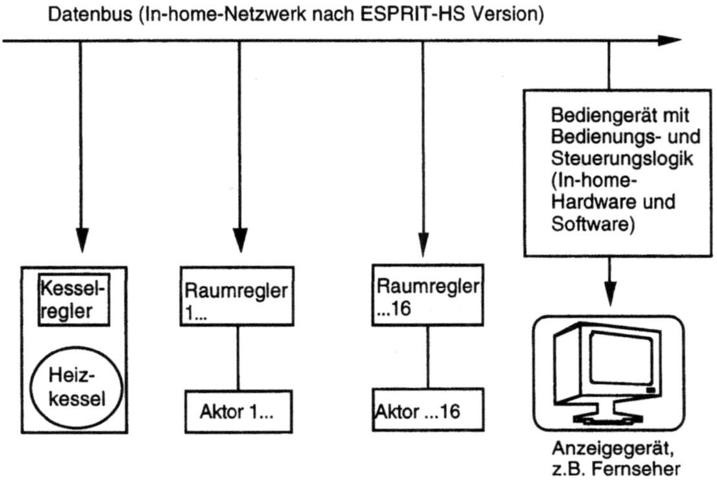

Bild 5.5.3.2/1 Einzelraumsteuerung mit GEAdomics

5.5.3.3 Ver- und Entsorgung

Der Netto-Strombedarf hat sich in den Jahren 1950 bis 1980 jährlich um 8% erhöht, insgesamt alle zehn Jahre um 100 Mrd. kWh. Die letzten zehn Jahre war ein geringerer Zuwachs zu erkennen. Nach der Industrie (50%) sind die privaten Haushalte der grösste Stromverbraucher in Deutschland. Ihr Anteil erhöhte sich von 12% 1960 auf 25% 1990. Der Stromverbrauch der privaten Haushalte spaltet sich auf in:

- Elektrospeicherheizung: 21%.
- Warmwasserbereitung: 13%.
- Kühlen und Gefrieren: 24%.
- Kochen: 9%.
- Waschen, Trocknen und Spülen: 9%.
- Beleuchtung: 7%.
- Sonstige Kleingeräte: 17%.

Pistohl weist darauf hin, dass elektronisch gesteuerte Programmabläufe neben anderen Verbesserungen wie Dämmung für eine Minderung des Energieverbrauches wesentlich verantwortlich sind (Pistohl 1994, S. E12). Bild 5.5.3.3/1 zeigt die Senkung des Stromverbrauchs bei verschiedenen Haushaltsgeräten durch Informationstechnik in verschiedenen Zeitabschnitten.

Gerät	*Senkung von 1978 bis 1991 in %*	*Senkung von 1988 bis 1991 in %*
Elektroherde	22	4
Geschirrspüler	42	5
Waschmaschinen	34	10
Kühl- und Gefriergeräte	35	4

Bild 5.5.3.3/1 Stromverbrauchsenkung durch Elektronik

Da sich elektrische Energie im Gegensatz zu anderen Energiearten und Gütern z.Zt. nur unzureichend speichern lässt, muss immer die maximale Menge erzeugt werden, die benötigt wird. Es erfolgt eine Ausrichtung der Produktionskapazität an dem Maximalbedarf. Bild 5.5.3.3/2 zeigt das typische Tagesdiagramm des Stromverbrauches eines Winter- und Sommertages in einem Privathaushalt mit den drei Lastspitzen morgens, mittags und abends.

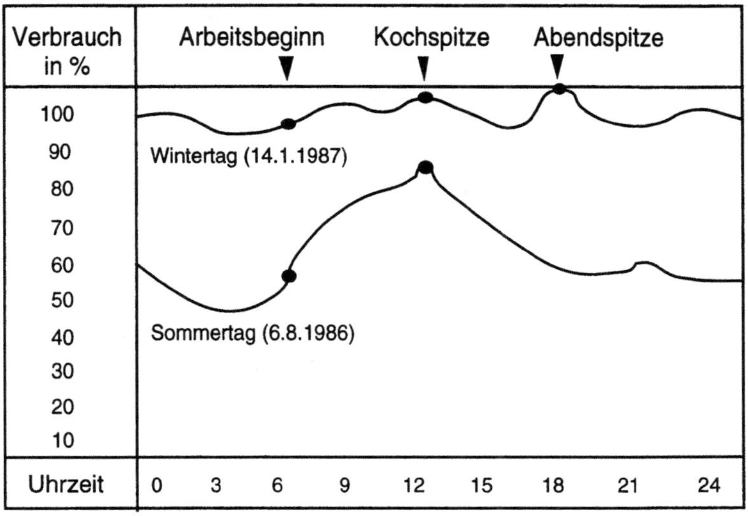

Bild 5.5.3.3/2 *Tagesdiagramm des Stromverbrauchs in privaten Haushalten*

Um Anreize zu schaffen, den Stromverbrauch gleichmässiger über den Tag zu verteilen, können günstigere Tarife zu Schwachlastzeiten, ein sogenannter Nachttarif, vom EVU angeboten werden. Dazu erfolgt eine getrennte Zählung in Niedertarif und Hochtarif durch einen Doppeltarifzähler. Die Umschaltung auf den günstigeren Schwachlasttarif wird zentral durch das EVU über einen neben dem eigentlichen Zähler installierten Rundsteuer-Empfänger vorgenommen. Dieser ist durch eine Steuerleitung mit den in separate Stromkreise eingebundenen, einzelnen Verbrauchern verbunden. Diese als Lastmanagement oder engl. CCLM (Customer-Controlled Load Management) bezeichneten Systeme erlauben eine Verlagerung des Energieverbrauches von Hausgeräten in die Lasttäler und ein Abflachen der Lastspitzen am Tage. Dadurch können erhebliche Kosten bei den Haushalten und den EVU eingespart werden, die zur Einsparung ganzer Kraftwerksanlagen führen können (Niggli/Nixon 1995, S. 68; Surratt 1991).

Kunden der American Electric Power Company in Columbus, Ohio, konnten den Energieverbrauch in Spitzenzeiten um 50-60% durch Zeitsteuerung senken. Ein Gerät wird mit dem Fernseher verbunden und erlaubt die Einzel-Programmierung der Hausgeräte zu einem Preis von US$ 10 pro Monat (Pavlik 1996, S. 105). Ein anderes Versorgungsunternehmen, Pacific Gas and Electric Company, hat zusammen mit Microsoft ein einfaches Kontrollsystem für die Programmierung von Hausgeräten entwickelt. Die PSE&G, die das Gebiet zwischen New York und Philadelphia mit 1,9 Mio. Strom- und 1,6 Mio. Gaskunden versorgt, verbindet Energie- und Gasmanagement mit einer Zweiwege-Telekommunikation. Als Anschluss der Haushalte werden alternativ Kabel oder Funk vorgesehen, innerhalb des Hauses wird die Einbindung der Zähler in ein In-home-Netz nach CEBus-Technik angestrebt. Einige Versorger wie das städtische EVU von Glasgow, Kentucky/USA, bieten 2.000 Kunden auch Kabelfernsehen und Datenservices über ihre Glasfaser-Leitungen an.

Bild 5.5.3.3/3 zeigt den Systemaufbau einer lastabhängigen Fernsteuerung von Ausrüstungstechnik und Hausgeräten durch das EVU (Yeung/Morgan 1995, S.38; Niggli/Nixon 1995, S. 74). Die Strecke von den Haushalten bis zu den zentralen Steuerungssystemen wie Energie-, Kunden- und Netzwerkmanagement im EVU wird über Koaxial- und Glasfaserkabel sowie dezentrale Knoten überbrückt.

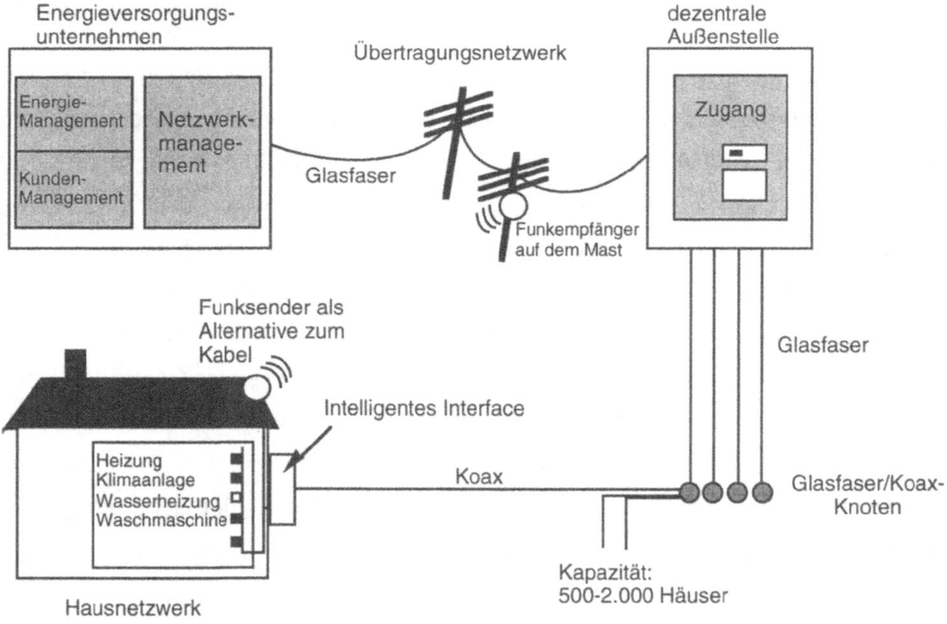

Bild 5.5.3.3/3 Verbindung von Energiemanagement und Telekommunikation

Die EVU haben zur internen Kommunikation entlang ihrer Versorgungstrassen Glasfaserkabel verlegt. Der Ausbau und die Nutzung dieser Infrastruktur bietet in Kombination mit dem Stromnetz eine Reihe von Vorteilen für die EVU oder andere Versorgungsunternehmen im Rahmen von Fernablesung und Fernwartung (Niggli/Nixon 1995, S. 72):

- Wegfall der personal- und kostenintensiven Ablesetätigkeit, stattdessen Übernahme der fernabgelesenen Daten direkt in ein zentrales Abrechnungssystem (Yeung/Morgan 1995, S. 34).
- Einführung von regionalen Echtzeit-Preissystemen, die sich flexibel der tatsächlichen Auslastung anpassen.
- Verbesserung bei der Überwachung und Wartung des eigenen Stromnetzes, wie z.B. sofortige Entdeckung von Ausfällen (Yeung/Morgan 1995, S. 34).
- Detaillierte Gewinnung von Kundendaten für das EVU und Echtzeit-Ablesung zu jeder Zeit, auch wenn z.B. der Kunde eine telefonische Rückfrage stellt.
- Erstellung von Nutzungsprofilen und -prognosen, sowie Grundlage der Energieberatung für Kunden als zusätzlichen Service. Eine Einzelaufstellung der Energieverbräuche bestimmter Geräte wird ebenfalls möglich (Niggli/Nixon 1995, S. 73).
- Erhöhung der Qualität des Kundendienstes durch sofortiges Feststellen der Fehlerart, dadurch auch kostenreduzierte Logistik.
- Höhere Bequemlichkeit für den privaten Kunden durch nicht mehr notwendige Anwesenheit bei Ablesevorgängen.

Neben der Steuerung ist die Wartung von Bedeutung. Im Rahmen der Zweckbauten wird Fernwartung eingesetzt. Grosse Heizaggregate werden über ISDN überwacht und Reparaturmassnahmen sofort eingeleitet. Im Rahmen des SMS (Short Message Service) des digitalen Mobilfunks können drahtlos kurze Fehlercodes an die Wartungsstelle übertragen werden.

Die Erfassung von Verbrauchswerten in der Wohnung kann durch Informationstechnik vereinfacht und verbessert werden. Ein Mikroprozessor in einem wärmebeständigen Kunststoffgehäuse dient zur Datenspeicherung in Verbindung mit zwei Temperaturfühlern für Heizkörper- und Raumtemperatur. Ein LC-Display zeigt dem Benutzer die aktuellen Verbrauchsdaten und die Zwischenwerte der vergangenen 12 Monate an. Ein Ablesestichtag kann vorprogrammiert werden. Die Genauigkeit ist höher als bei konventionellen Geräten. Eine Erweiterung ist die Übertragung per Funk auf ein Handterminal des Ablesetechnikers, der die Wohnung dazu nicht mehr betreten muss. Die abgesendeten Werte können durch die Bewohner jederzeit kontrolliert werden (o.V. 1995g, S. 35). Andere Formen der Fernablesung (AMR, Automatic Meter Reading) verwenden das Telefonnetz, das Stromnetz selbst oder Funklösungen (Surratt 1991). Ein Vorschlag sieht ein mit einem Funkempfänger und einem PC bestückten Lastwagen vor, der durch die Strassen fährt. Ein Signal aktiviert die Sender der Messgeräte, die sich identifizieren und ihre Werte zur Weiterverarbeitung an den PC funken. Hierbei können 18.000 Lesevorgänge pro Tag durchgeführt werden im Vergleich zu 300 Stück bei manueller Ablesung (Yeung/Morgan 1995, S. 37).

Die Dasa und die Fa. MicAS Elektronik haben ein neuartiges Müllerfassungssystem 'IMES' entwickelt: Über eine kleine an der Mülltonne angebrachte Smartcard wird bei der Leerung registriert, welcher Müllbehälter eines Nutzers mit welchem Volumen an welchem Tag und zu welcher Uhrzeit geleert wird. Diese Daten werden auf den Chip zurückgeschrieben und können an der Tonne ausgelesen werden. In einer Ausbaustufe sollen die Mülltonnen gewogen werden (o.V. 1995h). Erste Erfahrungen zeigen eine zurückgehende Müllmenge bei fast kostenneutraler Installation des Systems.

5.5.3.4 Beleuchtung

Produkte wie 'Beolink' mit 'LC2 Light Control' von Bang & Olufsen integrieren die Lichtsteuerung in die vernetzte Fernsteuerung der Unterhaltungselektronik. Zur Erhöhung des Komforts kann die Beleuchtung eines oder mehrerer Räume über die Fernbedienung der Unterhaltungselektronik ferngesteuert werden. Die Lichthelligkeit kann vorprogrammiert und als Lichtbild zur jeweiligen Tätigkeit abgerufen werden. Diese Form der Fernsteuerung kann auf externe Netze wie das Telefonnetz ausgedehnt werden, wenn ein In-home-Netzwerk wie der EIBus über das Telefon gesteuert wird. Bei längerer Abwesenheit lassen sich Beleuchtungsanlagen - aber auch andere Geräte - an- oder ausschalten.

Neuere elektronische Vorschaltgeräte für Leuchtstofflampen heben die Netzfrequenz von 50 Hz auf eine Hochfrequenz von 25 bis 40 kHz an, was einen geglätteten Verlauf der Lampenspannung bewirkt. Neben einer besseren Lichtausbeute und einem um 30% gesenkten Energieverbrauch des gesamten Systems gibt es folgende Vorteile (Pistohl 1994, S. G40):

- Flackerfreier Sofortstart.

- Flimmerfreies Licht.
- Geringere Wärmeentwicklung.
- Dimmen der Lampe möglich.
- Längere Lebensdauer der Lampe.
- Automatische Endabschaltung am Ende der Lebensdauer.

5.5.3.5 Hausarbeit

Aspekte der Hausarbeit wie Unterstützung des Kochens und Waschens durch informationstechnische Einrichtungen oder Elemente resultieren in einer besseren Funktionsausführung bestehender Aufgaben, Erweiterung durch neue Funktionen sowie einer energiesparenden und sicheren Prozesssteuerung. Wesentliche Beispiele wurden in Abschnitt 4.1.1.2 'In-home-Hardware' vorgestellt.

5.5.3.6 Heimwerken

Mit Heimwerken wird ein erheblicher Teil der Freizeit zugebracht. Hier werden Produkte angeboten, die Vorschläge und Unterstützung bei der Verschönerung oder Reparatur der privaten Wohnung bieten wie die multimediale CD-ROM 'Home Improvement' der Fa. Home Depot. Moderne Heimwerkergeräte wie Bohrmaschinen werden elektronisch gesteuert und sind über Multifunktionsdisplays bedienbar.

5.5.4 Zukünftige Entwicklung

Deutlicher als in den bisher dargestellten Anwendungsfeldern wird der Einsatz der Informationstechnik im Bereich 'Wohnen' durch bestimmte gesellschaftliche Entwicklungen wie Ökologie oder Sicherheitsbewusstsein beeinflusst. Die parallel dazu verlaufende externe Anbindung der Haushalte in Verbindung mit einer Deregulierung von Telekommunikations- und Versorgungsmärkten führt zu einer starken verursacher- bzw. verbraucherorientierten Zuordnung bezogener Leistungen. Am Beispiel des Zusammenwachsens der Funktionen eines Energieversorgungs- mit denen eines Telekommunikationsunternehmens in einem Konzern ist diese integrative Rolle der Informationstechnik zu beobachten. Die Folge sind segmentierte Preissysteme und Echtzeitabrechnungen, wie sie in anderen Dienstleistungsbereichen üblich sind. Die Fernsteuerung und -wartung stösst auf Hemmnisse im Bereich des Datenschutzes und unzureichender Infrastruktur, wenngleich hier grosse Potentiale für Kostensenkungen bei den Versorgungsunternehmen und Servicevorteile für die Kunden liegen.

Zusätzlich zum Einsatz von Mikroelektronik in einzelnen Hausgeräten lassen sich weitere Vorteile durch Systemintegration erreichen. Die teure, interne Vernetzung ist von einer Vielzahl konkurrierender Systeme gekennzeichnet, die einen Massenmarkt bis zur Bildung eines umfassenden Standards verhindern. Es werden entweder einfache Systeme mit hohem Nutzen in einer Funktionsart oder umfassende Systeme, die ein ganzes Nutzenbündel stiften, erfolgreich sein (Howaldt/Jeck 1996, S. 344). Eine weitere Tendenz ist die Übernahme von Funktionen, die bisher im Zweckbautenbereich im Facility Management eingesetzt wurden, wie Fernwartung von Heizungsanlagen, in den privaten Bereich. Der Schwerpunkt der Informationstechnik wird sich von stand-alone zu intern und vor allem extern vernetzten Lösungen, insbesondere als Sicherheitsverbund, verlagern. Der Marktwert dieser Heimsysteme wird bis zum Jahr 2000 für Europa mit ca. DM 5 Mrd. angegeben (Wolf-Cambier 1995, S. 20). Ziel ist es, einen tragfähigen Massenmarkt zu entwicklen. Dazu werden vier Phasen vorgeschlagen (Wolf-Cambier 1995, S. 21):

- 1987-1992: Ausarbeitung von Spezifikationen (abgeschlossen).
- 1992-1994: Entwicklung von Bestandteilen und Durchführung von Pilotprojekten (z.T. erfolgt).
- 1995-1998: Vergrösserung und Optimierung des Angebots von Bestandteilen sowie Entwicklung von Produkten und Dienstleistungen. Wichtigstes Ziel ist die Aufstellung eines gemeinsamen Standards (z.Zt. nicht absehbar).
- ab 1999: Schrittweise Entwicklung eines Massenmarktes.

Die Vision des Einsatzes von Haushaltsrobotern zur Übernahme von Routinetätigkeiten wie Rasenmähen, Staubsaugen oder Fensterputzen, wie Preuss sie für die Jahre 1996-2000 voraussieht (Preuss 1995, S. 164), ist demgegenüber reine Fiktion. Für den durchschnittlichen Haushalt wird ein intelligentes Haus, wie es von Bill Gates am Lake Washington in Seattle für mehrere Millionen US$ seit 1990 gebaut wird, ein Zukunftstraum bleiben (Gates 1996). In diesem Haus zeigen die Bilder an den Wänden veränderliche Inhalte, da sie aus 40 Zoll-Breitwand-Flachbildschirmen bestehen. Jeder Besucher erhält eine Kennzeichnung und wird danach von den Systemen des Hauses danach bewertet, welche Rechte und Vorlieben er hat. Telefongespräche werden direkt in den Raum weitergeleitet, in der sich die jeweilige Person befindet.

Die Beschallung wird gespeicherten Präferenzen angepasst. Das Licht wird bei Verlassen eines Raumes ausgeschaltet und bei Betreten eines neuen langsam aufgeblendet. Dieses Haus der Zukunft zeigt, was durch die Informationstechnik realisierbar ist.

5.5.5 Zusammenfassung

Viele Bereiche des 'Wohnens' wie Ver- und Entsorgung oder Hausarbeit sind stark von der Informationstechnik beeinflusst:

- Sicherheit.
- Heizung/Klima.
- Ver- und Entsorgung.
- Beleuchtung.
- Heimwerken.
- Hausarbeit.
- Heimwerken.

In fast allen Geräten steuern Mikroprozessoren Funktionen und Programmabläufe. Innovative Möglichkeiten entstehen durch die Integration bzw. Vernetzung der unterschiedlichen Haushaltsgeräte über ein gemeinsames Netzwerk. Verbesserte und neue Funktionen lassen sich aus dieser Synergie gewinnen. Durch die externe Steuerung von Energieverbrauchern haben sowohl Endkunden durch Senkung des Energieverbrauchs als auch Versorgungsunternehmen durch Drosselung der Energieproduktion die Möglichkeit, von Kosten- und Servicevorteilen zu profitieren.

5.6 Bildung

5.6.1 Definition

Unter dem Anwendungsschwerpunkt 'Bildung' werden alle informationstechnischen Funktionalitäten zusammengefasst, die die Aus- und Weiterbildung für den privaten Haushalt unterstützen. Die zunehmende Veränderungsgeschwindigkeit des erforderlichen Wissens nicht nur der beruflichen, sondern insbesondere der privaten Umwelt lässt den Stellenwert dieser Anwendung stetig in den Vordergrund rücken. Insbesondere die Data-Highway-Initiative der Clinton/Gore-Administration in den USA (The White House 1993) will die Informations- und Kommunikationstechnik nutzen, um zur Reform des Bildungssystems beizutragen. Ziel ist es, jedermann von jedem Ort Wissen zur Verfügung stellen zu können, um insbesondere sozial schwache Gruppen besser ausbilden zu können. Das Beispiel 5.6.1/1 zeigt einen Ansatz aus dieser Initiative:

Beispiel 5.6.1/1: Glasfasernetz in Harlem/New York (The White House 1993, Tab. C)

Als Teil einer Kabellizenz wurde im New Yorker Stadtteil Harlem Glasfaser eingesetzt. In diesem Stadtteil leben 40% der Bevölkerung unter der Armutsgrenze, die Arbeitslosigkeit und Kriminalitätsrate sind hoch. Die Stadtverwaltung experimentiert mit interaktiven Videokonferenzen zwischen Gemeinschaftsräumen in sozialen Einrichtungen und Verwaltungen, Schulen und New Yorker Unternehmen. Ziel ist es, minderjährige Mütter in der Erziehung ihrer Kinder zu unterstützen und Aufklärungsarbeit bei sozialen Randgruppen zu leisten. Durch ein Mentorenprogramm soll Jugendlichen eine Ausbildung ermöglicht werden.

Es wird erwartet, dass durch Informationstechnik 30% mehr Lehrinhalt, in 40% weniger Zeit zu 30% weniger Kosten gelernt werden kann (Tapscott 1995, S. 206). Es wurden 1994 43% des Umsatzes mit multimedialer Software im Bereich der beruflichen Weiterbildung und 12% durch Schulen und private Ausbildung generiert (Graf/Treplin 1996, 2.4.1, S. 2). Eine Unterscheidung in Aus- und Weiterbildung wird nicht vorgenommen.

Das Wissen der Welt verdoppelt sich seit 1971 konstant alle fünf Jahre. Dieses ist gleichzeitig die Halbwertzeit für das fachspezifische Wissen einer Ausbildung (o.V. 1993b, S. 1). Die zunehmende Komplexität der Umwelt sowie die Abnahme der öffentlichen Bildungsanstrengungen durch Budgetrestriktionen verlagert die Verantwortung auf die Haushalte selbst. Die Unterstützung der Bildung durch Informationstechnik hat Potentiale, wo ein lernort- und zeitunabhängiges Lernen gefordert wird. Das Spektrum reicht vom selbstgesteuerten Lernen vor dem PC bis hin zu Lektionen über externe Netzwerke wie dem Internet.

1995 machte der Multimediamarkt für Ausbildung und Training in Europa mit US$ 280 Mio. oder einem Anteil von mehr als 20% den grössten Bereich des Multimediamarktes aus. Bis zum Jahr 2005 wird ein Wachstum auf US$ 11,5 Mrd. mit einem Anteil von 40% in Deutschland erwartet (Graf/Treplin 1996, 2.4.19, S. 1). Der Umfang betrug danach doppelt soviel wie der der Unterhaltung. In der Literatur werden diese Funktionen unter dem Begriff 'CBT' (Computer Based Training) oder 'CAI' (Computer Aided Instruction) subsumiert. Darunter werden als Oberbegriff "EDV-gestützte, interaktive Lernanwendungen" verstanden (KPMG 1994, S. 11). Dadurch werden beim Menschen unterschiedliche Kanäle der Wahrnehmung angesprochen. Abstrakte Zusammenhänge können durch Videos oder akustische Untermalung verdeutlicht werden. Lernpsychologische Tests haben gezeigt, dass der Lernerfolg erheblich durch den Einsatz verschiedener Aktivitätsstufen des Lerners determiniert wird und bei aktiver Einbeziehung bis auf 80-90% steigt (Schmenk/Wätjen 1993, S. 186). Das menschliche Hirn speichert Informationen nicht sequentiell, sondern im wesentlichen assoziativ. Durch die Verwendung von Hypertextfunktionen kann ein nicht-lineares Bearbeiten von Lernmaterial ermöglicht werden, das den Erfordernissen des menschlichen Lernens besser als traditionelle Lernformen entspricht. Merkmale von CBT sind (KPMG 1994, S. 11; Gassner/Kuom 1995, S. 40f.):

- Vermittlung von Wissen, durch Einbindung in spielerisches Umfeld.
- Einbindung von Bildern, Audio- und Videosequenzen.
- Hilfefunktionen.
- Vom Fortschritt abhängige Verzweigungen und Einfluss des Lerners auf den Fortgang.
- Integrierte Tests zur Kontrolle.
- Bereitstellung von zusätzlichen Informationen bei falschen oder unvollständigen Antworten.
- Jederzeitiges Beenden oder Wiederholen von Schritten.

Im Zuge der Konvergenz von Anwendungen wie Unterhaltung, Bildung und Information als 'Info- oder Edutainment' und der sinkenden Kosten für private Infrastrukturen hat die Bildung für den privaten Bereich an Bedeutung gewonnen. Otte sieht den Computer in der privaten Bildung in den Kategorien 'training' und 'education'. Erstere Kategorie versteht die blosse Aneignung von Wissen oder Fähigkeiten, während die zweite die kritisch-kreative Beschäftigung mit einem Problem einschliesst (Otte 1994).

5.6.2 Anwendungsformen

5.6.2.1 Stand-alone Betrieb

Die wesentliche Plattform für den stand-alone Betrieb in privaten Haushalten ist der PC mit CD-ROM Laufwerk. 10% aller CD-ROM Titel weltweit entsprechen gegenwärtig dem Genre Ausbildung und Training (Graf/Treplin 1996). 20% aller privaten PC-Nutzer in Deutschland gaben 1995 an, Lernprogramme oder Sprachlernen am eigenen PC auszuführen (IRES 1995, S. 32). Lernprogramme sind das am stärksten wachsende Softwaresegment für den Consumer-Markt (vgl. 4.1.2.2).

5.6.2.2 Interne Vernetzung

Die interne Vernetzung spielt zur Zeit in den Haushalten keine Rolle. In Zukunft kann an 'pädagogische Netze' gedacht werden, wie sie zur Zeit in den Weiterbildungszentren von Unternehmen installiert sind. Überwachung des Lernprozesses, Rückfragen oder Aufschaltung des Lernerplatzes auf einen anderen Rechner können das Lernen innerhalb der Wohnung neu gestalten.

5.6.2.3 Externe Vernetzung

Einen grossen Einfluss hat die Diskussion um 'Datenautobahnen' auf die externe Vernetzung der Anwendung 'Bildung'. Der ubiquitäre Zugriff auf Wissen in elektronischen Datenbanken oder Bibliotheken über Netze wie das Internet sind ein Aspekt (Otte 1994). Das Lernen durch Erfahrungen wie Simulationen oder Austausch von Wissen und Fähigkeiten sind ebenfalls möglich. Der 'Big Sky Telegraph' im US-Bundesstaat Montana verbindet 114 Zwergschulen über das Internet miteinander. Der Russischunterricht wird durch aktive Kommunikation mit Schülern aus Russland unterstützt. Das ebenfalls angeschlossene College empfängt Veranstaltungen des MIT. Dieses 'entfernte' Lernen wird als 'Distance Learning' bezeichnet und wird erst durch die externe Vernetzung der Haushalte möglich:

- Über ISDN ist die ständige Erreichbarkeit eines Tutors in Bild und Ton gegeben.
- Diskussionsforen zur Bildung im Internet: In der Gruppe 'k12.lang.deutsc-eng' finden z.B. zweisprachige Unterhaltungen in Englisch oder/und Deutsch statt. Eine Reihe anderer Schwarzer Bretter bieten Anleitungen zum Erlernen oder Festigen von Fähigkeiten an.
- Distance Learning durch Zugriff auf Archive wie elektronische Bibliotheken oder elektronische Versionen von Datenbanken: Umfangreiche Wissensressourcen können strukturschwachen Gebieten zur Verfügung gestellt werden. Das Lexikon 'Encyclopedia Britannica' wird im Internet gegen Gebühr angeboten. Seit 1994 arbeiten der Vatikan und IBM an der Digitalisierung der aus dem 13. Jahrhundert stammenden Vatikan-Bibliothek. Ziel ist es, die alten Manuskripte, die sonst praktisch unzugänglich wären, zu erhalten und online zur Verfügung zu stellen.
- Distance Learning als Fernkurse über Satellit, Online-Dienste, das Internet oder Kabelfernsehen wie der Discovery oder Learning Channel: In den USA wurden 1991 55% des Distance Learning über Satelliten abgewickelt (Grant 1995). Ähnliche Angebote werden als Programme für das Interaktive Fernsehen diskutiert. Die Mind Extension University, eine Tochter von Jones International, liefert in den USA über Kabelfernsehen an 25 Mio. Haushalte Bildungsfernsehen. Zur Teilnahme werden neben dem Fernsehen, ein Computer, Telefon und ein Modemanschluss benötigt.

5.6.3 Einsatzgebiete

Wegen der Dominanz des CBT durch den betrieblichen Bereich verweisen Bievert/Monse auf den gegenwärtig experimentellen Zustand der privaten Bildung (Bievert/Monse 1991, S. 211). Wegen der verstärkten Verflechtung von betrieblicher und allgemeinbildender Informationsaufnahme sehen sie trotzdem in drei Bereichen Potentiale der Informatisierung der Anwendung 'Bildung' (Bievert/Monse 1991, S. 212):

- Ein erheblicher Teil der Bildung findet in den privaten Haushalten selbstgesteuert statt.
- Der Bezug der Bildung zur Unterhaltung hat sich verstärkt, wobei Unterhaltung als 'Einfallstor' in die privaten Haushalte wirkt.

- Die Software-Entwicklung für Bildung unterstellt im Gegensatz zu anderen Bereichen den unerfahrenen gelegentlichen Nutzer. Pädagogische Konzepte lassen den privaten Haushalt leichter als potentiellen Nutzer erscheinen.

5.6.3.1 Erziehung von Kindern

Papert, der als Mitarbeiter am MIT die Entwicklung des computerunterstützten Lernens für Kinder entscheidend geprägt hat, spricht von dem Computer als einem Instrument, mit dem Kinder spielerisch "einen wichtigen Teil der Welt" kontrollieren können (Brand 1990, S. 155). Im Unterschied zu Erwachsenen, die ein Programm zum Zwecke der Bildung nutzen, bedeutet für Kinder das Programm bereits Lernen. Grösserer Lernerfolg und höhere Motivation wurden in Studien belegt (Tapscott 1995, S. 205). Zwei Drittel aller Haushalte mit Kindern besitzen einen PC. Ein Drittel aller Schulkinder in Deutschland hatten 1995 einen PC im Kinderzimmer (IRES 1995, S. 10). Die Unterstützung der Hausaufgaben der Kinder ist in den USA nach der Heimarbeit mit 38% der zweitwichtigste Grund für die Anschaffung eines privaten PCs (Kirkpatrick 1994, S. 57). 16% aller US-Familien, die einen PC hatten, kauften 1994 einen weiteren speziell für die Erziehung ihrer Kinder (Armstrong/Sager 1994). Für diese Zielgruppe gibt es 'Kindercomputer', die zwischen einem Videospiel und einem Computer zu plazieren sind. Diese mit grossen, farbigen Tasten und robusten Bedienelementen ausgestatteten Geräte sollen an den Zugang zum Computer spielerisch heranführen und richten sich an Kinder im Vorschulalter.

Die mit der Auswahl von Lernprogrammen beschäftigte Beratungsstelle für Neue Technologien am Landesinstitut für Schule und Weiterbildung Soest unterscheidet fünf Gruppen von Lernprogrammen für Kinder (o.V. 1994b, S. 104):

- Übungs- und Lernsoftware für Vokabeln oder Rechtschreibung.
- Simulationsprogramme, die komplexe Zusammenhänge wie den Zerfall radioaktiver Stoffe verständlich machen.
- Werkzeuge zum Schreiben, Rechnen oder Zeichnen.
- Themenbezogene Datenbanken wie die Produkte PC Globe oder das CIA World Factbook, die eine Sammlung von Daten, die für Hausaufgaben oder Projekte verwendet werden können, enthalten.

- Multimediale CD-ROMs, die wie die Chronik des 20. Jahrhunderts von Bertelsmann auf ein erwachsenes Publikum zugeschnitten sind, aber auch für Kinder eine Reservoir von Informationen bieten.

Grundlegende Funktion vieler Lernprogramme für Kinder ist das Erlernen elementarer Fähigkeiten wie Rechnen, Lesen oder Vokabellernen. Hierzu werden viele CD-ROM basierte Produkte z.B. Mathematik-Programme angeboten. Ziel ist es, schulische Anforderungen wie Hausaufgaben zu ergänzen oder zu unterstützen. Durch Multimedialität und Verknüpfung mit anderen Medien werden weitergehende Lernfunktionen möglich, wie das Beispiel 5.6.3.1/1 zeigt.

Beispiel 5.6.3.1/1: 'Where in the world is Carmen Sandiego?' (Abraham/Piga 1994, S. 660)

In Anlehnung an die gleichnamige Fernsehsendung fordert dieses Detektivspiel das spielende Kind heraus, ein Verbrechen der Hauptfigur zu lösen und den Verbrecher zu finden. Der Spieler muss auf der Basis von Hinweisen kombinieren und den Verbrecher quer durch viele Länder verfolgen. Viele der 3.000 Hinweise sind mit dem Akzent des jeweiligen Landes aufgenommen. Das Spiel wird mit Begleitliteratur ausgeliefert, die Informationen zu den Schauplätzen enthält und auffordert, andere Quellen wie Lexika zur weiteren Erforschung heranzuziehen. Es eignet sich als gemeinsames Spiel mit mehreren Kindern.

Moderne Lernprogramme für Kinder bieten neben dem Erlernen von Wissen die kreative Gestaltung an. In dem Programm 'Super Mario Paint' von Nintendo können die Kinder eigene Bilder malen und dazu Musik komponieren. Eine Speicherung ist über einen Videorekorder möglich. Davidson's 'Kid CAD' übt spielerisch dreidimensionales Vorstellungsvermögen und Kreativität beim Planen und Gestalten von Bauwerken ein.

Die Serie 'Living Books' von Broderbund stellt eine animierte Darstellung von Märchen wie der "Schildkröte und der Hase" dar. Die Geschichten werden vorgelesen und mit parallelem Text vorgespielt. In Abweichung der vorgegebenen Geschichte können bestimmte Worte und Gegenstände aktiviert werden und lösen bestimmte Aktionen aus. Zu jeder Geschichte werden fremdsprachliche Versionen angeboten (Abraham/Piga 1994, S. 639).

Zur Bedienung des Home-PC werden spezielle Oberflächen für die Benutzung durch Kinder angeboten, die an die in Kapitel 4 erwähnten Social Interfaces erinnern. Das Programm 'KidsDesk' stellt z.B. eine separate Oberfläche in Form eines Kinderschreibtisches mit integrierten Kinderprogrammen dar, die einen Zugriff auf die übrigen Programme des Rechners verhindert.

Im Bereich der Programmierung gibt es spezielle, auf die Zielgruppe Kinder ausgerichtete Produkte. Die Programmiersprache 'LOGO' wurde vor 25 Jahren speziell für Kinder entwickelt. Im Gegensatz zur anderen Sprachen wie BASIC stellt sie die Interaktion mit dem Computer in den Vordergrund. Kleine Kommandos mit der 'Turtle Grafik' resultieren sofort in Ergebnissen und lassen Schritt für Schritt komplexere Gebilde entstehen.

5.6.3.2 Qualifikationen

Neben dem Einsatz der Informationstechnik für die Erziehung der Kinder werden für private Qualifikationen der Erwachsenen IT-gestützte Vefahren eingesetzt. Eine Grenze zwischen beruflicher und privater Bildung existiert nicht. Als Bildungseinrichtung für den privaten Haushalt dienen die Volkshochschulen, deren Ausstattung mit moderner EDV selten auf dem aktuellen Stand ist (Biervert/Monse 1990). 1993 wurden landesweit über 480.000 Kursveranstaltungen mit mehr als 6 Mio. Teilnehmern durchgeführt. Sprachen, Gesundheitsbildung und künstlerisches Gestalten waren die häufigsten Stoffgebiete (StaBu 1995, S. 413). War bisher die Teilnahme an teuren Seminaren für den privaten Haushalt notwendig, so kann ein Teil der Bildung bequemer daheim durchgeführt werden.

Beispiele für den privaten Bereich sind Kurse in Vorbereitung auf einen Urlaub oder die Führerscheinprüfung. Das Lernen von Hintergründen wie Geschichte oder Politik kann in diesen Bereich eingeordnet werden (Rubel 1995, S. 63). Für das selbstgesteuerte Lernen zuhause wird zahlreiche Software auf Diskette oder CD-ROM angeboten. Kiosksysteme an öffentlichen Plätzen wie Museen dienen der privaten Bildung. Durch die in Filialen der Commerzbank aufgestellten POI-Säulen wurde ökologisches Wissen zu Naturparks in Deutschland in einem Frage- und Antwortspiel vermittelt. Aus dem Bereich der Verkehrserziehung als private Qualifikation stammt das Beispiel 5.6.3.2/1.

Beispiel 5.6.3.2/1: Verkehrserziehung (o.V. 1994c, S. 22)

Die DST Deutsche Systemtechnik GmbH hat einen speziellen, wie ein Autocockpit gestalteten Fahrtrainer entwickelt, der kraftstoffsparende und verkehrsgerechte Fahrweisen einüben soll. Gefahrensituationen werden von einer Bildplatte auf einem Schirm eingespielt, Daten wie Reaktionszeiten gemessen und die Relation des Probanden anschliessend ausgewertet und mit Referenzdaten verglichen. Die bisher rein theoretisch stattfindende Schulung soll durch den Fahrsimulator in den Fahrschulen Praxisbezug schaffen. Der Testbetrieb begann 1994 auf dem Genfer Autosalon.

5.6.3.3 Hobbies

Durch die wachsende Freizeit der privaten Haushalte ist eine Zunahme des für Hobbies aufgewendeten Zeitbudgets zu erwarten (Eggert 1995). Neben dem Erwerb von privaten Qualifikationen stellt die Bildung im Hobby-Bereich einen Schwerpunkt des privaten Lernens dar. Beispiele sind Kochkurse auf CD-ROM, die neben der Darstellung der Zubereitung des Gerichts eine Einkaufsliste vorschlagen, oder Kurse zum Erlernen eines Musikinstruments wie 'Electric Guitar' von Bertelsmann Electronic Publishing. Das Softwarehaus Virtual Reality Laboratories hat für Hobbyastronomen die CD-ROM 'Distant Suns' entwickelt, die den nächtlichen Himmel jedes Platzes der Erde und jeder Zeit zwischen dem Jahr 4713 vor und 10000 nach Christus simulieren kann.

5.6.4 Zukünftige Entwicklung

Wesentliche Grundlage für die Nutzung von Informationstechnik zu Bildungszwekken im privaten Haushalt ist eine entsprechende infrastrukturelle Basis. Für den Bereich 'Bildung' heisst das inbesondere eine weitere Verbreitung von multimediafähigen Heimcomputern mit CD-ROM Laufwerk. Zunehmende Leistungsfähigkeit und sinkende Kosten führen zu einer Einbindung von Video, dreidimensionaler Animation und schliesslich virtueller Realität in Produkte für die Bildung. Insbesondere komplexe technische Zusammenhänge wie die räumliche Struktur von Molekülen können besser verdeutlicht werden.

Informationstechnik macht Lehrpersonal nicht überflüssig, sondern schafft Raum für eine neue Qualität ihrer Arbeit im Hinblick auf Betreuung und Eingehen auf individuelle Probleme. Betriebliche Bildung und privates Lernen bewegen sich aufeinander zu. Tapscott spricht von einer Einheit aus 'knowledge worker' und 'knowledge consumer' (Tapscott 1995, S. 200). Heute ist das private Erlernen einer Fremdsprache nicht von einer betrieblichen Qualifikation derselben Art zu trennen. Volkswirtschaftliche Bedeutung gewinnt die private Bildung, wo geographische oder soziale Restriktionen eine umfassende schulische Ausbildung verhindern. Durch das geforderte 'lifelong learning' in einer steigend komplexeren Umwelt findet eine Umverteilung der Bildungaufgaben weg von formalen Einrichtungen wie Schulen und hin zu einer selbstgetriebenen, vom privaten Haushalt initiierten und getragenen Bildung statt (Tapscott 1995, S. 199f.).

5.6.5 Zusammenfassung

Die Grenze zwischen der Anwendung 'Bildung' und anderen Schwerpunkten wie 'Information' und 'Unterhaltung' ist im privaten Bereich aufgehoben. Insbesondere Lernprogramme für Kinder zeigen, wie auf unterhaltsame Art komplexere Inhalte vermittelt werden können. Neben der Vermittlung von Wissen werden Formen des kreativen 'Entdeckungslernens' (Morrison/Morrison 1994, S. 269; Brand 1990, S. 151f.) unterstützt. Wesentliche Aspekte sind:

- Erziehung von Kindern.
- Qualifikationen für Erwachsene.
- Bildung in Hobbies.

Für die Erwachsenenbildung gibt es zunehmend Angebote, zusätzliche Qualifikationen oder Fähigkeiten mit Hilfe des Heim-PCs zu erwerben. Das interaktive Lernen mit dem Computer kommt der vernetzten Informationsaufnahme des Menschen nahe und steigert die Behaltensquote.

5.7 Mobilität

5.7.1 Definition

Unter dem Anwendungsschwerpunkt 'Mobilität' werden alle Funktionalitäten der Informationstechnik zusammengefasst, die das Auswählen, Vorbereiten und Durchführen von privaten Reisen und privatem Verkehr umfassen.

Das Verkehrssystem ist zu einem essentiellen Bestandteil der Gesellschaft geworden, erhöhte Mobilität der Bevölkerung hat in den letzten Jahren zu einer verstärkten Nachfrage nach Verkehrsleistungen geführt. Der Personenverkehr stieg von 1960 mit 239 Mio. Personenkilometern auf 660 Mio. Personenkilometer im Jahr 1988. Während in demselben Zeitraum das Strassennetz um 35% gewachsen ist, ist die Verkehrsleistung im Individualverkehr um 370% und die Zahl der Autos um 620% gestiegen. Ein wesentlicher Grund ist die wachsende Freizeitmobilität (Harmsen/König 1992). Dieser Mobilitätswunsch steigt mit dem Realeinkommen und zunehmender Freizeit (Lenz 1993, S. 5). Prognosen sagen Zunahmen in den Zeit- und Geldbudgets der Haushalte für Reisen und Urlaub voraus. Der Freizeit- und Urlaubsverkehr hat mit 50% den höchsten Anteil am Gesamtverkehrsaufkommen (Landtag BWB 1995, S. 244). Die negativen ökonomischen und ökologischen Folgewirkungen werden anhand der durch die zunehmende Verkehrsdichte sichtbaren Kapazitätsgrenzen deutlich. Informationstechnik kann im privaten Verkehr drei wesentliche Beiträge liefern:

- Ersatz von physischem Verkehr durch Telekommunikation.
- Fahrzeugbezogene Technik zum isolierten Einsatz.
- Steuerung und Koordination von Verkehrsflüssen durch integrierte Leitsysteme.

Daneben kann Informationstechnik die Auswahl und Selektion von Reisen durch elektronische Buchungs- und Reservierungssysteme unterstützen, die dem Endkunden zugänglich sind. Hierbei zeigen sich ähnliche Tendenzen wie bei der Anwendung 'Beschaffen'. In diesem Zusammenhang kann die Reisebuchung als Charakteristikum des Beschaffens von Gütern und Dienstleistungen gesehen werden, wird aufgrund der besonderen Bedeutung für den privaten Haushalt getrennt betrachtet (vgl. Abschnitt 5.4). Reisen war 1995 mit 25% des Freizeitbudgets die bedeutendste Freizeitausgabe (o.V. 1995d).

5.7.2 Anwendungsformen

5.7.2.1 Stand-alone Betrieb

Im stand-alone Betrieb wird der wesentliche Teil der Mikroelektronik im Auto betrieben. Die Steuerung des Motors und andere Systeme zur Prozesssteuerung wie das Anti-Blockiersystem zeigen Indikatoren zur internen Vernetzung verschiedener Fahrzeugkomponenten wie Motor, Bremsanlage und Fahrwerk. Hinsichtlich der Verkehrslenkung gibt es Systeme, die als 'autark' oder 'statisch' bezeichnet werden, da sie ohne dynamischen Datenaustausch mit einem Verkehrsrechner arbeiten. Diese sind entweder zur Zielführung im Auto installiert wie das 'Carin' von Philips oder als Verkehrsbeeinflussunganlage (VBA) durch Wechselverkehrszeichen als Infrastruktur an der Strasse. Ein Zentralrechner wertet die von Induktionsschleifen gelieferten Belastungsdaten aus und ändert danach Verkehrszeichen. Ein Rückgang von Sach- und Personenschäden um mehr als 30% konnte bei Versuchen festgestellt werden.

Bei der Reiseauswahl werden CD-ROM basierte Reiseführer oder Tourenplaner angeboten wie die elektronischen Merian Karten für Deutschland oder Europa, die eine Schnittstelle für die Satellitennavigation einschliessen.

5.7.2.2 Interne Vernetzung

Die interne Vernetzung innerhalb des Autos wurde in Abschnitt 4.2.3 diskutiert. Es werden integrierte Navigations-, Unterhaltungs- und Kommunikationssysteme für das Auto angeboten. Die Kommunikation der angeschlossenen Einheiten findet über Bussysteme statt, die wie der Digital Data Bus (D2B) der Fa. Philips Car Systems auf Glasfaserbasis arbeiten. Die Automobilindustrie verspricht sich neben dem Verkauf von zusätzlichem Zubehör einen Kosten- und Qualitätsvorteil durch Integration diverser, bisher getrennter Komponenten in einem Netzstandard für das Auto. Die üblichen, aufwendigen Kabelbäume entfallen.

5.7.2.3 Externe Vernetzung

Autarke Leitsysteme wie der 'Euroscout' von Philips werden z.T. durch ein Satellitenortungssystem GPS (Global Positioning System) gesteuert. Trotzdem werden sie in der Literatur als isoliert gekennzeichnet. Als dynamische Verkehrsleitsysteme werden Systeme angesehen, wenn sie aktualisierte Daten über die Verkehrssituationen wie

Staus oder Umleitungen durch externe Quellen, z.B. einen Verkehrsrechner beziehen. Rundfunk-basierte Systeme wie das Radio Data System/Traffic Message Channel (RDS/TMC) versorgen den Autofahrer mit abrufbaren Informationen zur Verkehrssituation. Das Bundesverkehrsministerium sieht durch den Einsatz von telematischen Verkehrsleitsystemen eine virtuelle Erhöhung der Strassenkapazität um 30% und eine Reduzierung der Emissionen um 20% sowie sinkende Unfallzahlen (Rother 1994b, S. 86).

Bei der Reiseauswahl ist die direkte Anbindung des privaten Kunden nicht weit verbreitet. Angebote im Internet und Online-Diensten erlauben die Reservierung von Reisen und Fahrkarten. Um eine Ausschaltung der Reisebüros zu vermeiden, ist innerhalb des T-Online Systems bei dem Angebot des Reservierungssystemanbieters 'START' eine Auswahl eines bestimmten Reisebüros notwendig.

5.7.3 Einsatzgebiete

Grundsätzliche Merkmale des Anwendungsschwerpunktes 'Mobilität und Reisen' sind die Autoelektronik im privaten Kfz, Verkehrsleitsysteme, Informationssysteme zur Reiseplanung sowie die Reisebuchung.

5.7.3.1 Autoelektronik zur Steuerung

Systeme der Autoelektronik dienen der Verringerung der Umweltbelastung, der Erhöhung der Sicherheit oder der Verbesserung des Komforts:

- Verringerung von Umweltbelastung: Die Steuerung des Motors durch die Elektronik wird als Mototronic bezeichnet. Sie sorgt für die den Erfordernissen angepasste Einspritzung von Kraftstoff und bewirkt eine Verringerung von Emissionen, Kraftstoffverbrauch und Motorverschleiss.
- Der Erhöhung der Sicherheit dienen viele Systeme, die Mikroelektronik zur Prozesssteuerung verwenden. Im Rahmen des EUREKA-Projektes PROMETHEUS (Programme for a European Traffic System with Highest Efficiency and Unprecedented Safety) der europäischen Automobilindustrie wurden bis 1994 Verfahren zur Abstandswarnung im fliessenden Verkehr oder zum automatischen Fahren bei Hinderniserkennung entwickelt, die jedoch nicht für den Regelbetrieb einsatzbereit sind. Beispiele von in Fahrzeugen erhältlichen Systemen sind:

  - ABS (Anti-Blockiersysteme): Radsensoren lösen bei blockierenden Rädern für Sekunden den Bremsdruck und erhalten die Lenkbarkeit.
  - ASD (Automatisches Sperrdifferential): Die Kraft des Antriebs wird bei rutschigem Untergrund gleichmässig auf beide Seiten verteilt.
  - ASR (Antriebsschlupfregelung): Dient zur Verhinderung des Durchdrehens von Rädern beim Beschleunigen und nimmt elektronisch das Gas zurück.
  - AHK (Aktive Hinterachskinematik): Aus der Lenkradbewegung und der Geschwindigkeit wird der optimale Winkel berechnet, um die Hinterräder zu lenken.
  - Elektronische Wegfahrsperren: Bei 144.000 entwendeten Autos 1993 hat die Diskussion um Wegfahrsperren an Bedeutung gewonnen. Moderne Systeme sind direkt mit dem Motormanagement verbunden und deaktivieren den Motor nach Ziehen des Zündschlüssels. Auf diesem Zündschlüssel befindet sich ein Chip mit einem Code, der nach jedem Starten geändert zurückgeschrieben wird. Ein Bauteil, der Immobilizer, prüft bei jedem Startvorgang den aktuellen Code und aktiviert danach die Motorsteuerung (Rother 1994a, S. 135).
- Verbesserung des Komforts durch Integration von Unterhaltungselektronik, Telekommunikation und Klimatechnik: Moderne Systeme in der Erprobung arbeiten mit der Spracheingabe von Kommandos, so dass ein Verlassen der optimalen Blickposition nicht mehr notwendig ist. Zur elektronischen Aufarbeitung des Blickfeldes, um z.B. Blendeffekte bei Nachtfahrten zu umgehen, finden Tests statt. Sogenannte Head-up Displays projezieren wichtige Informationen über die Fahrbahn oder Anzeigen von Kontrollinstrumenten direkt auf die Frontscheibe.

5.7.3.2 Verkehrsleitsysteme

Verkehrsleitsysteme können nach ihrer Aktualisierungsfähigkeit über externe Netze in statische und dynamische Systeme unterschieden werden:

- Statische oder passive Systeme: Seit 1989 bietet Bosch das System 'Travelpilot' an, das dem Fahrer auf einem Monitor einen Kartenausschnitt anzeigt, auf dem die aktuelle Position und das Ziel markiert sind. Eine Wegführung findet nicht statt. Das Strassennetz befindet sich digital auf einer CD-ROM. Die aktuelle Position wird über Sensoren an den Rädern, einem Magnetkompass sowie den Richtungsänderungen aus dem unterschiedlichen Weg der Räder bei Kurven berechnet. Moderne

Systeme verwenden zur Bestimmung des Standortes das GPS (Global Positioning System). Dieses besteht aus 24 geostationären, ursprünglich militärisch genutzten Erdsatelliten, deren Signal von einer Antenne auf dem Kofferraum empfangen wird. Das Zielführungssystem Auto-Pilotsystem (APS), das Mercedes Benz gegen Aufpreis für die S- und E-Klasse anbietet, enthält auf einer CD-ROM 520.000 km Strassen in Deutschland, Karten von 41 Grossstädten und Pläne von 900 Städten. Neben der Angabe der Fahrtrichtung auf einem Display werden alle notwendigen Aktionen durch eine Sprachausgabe angekündigt. Ein weiteres Informationssystem für das private Kraftfahrzeug wird in Beispiel 5.7.3.2/1 beschrieben.

Beispiel 5.7.3.2/1: Auto-Informationssystem 'Carin' von Philips (Leimig 1995)

Das von Philips und BMW entwickelte Informationssystem für das Kraftfahrzeug verbindet die Komponeten Navigation, Klimakontrolle, Unterhaltung, Kommunikation und Fahrzeuginformationen in einem System. Zunehmende Verwendung von Kabelsträngen und Kontakten führten bisher zu einer Zunahme der Produktionszeiten und Abnahme der Qualität. Daher wird ein einheitliches Bussystem, der Instrumentation Bus, verwendet, der alle Komponenten ansteuert. Die Bedienung aller Geräte erfolgt zentral über zwei Knöpfe durch eine Hierarchie von Untermenüs. Bild 5.7.3.2/1 zeigt den Bildschirm des Hauptmenüs zur Anwahl der entsprechenden Komponenten.

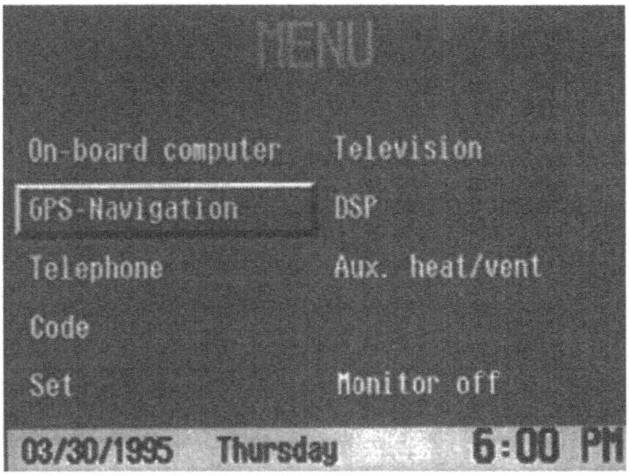

Bild 5.7.3.2/1 Hauptmenü des Informationssystems 'Carin'

Das System verfügt über die folgenden Funktionen (vgl. Bild 5.7.3.2/1):

- On-board Computer mit Angaben zur Durchschnittsgeschwindigkeit, Aussentemperatur, Benzinverbrauch und Eingabe von Vorgaben.
- Fernseher mit Autokonfiguration der zehn stärksten Sender und einem Teletext-Modul.

- HiFi-System mit 330 Watt Leistung, 7-Band Equalizer und Digital Sound Processor (DSP) mit 14 Lautsprechern, der den Klang an die Fahrgeräusche anpasst und Klangmuster wiedergibt.
- Heizung und Lüftung, die im Winter automatisch für eine Enteisung sorgen und zeitlich programmierbar sind.
- Telefon, wobei gespeicherte Nummern aus dem Menü gewählt werden können.

Beim Navigationssystem 'Carin' müssen Zielort und Strasse aus einem Verzeichnis übernommen oder direkt eingegeben werden. Die digitale Karte ist auf einer CD-ROM gespeichert. Man kann Haupt- oder Nebenstrassen als Route vorwählen und sich den Fahrweg vorher in mehreren Massstäben ansehen. Durch Kompassführung in Verbindung mit den ABS-Sensoren der Räder und gegebenenfalls unterstützt durch das GPS-System wird eine Genauigkeit von etwa 20 m erreicht. Während der Fahrt wird die aktuelle Position, aktuelle Aktivitäten wie Abzweigungen und die Entfernung zum Ziel angezeigt. Notwendiges Abbiegen wird akustisch angekündigt und angesagt. Bestimmte Ziele wie Tankstellen, Restaurants oder Museen können direkt nach ihrer Lage oder der Entfernung zur Fahrzeugposition abgerufen werden. Nicht digitalisierte Ziele können individuell auf der Karte gekennzeichnet und später ebenfalls zur Streckenführung verwendet werden. Zur Zeit ist eine Deutschlandkarte mit Strassen aller Orte mit mehr als 100.000 Einwohnern verfügbar, an einer europäischen, digitalen Strassenkarte wird bis 1998 gerechnet.

- Dynamische Verkehrsleitsysteme: Zur Einbindung der aktuellen Verkehrslage in die Zielführung und Optimierung des gesamten Verkehrskonzepts wird ein dynamischer Austausch von Daten zwischen dem Fahrzeug, Sende- und Empfangsanlagen am Strassenrand sowie einem zentralen Verkehrsrechner erforderlich. Jedes Fahrzeug sendet anonym Daten über Weg und Geschwindigkeit an den zentralen Rechner, der bei Behinderungen Teilnehmer in Richtung auf den betreffenden Streckenabschnitt informiert. Der Bordrechner kann daraus Alternativrouten berechnen. Das System 'Euroscout' von Siemens, das im Rahmen eines Versuches 1989/90 in Berlin eingesetzt wurde, verknüpft Individualverkehr und öffentliche Verkehrsmittel. Es bindet folgende Funktionen ein:
  - Routenberechnung und dynamische Leitempfehlungen.
  - Hinweise auf Park- & Ride-Angebote bei belegten Parkplätzen.
  - Angebote des öffentlichen Nahverkehrs.
  - Warnungen.
  - Gelbe Seiten und Touristeninformationen.
  - Flottenmanagement.
  - Gebührenerhebung.

Bild 5.7.3.2/2 vergleicht die verschiedenen Alternativen dynamischer Verkehrsleitsysteme (Porst/Steiner 1993, S. 62) anhand der Merkmale der zugrundeliegenden Infrastruktur.

Kriterium/System	*Radio Data System/Traffic Message Channel (RDS/TMC)*	*Digital Audio Broadcasting (DAB)*	*Baken*	*Mobilfunk*
Übertragung	UKW, MW, unidirektional	Digitaler Rundfunk, unidirektional	Infrarot, Mikrowelle, bidirektional	D-, E-Netz, bidirektional
Wirkungsweise	digitale Verkehrsnachrichten, individuelle Auswahl der Meldungen	eigene digitale Verkehrsrundfunkfrequenz	Kurzwegübertragung individueller Informationen, zentrale Erfassung	kollektive und individuelle Führung, Lokalisierung möglich
Ausgabe	akustisch	akustisch und optisch	akustisch und optisch	akustisch und optisch
Out-of-home-Infrastruktur	Rundfunksender mit TMC-Code	Digitaler DAB-Sender mit Informationen	Bakennetz, Übertragung zwischen Baken und Zentralrechner	Übertragungsnetz zwischen Zentralrechner und Sendestation der Funkzelle
Versuche oder Produkte	STORM, Stuttgart	Pilotversuche zu DAB	STORM, Stuttgart, Euroscout in Berlin, Siemens	Traffic Master, General Logistics im Londoner Grossraum

Bild 5.7.3.2/2 Alternativen für ein dynamisches Verkehrsleitsystem

Aktuelle Pilotprojekte zur Untersuchung dynamischer Verkehrsleitsysteme sind:

- STORM (Stuttgart Transport Operation by Regional Management): Ein zentraler Verkehrsrechner versorgt 13 Informationskioske an Bahnhöfen, Autobahnraststätten und öffentlichen Plätzen sowie Fahrzeuge über die Verkehrslage und die momentan günstigste Route. Das Fahrzeug erhält die Informationen über Infrarot-Baken am Fahrbahnrand. Die gesendeten Routenempfehlungen werden von einem bordeigenen Gerät selektiert und der Weg ausgewählt, die der Fahrzeugart und dem Ziel entsprechen. Anonyme Informationen über die Fahrzeit zwischen den beiden letzten Baken werden an den Zentralrechner übermittelt. Stauentwicklungen können im Ansatz erkannt werden. Die abrufbaren RDS-Verkehrsmeldungen werden vom Süddeutschen Rundfunk ausgestrahlt. Ausserhalb der Baken-Führung wird eine Strassenkarte auf CD-ROM Basis verwendet. Das Projekt im Umfang von DM 60 Mio. wird zu zwei Dritteln von der Industrie finanziert.

- COMFORT (Cooperative Management for Urban and Regional Transport): In diesem Versuch im Norden Münchens werden unter Leitung von Siemens, BMW und MAN Nutzfahrzeuge 16 bisher getrennte Leit- und Informationszentralen wie ADAC, Polizei und Deutsche Bahn AG zusammengeschaltet. Über T-Online und Kioske an Stadtgrenzen können sich Bürger oder Touristen vor Antritt der Fahrt über die Verkehrslage informieren. Geplant ist, dass eine Buchung eines Parkplatzes von zuhause möglich ist, um den Parksuchverkehr zu reduzieren. Zusätzlich wird das Radio-Data-System eingebunden, mit dem Verkehrsmeldungen abgerufen werden können, die speziell für eine bestimmte Fahrstrecke von Bedeutung sind.
- Automatische Gebührenerfassung (AGE): Anlässlich der Diskussion um Autobahngebühren wurde die IT-gestützte Gebührenerfassung untersucht, die durch dezentrale Sende- und Empfangsanlagen an der Mautstelle und einem Gerät am Fahrzeug gesteuert wird. Bei Durchfahren einer solchen Stelle wird automatisch ein Betrag von einer Debitkarte abgebucht. Hierdurch wird eine flexible Tariffierung auf der Grundlage von Verkehrsbelastung oder Fahrzeugart möglich. Zehn der als 'Road Pricing' bezeichneten Verfahren werden in Deutschland auf einem Abschnitt der BAB 555 zwischen Bonn und Köln getestet. Während die meisten Systeme auf einer Datenkommunikation zwischen stationären Mautstellen und Fahrzeugen per Mikrowelle und Smart Card basieren, sind die Betreiber von Mobilfunknetzen an der Nutzung des GPS-Systems zur Ortung der Auf- und Abfahrten und ihres Inkassosystems zur Abrechnung interessiert (Krummheuer 1994, S. 14).

5.7.3.3 Reiseplanung

Vor Durchführung der Reise kann die Reiseauswahl durch Informationstechnik unterstützt werden. Es gibt folgende Möglichkeiten:

- Informationen auf CD-ROM: Zur Reisevorbereitung dienen multimediale CD-ROMs, die Informationen zu Reisezielen oder Auswahl einer bestimmten Route liefern. Die CD 'Deutschland City Digital' des RV Reise + Versicherungsverlags bietet z.B. 75 deutsche Städte mit kompletten Strassenregistern. Autoatlanten auf CD bieten eine Schnittstelle zur Einbindung in ein GPS System. Der Dumont-Verlag hat in Zusammenarbeit mit der Navigo Multimedia GmbH, einer Tochter des Senders Pro7, multimediale Reiseführer zu Rom und Venedig entwickelt. Als gedankliche Vorbereitung einer Reise dienen Produkte, die wie die CD-i der Agentur 'ah!'

das Tauchen attraktiv darstellen. Der Vorbereitung dienen Routenplaner, die wie der 'Aral Supertravel Deutschland', verschiedene Berechnungen zu Fahrt- und Ankunftszeit oder Distanz erlauben. Neben dem Aufzeigen von Alternativrouten kann die Streckenbeschreibung und eine Karte ausgedruckt werden.

- Informationskioske: Der Fremdenverkehrsverband Graubünden hat bei der Fa. MacGuffin die Kioskanwendung 'Heidiland' entwickeln lassen. Auf einer Autobahnraststätte stehen zwei Säulen, die jährlich von mehr als 100.000 Nutzern aufgesucht werden. Es besteht die Möglichkeit, sich über touristische Attraktionen, das Bettenangebot und Sonderveranstaltungen zu informieren (Sauer 1995, S. 143). In Cuxhaven hat die Fa. Hotcom das Touristeninformationssystem 'Cuxinfo' aufgebaut. Das durch öffentliche Terminals zugängliche System bietet den Gästen aktuelle Daten zu Veranstaltungen, Zimmervermittlung und Notdiensten. Es ist über eine ISDN-Leistung mit einem Reservierungs- und Buchungssystem verbunden. Solche Systeme bestehen aus der Kombination eines allgemeinen Bürger- oder Stadtinformationssystems und eines Zusatzangebots für Touristen. Sonderfälle sind die elektronischen Fahrplanauskunftssysteme, wie sie die Deutsche Bahn AG über T-Online oder auf CD-ROM anbietet, die der ausschliesslichen Information über Fahrpläne dienen und dem Anwendungstyp 'Information' zugerechnet werden können.
- Informationen über Online-Dienste und Internet: Nach einer Umfrage des Hauses Yesawich, Pepperdine & Brown sind 50% aller Reisenden in den USA an einer Reiseinformation über das Internet interessiert. 12% haben das Internet für eine Information vor Reiseantritt verwendet und 5% eine Reservierung durchgeführt (o.V. 1996h, T-3). Viele touristische Regionen bieten Informationen online an. In den USA sind z.B. Skigebiete mit aktuellen Informationen zu Pistenzustand und Schneelage präsent. Über einen Service von American Airlines auf der Basis von E-Mail werden Personen, die einen Flug suchen, über günstige Flugoptionen informiert. Diese Flüge aus speziellen Kontingenten der Fluggesellschaft, die schwer über Reiseagenturen zu verkaufen sind, werden zu deutlich günstigeren Preisen abgegeben. Unter der Adresse "www2.amrcorp.com/cgi-bin/nsb" kann der Kunde mit dem 'Net SAAver-Service' seinen Flug reservieren. Es erfolgt eine telefonische Bestätigung der Transaktion. Die Fahrplanauskunft der Bundesbahn sowie Reservierung und Bestellung von Fahrkarten ist über das Internet nutzbar

("www.bahn.de"). Die Lieferung der Tickets erfolgt per Post. Die Zahlung ist mit Kreditkarten möglich.

5.7.3.4 Reisebuchung

Im Touristikbereich ist die Einführung eines branchenweiten Informationssystems zur Kundenselbstbedienung bisher gescheitert. Der von den Anbietern unerwünschte direkte Preisvergleich wird als Grund in der Literatur angeführt. Einzelne Unternehmen wie Meiers Weltreisen führen in mehreren Reisebüros Tests mit Terminals namens 'Reisemulti' im Verkaufsraum durch (o.V. 1995i, S. 118). Die Tochterfirma des grössten europäischen Reisevertriebssystem-Anbieters Start (vgl. Ernst 1994), die Firma Start Telematik, hat in einigen Städten Selbstbedienungsautomaten installiert, die neben dem Ticketverkauf Last-Minute-Angebote offerieren. Eine weitere Möglichkeit ist der Abruf und die Buchung der Reiseangebote von Start über T-Online, über das Internet oder im Rahmen eines Audiotex-Dienstes. Der Direktvertrieb von Reisen findet bei der jungen und einkommensstarken Schicht der Online- und Internet-Nutzer seine Zielgruppe. Etwa ein Drittel aller Haushalte zeigen sich an der Nutzung von Online-Reisebuchungen interessiert (Orme 1996, S. 73), aber nur ca. 1% der Umsätze wird durch Online-Buchungen erzielt. Zahlreiche Angebote von Mitfahrzentralen bis hin zur Vermittlung von Fernreisen sind im Internet vertreten. Der Online-Dienst CompuServe bietet eine vereinfachte Version des internationalen Reservierungssystems Sabre unter dem Namen 'EasySabre' an. Es kann weltweit bei 27.000 Hotels, 50 Mietwagenfirmen und 350 Fluglinien reserviert und gebucht werden (Thimm 1994, S. 211).

5.7.4 Zukünftige Entwicklung

Das Bundesverkehrsministerium rechnet mit einer Steigerung des Personenverkehrs um 32% bis 2010, 80% davon macht der Individualverkehr aus (Rother 1994b, S. 84). Viele Strategien des Einsatzes von Informationstechnik haben bisher vielfach ein Management des Verkehrsaufkommens als Ziel, nicht aber eine Vermeidung von Verkehr. Die Telekommunikation kann in Verbindung mit Tele-Diensten für den privaten Haushalt zur Reduzierung von Privatverkehr führen. Zunehmende Freizeit- und Erholungswege werden dieses kompensieren. Die Enquete-Kommission des Landtags von Baden-Württemberg geht von einer Substitutionsobergrenze des physischen Verkehrs von 10-20% der Verkehrsleistung im privaten Bereich aus (Landtag BWB

1995, S. 244). Umfassende empirische Werte darüber liegen zur Zeit nicht vor. Neben der Regulierung des fahrenden Verkehrs müssen Wege gefunden werden, die Verweildauer am Platz zu reduzieren oder die Attraktivität öffentlicher Verkehrsmittel zu steigern.

Harmsen und König weisen darauf hin, dass bisherige Konzepte sich im wesentlichen auf die isolierte Betrachtung des einzelnen Fahrzeugs konzentriert haben. Ein wirklicher Nutzen durch IT-gestützte Verfahren kann nur im Verbund mit allen Verkehrsträgern erreicht werden. Eine dynamische Verkehrskontrolle ist erforderlich, die über die reine Zielführung heutiger Systeme hinausgeht und eine Optimierung des Gesamtverkehrskonzepts verfolgt (Harmsen/König 1992, S. 158). Damit wird nicht nur die Verweildauer der Fahrzeuge auf der Strasse, sondern auch ein Management der Standdauer angesprochen. Es wird mit rechnergestützten Parkboxen experimentiert, die die Wagen automatisch über- und nebeneinander parken und bei Bezahlung der Gebühren wieder herausstellen. Effizientere Ausnutzung des Raumes, Reduzierung der Kosten pro Platz und Verbesserung der Sicherheit sind wesentliche Vorteile.

Eine besondere Rolle werden intelligente Agenten in den Verkehrskonzepten der Zukunft spielen. Aufbauend auf der Oberfläche General Magic und der Sprache Telescript, hat Philips eine Anwendung der Verkehrsführung und -regelung anlässlich der CeBIT 1994 in Hannover vorgestellt (Vogel 1996). Es werden neben der Wegbeschreibung Staus bei der Anfahrt oder überlastete Parkplätze unmittelbar an den Benutzer durch Software-Agenten über Pager oder andere mobile Endgeräte weitergeleitet. Bild 5.7.4/1 zeigt eine Bildschirmansicht einer solchen Routenführung unter Verwendung der Programmierung intelligenter Agenten in 'Telescript'. Ein Stau auf der aktuellen Route wird durch den Agenten auf der Karte angezeigt.

Die zukünftige Reiseauswahl wird unter dem Einfluss von Tele-Diensten über einen Anschluss der Haushalte an externe Netzwerke wie Online-Dienste oder das Internet erfolgen. Dieses wird sich auf die Phasen der Information und Vorselektion begrenzen. Die eigentliche Selektion und Beratung zu einer Urlaubsreise wird aufgrund der Funktion der Reisebuchung als soziales Ereignis weiterhin im Reisebüro stattfinden. Reisemittler müssen sich auf eine qualitative Veränderung ihrer Funktion als Intermediär vom Informationsmittler zum Beratungscenter einstellen.

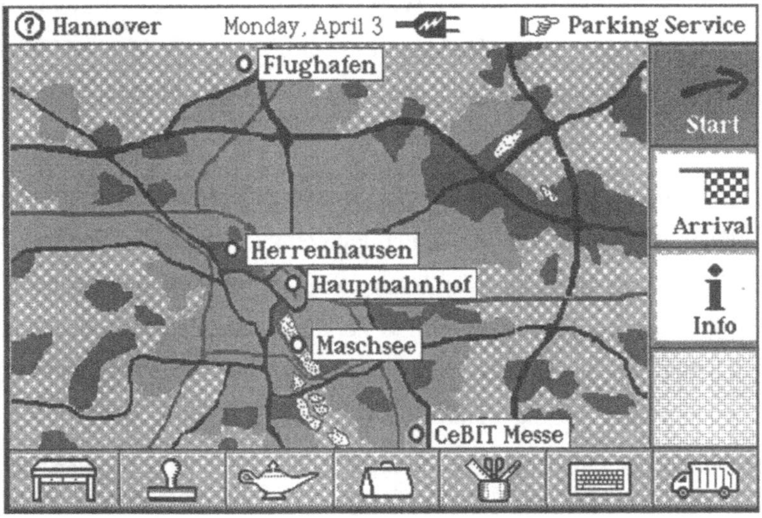

Bild 5.7.4/1 Nutzung von Agenten im Rahmen der Verkehrsführung

5.7.5 Zusammenfassung

Die Ausgaben der Bürger für Reisen betragen 24% des privaten Verbrauchs für Freizeitgüter. Ein wesentlicher Anteil am Verkehrsaufkommen entfällt auf den freizeitlichen Individualverkehr. Der Steuerung und Optimierung des Verkehrs kommt wesentliche volkswirtschaftliche Bedeutung zu, da die Verkehrswege an die Grenzen der Kapazität gestossen sind und externe Effekte immer stärker belasten. Die Informationstechnik kann neben dem Einsatz im isolierten System im Fahrzeug durch dynamische Verkehrsleitsysteme helfen, den vorhandenen Verkehrsfluss zu regeln und im Rahmen integrativer Lösungen besser auf andere Verkehrsträger zu verteilen.

Im Rahmen der Vorbereitung, Buchung und Durchführung einer Reise kann die Informationstechnik den privaten Haushalt durch stand-alone Anwendungen wie Routenplanung oder durch Kiosksysteme am Reiseort unterstützen. Eine über die Beratung hinausgehende, selbständige Buchung des Endverbrauchers, z.B. über das Internet, ist bisher nur begrenzt möglich. Grundsätzliche Merkmale des Anwendungsschwerpunktes 'Mobilität und Reisen' sind:

- Autoelektronik im privaten Kfz.
- Verkehrsleitsysteme.
- Informationssysteme zur Reiseplanung.
- Informationssysteme zur Reisebuchung.

5.8 Gesundheit

5.8.1 Definition

Der Anwendungsschwerpunkt 'Gesundheit und Sport' fasst alle informationstechnischen Funktionalitäten zusammen, die sich mit Vorsorge, Erhaltung und Kontrolle der menschlichen Gesundheit beschäftigen.

Beim Einsatz von Informationstechnik im Gesundheitswesen muss zwischen der Patientenebene und der Fachebene unterschieden werden. Die Fachebene umfasst die Unterstützung der Kommunikation zwischen Ärzten, Krankenhäusern und Pflegediensten. Via Videokonferenz kann der Rat von Spezialisten herangezogen werden. Die Fachebene wird im Rahmen dieser Arbeit nicht betrachtet. Vielmehr steht der direkte Einsatz der Informationstechnik durch einen privaten Haushalt als Anwender im Zentrum der Betrachtungen. Durch die Sensibilität von Gesundheitsinformationen und Schweigepflicht der Ärzte sind die Potentiale der Anwendung 'Gesundheit' stark eingeschränkt. Daher liegt der Schwerpunkt auf der Beratung und Überwachung von elementaren Körperfunktionen wie Blutdruck oder Blutzuckerspiegel.

Die Ausgaben für Gesundheit in Deutschland sind von 1970 bis 1992 von DM 70 Mrd. auf DM 429 Mrd. gestiegen. Die reinen Ausgaben der privaten Haushalte haben sich von DM 6 Mrd. auf DM 32 Mrd. mehr als verfünffacht (StaBu 1995, S. 454). In den USA betragen die Gesundheitsausgaben ca. US$ 1 Billiarde, das waren 1992 etwa 14% des Bruttoinlandsproduktes. Es wird davon ausgegangen, dass ca. 50% dieser Kosten aufgrund von ungesunder Lebensweise wie Alkohol oder Rauchen entstehen. Eine Grundforderung zur Kostendämpfung ist daher die verbesserte Aufklärung und Information der Bevölkerung sowie eine Verlagerung von Selbstberatung auf die Haushalte. 1992 wurden US$ 11 Mrd. in den USA für medizinische Heimbehandlung aufgewendet (Orme 1996, S. 70). Flower (Flower 1994) geht davon aus, dass Informationstechnik dazu einen Beitrag leisten kann. Folgende Aussagen werden als Basis genannt:

- 50-80% der Arztbesuche erfordern nicht tatsächlich den Einsatz eines Arztes.
- 70-80% der Gesundheitsprobleme können selbst behandelt werden, wenn die richtige Information zur Verfügung steht.
- 60% der Arztbesuche erfolgen aufgrund mangelnder Informationen zu spät und verursachen danach erhöhte Kosten.

- 95% aller Gesundheitsentscheidungen werden intuitiv im Familien- oder Freundeskreis getroffen.

5.8.2 Anwendungsformen

5.8.2.1 Stand-alone Betrieb

Anwendungen im stand-alone Betrieb haben zur Zeit für die privaten Haushalte die grösste Bedeutung. Der Beratung, Aufklärung und Selbstdiagnose durch Programme auf der Basis von Datenträgern kommt besondere Bedeutung zu. Neibauer/Neibauer sehen die Aufgaben eines computerunterstützten Schutzes der Gesundheit und der Vorsorge für den privaten Haushalt im einzelnen in (Neibauer/Neibauer 1995, S. 3f.):

- Aufzeichnung medizinischer Daten und Verfolgung von Symptomen.
- Erlernen und Schulung von präventiven Massnahmen wie Erste Hilfe.
- Kennenlernen des eigenen Körpers.
- Lernen über die Bedeutung und Auswirkungen von Symptomen.
- Informationen über Medikamente und deren Wirkungsweise.
- Planung von gesunden Diäten und Kuren.
- Überwachung und Ausarbeitung eines Fitness-Programms.
- Vorbereitung auf Kinderpflege und -krankheiten.
- Einbindung von Gesundheitsausgaben in die private Finanz-, Steuer- und Versicherungsplanung.

5.8.2.2 Interne Vernetzung

Die partielle Immobilität alter und behinderter Menschen lässt die Vorteile der internen Vernetzung für diese spezielle Anwendergruppe in den Vordergrund treten:

- Vereinfachte Bedienung bei körperlichen oder geistigen Behinderungen durch Automatisierung, wie das programmierte Auf- und Abfahren von Rolladen oder das Erhellen von Räumen zum Zeitpunkt des Betretens.
- Reduzierung der einzelnen manuellen Bedienungselemente durch eine zentrale Fernbedienung.
- Erhöhte Selbständigkeit und Verringerung des Pflegeaufwandes Dritter.

Im Rahmen des TIDE-Projektes der EU wurden Systeme der Hausautomation eingesetzt, um aus der Integration von Haushaltstechnik eine bessere Selbständigkeit der

Bewohner zu erreichen. Komplexe Rollstühle, die durch elektronische Einrichtungen als zentrale Steuereinheit für eine Vielzahl von Geräten dienen, ermöglichen Schwerstbehinderten Selbständigkeit bei der Führung eines Haushalts (Woerden 1996, S. 228).

5.8.2.3 Externe Vernetzung

Extern vernetzte Anwendungen im Gesundheitsbereich für den privaten Haushalt werden ferndiagnostische Verfahren ausschliesslich zu experimentellen Zwecken einbinden. Im Vordergrund stehen die Vorsorge, Beratung und Aufklärung des Haushalts durch externe Quellen wie das Internet als auch die Anbindung zum Notruf an externe Netze. Ein Dokument der Initiative zur Informationsinfrastruktur in den USA erwartet jährlich durch solche Personal Health Information Systems oder Home Health Care (HHC) Systeme unter Einsatz von Telekommunikation Einsparungen von US$ 40-69 Mrd., was etwa 25-35% der Gesamtkosten entsprechen würde (The White House 1993, Tab. C).

Unter der Adresse "http://elvis.inf.tu-dresden.de" bietet z.B. der Deutsche Blindenverband e.V. Informationen durch eine elektronische Zeitschrift 'Die Gegenwart' an. Zahlreiche Diskussionsforen wie das 'Health + Fitness Forum' im Online-Dienst CompuServe gestatten den Austausch mit anderen Teilnehmern. Das bekannteste elektronische Schwarze Brett ist CHESS, das ein Kommunikationsforum für AIDS-Infizierte darstellt. Im Rahmen des Versuches von Time Warner zum Interaktiven Fernsehen in Florida bietet die Fa. Windom Health den Dienst 'HTV Health' an, bei dem die Haushalte Ratschläge zur Selbstdiagnose von Krankheiten und Hinweise auf Gesundheitseinrichtungen in der Region bekommen. In einer weiteren Stufe soll ebenfalls die Kontaktaufnahme zu einer Arztpraxis möglich sein (Time Warner 1996). Hierbei wird die Konvergenz von Informations-, Kommunikations- und Gesundheitsanwendungen bei extern vernetzter Ausprägung deutlich.

5.8.3 Einsatzgebiete

Wesentliche Merkmale des Anwendungsschwerpunktes 'Gesundheit' sind der Sport, die Abrechnung, die Überwachung, die Beratung, die Diagnose, die Unterstützung behinderter und alter Menschen sowie elektronische Hilfsmittel zur Ausgleichung von Defekten und Behinderungen.

5.8.3.1 Sport

Moderne Sportgeräte wie Home-Trainer sind mit Mikroelektronik ausgestattet. Neben der Vorgabe gespeicherter Belastungsprogramme können individuelle Profile eingegeben werden. Neben zeitlichen Vorgaben lässt sich der Widerstand z.B. bei Fahrradtrainern elektronisch vorgeben. Durch die Eingabe persönlicher Werte wie Alter und Gewicht kann eine Überwachung der Trainingsleistung durchgeführt werden. Üblich ist eine Überwachung und Anzeige des Belastungspulses. Mit der verstärkten Professionalisierung des Freizeitbereiches dringt die Informationstechnik in spezielle Bereiche ein. Fahrradcomputer berechnen z.B. Durchschnittgeschwindigkeit und Trittfrequenzen drahtlos per Funkübertragung von der Narbe zum Lenker.

Nicht abgrenzbar vom Anwendungsgebiet 'Information' sind Informationen von Sportverbänden oder Vereinen für Mitglieder und Ergebnisdienste, wie die des Deutsche Turnerbundes oder des Fussballvereins Hamburger Sportverein im Online-Dienst T-Online der Telekom AG. Darüber hinaus werden im Internet oder auf CD-ROM Anleitungen zum persönlichen Fitness-Training gegeben.

5.8.3.2 Abrechnung

Seit 01.01.1994 ist die Krankenversicherungskarte als Chipkarte in Deutschland eingeführt. Sie hat den Krankenschein als Versicherungsnachweis abgelöst. Sie enthält folgende Angaben:

- Bezeichnung der ausstellenden Krankenkasse.
- Familienname und Vorname des Versicherten.
- Geburtsdatum.
- Anschrift.
- Krankenversicherungsnummer.
- Versichertenstatus.
- Tag des Versicherungsschutzes und u.U. Ablauf bei Befristung.

Es wird die Speicherung von medizinischen Daten auf der Karte gefordert, die bisher aus Datenschutzerwägungen abgelehnt wurde. Einige Versuche wie ONKO-CARD (Krebsvorsorge), DIAB-CARD (Diabetispatienten) oder DEFI-CARD (Herz-Rhythmus) waren bisher auf einen kleinen Patientenkreis mit speziellen Krankheitsbildern beschränkt (Landtag BWB 1995, S. 236).

5.8.3.3 Überwachung

Viele Geräte dienen der Überwachung der menschlichen Körperfunktionen. Sie sind auf Auswertungen beschränkt, die bequem zuhause durchgeführt werden können. Elektronische Blutzucker- und -druckkontrolle wird von vielen Herstellern angeboten. Eine von Casio entwickelte Armbanduhr misst auf Anforderung den Blutdruck. Die Heimdiagnose des Cholesterinspiegels ist möglich (Abrams/Bernstein 1992, S. 170). Eine elektronische Toilette wird in verschiedenen Stufen in Taiwan und Japan diskutiert. Von der automatischen Vorwärmung, Desinfektion und Schliessen des Deckels (Abrams/Bernstein 1992, S. 40) reichen die Vorstellungen bis hin zur Analyse der Ausscheidungen (Miles 1988, S. 116). Der Toilettenhersteller TOTO, die japanische Telekom NTT und der Fieberthermometerhersteller Omron Tateisi planen eine Übertragung von Daten an die Arztpraxis (Abrams/Bernstein 1992, S. 20).

5.8.3.4 Beratung

Viele Produkte werden auf CD-ROM oder Diskette angeboten und bieten Informationen zu Fragen der Gesundheit des menschlichen Körpers. Programme wie 'PC-Mensch' oder 'Family Health Book' erklären verschiedene Körpersysteme in Ton und Bild. Sie geben über Ursachen von Symptomen Auskunft. Daneben sind Biorhythmusberechnung und Erste-Hilfe-Kurse optionale Bestandteile. Einige Programme stellen Körperteile dreidimensional animiert dar und gestatten eine Reise durch den menschlichen Körper. Mit Hilfe der Maus kann das entsprechende Körperteil rotiert und durch Anklicken bestimmte Teile vergrössert oder Erklärungen angefordert werden.

Das Interesse der Haushalte an Informationen zur Gesundheit wird dadurch deutlich, dass 21% aller Kursveranstaltungen der Volkshochschulen der Gesundheitsbildung gewidmet sind. Dieses wird nur durch die Sprachenbildung mit 30% der Kurse übertroffen (StaBu 1995, S. 413). Krankenkassen und Verbände bringen mittlerweile Informationen zur Ernährung oder Allergievorbeugung auf Disketten zu den Versicherten und reduzieren dadurch den Aufwand an gedrucktem Material. Diese verbinden die Bereiche 'Information', 'Bildung', 'Unterhaltung' und 'Gesundheit' miteinander, um durch in Spiele eingebundende Präventiv-Aufklärung spätere, potentielle Kosten zu vermeiden.

Die Bertelsmann-Tochter Telemedia hat bei 600 Apotheken interaktive Informationskioske auf der Basis von CD-i unter dem Namen 'TeleApotheke' aufgestellt, an denen Kunden nach Ladenschluss über Folientastatur Informationen über Gesundheit und Arzneimittel abfragen können (o.V. 1995j, S. 10). Das Internet bietet eine ideale Plattform für die Gesundheitsinformation, da es anonym und selbstbestimmt Daten präsentieren kann. Die WHO (World Health Organization) bietet im Internet ("www.who.com") Hinweise zur Ausbreitung von Viren und Epidemien und des Schutzes durch Impfungen bei Reisen. Einige Initiativen stellen zugleich spezielle Fachinformationen für Mediziner und leicht verständliche Datenbanken für den medizinischen Laien bereit. Es wird diskutiert, Therapieformen in ländlichen Gebieten ohne entsprechende Einrichtungen online durchzuführen, nachdem der initiale Kontakt zum Therapeuten persönlich erfolgt ist (Schmitz 1996).

5.8.3.5 Diagnose

Datenschutz, mangelnde Infrastruktur und das Erfordernis einer persönlichen Beziehung 'Arzt-Patient' sind starke Restriktionen einer Ferndiagnose des Arztes direkt aus dem privaten Haushalt heraus. Heutige Versuche verfolgen mehr das Ziel, die technischen Möglichkeiten zu untersuchen, als ein flächendeckenden Einsatz vorzubereiten. Ein Versuch zur Ferndiagnose stellt das Beispiel 5.8.3.5/1 vor.

Beispiel 5.8.3.5/1: Diagnose über Expertensystem (The White House 1993, Tab. C)

InterPractice Systems ist ein Joint Venture von Harvard Community Health Plan (HCHP) in Boston und der Firma Electronic Data Systems (EDS). Im Rahmen der Information Highway Initiative in den USA wurden Personen, die stark Gesundheitseinrichtungen frequentieren wie Alte, schwangere Frauen und Familien mit kleinen Kindern mit Heimterminals ausgestattet. Auf der Grundlage eingegebener Symptome und der medizinischen Vorgeschichte macht das System Empfehlungen in bezug auf Selbsthilfe, Vereinbarung eines Arzttermins oder Sofortmassnahmen.

Verschiedene Projekte in Deutschland befinden sich im Experimentalstadium und sind weit entfernt von einem Regeleinsatz. In Köln testet die Deutsche Forschungsanstalt für Luft- und Raumfahrt einen Kinderwagen mit Kommunikationsrechner und Handy, der bei der Früherkennung des plötzlichen Kindstods helfen soll. Mit Sensoren wird der Zustand des Kindes überwacht und eine bedrohliche Situation sofort an ein Krankenhaus gemeldet. Ebenfalls befindet sich ein Sensor- und Sendepaket für Kreislaufrisikopatienten in der Entwicklung (Schmitz 1996, S. 24). Damit kann per

Fernüberwachung eine Verschlechterung der Blutwerte erkannt werden, bevor der Patient die ersten Anzeichen spürt. In Verbindung mit einem GPS-System zur Ortung wird angestrebt, dass Rettungsfahrzeuge vor Eintritt eines Infarktes den Aufenthaltsort des Patienten erreichen können. Von einem Projekt der vorgeburtlichen Online-Betreuung in den USA werden Kosteneinsparungen in Höhe von US$ 2.000 pro Tag berichtet, die sich aus Einsparungen der Schwangerschaftsvorsorge und der Vermeidung von Frühgeburten zusammensetzen (Schmitz 1996).

5.8.3.6 Behinderte und alte Menschen

Von den rund 80 Mio. Einwohnern Deutschlands sind 16 Mio. älter als 60, davon über 3 Mio. älter als 80 Jahre. Ihr Anteil an der Gesamtbevölkerung wird bis 2010 von heute 20% auf 26% steigen. Sie stellen mit 97% die grösste Gruppe der 2,7 Mio. pflegebedürftigen Personen dar, von denen 75% in der eigenen Wohnung bleiben möchten (Aschmoneit 1993, S. 39). Hinzu kommt die Kostenexplosion und der Mangel an Heimplätzen. Dem gegenüber steht ein sinkendes Potential von Pflegepersonal. Aus diesem Grund wurden und werden auf europäischer Ebene Möglichkeiten untersucht, Alten und Behinderten durch Informationstechnik grössere Selbständigkeit zu erlauben. In den USA hat der 'Disabilities Act', der Zugang von Behinderten zu jeglichen Produkten und Diensten erzwingt, einen Schub für diesen Markt ausgelöst.

Eines der zwölf Subprogramme zur Telematik im Zuge des 4. Rahmenprogrammes der EU trägt den Namen TIDE (Telematics for Improving the Quality of Disabled and Elderly People) und hat ein Budget von ECU 65 Mio. (CEC 1993). Es hat zum Ziel, durch den Einsatz von Informationstechnik, die Lebensqualität alter und behinderter Menschen zu verbessern und gleichzeitig die europäische Wirtschaft zu fördern, die Produkte für diesen Markt herstellen. Der in Beispiel 5.8.3.6/1 beschriebene MANUS Manipulator ist ein Ergebnis dieser europäischen Forschungsbemühungen.

Beispiel 5.8.3.6/1: MANUS Manipulator (Woerden 1996, S. 228)

Der MANUS ist eine robotische Hilfe, die Schwerstbehinderten die Führung eines Haushaltes ermöglicht. Durch eine der Behinderung angepasste Eingabe via Joystick, Finger-, Kopfstützen oder Mundsensor wird ein Roboterarm gesteuert, der Objekte bis zu 1,5 kg in 8 Freiheitsgraden bewegen kann. Zwei Mikroprozessoren sind mit den anderen Einheiten über ein Bussystem verbunden. Durch Kommunikationsschnittstellen werden die Befehle drahtlos an die Haushaltsgeräte oder Systeme der Hausleittechnik wie Heizungsanlage übertragen. Hierzu werden Heimautomation-Protokolle wie EIBus oder BatiBus (vgl. 4.1.3.1) verwendet.

Ausgewählte Anwendungsaspekte des TIDE-Programms sind (Woerden 1996):

- Zugang zum computerunterstützten Lernen, z.B. durch Umwandlung von mathematischen in taktile und auditive Informationen.
- Zugang zur Telekommunikation, z.B. durch Wandlung von Sprache in animierte Mundbewegungen zum Lippenlesen.
- Integrierte Heimautomation, z.B. Fernüberwachung des Zustandes von Hausgeräten und der Gesundheit von Behinderten oder Alten.
- Fortgeschrittene Rollstühle, z.B. Auto-Navigation, Hindernisvermeidung und Pfad-Lern-Module für elektrische Rollstühle.
- Integrierte Kontrollen, z.B. einheitliche Bedienung für verschiedene Geräte.
- Orientierungshilfen wie tragbares Ortungsgerät zur Bewegung in der Dunkelheit oder in U-Bahnen.
- Verbesserung von Sprache, Gehör und Sehen durch elektronische Hilfsmittel wie tragbare Bildprozessoren und Vergrösserungssichthilfen.

Im Rahmen des EU-Projektes APPSN (Application Pilot for People with Special Needs) hat Bosch das System 'Haus-Tele-Dienst' erprobt. Zwischen Haushalten in Frankfurt und einem Rehabilitationszentrum wurde eine Videotelefonie-Verbindung über das Breitbandkabel hergestellt. Der Fernseher erhielt eine Zusatzgerät aus Videokamera und Telefon. Durch eine Fernbedienung kann per Knopfdruck jederzeit eine Ton- und wahlweise Bildverbindung zum Betreuer hergestellt werden. Ein Anruf aus der Dienstzentrale ist möglich. Bei Einschalten der Videokamera wird automatisch eine Lichtquelle im Raum aktiviert, die die notwendige Helligkeit herstellt. Nach positiven Erfahrungen wurde ein Nachfolgeprogramm 'TeleCommunity' mit dem Namen 'Video Carecom System' in Nürnberg initiiert. Zusätzlich wurde ein Hausnotruf installiert, der bei Drücken einer bestimmten Taste automatisch in einer Betreuungszentrale einen Alarm auslöst. Durch einen 'Funkfinger', einen Miniatursender am Körper, kann das Notsignal ausserhalb des jeweiligen Raumes aktiviert werden (Aschmoneit 1993, S. 39).

5.8.3.7 Elektronische Hilfsmittel und Prothesen

Für Sehbehinderte wird z.B. das Farberkennungsgerät 'ColorTest' angeboten, das Farben hörbar macht, indem es sie ansagt. 'PipsiMed' ist ein elektronischer Tropfenzähler für alle, die Arzneimittel und andere Flüssigkeiten genau dosieren müssen, dieses jedoch nicht genau erkennen können. Für zusätzlich hörbehinderte Nutzer verfügt das Gerät über einen kleinen Taststift. Der PC wird in Verbindung mit einem Scanner, Schrifterkennung und einem Sprachsynthesizer als 'Lese-Sprech-Gerät' zur Unterstützung blinder Menschen eingesetzt und von den Krankenkassen gefördert. Es werden digitale Hörgeräte angeboten, die mit zwei Audio-Prozessoren, Mikrofon und Lautsprecher ausgestattet sind. Hitachi hat ein Videotelefonsystem entwickelt, dass Zeichensprache in gesprochenes Englisch überträgt und umgekehrt Sprache in eine 3-D Animation umwandelt.

Ein Einsatzschwerpunkt der Informationstechnik findet sich in dem Ersatz der Steuerung von Körperfunktionen. Blinden oder Tauben kann durch Einsatz von Mikroelektronik, die die Reize der Umwelt direkt an die Nerven oder Muskelfasern überträgt, zumindest begrenzt elementares Erleben der Aussenwelt zurückgegeben werden. Das 'Cochlea Implantat' ist eine elektronische Gehörprothese. Per Mikrofon nimmt ein Sprachprozessor am Gürtel des Patienten Geräusche auf, verarbeitet sie mit einem digitalen Signalprozessor und leitet per Hochfrequenzfunk an das Implantat weiter, das die Funktion der Haarzellen übernimmt und den Hörnerv durch elektrische Impulse stimuliert (Gosmann 1995, S. 28). Beinprothesen, die eine intelligente Steuerung verwenden, bieten eine adaptive Anpassung an den Untergrund und die situative Belastung. Die Mikrosystemtechnik kann in Verbindung mit der Informationstechnik helfen, effizientere Implantate zu entwickeln.

5.8.4 Zukünftige Entwicklung

Bei steigenden Kosten im Gesundheitswesen und einer aufgrund der demographischen Struktur der Gesellschaft zunehmenden Gruppe alter Menschen werden Massnahmen zur Kostendämpfung immer wichtiger. Der Einsatz der Informationstechnik zur Übernahme von Routineaufgaben wie Selbstüberwachung und Aufklärung kann einen Teil dazu beitragen. Aus dem Wunsch der Zielgruppe alter und behinderter Menschen nach Selbständigkeit erwächst für die Anbieter von Informationstechnik das Problem, dass sie einen relevanten Markt darstellen, andererseits ein Umgang mit

Informationstechnik auf grosse, z.T. altersbedingte psychologische Barrieren stösst. Dieses kann durch eine Vereinfachung und intuitive Bedienung der Technik gelöst werden. Eine elektronische Hilfe im Haushalt muss die Einfachkeit einer Fernseh- oder Telefonbedienung haben, um dieser Zielgruppe gerecht zu werden.

Besondere Zielgruppen medizinischer Aufklärung z.B. gegen das Rauchen oder AIDS-Prävention sind Jugendliche. Sie sind mit der Nutzung von Informationstechnik vertraut und können durch multimediale Kioske oder PC-Software besser erreicht werden als durch konventionelle Printmedien. Hier kommt der Konvergenz von Anwendungen besondere Bedeutung zu, wenn in Videospielen Themen der Aufklärung über Gesundheitsrisiken (z.B. über AIDS) im Sinne eines 'Edutainment' eingebettet werden. Dieser Aspekt wird zunehmend zu einem elementaren Bestandteil der Öffentlichkeitsarbeit im Gesundheitswesen. Der Sport- und Fitnessbereich setzt ebenfalls auf Unterhaltungselemente. Nintendo hat zusammen mit dem Hersteller von Fitness-Geräten Life Fitness einen Fahrrad-Trainer entwickelt, in den die Spielkonsole 'Super NES' integriert ist. Durch die Tretbewegungen wird die Geschwindigkeit eines Autorennens gesteuert. Andere Entwicklungen binden beim Radfahren virtuelle Landschaften mit Bergsteigungen entsprechend der Belastung ein.

Eine Ferndiagnose oder sogar -behandlung zwischen Patient und Arzt wird auf absehbare Zeit die persönliche Konsultation nicht ersetzen und Gegenstand ausschliesslich technischer Pilotversuche sein.

5.8.5 Zusammenfassung

Der Einsatz der Informationstechnik im Anwendungsschwerpunkt 'Gesundheit' beschränkt sich zur Zeit auf die Überwachung und Information zur eigenen Gesundheit. Wesentliche Merkmale des Anwendungsschwerpunktes sind:

- Sport.
- Abrechnung.
- Überwachung.
- Beratung.
- Diagnose.
- Unterstützung behinderter und alter Menschen.
- Elektronische Hilfsmittel und Prothesen.

Viele Angebote zur 'Gesundheitsinformation' werden auf CD-ROM, in Online-Diensten oder dem Internet angeboten. Die Anbieter sehen darin eine Chance, durch Prävention zukünftige Kosten zu vermeiden. Weitergehende Einsatzmöglichkeiten scheitern am Schutz der persönlichen Daten der Patienten und der Schweigepflicht der Ärzte. Ein wesentlicher Fokus der Forschung stellt die Verwendung von Informationstechnik für alte und behinderte Menschen dar. Im Gegensatz zu anderen, freiwilligen Anwendungen wie der Unterhaltung, sind sie auf Hilfsmittel wie elektronische Hör- oder Sehhilfen angewiesen.

5.9 Haushaltsmanagement

5.9.1 Definition

Unter dem Anwendungsschwerpunkt 'Haushaltsmanagement' wird die Zusammenfassung aller informationstechnischen Funktionalitäten verstanden, die die administrativen Aufgaben im privaten Haushalt unterstützen. Dazu zählen die Durchführung der privaten Finanzen, der Versicherungen, Steuern und der Verwaltung der Wohnung. Die Bearbeitung privater Korrepondenz wie Briefe oder Einladungen kann hierunter subsumiert werden. Deutschland ist im Bereich des Home-Banking weltweit führend. Von den ca. 1,4 Mio. Konten, die über T-Online geführt werden, sind etwa 800.000 privaten Anwendern zuzurechnen. Das Führen privater Buchhaltung wird von 30% der privaten PC-Benutzer als Tätigkeit angegeben (IRES 1995, S. 32).

Auf Seiten der Anbieter von Bankdienstleistungen spielt die Entwicklung neuer und alternativer elektronischer Vetriebswege eine grosse Rolle, um das kosten- und personalintensive Massengeschäft durch Technik zugunsten ergebnisorientierter Beratungsleistungen zu ersetzen. Der stationäre Vertrieb über Geschäftsstellen bietet grosse Potentiale der Verbesserung durch Informationstechnik, die durch den Endkunden selbst eingesetzt wird. Hintergrund ist die Veränderung des Privatkundengeschäfts in den achtziger Jahren (Brunner 1995; Dratva 1995; Iannace 1995):

- Die Deregulierung hat zum Eintritt von Non- und Near-Banks und ausländischer Konkurrenten geführt.
- Eine Differenzierung ist nur über die Dienstleistungsqualität möglich, da Produkte austauschbar sind.
- Der Privatkunde stellt höhere Ansprüche an die Beratung, die Kundenloyalität ist gesunken, der Trend zu Mehrfachverbindungen nimmt zu und die Kosten-/Nutzensensibilität steigt.
- Der Kostendruck nimmt zu.

5.9.2 Anwendungsformen

5.9.2.1 Stand-alone Betrieb

Software zur Verwaltung der privaten Buchführung wie Microsoft Money oder Intuit Quicken basieren grundsätzlich auf der isolierten Eingabe, Verarbeitung und Ausgabe von Daten. Die Intention verschiedener Kartenorganisationen und des

Handels, Magnetstreifen- durch die Chipkarte zu ersetzen, beruht im wesentlichen neben Sicherheitsaspekten auf der Transformation von Online- zu Offline-Transaktionen. Da die Online-Authentisierung von Vorgängen mit erheblichen Telekommunikationskosten von ca. 0,7% des Umsatzes (Vahrenkamp 1996, S. 59) und Zeitaufwand verbunden ist, werden von der Offline-Prüfung Zeit- und Kostenvorteile erwartet. Die stand-alone Verarbeitung einer Chipkarte dauert etwa 5 Sekunden, die Barzahlung 50-60 Sekunden und die Zahlung mit der zu authentisierenden Kreditkarte bis zu 300 Sekunden (Jurczyk 1994). Eine Studie in den USA ergab für die durchschnittlichen direkten Kosten einer Bartransaktion US$ 0,07, für eine Online-Belastung einer Bankkarte US$ 0,30 und für eine Kreditkartentransaktion US$ 0,81 (Kalakota/Whinston 1996, S. 287). Trotzdem wird die Kreditkarte aus Image- und Umsatzgründen akzeptiert, da die durchschnittlichen Umsätze bei Bargeschäften mit US$ 14 deutlich unter der für Kreditkarten mit US$ 36 liegen.

Wesentlicher Grund für die Fokussierung auf die stand-alone Anwendungen in diesem Bereich sind Restriktionen bei der Sicherheit von finanziellen Transaktionen und deren Sensibilität. Mangelnder Datenschutz ist z.B. ein kritisches Argument in der Diskussion um den Internetanschluss von Haushalten über Kabelmodems in den USA. Bei Banktransaktionen über das Internet würden bei Datendiensten über das Breitbandkabel alle Daten an den Busadaptern anderer Teilnehmer eines Verteilknotens anliegen.

5.9.2.2 Interne Vernetzung

Die interne Vernetzung spielt zur Zeit in den Haushalten keine Rolle. In Zukunft sind Anwendungen denkbar, die z.B. innerhalb von Heimnetzwerken oder Small Area Networks Daten von einem PC in das private Finanzprogramm eines anderen PCs übernehmen.

5.9.2.3 Externe Vernetzung

Programme des privaten Finanzmanagements zeichnen sich durch eine Übernahme von Informationen in die Kontoführung via T-Online aus. Zahlungseingänge auf dem T-Online-Konto können direkt in die Ein-/Ausgabenrechnung übernommen werden. Weiterhin besteht für den Haushalt die Möglichkeit zur Führung eines Kontokorrentkontos über das Internet. In den USA sind z.B. bei der Wells Fargo Bank in Kalifornien Wertpapiertransaktionen möglich. 40% der amerikanischen Umsätze mit Investmentsfonds werden über Medien ohne Besuch von Geschäftsräumen durch den Kunden abgewickelt (Johnson/Ott 1995, S. 99). Vahrenkamp kommt zu dem Ergebnis, dass durch Tele-Banking die Hälfte aller im Front-Office beschäftigten Bankangestellten in Deutschland, etwa 100.000 der insgesamt 760.000 Personen, langfristig substituiert werden können (Vahrenkamp 1996, S. 62).

Die externe Vernetzung im Bereich des Banking kommt dem Wunsch vieler Kunden nach Unabhängigkeit von Öffnungszeiten, dem Vergleich von Konditionen und der Möglichkeiten von Multi-Banking, d.h. dem Führen mehrerer Bankverbindungen entgegen. Die externe Vernetzung kann über verschiedene Infrastrukturen wie das Telefon, Online-Dienste oder das Internet realisiert werden. Erfolgreiche Konzepte wie das Telefon-Banking der Citibank zeigen, dass die Nachfrage in attraktiven Kundensegmenten mit hohem Einkommen und Bildungsniveau vorhanden ist. 62% der Direktkunden der Banken verwenden das Telefon, 25% den PC. Der Gesamtanteil an der Bevölkerung für Telefonbanking beträgt erst 4%, beim Home-Banking via PC nur 1% (Rautenberg 1996, S. 154).

5.9.3 Einsatzgebiete

Wesentliche Merkmale des Anwendungsschwerpunktes 'Haushaltsmanagement' sind die Verwaltung der privaten Steuern und Finanzen, das Home-Banking, Elektronische Selbstbedienung, der elektronische Zahlungsverkehr, Versicherungen, die Hausverwaltung und das Personal Information Management mit privater Korrespondenz und Terminverwaltung.

5.9.3.1 Finanzen und Steuern

Die Verwaltung der privaten Steuern kann durch Informationstechnik unterstützt werden. Programme wie 'WISO-Sparbuch 95/96' bieten die Möglichkeit, alle Einträge direkt in das amtliche Formular zu übernehmen. Bei einigen Programmen müssen die Daten am Ende von Hand in das Formular übertragen werden. Mit einer Steigerung von 43% zu 1994 wurden 1995 2,4 Mio. Kopien von Programmen zur privaten Steuerverwaltung verkauft (Moran 1996, F1). In den USA werden Informationen zum Ausfüllen der Steuererklärung vom IRS (Internal Revenue Service) im Internet unter der Internet-Adresse "www.irs.ustreas.gov" gegeben. Vor den Terminen wird in der aktuellen Tagespresse auf diese Hilfe hingewiesen. In den USA ist die elektronische Abgabe von Steuererklärungen, das sogenannte Electronic Filing (ELF), von Privatpersonen möglich. Der IRS erwartet für 1996, dass 20 Mio. Steuererklärungen elektronisch durchgeführt werden. Man kann vier Verfahren unterscheiden:

- Abgabe auf einer mit einem PC erstellten Datenträger für bestimmte Steuerpflichtige.
- Ausdruck der amtlichen Formulare mit einem Steuerprogramm wie 'TurboTax' von Intuit mit einem Marktanteil von 78% in den USA.
- Übermittlung über einen Online-Dienst oder zertifizierte 'Transmitting Agencies' mit Hilfe spezieller Software. Ergänzend ist eine begleitende Papiererklärung notwendig.
- "Tele-Filing" über das Telefon ohne jegliche zusätzliche Formulare als einfachste Möglichkeit.

Vorteile für die Haushalte sind eine schnellere Bearbeitung sowie eine Rückerstattung nach drei Wochen im Vergleich zu der mehrere Monate dauernden üblichen Bearbeitung. Im Rahmen eines Versuchs zum interaktiven Fernsehen wurde den Kunden eines Kabelnetzwerkes am Fernsehbildschirm das elektronische Formular eingeblendet, das nach dem Ausfüllen direkt an das Finanzamt, den IRS, übersandt wurde.

Programme zur Finanzverwaltung erlauben die Erfassung von privaten Aus- und Eingaben, das Aufstellen von Budgets für den kommenden Monat und die Gegenüberstellung von geplanten und tatsächlichen Werten. Durch eine Aufspaltung von Beträgen wie dem Gehalt in verschiedene Unterpositionen können Kategorien wie 'Versicherungen' gebildet werden. Marktführer sind die Produkte 'MS Money' (Microsoft) und 'Quicken' (Intuit). Mit einem Übergang von und zum T-Online-Dienst lassen sich Daten z.B. für eine fällige Überweisung austauschen.

5.9.3.2 Home-Banking

Begriffe wie 'Electronic Banking', 'Home-Banking' oder 'Tele-Banking' werden synonym verwendet. Während Tele-Banking die Verwendung des Telefons einschliesst, versteht man unter Home-Banking alle Möglichkeiten, die Bankgeschäfte von zuhause zu führen, z.B. über die Nutzung von Online-Diensten. 'Electronic Banking' umfasst schliesslich alle Möglichkeiten des IT-gestützten Banking und schliesst Kiosksysteme ein. Hauck (Hauck 1994, S. 31) unterteilt die Selbstbedienung nach der örtlichen Gegebenheit und kommt zu den Gruppen 'Selbstbedienung in der Bank', 'Selbstbedienung an öffentlichen Plätzen' und 'Home-Banking zu Hause'. Die ersten beiden Gruppen werden unter den Kiosksystemen im Rahmen dieser Arbeit subsumiert. Dratva strukturiert die für den Privatkunden angebotene elektronische Information im Bankwesen nach den Gesichtspunkten (Dratva 1995):

- Interaktion zwischen den Teilnehmern, d.h. wie unmittelbar die Information nach einer Aufforderung an den Kunden geliefert wird.
- Numerische Beziehung zwischen den Teilnehmern, d.h. wieviele Lieferanten der Information wievielen Empfängern gegenüberstehen. Man kann zwischen individuellen Tele-Banking-Diensten (1:1), Broadcast- (1:n) und Marktplatz- (n:m) Diensten unterscheiden.

Bild 5.9.3.2/1 zeigt die Darstellung der 3x3-Matrix mit der Angabe von Beispielen (vgl. Dratva 1995, S. 96, 101 und 111):

Interaktion/numerische Beziehung	*Information on specific demand:* *Erstellung auf spezifische Anfrage hin.*	*Information on delivery:* *Information, nachdem sie erstellt wurde.*	*Information on stock:* *Bezug von Leistungen, die bereitgestellt wurden.*
Ein Lieferant und ein Empfänger, 1:1	Spezifische Depotbewertung, Ausführungsbestätigung	Monatlicher Kontoauszug	Archiv für persönliche Kontoinformationen
Ein Lieferant und viele Empfänger, 1:n	Unrealistischer Fall	Abonnierte Börsenkurse	Elektronische Werbung
Viele Lieferanten und viele Empfänger, n:m	Kommunikationsforen über Banking	Mailing-Liste zu Bankthemen	Bulletin Board Services

Bild 5.9.3.2/1 Kategorien elektronischer Bankinformation (Zusammenstellung nach Dratva 1995, S. 96)

Grundsätzliche Möglichkeiten des Informationstechnikeinsatzes im Bankbereich in Kontakt mit dem Retailkunden sind:

- Telefon/Sprachcomputer: Beim Telefon-Banking gibt es neben der Option, dass ein Anrufer von einem menschlichen Operator geleitet wird, die Möglichkeit der Sprachverarbeitung durch eine Voice Response Unit (VRU), die auf Stimmeingabe reagiert, oder drittens die Auswahl mit Hilfe des Tonwahlverfahrens. Die Stimmerkennung trifft bei Fliesstext schnell auf Grenzen, weshalb eine teure, manuelle

Nachbearbeitung notwendig ist. Das Tonwahlverfahren ist aus technischen Gründen in Deutschland erst für 30% der Teilnehmer verfügbar.

- Smart- oder Screentelefone: Eine weitere Alternative ist die Verwendung von Komfort-Telefonen, die PC-Funktionen verwenden und als Next Generation Telephone (NGT) bezeichnet werden. Sie haben ein Display, eine alphanumerische Tastatur und sind zur Datenkommunikation geeignet. Damit wird die Anzeige von Masken aus Online-Diensten oder dem Internet möglich. Fraglich ist jedoch, ob die hohen Kosten und die beschränkte Funktionalität eine weite Verbreitung zulassen.
- Online-Dienste: 85% aller Nutzer des Online-Dienstes T-Online verwenden den Dienst wegen des 'Electronic Banking'. Er stellt den wichtigsten Motivationsgrund dar. Die Telekom weist ca. 2 Mio. geführte Konten aus. Die eigentliche Führung des Kontos ist auf das Ausführen von Überweisungen, Bestellen von Vordrucken und Ausgabe des Kontostandes beschränkt. Daneben gibt es eine Reihe von ergänzenden Informationen zum Wirtschafts- und Börsengeschehen in allen Online-Diensten. Aktuelle Anlage- und Kreditinformationen ergänzen das Angebot. Einige Broker-Häuser in den USA bieten den Kunden die Möglichkeit der direkten Plazierung von Aufträgen ohne Einbindung proprietärer Online-Dienste.
- Internet: Trotz der Risiken im Sicherheitsbereich bieten einige Banken Dienste im Internet an. Birkelbach sieht die Potentiale des Internet in der Marktforschung, in neuen Vertriebsformen und dem verbesserten Kunden-Support (Birkelbach 1995, S. 392). Vorreiter sind amerikanische Institute wie Wells Fargo ("www.wellsfargo .com") in Kalifornien, das seit Mai 1996 Bankgeschäfte im Internet anbietet (Rautenberg 1996, S. 160). Es sind Kontoführung und Kreditverwaltung mit einem Passwort möglich. Die Sparda Bank Hamburg bietet als erste deutsche Bank die Führung eines laufenden Kontos über das Internet an. In Zusammenarbeit mit der Fa. EDS wurde ein Sicherheitschip, der 'meChip', entwickelt, der Tastatureingaben sofort verschlüsselt und über das Netz schickt. Teile dieses Angebotes zur Führung eines Girokontos über das Internet zeigt Bild 5.9.3.2/2.

Bei der Dresdner Bank Investmentgruppe (DIT) ist es im Internet möglich, eine Investmentkonto zu eröffnen und zu verwalten. Die Übermittlung von Finanzdaten über das als unsicher geltende Internet stellt ein Hindernis für die Expansion von Transaktionen dar. Verschiedene Organisationen arbeiten an Verfahren zur Verschlüsselung von sensiblen Daten wie Kreditkarteninformationen. Internet-Browser schalten bei der Übermittlung zu sichernder Daten in einen Schlüssel-Modus. Der Datenaustausch findet danach gesichert statt.

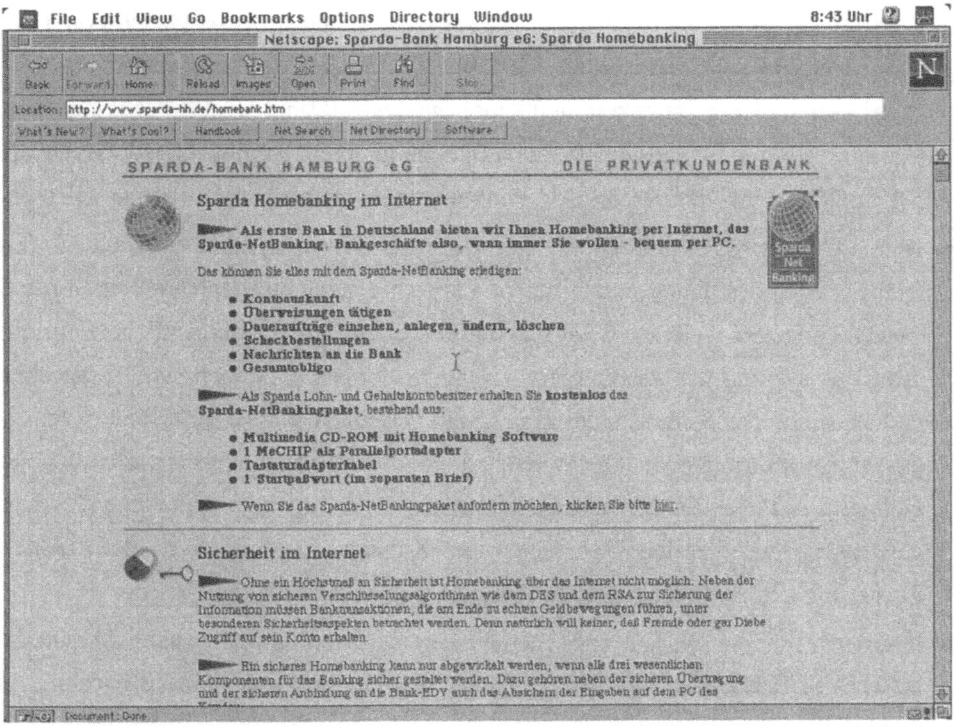

Bild 5.9.3.2/2 *Homepage der Sparda-Bank Hamburg im Internet ("www.sparda-hh.de")*

5.9.3.3 Elektronische Selbstbedienung und Kioske

Ein wesentlicher Kostenfaktor der Kreditinstitute ist die menschliche Arbeit. 60% aller Bankmitarbeiter sind mit standardisierten Bankdienstleistungen wie Bargeldauszahlungen beschäftigt. Erhebliche Kosten- und Rationalisierungspotentiale bestehen, wenn diese Dienstleistungen auf den Kunden übertragen und in den Geschäftsablauf durch automatische Übernahme in das Buchungssystem eingebunden werden. Bei der Stadtsparkasse München sind 43% der Mitarbeiter mit Arbeiten um das Konto und 34% mit Kassengeschäften und Zahlungsverkehr beschäftigt. Im Vertriebsbereich wird 25% der Zeit mit dem Kunden verbracht. Durch den Einsatz von

Selbstbedienungstechnik wurden trotz steigender Transaktionen sieben Mitarbeiterjahre eingespart (Brunner 1995, S. 73).

Der Schwerpunkt hat sich geändert. Standen zunächst Kosteneinsparungen durch die Kundenselbstbedienung im Vordergrund, zeigen neue Studien, dass mittlerweile z.B. interaktive Kiosksysteme nicht zur Kostensenkung, sondern im wesentlichen der Imagepflege und der Akquisition von Neukunden dienen sollen. Der Kostenvorteil einer elektronischen Überweisung von DM 0,05-0,50 im Vergleich zu einer beleggebundenen (DM 1,80-2,80) wird durch das Erfordernis der manuellen Nachbearbeitung aufgezehrt, weshalb Kostenvorteile selten erzielt werden. Das Telefon-Banking ist mit Kosten von DM 3,00 pro Überweisung die teuerste Form.

Nach der breitflächigen Einführung von Geräten zur Kundenselbstbedienung wie Kontoauszugsdruckern (KAD) und Geldausgabeautomaten (GAA) hat Deutschland eine im Vergleich zu anderen Industrienationen erst geringe Flächendeckung von 3.500 Einwohnern pro GAA erreicht (Brunner 1995). Zur Zeit sind etwa 39.500 Drucker und 23.000 Ausgabegeräte installiert. Die Zahl der multifunktionalen Kioske, bei denen neben erweiterten Funktionen wie Einzahlung von Bargeld oder Scheckausgabe Beratungsleistungen angeboten werden, beläuft sich auf etwa 1.500 bundesweit. Die Badische Beamtenbank eG hat sechs Terminals in der Hauptstelle in Karlsruhe aufgestellt, von denen zwei 24 Stunden zugänglich sind. Neben Spar-, Kredit-, Versicherungs- und Immobilenangeboten werden aktuelle Börsenkurse und TV-Nachrichten mit Musik und Videoclips angeboten. Die Landesgirokasse Stuttgart hat 18 Selbstbedienungsautomaten im Einsatz. Neuartig ist ein Kundenleitsystem, das dem Kunden den spezialisierten Berater vorstellt und ihm eine Wartekarte mit Nummer ausdruckt. Da sich der Kunde mit seiner EC-Karte anmelden muss, kann sich der Berater auf das Gespräch vorbereiten und ihn mit Namen in der Schalterhalle begrüssen. Die durchschnittliche Wartedauer für den Kunden konnte gesenkt werden (Müller 1995, S. 91f.).

Bild 5.9.3.3/1 stellt die beschriebenen Alternativen des computergestützten Führens von Bankgeschäften für die Privatkunden zusammen.

Kriterium/Alternative	*Internet-Banking*	*Telefon/Computer*	*Online-Dienste*	*Kioske*
Infrastruktur beim Haushalt	Computer mit Internetzugang	Telefon	Computer mit Online-Anschluss	keine
Infrastruktur bei der Bank	Internetserver	Computer mit Spracherkennung	Bankrechner muss an Online-Dienst angeschlossen sein	Terminal mit Anschluss an Bankrechner
Wichtiger Vorteil	Internationales Angebot	hohe Telefonpenetration	komplexe Transaktion wie Effektengeschäfte	keine Nutzungskosten
Wichtiger Nachteil	Sicherheit, geringe private Teilnehmerzahl	Beschränkung auf einfache Transaktionen	Nutzungskosten	nicht von zu Hause

Bild 5.9.3.3/1 Alternativen der Haushalte für das Electronic Banking

5.9.3.4 Zahlungsverkehr

Der Einsatz elektronischer Zahlungsmittel durch den Kunden am Point-of-Sale gewinnt an Bedeutung, obwohl der aktuelle Stellenwert gering ist. Die Einrichtung von 'Electronic Cash', die Zahlung mit Eurocheque- oder Kreditkarte direkt an der Kasse eines Warenhauses, hat bisher nicht die Bedeutung der Barzahlung erreicht. Kartensysteme haben in Deutschland etwa einen Anteil von 2% am bargeldlosen Zahlungsverkehr, jedoch mit steigender Tendenz. Etwa 9% der Bevölkerung besitzen eine Kreditkarte (Vergleich USA: 100%). Es wurden ca. 53 Mio. EC-Karten zur Nutzung für 'Electronic Cash' ausgegeben.

85% aller Transaktionen sind Bargeld, nur 0,1% des gesamten Zahlungsverkehrs entfällt auf Electronic Cash (Berndt 1995, S. 14). In einzelnen Branchen wie Textilien oder Parfümerien werden zweistellige Prozentanteile erreicht. In den USA ergibt sich für die Anzahl der Transaktionen ein ähnliches Bild: Im Jahr 1994 bestanden 85% der Geldtransaktionen aus Bargeld. Diese waren für 3% des Volumens verantwortlich (o.V. 1995k, S. 21).

1994 wurden Online-Transaktionen für US$ 200 Mio. elektronisch mit Kreditkarten getätigt, was einen Anteil von 0,02% des gesamten Kreditkartentransaktionsvolumens von US$ 1 Billion ausmacht (o.V. 1995l). Der Umsatz des Einkaufens via Fernseher und Telefon betrug dagegen ca. US$ 2,5 Mrd., der gesamte Einzelhandelsumsatz in den USA US$ 1,5 Trillionen (Zimmermann 1995, S. 152).

Das elektronische Bezahlen mit einer Chipkarte ist erst ab einem bestimmten Betrag sinnvoll. 30 Mio. Zahlungen werden täglich im Wert von unter DM 50 durchgeführt. Für die Ausweitung auf Handelssegmente mit niedrigem Transaktionswert wie Supermärkte oder öffentlicher Nahverkehr bietet sich eine 'Elektronische Geldbörse' als Bargeldersatz an, die als Debitkarte an Automaten geladen werden kann. In Deutschland wird im Rahmen eines Versuches seit 1996 in Ravensburg/Weingarten für 80.000 Bürger eine Kombination aus EC-Karte und Chip untersucht (Vahrenkamp 1996, S. 59). Die 'GeldKarte' kann bis maximal DM 400 aufgeladen werden. Für jede Aufladung ist die Eingabe einer Geheimnummer, die durch den Chip offline überprüft wird, und eine Online-Autorisierung des Ladebetrages erforderlich. Die Belastung erfolgt vom Girokonto des Karteninhabers. Der Zahlungsvorgang erfolgt offline und wird über ein spezifisches Terminal beim Händler gesteuert. Die Abrechnungskosten betragen 0,3% vom Umsatz oder mindestens DM 0,05, was bei geringfügigen Transaktionen für die Intention, Bargeld zu ersetzen, kontraproduktiv ist (Vahrenkamp 1996, S. 60).

Einen weitergehenden Versuch, der den elektronischen Geldaustausch zwischen Privatpersonen erlaubt, zeigt das Beispiel 5.9.3.4/1 von 'Mondex'.

Beispiel 5.9.3.4/1: Mondex (SNI 1995, S. 19f.)

Mondex ist eine elektronische Geldbörse auf der Basis einer Smart-Card. Sie wurde von der National Westminster Bank zur Reduzierung des Bargeldes bei kleineren Transaktionen entwickelt. Ziel ist es, einen weltweiten Standard für 'Electronic Cash' zu schaffen. Mit der Mondex-Karte können Geschäfte an Geldautomaten, Telefonen, Kassen-Terminals und sogenannten Mondex-Brieftaschen vorgenommen werden. Mit Hilfe dieser 'Brieftasche', die in Form und Grösse einem Taschenrechner ähnelt, können zwei Personen untereinander Geld in maximal fünf Währungen austauschen. Die Mondex-Brieftasche zeigt den aktuellen Saldo sowie die letzten zehn Transaktionen an. Mit Mondex-Telefonen ist ein Austausch weltweit möglich. Bei der Verwendung wird keine Autorisierung verwendet. Eine wesentlicher Vorteil ist die Übertragung von Guthaben ohne Einbeziehung von Banken. Seit Juli 1995 wird das System in Swindon, einem Vorort von London, mit 40.000 Kunden und 1.000 Händlern getestet.

Neben der Entwicklung elektronischen Geldes auf Kartenbasis stellt die Entwicklung von 'Ecash' für die Verwendung für Transaktionen in Netzen eine wesentliche Entwicklung dar. Verschiedene Unternehmen wie Digicash, Amsterdam, oder CyberCash, Inc., arbeiten daran, elektronische Zahlungen für das Internet durchführbar, valide und sicher zu machen. Das Beispiel 5.9.3.4/2 zeigt die Möglichkeiten der Zahlung über das Internet am Beispiel des Verfahrens der Fa. Digicash.

Beispiel 5.9.3.4/2: Zahlungsverkehr im Internet mit 'Ecash' (Digicash 1996)

Das Programm 'Ecash' läuft auf einem PC ständig im Hintergrund. Ein kleines Fenster zeigt die aktuell verfügbare Geldmenge an, die sich zur Zeit auf dem Rechner befindet. Nach der Aktivierung des Fensters durch Betätigen des Banksymbols und Eingabe des gewünschten Betrages wird der Betrag von der Bank, die das 'Ecash'-Konto führt, über das Internet abgerufen. Das zugehörige Fenster zum Laden des elektronischen Geldes in die lokale "Geldbörse" auf dem PC des Anwenders zeigt Bild 5.9.3.4/1.

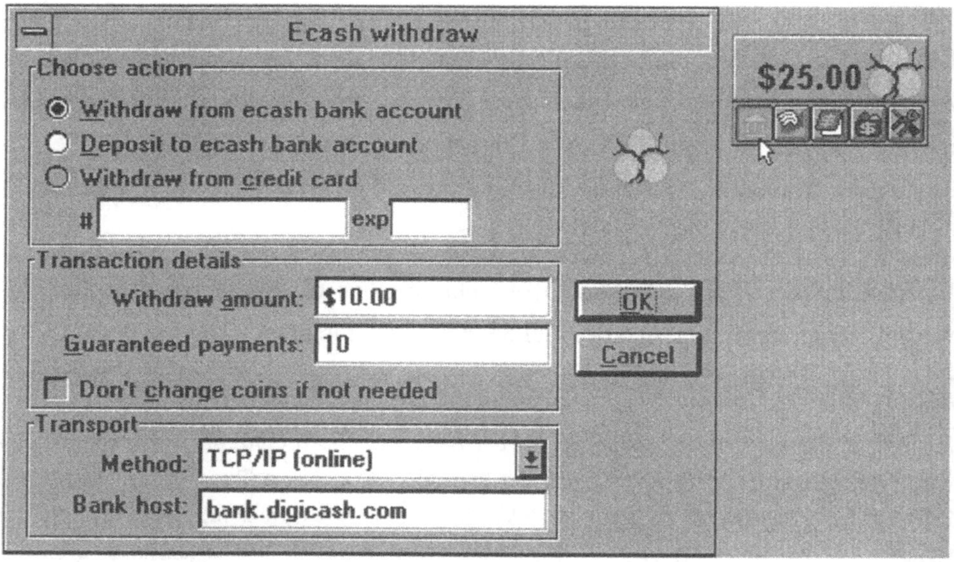

Bild 5.9.3.4/1 Beispiel für das Abbuchen von elektronischem Geld (Ecash) von einer Bank über das Internet auf den eigenen Heim-PC

Eingehende Zahlungsanforderungen werden zur Bestätigung mit einem Verwendungstext angezeigt. Die Selbstinitiierung von Zahlungen an eine zu spezifizierende Adresse ist möglich. Eingehende Zahlungen werden angezeigt und können als 'Ecash' abgespeichert oder direkt an ein Bankkonto übertragen werden.

Beim Kauf einer Ware mit 'Ecash' wird die Geldmenge über das Internet an den Händler geschickt. Dieser bittet die Bank um die Bestätigung, dass dieses Geld authentisch ist. Es finden sogenannte 'Blinde Signaturen' Anwendung, die die Feststellung der Authentizität, aber nicht die Identität des Zahlenden erlauben. Grundlage ist eine Verschlüsselung mit Signaturen durch private und öffentliche Schlüssel nach dem RSA-Verfahren.

5.9.3.5 Versicherungen

Versicherungsangebote finden sich in der Regel in Verbindung mit anderen Finanzangeboten der Banken an Informationskiosken oder in externen Netzwerken.

5.9.3.6 Hausverwaltung/Immobilien

In Zusammenhang mit der Verwaltung der privaten Zahlungsströme steht die Durchführung der privaten Hausverwaltung mit Hilfe der Informationstechnik. Mit entsprechenden Anwendungsprogrammen können Mieteinnahmen und öffentliche Versorgungsabgaben aufgestellt und überwacht werden.

Die Information und Präsentation von Immobilien zum privaten An- oder Verkauf wird als ein Aspekt elektronischer Finanzdienstleistungen durch Informationstechnik unterstützt. Das Selbstbedienungs-System 'ImmoS' der Sparkassenorganisation zeigt Grundrisse, Lagepläne und Farbbilder der angebotenen Objekte oder offeriert Finanzierungsangebote. Wesentliches Ziel war die Verbesserung des Dienstleistungsangebotes. Im Internet ("www.s-net.de") konzentrieren sich die Angebote auf Immobilien und eine Wohnungsbörse für Studenten, in der Wohnungsanbieter kostenlos Inserate aufgeben können. Aus den gewonnenen Informationen über den Wohnungsmarkt und den Adressenpool erhält die Sparkassenorganisation wichtige Basisdaten für Finanzangebote (Müller 1995, S. 94).

5.9.3.7 Personal Information Management

Zum Personal Information Management (PIM) im Haushalt können folgende Aktivitäten der privaten Daten- und Dokumentenverwaltung gezählt werden:

- Die Durchführung der privaten Korrespondenz.
- Die Erstellung von Graphiken oder Bildern, z.B. für Einladungen.
- Die Termin- und Adressverwaltung privater Kontakte.
- Die Datenverwaltung, z.B. von CD- oder Briefmarkensammlung.

Die häufigste Anwendung auf dem privaten PC ist die Textverarbeitung mit 86% aller privaten Nutzer. Nach den Spielanwendungen nehmen die Tabellenkalkulation (42%) und die Gestaltung von Drucksachen (40%) den dritten und vierten Rang ein (IRES 1995, S. 32). Trotz einer schwierigen Abgrenzung zur Geschäftswelt findet in der privaten Umgebung ein Einsatz von IT-gestützten Vefahren statt. Hierbei ist eine

Vermischung der Informationstechnik aus Berufs- und Privatsphäre zu beobachten. Heute wird überwiegend das Textverarbeitungsprogramm, das im Betrieb benutzt wird, daheim weiter verwendet. Microsoft gestattet z.B. die Nutzung der Kopie einer Lizenzversion für den Heimgebrauch. Es muss nur die Funktionalität eines Programmes erlernt werden. Die Dateien sind ohne Konvertierung transferier- und weiter nutzbar. Identisches gilt für Graphik- oder Adressverwaltungsprogramme. Festzuhalten bleibt aber, dass die Mehrzahl der Funktionen betrieblicher Standardsoftware in der Heimanwendung keine Verwendung findet.

Eine Adressverwaltung mit einem PC-Programm bietet dem Privatanwender neue Möglichkeiten bei der Suche nach Namen, Erinnerung an Geburtstage oder dem Ausdruck von Adressetiketten. Sie ist hinsichtlich Bequemlichkeit und Einfachheit des Zugriffs einem sofort aufklappbaren konventionellen Planer im Rahmen des stark begrenzten, privaten Einsatzzwecks unterlegen.

5.9.4 Zukünftige Entwicklung

Die Bedeutung der Informationstechnik im privaten Haushaltsmanagement nimmt ständig zu. 1993 hat Microsoft versucht, für US$ 1,5 Mrd. den Weltmarktführer privater Finanzsoftware Intuit mit dem Produkt 'Quicken' aufzukaufen, um auf diesem Markt eine dominierende Rolle einzunehmen. Dieses wurde durch Intervention der Kartellbehörde verhindert. Dieses Beispiel zeigt die Bedeutung dieses Marktes für grosse Unternehmen. Eine weite Verbreitung von Zahlungsverkehr im Internet hat bisher die mangelnde Sicherheit von Kreditkarteninformationen und das Fehlen von elektronischer Währung verhindert. Neue Versionen der Internet-Clients wie Netscape Navigator beinhalten das Secure Socket Layer (SSL) Protokoll, dass die Authentizität eines WWW-Servers verifiziert. Führende Kreditkartenorganisationen wie VISA oder Mastercard entwickeln zusammen mit Softwarehäusern Sicherheitsmechanismen für die Finanztransaktionen der Zukunft im Internet unter dem Namen Secure Electronic Transactions (SET) (Keizer 1996, S. 47). Nach der Registrierung einer Kreditkarte erhält der Kunde ein digitales Zertifikat von seiner Bank. Bei einem Kauf wird die verschlüsselte Kopie dieses Zertifikats übertragen. Die Missbrauchssumme elektronischer Transaktionen ist mit US$ 1 pro US$ 1.000 Umsatz im Internet jedoch geringer als der Missbrauch durch Kreditkarten (US$ 1,40) oder Mobiltelefone (US$

20) (Keizer 1996, S. 49). Es ist absehbar, dass die Restriktion der Sicherheitsmängel im Internet mittelfristig aufgehoben werden kann.

Eine Studie der Unternehmensberatung McKinsey sieht für den Einsatz von Informationstechnik beim Endkunden in der Zukunft drei unterschiedliche, sich überlagernde Technik-Wellen (Johnson/Ott 1995, S. 99):

- Welle 1 (1990-96) ist durch eine Veränderung und Ausweitung des Kundenzugriffs durch Telefon und Bankautomaten gekennzeichnet. Elektronische Zahlung durch Kredit- und Debitkarten ist weit verbreitet. Es findet eine Trennung zwischen Massen- und Individualgeschäft statt.
- Welle 2 (1994-2005) ist durch verstärkten Einsatz von PC-gestützter persönlicher Finanzsoftware mit Schnittstellen zu Online-Diensten und anderen externen Netzen gekennzeichnet. Zahlungen werden zunehmend elektronisch getätigt. Die Deutsche Bank erwartet für das Jahr 2000, dass 80% der Standardgeschäfte über elektronischen Vertrieb abgewickelt werden (Bartmann 1995). Entstehung des 'Electronic Commerce'.
- Welle 3 (ab 2000) ist gekennzeichnet durch eine verstärkte Ausrichtung an Bequemlichkeit und Preissenkungen unter Einsatz von elektronischem Geld, interaktivem Video und intelligenten Agenten. E-Cash und Chipkarten sind Substitute für Bargeld und Schecks. Interaktive Breitbandnetze erlauben die Finanzberatung über Video für den Endkunden (Iannace 1995, S. 350). Die Vernetzung zwischen den Zahlungssystemen nimmt zu.

Eine Untersuchung von Ploenzke sieht eine hohe zukünftige Relevanz von Home-Banking über das Telefon und Selbstbedienungsgeräten ausserhalb der Kreditinstitute bis zum Jahr 2000. Daneben werden Smart Phones grosse Chancen eingeräumt. Die Relevanz von Online-Diensten wird als mässig eingeschätzt (Iannace 1995, S. 349).

Für die Anbieter wie Banken stellt sich das Problem, durch den Einsatz der Technik beim Privatkunden nicht den persönlichen Kontakt zu verlieren. Ein nach Produkt und Kundengruppe selektiver Einsatz ist daher notwendig. Der elektronische Zahlungsverkehr mit Eurocheque und Kreditkarten ist weit verbreitet. Neue Verfahren ersetzen den Magnetstreifen durch eine Mikrochip, der neben erhöhter Sicherheit eine Multifunktionalität, z.B. Einsatz als Telefonkarte bietet. Neue Zahlungssysteme müssen entwickelt werden, die zu niedrigen Kosten die Verrechnung kleiner Geldbeträge, z.B. für die Verrechnung der Bereitstellung einzelner Informationenseinheiten, gestatten. Dieses wird unter den Stichworten 'Micropayment' oder 'Microshopping' diskutiert. Bei Einsatz heutiger Verrechnungsverfahren über Kreditkarten wären die Kosten der einzelnen Transaktion größer als der Wert der tatsächlich in Anspruch genommenen Leistung.

Ziel muss es sein, die private Verwaltung stärker in die öffentliche Verwaltung zu integrieren. Einige Bürgerinformationssysteme bieten die Möglichkeit, den Behördengang für Anträge oder Anforderungen von Dokumenten zu ersetzen. Eine Integration in die Steuerbehörden ist ebenfalls denkbar. Seit August 1996 können die 4,2 Mio. Autofahrer des US-Bundesstaates Massachusetts ihre Fahrzeugzulassung und Zahlung von Bussgeldern über das World Wide Web durchführen. Der Vorgang wird durch eine spezielle Codierung und Verifikation abgesichert. Nach einem reinen Informationsangebot und Auskunftsersuchen im Internet entschied sich die Registrierungsbehörde zu diesem Schritt, um die langen Wartezeiten und die grosse Zahl von Routinetätigkeiten abzubauen. Der Preis für eine Online-Registrierung ist mit US$ 30 günstiger als der übliche Preis von US$ 35. Die Wartezeit konnte von Stunden auf 11-15 Minuten gesenkt werden (o.V. 1996c, B8).

Ein wichtiger Aspekt ist die Orientierung auf politische oder basisdemokratische Möglichkeiten, die die externe Anbindung des Haushaltes wie das Internet bietet. In den USA wird neben der reinen Information über Wahlkämpfe und persönliche Homepages von Kandidaten das Lobbyieren durchgeführt. Organisationen fordern z.B. ihre Mitglieder oder Sympathisanten auf, Nachrichten an bestimmte Politiker oder Gruppen zu senden, um Einfluss auf Entscheidungen zu nehmen. Einschlägig ist die E-Mail-Adresse von Bill Clinton ("president@whitehouse.gov") und die WWW-Seiten des Weissen Hauses ("www.whitehouse.gov"). Über die 'Campaign' von Präsidentschaftskandidat Bob Dole konnte sich der private Nutzer unter "www.dole96.com" informieren. In Fortführung dieses Gedankens ist eine Online-Demokratie in der Diskussion, wobei in Zukunft jeder angeschlossene Haushalt sein Votum zu politischen Fragen abgeben kann. Die in den USA neu gegründete Reformpartei lässt ihren Präsidentschaftskandidaten basis-demokratisch von allen Mitgliedern wählen. Unter der Internet-Adresse "www.reformparty.gov" war es im August 1996 möglich, neben einem Informationsangebot seine Stimme zur Wahl abzugeben.

Mit der wachsenden Bedeutung des privaten Finanzmarktes, der ein Sparkapital von DM 1,7 Billionen verwaltet, wird die Entwicklung spezieller auf den privaten Haushalt zugeschnittener Anwendungsprogramme zum privaten Finanzmanagement erfolgen. Viele der angebotenen Programme stellen eine einfache Übernahme betrieblicher Lösungen dar. Funktionen werden nicht benötigt und verhindern den leichten Umgang mit dem Produkt. Daher ist eine Konzentration von auf den privaten Anwender zugeschnittenen Problemlösungen zu erwarten, die die private Daten- und Finanzverwaltung umfasst. Das Aufkommen privater 'Standardsoftware' hat sich für das Finanzmanagement mit Produkten wie 'Quicken' oder 'MS Money' angedeutet.

5.9.5 Zusammenfassung

Die Verwaltung der privaten Finanzen und Organisation der privaten Administration ist durch einen starken Einfluss der Informationstechnik gekennzeichnet. Wesentliche Merkmale des Anwendungsschwerpunktes 'Haushaltsmanagement' sind:

- Verwaltung der privaten Steuern und Finanzen.
- Home-Banking.
- Elektronische Selbstbedienung.
- Elektronischer Zahlungsverkehr.
- Versicherungen.
- Hausverwaltung und Immobilien.
- Personal Information Management.

Deutschland zählt zu den intensivsten Nutzern des Home-Banking mit 1,4 Mio. Online-Konten. Repetitive Aufgaben wie das Erfassen von Texten, Verwalten von Budgets oder Anweisen von Zahlungen bieten sich für die Nutzung der Informationstechnik an. Erfahrungen aus dem betrieblichen Bereich werden in die Privatsphäre transferiert. Der private Zahlungsverkehr wird zunehmend durch Chipkarten und 'Electronic Cash' am Point-of-Sale gekennzeichnet. Probleme der Sicherheit und Realisierung elektronischer Zahlungen ohne manuelle Nacharbeit sind nicht abschliessend gelöst, obwohl die Zunahme finanzieller Transaktionen über externe Netzwerke, insbesondere das Internet, in den nächsten Jahren als wesentlicher Trend zu konstatieren ist.

6 Zusammenfassung und Ausblick

Das Gebiet der Infrastrukturen und Anwendungen im privaten Haushalt ist durch Vielfalt gekennzeichnet. Diese Arbeit hat:

- Die computerunterstützte Informationsverarbeitung der privaten Haushalte durch ein Modell systematisiert.
- Die Infrastrukturen der CIpHa strukturiert beschrieben.
- Eine Klassifikation von Anwendungsschwerpunkten im Privathaushalt vorgestellt.
- Jedes Anwendungsgebiet durch die Darstellung von Anwendungsformen und Einsatzgebieten sowie von zukünftigen Entwicklungen charakterisiert.

Die vorliegende Arbeit zeigt, dass die computerunterstützte Informationsverarbeitung der privaten Haushalte ein Wissensgebiet ist, das in die Forschung und Lehre der Wirtschaftsinformatik einzuordnen ist. Erste Ansätze zu einer Einbindung in die traditionellen Inhalte der Wirtschaftsinformatik zeigen Hansen (Hansen 1996, S. 2), Zimmermann (Zimmermann 1995) oder Brenner/Kolbe (Brenner/Kolbe 1994; Brenner/Kolbe 1996) auf.

6.1 Wesentliche Entwicklungsrichtungen

Aus den Ergebnissen der Arbeit lässt sich ableiten, dass die zukünftige Evolution der CIpHa im wesentlichen durch eine Vielfalt von Anwendungen gekennzeichnet sein wird (vgl. Bild 6.1/1). Ist zur Zeit die Unterhaltung ein favorisiertes Gebiet, wird sich in Zukunft dieses Angebot verbreitern. Weiterhin wird 'echte' Interaktivität mit symmetrischer Kommunikation der Benutzung zum Schlüsselkriterium für bestimmte Dienste, obgleich in einigen Gebieten soziale Gewohnheiten oder Wünsche dem entgegenstehen, wie das Beispiel des Interaktiven Fernsehens zeigt. Zeit- und Ortsunabhängigkeit in Form von Mobilität der Infrastruktur und Anwendungen sind von grosser Bedeutung. Transportable Lernumgebungen oder ubiquitäre Erreichbarkeit durch Mobilkommunikation sind einige Beispiele dafür. Bild 6.1/1 fasst die drei zukünftigen Tendenzen (Griffis/Lipoff 1994, S. 460)

- der zunehmenden inhaltlichen Vielfalt,
- des variablen Orts der Nutzung sowie
- der verstärkten Interaktivität des Verwendungmodus

zu einem Entwicklungspfad der Informationsverarbeitung der privaten Haushalte zusammen.

Prinzipiell lassen sich in den Bereichen neue Geschäftsfelder identifizieren, in denen sich der Markt in der Entwicklungsphase befindet. Der Bereich Heimnetzwerke oder 'Home Automation' mit dem Anwendungsgebiet des 'Wohnens' kann genannt werden.

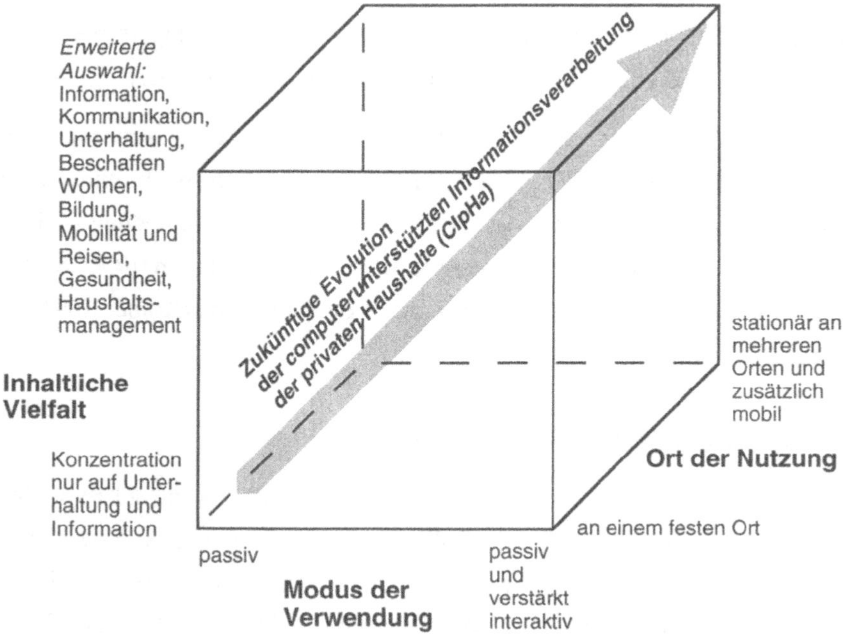

Bild 6.1/1 Evolution im Bereich der computerunterstützten Informationsverarbeitung der privaten Haushalte (Griffis/Lipoff 1994, S. 460)

6.1.1 Infrastrukturen

6.1.1.1 In-home-Infrastrukturen

Der Bereich der Infrastruktur innerhalb des Haushaltes bildet die Grundlage für den zukünftigen Verbreitungsgrad der privaten Informationstechnik. Durch die zunehmende Leistungssteigerung der Hard- und Software bei gleichzeitigem Preisverfall war es möglich, multimediale Anwendungen wie Spiele zu entwickeln, die ein Familienmitglied zum PC-Nutzer machen. Wurden früher Entwicklungen aus der betrieblichen Informationstechnik in den Privatsphäre übertragen, werden heute viele Entwicklungen zuerst im Endverbrauchermarkt eingeführt und finden danach betriebliche Verbreitung, wie die Audio-CD als CD-ROM oder der Camcorder in Space Shuttle Missionen (Griffis/Lipoff 1994, S. 461). Kennzeichen der zukünftigen Inhome-Infrastrukturen sind:

- Einbindung von Multimedia, virtueller Realität (Bullinger/Bauer 1994) und natürlich-sprachlicher Schnittstellen wie Spracherkennung unterstützt durch neue Chip-Technik wie MMX von Intel, die die Verarbeitung von multimedialen Daten wie Video oder Audio beschleunigen oder ohne zusätzliche Hardware-Module durch spezielle Prozessorinstruktionen vereinfachen.
- Integration und Konvergenz verschiedener physischer Komponenten in einem monolithischen System, wie dem 'Teleputerphone' einerseits und Ausrichtung auf bestimmte Funktionen andererseits, wie das Konzept des Network Computer von Oracle zeigt.
- Ausrichtung an den expliziten Wünschen privater Nutzer und der Funktionsweise einfacher Hausgeräte, z.B. Monofunktionalität oder Betriebsbereitschaft auf Knopfdruck.
- Informatisierung neuer Bereiche wie 'denkende' Kleidung nach dem Forschungsprogramm des MIT MediaLab 'Things That Think'.

6.1.1.2 Out-of-home-Infrastrukturen

Im Bereich der Out-of-home-Infrastrukturen wird die zentrale Hard- und Software einige Verfeinerungszyklen durchlaufen müssen, bis die technische Einsatzreife für den Massenmarkt erzielt wird. Die stärkste Aktivität wird auf dem Gebiet der Netze stattfinden, wobei die Liberalisierung des europäischen Telekommunikationsmarktes ein Startpunkt ist. In den durch die neue Gesetzgebung des Telecommunications Act von 1996 weitgehend deregulierten Telekommunikationsmarkt der USA hat z.B. ein intensives Ringen um kurz- und mittelfristige Optionen auf dem Weg zu einem umfassenden, breitbandigen, vermittelten Netz für den Privatkunden eingesetzt. Betriebs- und volkswirtschaftliche Folgen sind nicht abzusehen. Klar ist jedoch, dass den enormen finanziellen Aufwendungen von ca. US$ 300-500 Mrd. zur Zeit kein adäquater Nutzen gegenübersteht, wie die Pilotversuche und unabhängige Analysen zeigen (Pavlik 1996; Ellis 1994).

Über diese nationale Dimension hinaus wird das Internet als Prototyp für einen globalen 'Information Superhighway' oder eine Global Information Infrastructure (GII) angeführt (Reinhardt 1994). Dieses Modell wurde für die "Out-of-home-Infrastrukturen" (vgl. 4.2) mit Hinblick auf die Restriktionen für die privaten Haushalte als Nutzer diskutiert.

6.1.2 Anwendungen

Im Grundsatz wird sich der einsetzende Trend manifestieren, dass für den privaten Bereich immer weniger das einzelne physische Produkt, sondern der Grad der Funktionserfüllung im Vordergrund steht. Man verkauft subjektiven Nutzen und nicht Produkte. In den USA wird z.B. beobachtet, dass der beliebte Anrufbeantworter zugunsten von Voice Mail Systemen mit überlegener Funktionsfülle zurückgedrängt wird. Eine sogenannte 'killer application' wird es nicht geben. Einige Anwendungsbereiche wie die Unterhaltung werden aufgrund ihrer Nähe zur Privatsphäre eine Vorreiterrolle einnehmen. Es zeigt sich eine Konvergenz von Anwendungen, die sich in Begriffen wie 'Infotainment' oder 'Infomercials' zeigt. Die Zukunft der Anwendungen liegt in der Abdeckung eines möglichst breiten Spektrums von Bedürfnissen. Als essentielle, komplementäre Bestandteile werden genannt:

- Informationsaspekte wie Nachrichten.
- Kommunikation wie Videophone.
- Unterhaltung wie Spiele.
- Lokale Daten wie lokales Wetter oder Nachrichten.

Das sogenannte 'one-stop-shopping', das dem privaten Kunden viele Angebote aus einer Hand vermittelt, wird kontrovers diskutiert (Mercer 1996, S. 15). AT&T kooperiert in den USA mit DirecTV, einem Betreiber des digitalen Satellitenfernsehens. Dadurch ist AT&T in die Lage versetzt worden, Telefondienste, Fernsehen, Pay-per-view, Wartung von Technik und dazugehörige Finanzdienstleistungen anzubieten.

Die Entwicklung der Anwendungen wird im wesentlichen stark an den Möglichkeiten der Infrastruktur ausgerichtet sein. Realität ist der Trend zur virtuellen Realität bei Spieleanwendungen, dem Cybersex oder ersten dreidimensionalen Simulationen für die Eigenheimplanung. Das Denkmodell Negropontes vom MIT geht weiter: Er sieht in allen Bereichen zwischen Unternehmen und Privatkunden einen Übergang 'vom Atom zum Bit'. War bisher z.B. die Herstellung eines Buches ein informationstechnisch-unterstützter Prozess, wird in Zukunft der Verkauf und die Lieferung an den Leser digital über Netzwerke wie das Internet erfolgen, in Form "digitaler Bits anstatt physischer Atome" (Negroponte 1995). Die wirtschaftlichen Auswirkungen dieses Transformationsprozesses lassen sich nicht ermessen und müssen Gegenstand weiterer Forschung sein.

6.2 Ausblick

Die Informatisierung der privaten Haushalte stellt eine wesentliche informationstechnische Entwicklungsrichtung dar (Steinbock 1995a, S. 244). Zur zukünftigen Beschäftigung mit diesem Thema existieren zwei grundlegende Denkansätze. Die erste Perspektive vertritt die Ansicht, dass sich die betrieblichen und privaten Anwendungsfelder und Infrastrukturen aufeinander zu entwickeln und in Zukunft zu einem Gebiet verschmelzen werden (Schicker 1994, S. 214). Es wird auf den wachsenden Einfluss der Konsumentenbereiche für die Technologieentwicklung hingewiesen (Schicker 1994, S. 212). Eine zweite Gruppe vertritt die konträre Meinung und verweist auf die grossen Unterschiede zwischen der privaten und betrieblichen Welt, auch wenn einzelne Komponenten wie graphische Benutzeroberflächen in beiden 'Welten' verwendet werden (Froitzheim 1995, S. 81).

Für die erfolgreiche Behauptung und den Ausbau von Marktanteilen ist es von Bedeutung, systematisch im Rahmen des innovationsorientierten Informationsmanagements (Brenner 1994) nach neuen Geschäftsideen und Produkten im Bereich der computerunterstützten Informationsverarbeitung der privaten Haushalte zu suchen. Aktuelle Berichte in der Presse wie "Zukunftsvision: Bald steuern Computer den ganzen Haushalt" (Rosenthal 1995), "Computer erobern den Haushalt" (Schabel 1995) oder "Domesticating Cyberspace" (Stix 1995) beschreiben Realität und Vision gleichermassen.

Literaturverzeichnis

Abraham/Piga 1994
Abraham, M., Piga, R., Williams, J., Cyberlife! Discover The New Technologies Of Our Cyberworld, Sams Publishing, Indianapolis/USA, 1994, First Edition

Abrams/Bernstein 1992
Abrams, M., Bernstein, H., Der Zukunftskatalog, Deutscher Taschenbuch Verlag, München, 1992

Allen/Heltai 1993
Allen, J. R., Heltai, B. L., Koenig, A. H., Snow, D. F., Watson, J. R., VCTV: A Video-On-Demand Market Test, in: AT&T Technical Journal, Jan./Feb. 1993, S. 7-13

Altobelli 1991
Altobelli, C. F., Die Diffusion neuer Kommunikationstechniken in der Bundesrepublik Deutschland, Physica-Verlag, Heidelberg, 1991

Armstrong/Sager 1994
Armstrong, L., Sager, I., Rebello, K., Burrows, P., Home Computers, in: Business Week, 28. November 1994, S. 132-138

Aschmoneit 1993
Aschmoneit, E.-K., Fernsehgerät unterstützt Pflegedienste, in: Technische Rundschau, (1993)31, S. 38-39

Aston/Klein 1994
Aston, R., Klein, S., Multimedia will Carry the Flag, in: Aston, R., Schwarz, J., (Hrsg.), Multimedia Gateway to the Next Millenium, Academic Press Limited, London u. a., 1994, S. 7-45

Bartel 1995
Bartel, A., Online-Anwendungen nutzen mit Datex-J/Bildschirmtext: Homebanking, Teleshopping, Container-Welt, Electronic Mail, Addison-Wesley, Bonn, 1995

Bartmann 1995
Bartmann, D., Home Banking: Künftige Relevanz aus Sicht der Kreditinstitute, in: Ploenzke, (Hrsg.), Electronic Banking im Vertrieb, Gabler, Wiesbaden, 1995, S. 83-96

Beardsley/Bray 1995
Beardsley, S. C., Bray, W. D., Rooijen, M. C. W. van, The Great European Multimedia Gamble, in: The McKinsey Quarterly, (1995)3, S. 142-161

Benjamin/Wigand 1995
Benjamin, R., Wigand, R., Electronic Markets and Virtual Value Chains on the Information Superhighway, in: Sloan Management Review, Winter 1995, S. 62-72

Berndt 1995
Berndt, H., Im elektronischen Geld sehen die Banken die Zukunft des Zahlungsverkehrs, in: Computer Zeitung, Nr. 48, 30.11.1995, S. 14

Bierhals 1991
Bierhals, R., Glasfaser ins Büro oder ins Haus? Marktpotentiale für den Einstieg in die Breitbandkommunikation, in: net. Zeitschrift für angewandte Telekommunikation, 45(1991)12, S. 537-544

Biervert/Monse 1990
Biervert, B., Monse, K., Technik und Alltag - Mittelbare und unmittelbare Wirkungen der neuen Informations- und Kommunikationstechniken für die privaten Haushalte, in: Kistler, E., Jaufmann, D., (Hrsg.), Mensch - Gesellschaft - Technik, Leske + Budrich, Opladen, 1990, S. 195-213

Biervert/Monse 1991
Biervert, B., Monse, K., Behrendt, E., Hilbig, M., Informatisierung von Dienstleistungen, Westdeutscher Verlag, Opladen, 1991

Birkelbach 1995
Birkelbach, J., Financial Services im Internet, in: Die Bank, (1995)7, S. 388-393

Bjerg/Borreby 1994
Bjerg, K., Borreby, K., Home-Oriented Informatics, Telematics & Automation (HOIT), Conference Proceedings, Kopenhagen, 1994

Blosser-Reisen 1977
Blosser-Reisen, L., Strukturmodell eines Informationssystems für haushälterische Entscheidungen, in: Hauswirtschaft und Wissenschaft, (1977)6, S. 252-259

BMFT 1993
Bundesministerium für Forschung und Technologie, (Hrsg.), Deutscher Delphi-Bericht zur Entwicklung von Wissenschaft und Technik, Bonn, 1993

BMWi 1995
Bundesministerium für Wirtschaft, (Hrsg.), Die Informationsgesellschaft - Fakten, Analysen, Trends, Bonn, November 1995

Booz, Allen & Hamilton 1995
Booz, Allen & Hamilton, (Hrsg.), Zukunft Multimedia, Institut für Medienentwicklung und Kommunikation (IMK), Frankfurt/Main, 1995

Bradley/Hausmann 1993
Bradley, S. P., Hausmann, J. A., Nolan, R. L., Globalization, Technology, and Compensation: The Fusion of Computers and Telecommunications in the 1990s, Harvard Business School Press, Boston/Massachusetts, 1993

Brand 1990
Brand, S., Media Lab, Rowohlt Taschenbuch Verlag, Reinbek bei Hamburg, 1990

Brenner 1994
Brenner, W., Einführung in das Informationsmanagement, Springer-Verlag, Berlin u. a., 1994

Brenner/Kolbe 1994
Brenner, W., Kolbe, L., Die computerunterstützte Informationsverarbeitung der privaten Haushalte als Herausforderung für Wirtschaft und Wissenschaft, in: Wirtschaftsinformatik, 36(1994)4, S. 369-378

Brenner/Kolbe 1995
Brenner, W., Kolbe, L., Computerized Information Processing of the Private Household: First Outlook on Business Impacts, in: International Journal of Telematics and Informatics, 12(1995)2, S. 97-101

Brenner/Kolbe 1996
Brenner, W., Kolbe, L., (Hrsg.), The Information Superhighway and Private Households, Case Studies of Business Impacts, Physica-Verlag, Heidelberg, 1996

Brunner 1995
Brunner, W., Das SB-Konzept der Stadtsparkasse München, in: Ploenzke, (Hrsg.), Electronic Banking im Vertrieb, Gabler, Wiesbaden, 1995, S. 61-79

Bullinger/Bauer 1994
Bullinger, H.-J., Bauer, W., Strategische Dimensionen der Virtual Reality, Teil 1, in: Office Management, (1994)3, S.14-18

Busch-Jaeger o.J.
Busch-Jaeger Elektro GmbH, (Hrsg.), Installationstechnik, Hausleittechnik, Busch-Timer 6450 U, 6452 U und 6460 U, Lüdenscheid-Freisenberg, ohne Jahr, ohne Seite

Carey 1993
Carey, J., Looking back to the Future: How Communication Technologies Enter American Households, in: Pavlik, J. V., Dennis, E. E., (Hrsg.), Demystifying Media Technology, Mayfield Publishing Company, Mountain View u. a., 1993, S. 32-39

Carey 1996
Carey, J., The Interactive Television puzzle, in: http://www.nando.net/pro...1994 /speeches/carey.html, 2.8.1996

Cats-Baril/Jelassi 1994
Cats-Baril, W. L., Jelassi, T., The French Videotex System Minitel: A Successful Implementation of a National Information Technology Infrastructure, in: MIS Quarterly, März 1994, S. 1-20

CEC 1993
Commission of the European Communities, (Hrsg.), Technology initiative for disabled and elderly people, Luxemburg, 1993

Chernicoff 1996
Chernicoff, D., Windows CE: Big and tiny, in: http://www.zdnet.com:80/wsources/content/1296/regrev12.html, i.V.m.: Questions & Answers, in: http://www.microsoft.com/windowsce, 05.12.1996

Chwallek 1994
Chwallek, G., Bingo und Pferdewetten per Fernseher, in: Freie Presse, 26./27.03.1994

Chyi 1996
Chyi, H., Digital Audio, in: Grant, A. E., Communications Technology Outlook, Butterworth-Heinemann, Newton/Mass., 1996, 5. Auflage, S. 217-230

Coehoorn/Richier 1996
Coehoorn, R., Richier, N., Giant magneto resistance - an ESPRIT project for the home electronics market, in: I&T Magazine, Nr. 19, 1996, S. 14-16

Connors 1996
Connors, C., Marketing to the Masses, in: http://www.connors.com/know.html, 02.06.1996

Cordis 1995
Community Research & Development Information Service, (Hrsg.), Europe's way to the information society, Cordis focus, Luxemburg, 17. Februar 1995

CZ 1995 / CZ 1996
Kurznachrichten, Artikel und Zahlenmaterial, dass in der Computerzeitung ohne Angabe von Verfassern unter dem jeweils angegebenen Datum erschienen ist.

Davis 1996
Davis, P., Shaw's offers a choice - on line, or in line, in: Providence Journal-Bulletin, 07.02.1996, G-1 und G-2

Deutsche Plattform 1995
Deutsche Plattform für HDTV und Neue Fernsehsysteme e.V., (Hrsg.), Digitales Fernsehen in Deutschland, Pilotprojekte vor dem Start, Dokumentation des Symposiums vom 16.02.1995, Frankfurt/Main

Dholakia 1994
Dholakia, R. R., The Plugged-in Home: Marketing of Information Technology to U.S. Households, in: Zoche, P., (Hrsg.), Herausforderungen für die Informationstechnik, Physica-Verlag, Heidelberg, 1994, S. 86-100

Dholakia 1996
Dholakia, R. R., Taking Movies-on-demand to Market, in: Dholakia, R. R., Mundorf, N., Dholakia, N., (Hrsg.), New Infotainment Technologies in the Home, Lawrence Erlbaum Associates, Juni 1996, S. 75-87

Dholakia/Dholakia 1994
Dholakia, N., Dholakia, R. R., Multimedia Technologies in the American Home: Prospects and Challenges ahead, in: Bjerg, K., Borreby, K., (Hrsg.), Home-Oriented Informatics, Telematics & Automation (HOIT), Conference Proceedings, Copenhagen, 1994, S. 29-42

Dholakia/Mundorf 1993
Dholakia, R. R., Mundorf, N., Dholakia, N., Westin, S., German and American Consumer Orientation to Information Technologies: Implications for Marketing and Public Policy, Working Paper 93-07, Research Institute for Telecommunications & Information Marketing (RITIM), Kingston, 1993

Dholakia/Mundorf 1996
Dholakia, R. R., Mundorf, N., Dholakia, N., Bringing Infotainment Home. Challenges and Choices, in: Dholakia, R. R., Mundorf, N., Dholakia, N., (Hrsg.), New Infotainment Technologies in the Home, Lawrence Erlbaum Associates, Juni 1996, S. 1-20

Digicash 1996
Digicash, (Hrsg.), DigiCash - An introduction to ecash, in: http://www.digicash.com/publish/ecash_intro/ecash_intro.html, 12.03.1996

Dratva 1995
Dratva, R., Elektronische Informationsdienste: Zukunftsweisende Konzepte und prototypische Umsetzung im Bankenbereich, in: Schmid, B., Electronic Mall: Banking und Shopping in globalen Netzen, Teubner, Stuttgart, 1995, S. 95

Drift/Stakenborg 1996
Drift, J. van der, Stakenborg, L., Interactive Multimedia and In-home Marketing, in: Brenner, W., Kolbe, L., (Hrsg.), The Information Superhighway and Private Households - Case Studies of Business Impacts, Physica-Verlag, Heidelberg, 1996, S. 161-172

Dubberke 1958
Dubberke, H.-A., Betriebswirtschaftliche Theorie des privaten Haushalts, Wirtschaftswissenschaftliche Abhandlungen, Duncker & Humbolt, Berlin, (1958)7

Dubberke 1964
Dubberke, H.-A., Zur betriebswirtschaftlichen Betrachtung des privaten Haushalts, in: Hauswirtschaft und Wissenschaft, (1964)1, S. 9-20

Dutton/Kovaric 1985
Dutton, W., Kovaric, P., Steinfield, C., Computing in the Home: A Research Paradigm, in: Computers and the Social Sciences, 1(1985)1, S. 5-17

DVI 1994
Deutsches Video Institut, Marktanalyse 1994 - Unterhaltungs- und Kommunikationselektronik, Hamburg, 1994

Eggert 1995
Eggert, U., Megatrends im Verkauf, Metropolitan, Düsseldorf u. a., 1995

EHSA 1992
European Home Systems Association, Home Systems Specification, Eindhoven, 15. März 1992

EIBA 1993
European Installation Bus Association, Technische Informationen, Brüssel, September 1993

Ellis 1994
Ellis, B. S., The Information Superhighway, in: Arthur D. Little, (Hrsg.), Prism, Second Quarter 1994, S. 89-104

Ernst 1994
Ernst, M., Zur Bedeutung der Telekommunikation für die Institutionalisierung von Informationsmärkten und deren Wirkung für den Wettbewerb auf internationalen Verkehrsmärkten am Beispiel Tourismus, in: Zeitschrift für Verkehrswissenschaften, 65(1994)2, S. 89-120

ETR 1996
ETR Group, (Hrsg.), New Internet User Survey Highlights, in: http://etrg.findsvp.com/features/newinet.html, 06.02.96

European Commission 1994
European Commission, (Hrsg.), Recommendations to the European Council, Europe and the global information society, Brüssel, 26. März 1994 (Bangemann-Report)

Eurostat 1992
Statistisches Amt der Europäischen Union, (Hrsg.), Eurostat - Europa in Zahlen, Luxemburg, 1992, 3. Ausgabe

Fehr 1995
Fehr, B., Der Computer als Haushaltsgerät, in: Frankfurter Allgemeine Zeitung, Nr. 36, 11.02.1995, S. 11

Flower 1994
Flower, J., The Other Revolution in Health Care, in: Wired, 2(1994)1

Forster 1995
Forster, T., Videotext - Attraktiver Lückenbüsser, in: W&V Background, 28/1995, S. 68-69

France Telecom 1993
France Telecom, (Hrsg.), Minitel Strategy, Paris, 1993

Froitzheim 1995
Froitzheim, U., Online-Dienste - Nichts für Goldgräber, in: Werben & Verkaufen Background, 32/1995, S. 81

Frutig/Reiblich 1995
Frutig, D., Reiblich, D., Facility Management, Schäffer-Poeschel, Stuttgart, 1995

Furht/Kalra 1995
Furht, B., Kalra, D., Kitson, F. L., Rodriguez, A. A., Wall, W. E., Design Issues for Interactive Television Systems, in: IEEE Computer, Mai 1995, S. 25-39

Gaddis 1992
Gaddis, D., Understanding & Installing Home Systems: How to automate your home, 2. Auflage, Oklahoma City, 1992

Gassner/Kuom 1995
Gassner, R., Kuom, M., Schulz, B., Multimedia im Privathaushalt, Grundlagen, Chancen und Herausforderungen, Institut für Zukunftsstudien und Technologiebewertung, Berlin, 1995

Gates 1996
Gates, B., Auf dem Weg nach vorn - Leben in der Informationsgesellschaft, Hoffmann & v. Campe, Hamburg, 1996

gfu 1994
Gesellschaft für Unterhaltungs- und Kommunikationselektronik, Marktversorgung UE Deutschland Total Ende 1994, 1994

Gibbons 1996
Gibbons, K., Test Results May Boost VOD, in: Multichannel News, 17(1996)13, S. 3, 14

Gilder 1994
Gilder, G., Life After Television, W. W. Norton & Company, New York u. a., 1994

Girgis 1996
Girgis, S., Auf dem Markt für Consumersoftware nehmen die Konzentrationstendenzen zu, in: Computer Zeitung, 27(1996)19, S. 22

Glen 1994
Glen, D., Interactive Entertainment on the Information Superhighway, in: IIR-Conference, Communication Highway, Frankfurt, 05.-06. Mai 1994

Götz 1994
Götz, G., (Hrsg.), Fernsehen 2000, Sonderausgabe von: Kabel & Satellit, Neue Mediengesellschaft Ulm mbH, Ulm, 1994

Gosmann 1995
Gosmann, U., Heilbringer Neurobionik: Chip im Auge und Nerven aus Draht, in: Computer Zeitung, Nr. 24, 15.06.1995, S. 28

Graf/Treplin 1996
Graf, J., Treplin, D., Multimedia - Das Handbuch für interaktive Medien, Neue Mediengesellschaft Ulm mbH, Ulm, 1996 (mit Erweiterungseinlagen)

Grant 1995
Grant, A. E., (Hrsg.), Communication Technology Update, Focal Press, Boston u. a., 1995

Griffis/Lipoff 1994
Griffis, P. D., Lipoff, S. J., At the Crossroads of the Information Highway: New Technology Directions in Consumer Electronics, in: Proceedings of the IEEE, 82(1994)4, S. 459-463

Gross 1996
Gross, N., Defending The Living Room, in: Business Week, 24.06.1996, S. 96-98

GWP 1995
GWP media-marketing, Multimedia 1995, LAE 94, Düsseldorf, August 1995

Hachman 1995
Hachman, M., Staying Ahead of the Game, in: Electronic Buyer News, 25(1996)2, S. 48, 52

Hampel/Mollenkopf 1991
Hampel, J., Mollenkopf, H., Weber, U., Zapf, W., Alltagsmaschinen, edition sigma, Berlin, 1991

Hanckmann 1994
Hanckmann, J., Telescript - der neue Kommunikationsstandard für intelligente Informationsübermittlung, in: Philips Telecommunications Review, 52(1994)1, S. 15-19

Hansen 1992
Hansen, H. R., Wirtschaftsinformatik I, 1992, Gustav Fischer, Stuttgart, 1992, 6. Auflage

Hansen 1994a
Hansen, H. R., Marketing über den Information Superhighway, in: Werbeforschung & Praxis, Heft 5, 1994

Hansen 1994b
Hansen, H. R., Implementing Mass Information Systems: Conceptual Framework and Guidelines, Arbeitsbericht Nr. 11, Wirtschaftsuniversität Wien, Wien, 1994

Hansen 1995
Hansen, H. R., Die Auswahl von Online-Diensten für kommerzielle Zwecke, in: Kubicek u. a., (Hrsg.), Jahrbuch Telekommunikation - Bd. 3, R. v. Decker's Verlag, Heidelberg, 1995, S. 78-93

Hansen 1996
Hansen, H. R., Klare Sicht am Info-Highway: Geschäfte via Internet & Co, Verlag Orag, Wien, 1996

Harmsen/König 1992
Harmsen, D.-M., König, R., Informationstechnik für den Verkehr - Medizin oder Droge, in: Langenheder, W., Müller, G., Schinzel, B., (Hrsg.), Informatik cui bono?, Springer-Verlag, Berlin u. a., 1992, S. 156-160

Hauck 1994
Hauck, B., Neue Vertriebswege statt Zweigstelle, in: Bank Information, 21(1994)5, S. 31-34

Haverty 1987
Haverty, J. L., A Model of Household Behavior, in: American Marketing Association Winter Educators' Conference, San Antonio, 1987, S. 284-289

Hax 1971
Hax, K., Betriebswirtschaftslehre und Hauswirtschaftslehre, Besprechungsaufsatz, in: Zeitschrift für betriebswirtschaftliche Forschung, 1971, S. 670-674

Heimbach 1995
Heimbach, P., Multimedia im Musikmarketing, in: Silberer, G., (Hrsg.), Marketing mit Multimedia: Grundlagen, Anwendungen und Management einer neuen Technologie im Marketing, Schäffer-Pöschel, Stuttgart, 1995, S. 185-218

Heimer 1993
Heimer, T., Zur Ökonomik der Entstehung von Technologien, Hochschulschriften, Metropolis, Marburg, 1993

Heimer 1995
Heimer, T., Realisierte internationale Konzepte zum 'Intelligenten Haus', in: BMBF, (Hrsg.), Das Intelligente Haus, Tagungsdokumentation, Bonn, Juli 1995, S. 29-38

Heldman 1994
Heldman, R. K., Information Telecommunications: Network, Products, & Services, McGraw-Hill, New York/USA, 1994

Hermanns/Flegel 1992
Hermanns, A., Flegel, V., Electronic Marketing - Grundlagen, Einsatzfelder, Chancen und Risiken, in: Hermanns, A., Flegel, V., (Hrsg.), Handbuch des Electronic Marketing: Funktionen und Anwendungen der Informations- und Kommunikationstechnik im Marketing, C. H. Beck'sche Verlagsbuchhandlung, München, 1992, S. 2-24

Hollis 1996
Hollis, J., Virtual Retailing - Consumers are ready for it, in: MCO, (Hrsg.), Jahrbuch Direktmarketing '96, Würzburg, 1996

Hometeam 1996
Hometeam, (Hrsg.), Home Networks: General Information: Savings Analysis, in: http://www.hometeam.com/general/savings.html, 12.03.1996

Howaldt/Jeck 1996
Howaldt, K., Jeck, M.-S., Seven Theses on Successful Market Development for Home Management Systems, in: Brenner, W., Kolbe, L., (Hrsg.), The Information Superhighway and Private Households, Physica-Verlag, Heidelberg, 1996, S. 339-350

Hudetz o.J.
Hudetz, W., Elektronische Zeitung über ISDN: Ergebnisse aus dem Pilotversuch im RACE-Projekt "Telepublishing", Arbeitspapier, Fraunhofer-Institut für Systemtechnik und Innovationsforschung, o.J.

Hübner 1994
Hübner, W., Wettbewerbsvorteile mit Multimedia, in: Office Management, (1994)3, S. 29-31

Iannace 1995
Iannace, G., Die neue Rolle des Bereichs "elektronischer Vertrieb" im Privatkundenbereich und künftige Entwicklungstendenzen, in: Ploenzke, (Hrsg.), Electronic Banking im Vertrieb, Gabler, Wiesbaden, 1995, S. 333-352

IBM 1993
IBM, Multimedia - was ist das?, Stuttgart, IBM Form D 12-0048-1 (10/93)

IEE 1989
The Institution Of Electrical Engineers, (Hrsg.), Intelligent Consumer Products, London, 1989

Infratest 1995
Infratest Kommunikationsforschung, VideoScope 1995 - Halbjahresauswertung, München, August 1995

Inteco 1994
Inteco, (Hrsg.), The Interactive Home, Backgrounder 1994, Norwalk/USA u. a., 1994

IRES 1995
IRES Gesellschaft für Unternehmens-, Marketing- und Kommunikationsforschung mbH, Multimedia '95, Ergebnisse einer repräsentativen Grundlagenstudie, Expertenband, Düsseldorf, 1995

Janik 1995
Janik, J., Peacocks Audio-Video-PC-TV verankert Multimediavielfalt im Wohnzimmer, in: Computer Zeitung, Nr. 37, 14.09.1995, S. 13

Jasinski 1996
Jasinski, M., Economic situation in the telecommunications industry, Persönliches Interview, Nynex Labs, White Plains/NY, 23.03.1996

Jeck 1993
Jeck, S., Technologie im Haushalt 2010, Praxisarbeit an der Wissenschaftlichen Hochschule für Unternehmensführung, Otto-Beisheim-Hochschule, Vallendar, 1993

Johnson/Ott 1995
Johnson, B. A., Ott, J. H., Stephenson, J. M., Weberg, P. K., Banking on Multimedia, in: The McKinsey Quarterly, (1995)2, S. 94-106

Jurczyk 1994
Jurczyk, J., Elektronische Geldbörse weist noch Löcher auf, in: Freie Presse, 15.03.1994

Kahle 1995
Kahle, W., Presseinformation zur internationalen Funkausstellung Berlin 1995, Wirtschafts-Pressekonferenz der Gesellschaft für Unterhaltungs- und Kommunikationselektronik, 23. August 1995

Kalakota/Whinston 1996
Kalakota, R., Whinston, A. B., Frontiers of the electronic commerce, Addison-Wesley, 1996

Kasper/Dewitz 1994
Kasper, C., Dewitz, H. von, Fuzzy Logik in neuen Konsumgütern, in: Radio, Fernsehen, Elektronik, Februar 1994, S. 26-28

Keizer 1996
Keizer, G., Online Money Matters, in: Computer Life, August 1996, S. 46-49

Keni 1996
Keni, E., Interactive Multimedia, CD-ROMs, and Video Games, in: Grant, A. E., (Hrsg.), Communications Technology Outlook, Butterworth-Heinemann, Newton/Mass., 5. Auflage, 1996, S. 147-164

Kesberg 1996
Kesberg, H., Hörer stellen ihr Programm selbst zusammen, in: Handelsblatt, Nr. 166, 28.08.1996, S. 23

Kirkpatrick 1994
Kirkpatrick, D., How PCs will take over your home, in: Fortune, 21.02.1994, S. 56-60

Knaster 1994
Knaster, B., Presenting Magic Cap: A Guide to General Magic's Revolutionary Communicator Software, Addison-Wesley Publishing, Reading/Mass., 1994

Köller/Seyer 1993
Köller, H., Seyer, R., Heizungsregelung via Fernsehgerät, in: Sanitär- und Heizungstechnik, (1993)4, S. 116-122

Kotler/Bliemel 1992
Kotler, P., Bliemel, F., Marketing-Management, 7. Auflage, C. E. Poeschel-Verlag, Stuttgart, 1992

KPMG 1994
KPMG Unternehmensberatung GmbH, Multimedia '94/'95, Markt- und Technologiestatus, Potentiale-Strategien, Hamburg, 1994

Krause/Rosenow 1995
Krause, M., Rosenow, J., Stagl, G., Online KIT - Der Information Highway für Multimedia, Fischer und Partner Fachbuchverlag, Hamburg, 1995

Kreuzfeld 1994
Kreuzfeld, H., Electronic Books - mehr als gedruckte Bücher, in: Office Management, März 1994, S. 26-28

Krummheuer 1994
Krummheuer, E., Kassieren mit Mobilfunk oder Mikrowelle, in: Handelsblatt, Nr. 130, 08./09.07.1994, S. 14

Krusch 1994
Krusch, W., Neue Dienste im intelligenten Telefonnetz, R. v. Decker's Verlag, Heidelberg, 1994

Kubicek 1995
Kubicek, H., Stadtinformation - Private Dienstleistung und/oder öffentlicher Versorgungsauftrag, in: Bullinger, H.-J., (Hrsg.), Dienstleistung der Zukunft - Märkte,

Unternehmen und Infrastrukturen im Wandel, FBO Verlag, Wiesbaden, 1995, S. 290-303

Kurt/Bischoff 1994
Kurt, E., Bischoff, J., Korb voller Blumen - Pay-Radio, in: Medien Bulletin, (1994)12, S. 24-26

Kurz/Altgeld 1995
Kurz, E., Altgeld, J., Arthur D. Little International, Informations- und Kommunikationstechnologien - treibender Faktor für innovative Dienstleistungen, in: Bullinger, H.-J., (Hrsg.), Dienstleistung der Zukunft - Märkte, Unternehmen und Infrastrukturen im Wandel, FBO Verlag, Wiesbaden, 1995, S. 455-470

Landtag BWB 1995
Landtag von Baden-Württemberg, (Hrsg.), Bericht und Empfehlungen der Enquete-Kommission "Entwicklung, Chancen und Auswirkungen neuer Informations- und Kommunikationstechnologien in Baden-Württemberg", 11. Wahlperiode, Drucksache 11/6400, 20.10.1995

Leimig 1995
Leimig, D., Functions and Use of BMW's On-Board Monitor System for the Private User, Manuskript, 1995

Lenz 1993
Lenz, H.-P., Mobilitätswunsch der Bürger bei hohen Realeinkommen und zunehmender Freizeit, in: Österreichische Zeitschrift für Verkehrswissenschaft, 39(1993)4, S. 5

Liao 1996
Liao, W., DBS: Sleeper Net Access Technology, in: Interactive Home, Nr. 71, Juli 1996, S. 1-7

Liesenfeld 1989
Liesenfeld, J., Der Haushalt als Leitstand - Der Endverbraucher am Endgerät, in: Alemann, U. von, Schatz, H., Simonis, G., (Hrsg.), Gesellschaft-Technik-Politik, Perspektiven der Technikgesellschaft, Leske + Budrich, Opladen, 1989, S. 141-169

Liskey 1995
Liskey, J., High-speed data over cable, in: Telephony, Mai 1995, S. 52-55

Loebbecke/Blanning 1995
Loebbecke, C., Blanning, R. W., Racing towards an open betting system at the royal Hong Kong jockey club, in: Doukidis, G., Galliers, R., Jelassi, T., Krcmar, H., Land, F., (Hrsg.), ECIS '95 Proceedings, Athen, 1995, Volume II, S. 1133-1141

Lödel/Thesmann 1992
Lödel, D., Thesmann, S., Mertens, P., Breuker, J.-S., Ponader, M., Kohl, A., Büttel-Dietsch, I., Elektronische Produktkataloge - Entwicklungsstand und Einsatzmöglichkeiten, in: Wirtschaftsinformatik, 34(1992)5, S. 509-516

Lovegrove/Wilshire 1995
Lovegrove, N. C., Wilshire, M. J., Leibbrandt, J. G., Wiring Europe, in: The McKinsey Quarterly, (1995)2, S. 116-130

Lowe 1995
Lowe, G. F., Internet, in: Grant, A. E., (Hrsg.), Communication Technology Update, 4. Auflage, Focal Press, Boston u. a., S. 147-158

Lütteke 1995
Lütteke, G., Deshalb DAB, in: gfu, (Hrsg.), Forum Innovatives Europa, Funkausstellung Berlin, 1995

Malone/Rockart 1995
Malone, W., Rockart, J. F., Computers, Networks and the Corporation, in: Scientific American, The Computer in the 21st Century, Special Issue, 1995, S. 140-147

Maresca 1996
Maresca, T., Cable Data Flows Down One-Way Street, in: Interactive Home, Nr. 69, (1996)5, S. 5-7

Martin 1994
Martin, P., The consumer market for interactive services: Observing past trends and current demographics, in: Telephony, 226(1994)18, S. 126-130

Mason 1988
Mason, R., Living in tomorrow's electronic home today, in: Rijn, F. van, Williams, R., (Hrsg.), Concerning Home Telematics, Elsevier Science Publishers B.V., Amsterdam, 1988, S. 165-170

Maus 1991
Maus, J., Die digitale Kopie von Audio- und Videoprodukten, Nomos Verlagsgesellschaften, Baden-Baden, 1991

Mavridis 1993
Mavridis, A., Kommerzielle Aspekte interaktiver und multimedialer Fernsehangebote, in: telematica Kongressdokumentation, Stuttgart, 1994, S. 437-458

McConnell 1995
McConnell, J., How does the network grow, in: Telephony, 22.05.1995, S. 46-51

McFarlan/Stoddard 1985
McFarlan, F. W., Stoddard, D., Otisline, Harvard Business School Course Material 9-186-304, und Teaching Note 5-193-058, Cambridge, 1985

MC 1995
MC Informationssysteme Beratungs-GmbH, (Hrsg.), MC Online-Monitor, November 1995

Mercer 1996
Mercer Management Consulting, (Hrsg.), Multimedia - Viel Video und wenig Demand, Mercer Spektrum 1/1996, S. 14-16

Mertens 1992
Mertens, P., Informationsverarbeitung als Mittel zur Verbesserung der Wettbewerbssituation, in: Hermanns, A., Flegel, V., (Hrsg.), Handbuch des Electronic Marketing: Funktionen und Anwendungen der Informations- und Kommunikationstechnik im Marketing, C. H. Beck'sche Verlagsbuchhandlung, München, 1992, S. 54-69

Mertens 1995
Mertens, P., Integrierte Informationsverarbeitung 1, 10. neubearbeitete Auflage, Gabler, Wiesbaden, 1995

Mertens/Bodendorf 1995
Mertens, P., Bodendorf, F., König, W., Picot, A., Schumann, M., Grundzüge der Wirtschaftsinformatik, 3. Auflage, Springer-Verlag, Berlin u. a., 1995

Meyer/Schulze 1994
Meyer, S., Schulze, E., Alles automatisch - Technikfolgen für Familien, edition sigma, Berlin, 1994

MGM 1994
Media Gruppe München, Marktübersicht Interaktives Fernsehen "Interaktives TV - Tests, Projekte, Systeme", Unterföhring, 1994

Middelhoff 1995
Middelhoff, T., Globale Informationsinfrastrukturen und neue Märkte, in: Bullinger, H.-J., (Hrsg.), Dienstleistung der Zukunft - Märkte, Unternehmen und Infrastrukturen im Wandel, FBO Verlag, Wiesbaden, 1995, S. 24-44

Miles 1988
Miles, I., Home Informatics, Pinter Publishers, London, 1988

Monnet 1995
Monnet, J., Electronic Information Services In The Home: Consumer CD-ROM And Online Markets, IMO Working Paper 95/1, Luxemburg, Februar 1995

Moran 1996
Moran, J. M., Filers opting for less-taxing software to do their figuring, in: The Providence Sunday Journal, 11.02.1996, S. F-1 und F-3

Moroney/Matthews 1995
Moroney, J., Matthews, J., Applications for the Superhighway, Market Drivers, Ovum Limited, London, 1995

Morrison/Morrison 1994
Morrison, M., Morrison, S., The Magic of Interactive Entertainment, Sams Publishing, Indianapolis/USA, 1994

Müller 1992
Müller, B., Die elektronische Zeitung, in: PC Netze, (1992)4, S. 56-58

Müller 1995
Müller, W. E., Die Geld-Schein-Welt, in: Screen Multimedia, Special Banken & Finanzen, (1995)11, S. 91-95

Mundorf/Dholakia 1994
Mundorf, N., Dholakia, R. R., Video on Demand in the United States: A Survey of Trials and Market Potential, Research Institute for Telecommunications & Information Marketing (RITIM), Kingston, USA, 1994

Mundorf/Meyer 1993
Mundorf, N., Meyer, S., Schulze, E., Zoche, P., Families, Information Technologies, and the Quality of Life: German Research Approaches, Working Paper 93-08, Research Institute for Telecommunications & Information Marketing (RITIM), Kingston, 1993

Negroponte 1995
Negroponte, N., Being Digital, Alfred A. Knopf, New York/USA, 1995

Neibauer/Neibauer 1995
Neibauer, B., Neibauer, A., Your Health, Ziff-Davis Press, Emeryville/USA, 1995

Neugebauer 1992
Neugebauer, U., PCN - Markt und Nachfrage, in: Suckfüll, H., (Hrsg.), PCN - Märkte und Systeme für Personal Communication Networks, R. v. Decker's Verlag, Heidelberg, 1992, S. 5-16

Niggli/Nixon 1995
Niggli, M. R., Nixon, W. W., Why Electronic Utilities Should Build the Information Superhighway, in: Telecommunications, März 1995, S. 68-74

Nissen 1995
Nissen, M., Intelligent Agents: A Technology and Business Application Analysis, in: http://haas.berkeley.edu/~heilmann/agents/, 30.11.1995

Nynex 1994a
Nynex Corporation, (Hrsg.), Video Services Platform Overview Document, 17.10.1994

Nynex 1994b
Nynex Corporation, (Hrsg.), Video Dial Tone, Filing with the Federal Communications Commission, W-P-C 6982, White Plains/NY, 29. Juli 1994

Nynex 1995
Nynex News Clips, ursprünglich: Hargadon, T., The State of the Info Highway, in: New Media Magazine, 29.09.1995

OECD 1995
Organisation for Economic Co-operation and Development, (Hrsg.), Information Technology Outlook 1995, Paris, 1995

Ohly/Ostner 1988
Ohly, H. P., Ostner, I., Computer Home?, Technologie in Familie und Alltag, Forschungs- und Literaturdokumentation 1980-1987, Informationszentrum Sozialwissenschaften, Bonn, 1988

Opaschowski 1995
Opaschowski, H. W., Medienkonsum, Analysen und Prognosen, B.A.T Freizeitforschungsinstitut, Hamburg, 1995

Oracle 1994a
Oracle, (Hrsg.), Oracle-Magazin 2/94, Parallelrechner: Antwort auf viele Fragen?, IWT Magazin Verlag, Vaterstetten, 1994, S. 27-29

Oracle 1994b
Oracle, (Hrsg.), Oracle-Magazin 2/94, Media Server: Highway in die Zukunft, IWT Magazin Verlag, Vaterstetten, 1994, S. 30-32

Orme 1996
Orme, P., M., Developing Strategies for Broadband Services, in: Dholakia, R. R., Mundorf, N., Dholakia, N., (Hrsg.), New Infotainment Technologies in the Home, Lawrence Erlbaum Associates, 1996, S. 59-74

Otte 1994
Otte, P., The Information Superhighway: Beyond the Internet, Que, Indianapolis/USA, 1994

o.V. 1992
o.V., Glasfaser bis ins Haus, in: Radio Fernsehen Elektronik, 41(1992)4, S. 239-241

o.V. 1993a
o.V., Einheitliche Fernsteuerung für alle Hausgeräte - Magic Control, in: Funkschau, Nr. 24, 1993, S. 30-31

o.V. 1993b
o.V., Chancen für CBT-Anbieter im Verbrauchermarkt steigen, in: Computer Based Training, Nr. 4, 1993, S. 1

o.V. 1993c
o.V., ISDN gibt Langfingern keine Chance, in: ISDN Business, (1993)4, S. 18

o.V. 1994a
o.V., Schwellende Umsätze dank 'Pink Shots', in: Multimedia Magazin, (1994)2, S. 11-12

o.V. 1994b
o.V., Zapping von Bild zu Bild, in: Der Spiegel, (1994)9, S. 104

o.V. 1994c
o.V., Verkehrserziehung auf dem Simulator, in: Computer Based Training CBT, (1994)2, S. 22

o.V. 1994d
o.V., Die treibende Kraft sitzt im Wohnzimmer - PC-Markt, in: Handelsblatt, 26.07.1994, S. 19

o.V. 1995a
o.V., Industry Statistics - Home Information Sector Up 17% in '94, in: Consumer Information Appliance, Januar 1995, S. 20

o.V. 1995b
o.V., Systematisierung von Multimediadiensten nach Anwendungsbereichen, in: Tele Connect, Nr. 6/7, S. 39

o.V. 1995c
o.V., Interesse an interaktiven Netzen, in: Multimedia, (1995)2, S. 10

o.V. 1995d
o.V., Das Budget für die Freizeit, in: Freie Presse, 03.08.1995

o.V. 1995e
o.V., Teleshopping: Produkte müssen vorhandener Akzeptanz folgen, in: Computerwoche, Nr. 27, 07.07.1995, S. 21-22

o.V. 1995f
o.V., Toyota - Neues Konzept, in: Wirtschaftswoche, Nr. 9, 23.02.1995, S. 8-9

o.V. 1995g
o.V., High-Tech am Heizkörper 'spricht' mit dem Ableser, in: Planen, Bauen, Wohnen, 6(1995)2, S. 34-36

o.V. 1995h
o.V., High-Tech bei der Müllerfassung, in: Freie Presse, 27.09.1995

o.V. 1995i
o.V., Tourismus - Multimedial zum Mount Everest, in: Werben & Verkaufen Input, (1995)31, S. 116-119

o.V. 1995j
o.V., Gesunde Information, in: New Media, CD-i special, 1995, S. 10

o.V. 1995k
o.V., Smart Card Outlook Explicated, in: Online Marketplace, 1(1995)5, S. 20-21

o.V. 1995l
o.V., Internet-Zahlungen - Kartenunternehmen sorgen für Sicherheit, in: Handelsblatt, Nr. 121, 27.06.1995

o.V. 1995m
o.V., 40.000 CDI-Player, in: Multimedia, (1995)5, S. 8

o.V. 1995n
o.V., Mit HSDL- und ASDL-Technik wird das Kupfernetz breitbandfähig, in: Nachrichtentechnische Zeitschrift, 48(1995)1, S. 42-45

o.V. 1995o
o.V., Duell der kleinen Silberscheiben, in: Werben & Verkaufen Special, (1995)34, S. 126-129

o.V. 1996a
o.V., 700 Marken im Überblick, in: Werben & Verkaufen News, (1996)21, S. 16

o.V. 1996b
o.V., Drei Milliarden Mark Umsatz mit elektronischen Diensten, in: Point of Sale POS, (1996)6, S. 1

o.V. 1996c
o.V., Motor vehicles registry enters information superhighway, in: The Providence Sunday Journal, 04.08.1996, S. B8

o.V. 1996d
o.V., MMBG: Marktstart auf der CeBIT Home am 28. August, in: TV interaktiv, (1996)5, 10.06.1996, S. 2

o.V. 1996e
o.V., Kirchs d-Box zunächst ohne Common Interface, in: TV interaktiv, 5(1996), 10.06.1996, S. 4

o.V. 1996f
o.V., Der deutsche UE-Markt 1995, in: rfe Radio Fernsehen Elektronik, (1996)6, S. 58-59

o.V. 1996g
o.V., IBM plant eine neue Offensive im Markt der privaten Nutzer, in: Frankfurter Allgemeine Zeitung, Nr. 203, 31.08.1996, S. 18

o.V. 1996h
o.V., Online use is on the rise, in: Air Travel Journal, 24(1996)15, 01.09.1996, S. T-3

Paff 1995
Paff, A., Hybrid Fiber/Coax in the Public Telecommunications Infrastructure, in: IEEE Communications Magazine, April 1995, S. 40-45

Paschke 1993
Paschke, M., Medienrecht, Springer-Verlag, Berlin u. a., 1993

Pavlik 1996
Pavlik, J. V., New Media Technology: cultural and commercial perspectives, Allyn & Bacon, Needham Heights, 1996

Peisl/Schmid 1991
Peisl, U., Schmid, L., Glasfaser im Teilnehmeranschlussbereich - Pilotprojekt, Entwicklung, Wirtschaftlichkeit, in: Nachrichtentechnische Zeitschrift, 44(1991)4, S. 262-268

Philips o.J.
Philips, (Hrsg.), Das kleine Philips Multimedia-Lexikon, o.J.

Philips 1994
Philips, (Hrsg.), Video on Demand, in: CeBIT INFO, März 1994, S. 1-5

Picot/Franck 1992
Picot, A., Franck, E., Informationsmanagement, in: Frese, E., (Hrsg.), Handwörterbuch der Organisation, Schäffer-Poeschel, Stuttgart, 1992, Sp. 886-900

Pille 1995
Pille, K., Neue Medien: Geeignet als Vertriebsweg?, in: Absatzwirtschaft, (1995)3, S. 108-111

Piller 1994
Piller, C., Dreamnet, in: Macworld, 11(1994)10, S. 96-99

Pistohl 1994
Pistohl, W., Handbuch der Gebäudetechnik: Planungsunterlagen und Beispiele, Werner GmbH, Düsseldorf, 1994

Plewe 1996
Plewe, H., Verkauf per Fernsehen, in: Absatzwirtschaft, (1996)6, S. 114-115

Plumlee 1995
Plumlee, C., Electronic Messaging, in: Grant, A. E., (Hrsg.), Communication Technology Update, 4. Auflage, Focal Press, Boston u. a., S. 179-187

Popcorn 1992
Popcorn, F., The Popcorn Report, Harper Business, New York, 1992

Popp/Thesmann 1996
Popp, H., Thesmann, S., Mertens, P., Private Household Shopping Behavior, in: Brenner, W., Kolbe, L., (Hrsg.), The Information Superhighway and Private Households, Physica-Verlag, Heidelberg, 1996, S. 149-160

Porst/Steiner 1993
Porst, U., Steiner, K., Verkehrs-Management: Ein neuer Schlüsselmarkt, in: Funkschau, (1993)23, S. 46-50

Porter 1989
Porter, M., Wettbewerbsvorteile, Campus, Frankfurt u. a., 1989

Preuss 1995
Preuss, A., Die neuen Selbständigen - Wachstumsmarkt Serviceroboter, in: Impulse, (1995)5, S. 162-165

Prognos 1995
Prognos AG, (Hrsg.), Digitales Fernsehen. Marktchancen und ordnungspolitischer Regelungsbedarf, Ein Bericht der Prognos AG im Auftrag der Bayerischen Landeszentrale für neue Medien (BLM) und der Landesanstalt für Rundfunk Nordrhein-Westfalen (LfR), R. Fischer Verlag, München, 1995

Prycker/Landegem 1994
Prycker, M. de, Landegem, T. van, Brande, F. van den, 2005 - Eine Vision des Netzes der Zukunft, in: Elektrisches Nachrichtenwesen, 3. Quartal, 1994, S. 231-240

Pugh/Boyer 1995
Pugh, W., Boyer, G., Broadband Access: Comparing Alternatives, in: IEEE Communications Magazine, August 1995, S. 34-46

Raffée 1966
Raffée, H., Der private Haushalt als Forschungsobjekt der Betriebswirtschaftslehre, ZfbF, 1966, S. 179-195

Raffée 1974
Raffée, H., Konsumenteninformation, in: Tietz, B., (Hrsg.), Enzyklopädie der BWL, Band 4, Handwörterbuch der Absatzwirtschaft, Poeschel, 1974, Sp. 1013-1020

Rammert 1993
Rammert, W., Mit dem Computer zu Hause in den "digitalen Alltag" ?, Vision und Wirklichkeit privater Haushalte, in: Meyer, S., Schulze, E., (Hrsg.), Technisiertes Familienleben, edition sigma, Berlin, 1993, S. 277-296

Rapin 1991
Rapin, H., Der private Haushalt als Wirtschaftsfaktor: Erkannte, verkannte und unbekannte Dimensionen - Einführung in die Thematik, in: Gräbe, S., (Hrsg.), Der private Haushalt als Wirtschaftsfaktor, Campus Verlag, Frankfurt/Main, 1991, S. 9-21

Rautenberg 1996
Rautenberg, K., Banken als Dienstleister, in: Werben & Verkaufen plus, 14/1996, S. 154-163

Reinhardt 1994
Reinhardt, A., Building The Data Highway, in: Byte International Edition, März 1994, S. 46-74

Rheingold 1992
Rheingold, H., Virtuelle Welten, Rowohlt, Reinbeck bei Hamburg, 1992

Rheingold 1994
Rheingold, H., Virtuelle Gemeinschaft, Addison-Wesley, Bonn, 1994

Ricke/Kanzow 1991
Ricke, H., Kanzow, J., (Hrsg.), BERKOM Breitbandkommunikation im Glasfasernetz, R. v. Decker's Verlag, Heidelberg, 1991

Rijn/Williams 1988
Rijn, F. van, Williams, R., (Hrsg.), Concerning Home Telematics, Elsevier Science Publishers B.V., Amsterdam, 1988

Robinson/Tamosaitis 1993
Robinson, P., Tamosaitis, N., The Joy of Cybersex, Brady Publishing, New York/USA, 1993

Rogers 1983
Rogers, E. M., Diffusion of Innovations, 3. Auflage, New York u. a., 1983

Rose 1993
Rose, M., Gebäudesystemtechnik, Hüthig Buch Verlag, Heidelberg, 1993

Rosenau 1991
Rosenau, W., Neue Möglichkeiten auf allen Ebenen, in: net special, (1991)9, S. 42-50

Rosenthal 1995
Rosenthal, D., Zukunftsvision: Bald steuern Computer den ganzen Haushalt, in: Basler Zeitung, Nr. 119, 23.05.1995, S. 47

Rother 1994a
Rother, F. W., Autodiebstahl - Schutz mit Tücken, in: Wirtschaftswoche, Nr. 40, 30.09.1994, S. 134-135

Rother 1994b
Rother, F. W., Verkehrsmanagement - Alles ignoriert, in: Wirtschaftswoche, Nr. 26, 24.06.1994, S. 84-86

Rubel 1995
Rubel, S., Adult Education, in: MacHome Journal, 3(1995)5, S. 62-63

Ruf 1994
Ruf, F., Das elektronische Heim: Interaktive Telekommunikation der Zukunft, Europäische Stiftung der Lebens- und Arbeitsbedingungen, Dublin, 1994

Sager/Judge 1996
Sager, I., Judge, P. C., The Race Is On To Simplify, in: Business Week, 24.06.1996, S. 73-75

Sakamura 1994
Sakamura, K., Hyper und mega: Die japanischen TRON-Projekte, in: AIT Special Intelligente Architektur, 1994, S. 45-47

Sass 1995
Sass, A., Bad News For The Big Six, http://www.umich.edu/~farrell/music.html, 24.04.1995

Sattler 1994
Sattler, C., Von Fernsehverteildiensten zu interaktiven Videodiensten auf Abruf, in: Communication Highway, IIR-Conference, Frankfurt/Main, 05.-06. Mai 1994

Sauer 1995
Sauer, C., Multimedia im Touristik-Marketing, in: Silberer, G., (Hrsg.), Marketing mit Multimedia: Grundlagen, Anwendungen und Management einer neuen Technologie im Marketing, Schäffer-Pöschel Verlag, Stuttgart, 1995, S. 105-151

Schabel 1995
Schabel, H., Computer erobern den Haushalt, in: St. Galler Tagblatt, 24. Januar 1995

Scherer 1995
Scherer, K., Das Smart Home: Idee, Nutzen, Komponenten, in: Computer Zeitung, Nr. 30, 27.06.95, S. 15

Schicker 1994
Schicker, T., Informationspräsentation in Multimediasystemen, Betriebswirtschaft aktuell, Band 13, Steuer- und Wirtschaftsverlag, Hamburg, 1994

Schmenk/Wätjen 1993
Schmenk, A., Wätjen, A., Multimedia, C. H. Beck, München, 1993

Schmid 1993
Schmid, B., Elektronische Märkte, in: Wirtschaftsinformatik, 35(1993)5, S. 465-480

Schmid 1995
Schmid, B., (Hrsg.), Electronic Mall: Banking und Shopping in globalen Netzen, Teubner-Verlag, Stuttgart, 1995

Schmitz 1992
Schmitz, P., Informationsverarbeitung, in: Frese, E., (Hrsg.), Handwörterbuch der Organisation, Schäffer-Poeschel, Stuttgart, 1992, Sp. 958-966

Schmitz 1996
Schmitz, U., Datenkommunikation ist für Ärzte und Patienten längst noch kein Allheilmittel, in: Computer Zeitung, Nr. 35, 29.08.1996, S. 24

Schneider 1995
Schneider, G., Eine Einführung in das Internet, in: Informatik Spektrum, 18(1995)5, S. 263-271

Schulz/Staiger 1993
Schulz, B., Staiger, U., Flexible Zeit, flexibler Ort, Beltz Verlag, Weinheim u. a., 1993

Schwarz 1994
Schwarz, J. A., Hollywood, USA, in: Aston, R., Schwarz, J., (Hrsg.), Multimedia Gateway to the Next Millenium, Academic Press Limited, London u. a., 1994, S. 47-87

Schwarze 1994
Schwarze, J., Einführung in die Wirtschaftsinformatik, 3. Auflage, Verlag Neue Wirtschafts-Briefe, Herne u. a., 1994

Seifert 1996
Seifert, H., "Wir tun eine Reihe von unvernünftigen Dingen" - Weiteres Gezerre an der Startrampe des digitalen Fernsehens, in: Neue Zürcher Zeitung, Nr. 136, 14.06.1996, S. 65

Silberer 1995
Silberer, G., Marketing mit Multimedia im Überblick, in: Silberer, G., (Hrsg.), Marketing mit Multimedia: Grundlagen, Anwendungen und Management einer neuen Technologie im Marketing, Schäffer-Pöschel Verlag, Stuttgart, 1995, S. 3-31

Skai 1995
Skai, H., Trends Multimedia: Zukunftsmusik, in: Manager Magazin, Juni 1995, S. 217-226

Skumanich 1995
Skumanich, S., Television Shopping, in: Grant, A. E., (Hrsg.), Communication Technology Update, 4. Auflage, Focal Press, Boston u. a., S. 63-73

Smith Shi/Salesky 1994
Smith Shi, C., Salesky, A. M., Building a strategy for electronic home shopping, in: The McKinsey Quarterly, (1994)4, S. 77-95

SNI 1995
Siemens Nixdorf Informationssysteme AG, (Hrsg.), Die ChipCard - Medium der Zukunft, U23720J-Z741-1, Paderborn, Juni 1995

Sony 1996
Sony, (Hrsg.), Digital Handycam DCR - VX 1000, in: http://www.sel.sony.com/SEL/consumer/camcorder/dcr_vx1000.html, 29.08.1996

Sprout 1994
Sprout, A. L., The Home Theater Boom, in: Fortune, 26. Dezember 1994, S. 136-140

StaBu 1995
Statistisches Bundesamt, (Hrsg.), Statistisches Jahrbuch für die Bundesrepublik Deutschland 1995, Wiesbaden, 1995

Stahlknecht 1995
Stahlknecht, P., Einführung in die Wirtschaftsinformatik, 7. Auflage, Springer-Verlag, Berlin u. a., 1995

Statistical Abstract 1995
U.S. Department of Commerce, (Hrsg.), Statistical Abstract of the United States 1995, Washington/DC, 1995, 115. Ausgabe

Steinbach 1993
Steinbach, C., Mehrwertdienste: Wissenschaftliche, ordnungspolitische und gesellschaftliche Rahmenbedingungen, Datacom, Bergheim, 1993

Steinbock 1995a
Steinbock, H.-J., Potentiale der Informationstechnik: State-of-the-Art und Trends aus Anwendungssicht, B. G. Teubner, Stuttgart, 1995

Steinbock 1995b
Steinbock, D., Triumph and Erosion in the American Media and Entertainment Industries, Quorum Books, Westport, Connecticut, 1995, S. 221-275

Steinmetz 1993
Steinmetz, R., Multimedia-Technologie, Springer-Verlag, Berlin u. a., 1993

Stewart 1994
Stewart, T. A., The Information Age in Charts, in: Fortune, 4. April 1994, S. 55-59

Stix 1995
Stix, G., Domesticating Cyberspace, in: Scientific American, The Computer in the 21st Century, Special Issue, New York/USA, 1995, S. 30-43

Surratt 1991
Surratt, J. M., Integration of CEBus Utility Load Management and Automatic Meter Reading, in: IEEE Transactions on Consumer Electronics, 37(1991)3, S. 406-412

Tapscott 1995
Tapscott, D., Digital Economy - Promise and Peril in the Age of Networked Intellegence, MacGraw-Hill, New York, 1995

Technology Centre 1994
Technology Centre, (Hrsg.), Technology Forecast: 1995, Price Waterhouse World Firm Technology Centre, California, 1994

Telekom 1994
Deutsche Bundespost Telekom, (Hrsg.), Das Telekom-Buch '94/'95, Bonn, 1994

Telekom 1995
Deutsche Bundespost Telekom, (Hrsg.), Privatkunden: Neue Leistung, besserer Service, in: http://www.dtag.de/dtag/gb95/p_kunden.html, 29.08.1995

Tenzer 1991
Tenzer, G., Glasfaser bis zum Haus/Fibre to the Home, R. v. Decker's Verlag, Heidelberg, 1991

The White House 1993
Press Secretary of the White House, (Hrsg.), National Information Infrastructure, The Agenda for Action, Tab. A - Tab. B, Washington/DC, 1993

Thimm 1994
Thimm, S. C., CompuServe Buch, Sybex, Düsseldorf u. a., 2. Auflage, 1994

Tietz 1987
Tietz, B., Wege in die Informationsgesellschaft, Poller, Stuttgart, 1987

Till/Op Hey 1988
Till, J. van, Op Hey, J., Prosumer Networks, in: Rijn, F. van, Williams, R., (Hrsg.), Concerning Home Telematics, Elsevier Science Publishers B.V., Amsterdam, 1988, S. 361-367

Time Warner 1996
Time Warner, (Hrsg.), Full Service Network, Questions and Answers, http://pathfinder.com/fsn/, Mai 1996

Tschammer-Osten 1974
Tschammer-Osten, B., Haushalt, privater, in: Tietz, B., (Hrsg.), Enzyklopädie der BWL, Band 4, Handwörterbuch der Absatzwirtschaft, Poeschel, 1974, Sp. 777-791

Tschammer-Osten 1979
Tschammer-Osten, B., Haushaltswissenschaft, Gustav Fischer Verlag, Stuttgart, 1979

Vahrenkamp 1996
Vahrenkamp, R., Teleshopping und Telebanking, in: DV-Management, (1996)2, S. 51-65

Venkatesh/Vitalari 1986
Venkatesh, A., Vitalari, N. P., Computing Technology for the Home: Product Strategies for the Next Generation, in: Product Innovation Management, (1986)3, S. 171-186

Venkatesh/Vitalari 1987
Venkatesh, A., Vitalari, N. P., A post-adoption analysis of computing in the home, in: Journal of Economic Psychology, (1987)8, S. 161-180

Verity/Judge 1996
Verity, J. W., Judge, P. C., Making Computers Disappear, in: Business Week, 24.06.1996, S. 118-119

VideoGuide 1996
VideoGuide, (Hrsg.), The On-TV Program Guide and more ..., Broschüre, 1996

Vitalari/Venkatesh 1985
Vitalari, N. P., Venkatesh, A., Gronhaug, K., Computing in the Home: Shifts in the Time Allocation of Households, in: Research Contributions, 28(1985)5, S. 512-523

Vogel 1996
Vogel, R. de, Electronic Agents and the Market Place: New Generations of Electronic Services for Consumers, in: Brenner, W., Kolbe, L., (Hrsg.), The Information Superhighway and Private Households, Physica-Verlag, Heidelberg, 1996, S. 109-123

Walleran 1995
Walleran, E., Elektronik bietet der Hausfrau einen High-Tech-Arbeitsplatz, in: VDI Nachrichten, 49(1995)9, 03.03.1995

Weiber 1992
Weiber, R., Diffusion von Telekommunikation: Problem der kritischen Masse, Gabler, Wiesbaden, 1992

Wiesinger 1994
Wiesinger, J., Die Geschichte der Unterhaltungselektronik, Institut für Medienentwicklung und Kommunikation (IMK), Frankfurt/Main, 1994

Wilson 1988
Wilson, K. G., Technologies of Control: The New Interactive Media for the Home, University of Wisconsin Press, Wisconsin/USA, 1988

Winkel-Kirch 1994
Winkel-Kirch, A., Informationssystem für den Bürger, in: Handelsblatt Nr. 197, 12.10.1994, S. B6

Woerden 1996
Woerden, van J. A., Information Technology and Applications for Elderly and Disabled People, in: Brenner, W., Kolbe, L., (Hrsg.), The Information Superhighway and Private Households, Physica-Verlag, Heidelberg, 1996, S. 215-228

Wolf-Cambier 1995
Wolf-Cambier, B. de, Heimsysteme - Eine Revolution der Wohnkultur, in: I&T Magazine, Europäische Kommission, Juli 1995 (Nr. 17), S. 19-21

Wyman 1995
Wyman, T., Personal Communications Services, in: Grant, A. E., (Hrsg.), Communication Technology Update, 4. Auflage, Focal Press, Boston u. a., S. 380-389

Yeung/Morgan 1995
Yeung, D. C., Morgan, F. A., Utilities and Two-Way Customer Communication Systems, in: IEEE Communications Magazine, April 1995, S. 33-38

Zarnekow 1995
Zarnekow, R., Video-On-Demand: Technologien und Konzepte, Masterproject, University of Wolverhampton, September 1995

Zhi/Wang 1995
Zhi, Y. C., Wang, P., Designing a City-wide Information System in the People's Republic of China, in: International Journal of Management, 15(1995)5, S. 377-388

Ziemer 1994
Ziemer, A., Digitales Fernsehen, R. v. Decker's Verlag, Heidelberg, 1994

Zilahi-Szabó 1995
Zilahi-Szabó, M., (Hrsg.), Kleines Lexikon der Informatik, Oldenbourg, München u. a., 1995

Zimmermann 1995
Zimmermann, H.-D., Auf dem Weg in die Informationsgesellschaft - Die Einbindung privater Haushalte in telematische Dienste und Anwendungen, Dissertation an der Hochschule St. Gallen, Bamberg, 1995

Zimmermann/Kuhn 1995
Zimmermann, H.-D., Kuhn, C., Grundlegende Konzepte einer Electronic Mall, in: Schmid, B., (Hrsg.), Electronic mall: Banking und Shopping in globalen Netzen, Teubner-Verlag, Stuttgart, 1995, S. 33-94

Zmud 1995
Zmud, D. P., Videophones, in: Grant, A. E., (Hrsg.), Communication Technology Update, 4. Auflage, Focal Press, Boston u. a., S. 401-409

Zoche 1990
Zoche, P., Erfahrungen mit TEMEX, Schlussfolgerungen für die künftige Nutzung des Dienstes, in: net Nachrichten Elektronik + Telematik, 44(1990)7/8, S. 310-316

Zoche 1994
Zoche, P., Nutzer, private Haushalte und Information, in: Zoche, P., (Hrsg.), Herausforderungen für die Informationstechnik, Physica-Verlag, Heidelberg, 1994, S. 61-69

Abbildungsverzeichnis

Bild 1.1/1	Zwei Perspektiven auf die Informationsverarbeitung	2
Bild 1.2/1	Perspektive der Arbeit	3
Bild 1.3/1	Aufbau der Arbeit	6
Bild 2.2.1.1/1	Profil gegenwärtiger und zukünftiger Strategien für die ClpHa	13
Bild 2.2.1.4/1	Abgrenzung von Masseninformationssystemen von betrieblichen Informationssystemen	15
Bild 2.3.1/1	Penetration von Geräten mit Informationstechnik im privaten Haushalt 1993/94	20
Bild 2.3.2/1	Marktprognosen für den privaten und betrieblichen Einsatz von Informationstechnik	23
Bild 2.3.2/2	Auswahl relevanter Teilmärkte in Deutschland der ClpHa	23
Bild 2.3.3/1	Auswahl von Konvergenzbestrebungen im ClpHa-Markt	24
Bild 2.3.4/1	Wettbewerbsvorteile durch Informationstechnik der ClpHa	29
Bild 3.2/1	Modell der ClpHa	32
Bild 3.2.1/1	Zusammenhang zwischen In-home- und Out-of-home-Infrastruktur der privaten Haushalte	34
Bild 3.2.2/1	Übersicht über funktionale Ansätze zur Informationstechnik im Haushalt	36
Bild 3.3.3/1	Verbindung von Anwendungen und Infrastrukturen im Modell nach Benjamin und Wigand	40
Bild 3.3.3/2	Vergleich verschiedener Ansätze zur Informationstechnik im privaten Haushalt anhand des ClpHa-Modells	41

Bild 4/1	Gliederung der Infrastrukturen der privaten Haushalte mit Beispielen	43
Bild 4.1.1.2.3/1	Penetrationsgeschwindigkeit von Videospielgeräten im Vergleich zu anderen Geräten der Unterhaltungselektronik	51
Bild 4.1.1.2.5/1	Heizungssteuerung mit 4-Kanal Mikroprozessor	59
Bild 4.1.2.2.1/1	Beispiel für objekt-orientierte Bedieneroberflächen: 'Magic Cap'	67
Bild 4.1.2.3/1	Graphische Oberfläche von 'Windows CE'	70
Bild 4.1.3.1/1	Ansätze zur Vernetzung innerhalb des Hauses	73
Bild 4.1.3.2.5/1	Benutzeroberfläche des Home Electronic System (HES)	77
Bild 4.2.1.2.1/1	Typischer Aufbau eines Video-Servers	81
Bild 4.2.1.2.1/2	Vergleich verschiedener Chipkarten-Systeme	85
Bild 4.2.3.2.1/1	Online-Anschluss von Haushalten in den USA 1994/1995	95
Bild 4.2.3.2.1/2	Kosten der Internet-Nuztung über Online-Dienste	99
Bild 4.2.3.2.2/1	Vergleich verschiedener bestehender Netzwerkinfrastrukturen	99
Bild 4.2.3.2.2/2	Kosten für den Anschluss von neu-installiertem, bidirektionalem Kabelnetzwerk, Aufrüstung des Kabelnetzwerks, ADSL und Satellit	104
Bild 4.2.3.2.2/3	Digitale Direct Broadcast Satellite (DBS) Systeme in den USA	107
Bild 4.2.3.2.2/4	Optionen der multimedialen Netzwerkinfrastruktur für private Haushalte	108
Bild 5/1	Anwendungen der CIpHa und ihre Formen	114
Bild 5.1.3.1/1	Schematischer Aufbau von Informationsdiensten (Audiotex)	117
Bild 5.1.3.2/1	Java-Informationsanwendung 'Sportswire'	120
Bild 5.1.3.5/1	Aufbau eines Stadtinformationssystems	125

Bild 5.1.4/1	Intelligente Agenten zur Unterstützung bei der Auswahl von Filmen	127
Bild 5.3.1/1	Aufteilung des Freizeitbudgets in Deutschland 1995	137
Bild 5.3.1/2	Medienkonsum in der Freizeit	138
Bild 5.3.3.2/1	Oberfläche des Navigators 'Carousel' im Full Service Network	145
Bild 5.3.3.2/2	Ergebnisse eines VOD-Versuches von Bell Atlantic	147
Bild 5.4.2.3/1	Einfluss der privaten Beschaffung auf die Unternehmensprozesse	157
Bild 5.4.2.3/2	Veränderung der Preiszusammensetzung durch 'Virtual Retailing'	157
Bild 5.4.3.5/1	Shopping Beispiel aus dem WWW des Internet	161
Bild 5.4.3.6/1	Aufbau des Karstadt Music Master	163
Bild 5.4.3.8/1	IT-Unterstützung der privaten Beschaffung	165
Bild 5.4.4/1	Warenauswahl im 'Wohnzimmer' bei Shopper's Advantage	168
Bild 5.5.2.2/1	Bewertung von Einsatzgebieten der internen Vernetzung	172
Bild 5.5.3.2/1	Einzelraumsteuerung mit GEAdomics	175
Bild 5.5.3.3/1	Stromverbrauchsenkung durch Elektronik	176
Bild 5.5.3.3/2	Tagesdiagramm des Stromverbrauchs in privaten Haushalten	177
Bild 5.5.3.3/3	Verbindung von Energiemanagement und Telekommunikation	178
Bild 5.7.3.2/1	Hauptmenü des Informationssystems 'Carin'	197
Bild 5.7.3.2/2	Alternativen für ein dynamisches Verkehrsleitsystem	199
Bild 5.7.4/1	Nutzung von Agenten im Rahmen der Verkehrsführung	204
Bild 5.9.3.2/1	Kategorien elektronischer Bankinformation	220
Bild 5.9.3.2/2	Homepage der Sparda-Bank Hamburg im Internet	222
Bild 5.9.3.3/1	Alternativen der Haushalte für das Electronic Banking	224

Bild 5.9.3.4/1 Beispiel für das Abbuchen von elektronischem Geld (Ecash) von einer Bank über das Internet auf den eigenen Heim-PC 226

Bild 6.1/1 Evolution im Bereich der computerunterstützten Informationsverarbeitung der privaten Haushalte 234

Abkürzungsverzeichnis

ADSL	Asymmetric Digital Subscriber Line
AT&T	American Telephone & Telegraph
ATM	Asynchronous Transfer Mode
B-ISDN	Broadband-Integrated Services Digital Network
BBS	Bulletin Board Server
BK	Breitbandkommunikation
BTX	Bildschirmtext, heute T-Online
CA	Conditional Access
CATV	Community Antenna Television, heute auch: Cable TV
CBT	Computer Based Training
CD	Compact Disc
CD-i	Compact Disc interactive
CD-ROM	Compact Disc-Read Only Memory
CEBus	Consumer Electronics Bus
CIpHa	Computerunterstützte Informationsverarbeitung der privaten Haushalte
D2Bus	Domestical Digital Bus
DAB	Digital Audio Broadcasting
DAT	Digital Audio Tape
DAVID	Digital Audio Video Interface Division
DBMS	Data Base Management System

DBS	Direct Broadcast Satellite
DCC	Digital Compact Casette
DCS	Digital Communication System
DECT	Digital European Cordless Telephone
DSP	Digital Signal Processing
DSR	Digitales Satellitenradio
DV	Datenverarbeitung
DVB	Digital Video Broadcasting
DVD	Digital (Video) Versatile Disc
EDI	Electronic Data Interchange
EDV	Elektronische Datenverarbeitung
EHSA	European Home Systems Association
EIBA	European Installation Bus Association
EIBus	European Installation Bus
EM	Elektronischer Markt
EU	Europäische Union
EVU	Elektrizitätsversorgungsunternehmen
FSN	Full Service Network
FTTC	Fibre to the Curb
FTTH	Fibre to the Home
FTTM	Fibre to the Maschine
GB	Giga-Byte

GII	Global Information Infastructure
GUI	Graphical User Interface
HBS	Home Bus System
HCT	Home Communication Terminal
HDSL	High-Bit-Rate Digital Subscriber Line
HDTV	High Definition Digital Television
HFC	Hybrid Fiber Coax
HiFi	High Fidelity
HIS	Home Information Systems
HS	Home Systems
IBM	International Business Machines
IC	Integrated Circuit
ICT	Information and Communication Technologies
IEEE	Institute of Electrical and Electronics Engineers
IS	Informationssystem
ISDN	Integrated Services Digital Network
IT	Informationstechnik
ITU	International Telecommunication Union
ITV	Interactive Television
IuK	Information und Kommunikation
IV	Informationsverarbeitung
JPEG	Joint Photographics Expert Group

KB	Kilo-Byte
Kb/s	Kilo-Bit pro Sekunde
KI	Künstliche Intelligenz
KIT	Kernel for Intelligent Communications Terminal
LAN	Local Area Network
LCD	Liquid Cristal Display
MB	Mega-Byte
Mb/s	Mega-Bit pro Sekunde
MBG	Multimedia Betriebsgesellschaft
MD	Mini-Disk
MHz	Mega-Hertz
MIT	Massachussetts Institute of Technology, Cambridge/USA
MM	Multimedia
MMDS	Multipoint Multichannel Distribution Service
MPC	Multimedia PC
MPEG	Motion Pictures Expert Group
MS	Microsoft Corporation, Redmond/USA
MSN	Microsoft Network
MVDS	Microwave Video Distribution Systems
NC	Network Computer
NII	National Information Infrastructure
NLP	Natural Language Processing

NTSC	National Television Systems Committee
NVOD	Near Video-on-demand
PAL	Phase Alternating Line
PC	Personal Computer
PCN	Personal Communications Network
PDA	Personal Digital Assistant
PIC	Personal Intelligent Communicator
PL	Powerline
POI	Point of Information
POP	Point of Presence
POS	Point of Sales
PPC	Pay-per-channel
PPV	Pay-per-view
RAID	Redundant Array of Inexpensive Disks
RAM	Random Access Memory
RDS/TMC	Radio Data System/Traffic Message Channel
RSA	Rivest, Shamir, Adelman
SAN	Small Area Network
SES	Société Européenne des Satellites
SGI	Silicon Graphics, Inc.
SIPC	Simply Interactive Personal Computer
SONET	Synchronous Optical Network

STB	Set-top Box
TB	Tera-Byte
TP	Twisted Pair
UE	Unterhaltungselektronik
US$	United States Dollar
VANS	Value Added Network Service(-s)
VCR	Video Cassette Recorder, Videorekorder
VDT	Video Dial Tone
VHS	Video Home System
VOD	Video-on-demand
VR	Virtuelle Realität
WWW	World Wide Web

GPSR Compliance

The European Union's (EU) General Product Safety Regulation (GPSR) is a set of rules that requires consumer products to be safe and our obligations to ensure this.

If you have any concerns about our products, you can contact us on ProductSafety@springernature.com

In case Publisher is established outside the EU, the EU authorized representative is:

Springer Nature Customer Service Center GmbH
Europaplatz 3
69115 Heidelberg, Germany

Batch number: 10815974

Printed by Printforce, the Netherlands